世界贸易组织
发展报告 2014

World Trade Organization Development Report 2014

张汉林　主编

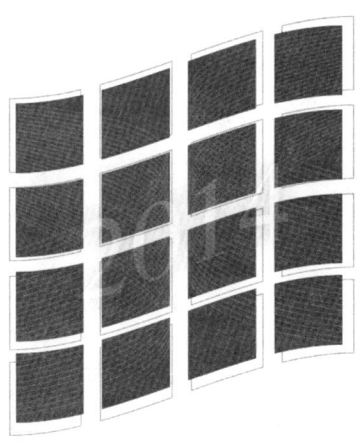

高等教育出版社·北京

图书在版编目(CIP)数据

世界贸易组织发展报告 2014 / 张汉林主编. --北京:高等教育出版社,2015.7
(教育部哲学社会科学系列发展报告)
ISBN 978-7-04-042638-0

Ⅰ.①世… Ⅱ.①张… Ⅲ.①世界贸易组织-研究报告-2014 Ⅳ.①F743

中国版本图书馆 CIP 数据核字(2015)第 087748 号

策划编辑	蒋忠秀	责任编辑	蒋忠秀	封面设计	杨立新	版式设计	童 丹
插图绘制	邓 超	责任校对	殷 然	责任印制	赵义民		

出版发行	高等教育出版社	咨询电话	400-810-0598
社　　址	北京市西城区德外大街 4 号	网　　址	http://www.hep.edu.cn
邮政编码	100120		http://www.hep.com.cn
印　　刷	北京市鑫霸印务有限公司	网上订购	http://www.landraco.com
开　　本	787mm×960mm　1/16		http://www.landraco.com.cn
印　　张	27.25	版　　次	2015 年 7 月第 1 版
字　　数	490 千字	印　　次	2015 年 7 月第 1 次印刷
购书热线	010-58581118	定　　价	75.00 元

本书如有缺页、倒页、脱页等质量问题,请到所购图书销售部门联系调换
版权所有　侵权必究
物料号　42638-00

内 容 提 要

世界贸易组织(World Trade Organization,WTO)是三大国际经济组织之一,是中国参与全球经济治理的重要平台。本报告内容共分四篇,第一篇为总论,主要是世界经济发展回顾与展望,包括主要经济体的经济、贸易、投资和经贸政策发展情况,2013年WTO主要活动和多哈回合谈判进展情况、WTO与中国;第二篇为主要议题分论,详细分析了农业、技术性贸易壁垒、投资、贸易救济措施、服务贸易、知识产权、争端解决、政府采购、区域贸易协议等WTO主要议题的发展演变情况;第三篇为主要成员经贸政策回顾与展望,包括美国、欧盟、日本、印度、巴西和俄罗斯;第四篇为专题,分别为《巴厘岛一揽子协定》和《信息技术协定》的扩围及对中国的影响。

Abstract

WTO is one of the three major international economic organizations, and is also an important platform for China's participation in global economic governance. The content of the report is divided into four parts. Part one "General Survey" analyzes the review and prospect of the world economy which includes the development of economy, trade, investment and economic policies of main economies, and WTO's activities of WTO in 2013 and development of Doha Round, The WTO and China. Part two "Special Subjects of the WTO" analyzes the main WTO topics includes the agriculture, technical barriers to trade, trade remedy measures, trade in services, investment measures, intellectual property rights, dispute settlement, government procurement and regional trade agreements. Part three is prospect and outlook of key WTO members' economic and trade policies, such as the USA, EU, Japan, India, Brazil and Russian. Part four is special subjects which includes the Bali package of agreements, and IT agreement negotiation and its impact on China.

序　言

以《关税与贸易总协定》(General Agreement on Tariffs and Trade, GATT)和WTO为代表的多边贸易体制的诞生与发展无疑是20世纪世界经济历史中最为引人瞩目的事件。60多年来,多边贸易体制通过组织多边贸易谈判、管理多边贸易规则、解决成员间贸易争端等加强了国际间经济的协调,极大地促进了世界经济贸易的发展。然而,WTO成立后的首回合谈判——多哈回合谈判自2001年11月10日发起至今已经12载有余,在谈判目标一降再降、谈判议题一减再减后,2013年12月终于在印度尼西亚巴厘岛举行的WTO第九届部长级会议上达成《巴厘岛一揽子协定》,内容涵盖了贸易便利化、农业议题和最不发达国家发展议题等内容。但这样的"早期收获"距多哈回合谈判结束依然遥遥无期。

十多年来,在多哈回合谈判步履蹒跚之际,区域贸易协议风起云涌,全球排名前30位的国家和地区无一例外地参与了不同类型的区域经济合作组织。纷繁芜杂的区域贸易协定所造成的"意大利面条碗"所形成的问题便是:原本例外情况下才适用的条款越来越演变为一种具有实际普遍适用性的规定,从而使最惠国待遇原本普遍适用的原则逐步演变成"例外待遇"。尤其是近年来出现的巨型FTA被视为世界自由贸易"游戏规则的改变者",巨型FTA有可能使美欧重新夺回正渐渐失去的全球贸易规则和经济治理机制上的话语权,无疑会进一步增加多哈回合谈判和多边贸易体制发展的难度。在TPP和TTIP的合力下,中国最主要的贸易伙伴几乎被"一网打尽",有可能使得中国为之努力15年的WTO被架空。

实际上,加入WTO是中国改革开放的重要里程碑,加速了中国与世界经济融合的进程,是对内改革和对外开放统一于中国特色社会主义的伟大实践,是中国与世界共享繁荣和实现共赢的有效平台与助推器。自2001年12月11日中国成为WTO正式成员以来,中国经济社会发展取得巨大成就。通过深化改革开放,经济总量跃居世界第二,成为世界经济增长新引擎;通过全面融入全球生产体系,产业竞争力显著提升,成为世界制造业第一大国;通过建立开放型贸易体系,中国货物出口额位居世界第一、进口额位居世界第二。

十多年过去了,随着加入WTO的"开放红利"逐步减弱,在经历对WTO学习潮和研究潮后,国内对其关注度逐渐降低。但在中国经济转型升级的关键时期,更需要维持和发展多边贸易体制。要实现经济转型升级,就必须充分发挥市场经济的基础性调节作用,融入经济全球化,以世界市场为目标的对外经济体制改革和建立市场经济为目标的国内经济转型升级,其最终目的都是实现以往经济发展模式中无法获得的潜在利益,为国民经济持续高速增长提供制度性基础。多边贸易体制推动了经济全球化发展过程,只有通过多边贸易体制,中国才能更好地融入经济全球化进程;通过WTO的开放平台,更好地与更多的国家开展国际合作,充分利用全球资源和市场。随着加入WTO经济和社会效应的逐步弱化,中国的进一步改革开放缺乏内力带动,因此需要外部力量协助,以开放促进改革,以改革带动开放,实现对内改革与对外开放的良性互动。在此过程中,发展多边贸易体制将为中国改革开放提供外部动力,多边贸易体制的焦点议题将为中国新一轮改革和开放提供原动力。

不可否认的是,WTO依然是当今全球经济治理体系中制度最完备、运作最规范、影响最广泛的体制,处于困难期的WTO正是提升中国国际地位的最佳平台。此外,WTO谈判的焦点也逐渐体现在许多诸边谈判上。2013年至2014年,TISA谈判、ITA扩围、环境产品谈判等继续向前推进,虽然建立在诸边谈判下,未能惠及所有成员,但仍是多边体系下服务贸易、信息技术、环境产品等领域谈判的开拓和完善。

未来,中国应将WTO作为参与全球经济治理的主要平台,切实发挥"负责任大国"作用,并推动WTO朝着公平合理的方向发展。国内研究应重新聚焦WTO,进一步做好相关理论研究和对策性研究,尤其是关注WTO的发展和演变方向,研究中国如何深入参与WTO的各项活动,分析中国参与WTO的战略策略,剖析中国如何利用WTO这一平台参与全球经济治理。这些研究不仅要与中国的实际紧密结合起来,与改革开放中的热点问题结合起来,还应该重视基础性的研究工作。多年来,学术界对WTO的基础性研究及中国加入WTO后的对策性研究取得了可喜的成果。第一部以WTO为主题的专业性年度发展报告《世界贸易组织发展报告2012》的出版和发行产生了重要的影响。《世界贸易组织发展报告2014》延续了以往报告的特点和研究的基本内容,希望其对于推动WTO的学术研究,普及WTO知识,培养对外经济贸易人才,促进中国经济进一步与国际接轨,对改革开放及经济建设的发展产生积极的作用。

前　言

　　WTO 是根据 GATT 乌拉圭回合多边贸易谈判达成的《马拉喀什建立世界贸易组织协定》（以下简称《WTO 协定》）于 1995 年 1 月 1 日成立，取代 1948 年 1 月 1 日临时实施的 GATT，并以乌拉圭回合多边贸易谈判达成的一整套协定和协议条款作为国际法律规则，对各成员之间在经济贸易关系方面的权利和义务进行监督、管理的正式国际经济贸易组织。它是世界上唯一的专门从事制定和管理国际贸易规则的国际机构，是多边贸易体制的法律基础和组织基础；它是各成员政府讨论和解决相互间贸易议题的场所，核心是由世界贸易伙伴谈判、签署并经其立法机构批准的一系列 WTO 协定、协议；它规定了各成员对协定、协议的义务，以决定各成员政府如何制定和实施国内贸易法律制度和规章，目的是利于货物和服务生产者、出口者和进口者管理其商务，并允许政府努力实现其社会和环境目标。WTO 的建立，标志着一个完整的、更具活力和永久性的多边贸易体制的诞生，它在监督、协调、管理世界经济秩序和多边贸易法律关系方面，起到了十分重要的作用。

　　自 1995 年 1 月 1 日正式成立至今，WTO 走过了十九个春秋。WTO 在削减全球贸易壁垒，促进国际贸易发展方面取得了巨大的成就。但是，WTO 正面临发展的挑战，多哈回合发起以来出现的困境提醒人们，世界需要一个更加包容、均衡和持久的，能造福于全体人类的和平与发展的全球化。作为经济全球化的重要载体，WTO 需要加大自身改革，才能更好地实现其自身设立时的目标与宗旨。

　　为持续跟踪研究 WTO 的发展演变情况，了解主要成员对 WTO 的态度和政策调整，为中国更好参与全球经济治理提出应对之策，在教育部哲学社会科学研究发展报告项目的支持下，由教育部人文社科重点研究基地——对外经济贸易大学中国世界贸易组织研究院组织撰写年度《世界贸易组织发展报告》。在撰写过程中，课题组力求做到"国际视野、中国立场、和谐发展"，强调理论联系实际，不断改进科研之风，形成相对稳定的研究团队，建立动态专题数据库，发布高水平咨询性专家建议。报告的突出特点是：主题以服务于国家重大战略需要和重大现实问题为导向；以数据库建设为支撑，方法做到定量与定性结合；强化应用性，避免学理化，强化研究性，避免年鉴化。

从体系结构上看，报告体系设计基本上按照主报告、分报告框架展开，每年包括1~2个专题研究。《世界贸易组织发展报告2014》内容共分四篇，主要包括：世界经济发展回顾与展望、世界贸易组织新发展、世界贸易组织与中国、WTO主要议题分论、WTO主要成员经贸政策回顾与展望，以及《巴厘岛一揽子协定》和《信息技术协定》的扩围及对中国的影响两个专题。

《世界贸易组织发展报告2014》课题组由对外经济贸易大学中国世界贸易组织研究院院长张汉林教授领衔，具体参与撰写人员如下：第一篇为张汉林、屠新泉、周念利、李杨、张中宁、杨菲、曾沭葳、莫慧萍；第二篇为张汉林、屠新泉、杨荣珍、周念利、李计广、孙娜、李晓娟、朱迪飞、王志鹏、崔晶晶、金璐、赵文欣、徐林鹏、史丁莎、朱慧慧；第三篇为李杨、戴臻、盖新哲、黄宁、黄艳希、冯伟杰、刘鹏、吴娴、张宏敏；第四篇为刘斌、吕越。英文目录翻译者为黄艳希博士。

在撰写过程中，本报告得到教育部社科司、商务部世界贸易组织司、政策研究室、公平贸易局、产业损害调查局、条法司以及商务部研究院等有关部门领导和专家的指导和大力支持，在此表示感谢。课题组每位成员都本着认真负责的态度，力争精益求精，然能力所限难免有谬误之处，还请各位读者批评指正。

对外经济贸易大学中国世界贸易组织研究院院长

张汉林

目　录

第一篇　总　　论

第一章　世界经济贸易发展回顾与展望 …………………………………… 3
- 第一节　2013年世界经济发展 …………………………………………… 3
- 第二节　2013年全球贸易发展回顾与展望 …………………………… 13
- 第三节　2013年全球外国直接投资发展回顾与展望 ………………… 18

第二章　世界贸易组织新发展 …………………………………………… 34
- 第一节　2013年世界贸易组织主要工作概述 ………………………… 34
- 第二节　巴厘部长级会议 ………………………………………………… 38
- 第三节　世界贸易组织发展状况 ………………………………………… 40
- 第四节　贸易谈判 ………………………………………………………… 42

第三章　世界贸易组织与中国 …………………………………………… 58
- 第一节　2013年中国对外贸易与投资发展 …………………………… 58
- 第二节　2013年中国对外贸易政策回顾 ……………………………… 67
- 第三节　2014年中国贸易政策与发展展望 …………………………… 79

第二篇　2013年WTO主要议题分论

第四章　农业与技术性贸易壁垒 ………………………………………… 91
- 第一节　农业 ……………………………………………………………… 91
- 第二节　技术性贸易壁垒 ………………………………………………… 96

第五章　贸易救济措施 …………………………………………………… 101
- 第一节　反倾销 …………………………………………………………… 101
- 第二节　补贴与反补贴 …………………………………………………… 110
- 第三节　保障措施 ………………………………………………………… 113

第六章　服务贸易、投资措施与知识产权 ……………………………… 115

第一节	服务贸易	115
第二节	投资措施	119
第三节	知识产权	128

第七章 争端解决 — 134

第一节	2013年争端解决机构的主要活动	135
第二节	2013年争端解决案件的最新进展	148
第三节	上诉机构概况	159
第四节	关于DSU谈判的新进展	160

第八章 贸易政策审议 — 162

第一节	2013年贸易政策审议概况	162
第二节	2013年代表性国家贸易政策审议情况	164

第九章 政府采购 — 177

第一节	GPA修订文本	177
第二节	GPA加入谈判	178
第三节	区域贸易中的政府采购	181

第十章 区域贸易协定 — 184

第一节	2013年以来区域贸易安排的新进展	184
第二节	WTO框架下区域贸易安排亟待解决的问题	193

第三篇 2013年WTO主要成员经贸政策回顾与展望

第十一章 美国 — 199

第一节	2013年美国贸易投资发展形势	199
第二节	2013年美国贸易政策回顾与展望	204
第三节	中美经贸关系发展与展望	220

第十二章 欧盟 — 229

第一节	2013年欧盟贸易投资发展形势	229
第二节	2013年欧盟贸易政策回顾与展望	235
第三节	中欧经贸关系发展与展望	249

第十三章 日本 — 256

第一节	2013年日本贸易投资发展形势	256
第二节	2013年日本贸易政策回顾与展望	264
第三节	中日经贸关系发展与展望	277

第十四章　印度 … 283
- 第一节　2013年印度贸易投资发展形势 … 283
- 第二节　2013年印度贸易政策回顾与展望 … 293
- 第三节　中印经贸关系发展与展望 … 305

第十五章　巴西 … 313
- 第一节　2013年巴西贸易投资发展形势 … 313
- 第二节　2013年巴西贸易政策回顾与展望 … 317
- 第三节　中巴经贸关系发展与展望 … 327

第十六章　俄罗斯 … 337
- 第一节　2013年俄罗斯贸易投资发展形势 … 337
- 第二节　2013年俄罗斯贸易政策回顾与展望 … 344
- 第三节　中俄经贸关系发展与展望 … 352

第四篇　专题篇

第十七章　《巴厘岛一揽子协定》 … 363
- 第一节　贸易便利化 … 363
- 第二节　农业和棉花 … 375
- 第三节　发展与最不发达国家问题 … 381

第十八章　《信息技术协定》的扩围及对中国的影响 … 387
- 第一节　《信息技术协定》的背景介绍 … 387
- 第二节　《信息技术协定》扩围的内容及主要争议 … 390
- 第三节　中国信息技术产业发展现状及扩围产品的竞争力分析 … 396
- 第四节　加入《信息技术协定》扩围的福利效应分析 … 400
- 第五节　中国如何应对《信息技术协定》的扩围 … 405

索引 … 414
后记 … 415

CONTENTS

Part One General Survey

Chapter One Review and Prospect of the World Economy and Trade 3
   Section One Development of the World Economy (2013) 3
   Section Two Review and Prospect of the Global Trade (2013) 13
   Section Three Review and Prospect of the Global FDI (2013) 18

Chapter Two New Development of the WTO 34
   Section One Overview of the Main Work of the WTO in 2013 34
   Section Two Bali Ministerial Conference 38
   Section Three New Development of the WTO 40
   Section Four Trade Negotiations 42

Chapter Three The WTO and China 58
   Section One General Conditions of China's Trade and Investment (2013) 58
   Section Two Overview of China's Trade Policy (2013) 67
   Section Three Prospect of China's Trade Policy in 2014 79

Part Two Main Topics of the WTO Negotiations in 2013

Chapter Four Agriculture and Technical Barriers to Trade 91
   Section One Agriculture 91
   Section Two Technical Barriers to Trade 96

Chapter Five Trade Remedy Measures 101
   Section One Anti-dumping Measures 101
   Section Two Subsidy and Countervailing Measures 110
   Section Three Safeguards 113

Chapter Six Trade in Services, Investment and Intellectual Property Rights 115
   Section One Trade in Services 115

Section Two	Investment Measures	119
Section Three	Intellectual Property Rights	128

Chapter Seven Dispute Settlement 134

Section One	Main activities of the Dispute Settlement Body in 2013	135
Section Two	New Development of Dispute Settlement Case in 2013	148
Section Three	Profile of the Appellate Body	159
Section Four	New Progress in negotiations on DSU	160

Chapter Eight Trade Policy Review 162

Section One	General Conditions of Trade Policy Review in 2013	162
Section Two	Trade Policy Review of Representative Countries in 2013	164

Chapter Nine Government Procurement 177

Section One	New Progress of GPA Negotiations	177
Section Two	Accessions to GPA Negotiations	178
Section Three	GPA in Regional Trade	181

Chapter Ten Regional Trade Agreements 184

Section One	New Development of Regional Trade Agreements Since 2013	184
Section Two	Problems of RTA to be Addressed Urgently	193

Part Three Review and Outlook of Key WTO Members' Economic and Trade Policies in 2013

Chapter Eleven The United States of America 199

Section One	The 2013 U.S. Trade and Investment Situation	199
Section Two	Review and Prospect of the 2013 U.S. Trade Policy	204
Section Three	Development and Prospect of Sino-US Economic and Trade Relations	220

Chapter Twelve The European Union 229

Section One	The 2013 EU Trade and Investment Situation	229
Section Two	Review and Prospect of the 2013 EU Trade Policy	235
Section Three	Development and Prospect of Sino-EU Economic and Trade Relations	249

Chapter Thirteen Japan 256

Section One	The 2013 Japan Trade and Investment Situation	256
Section Two	Review and Prospect of the 2013 Japan Trade Policy	264
Section Three	Development and Prospect of Sino-Japan Economic and Trade Relations	277

Chapter Fourteen India 283

Section One	The 2013 India Trade and Investment Situation	283

Section Two   Review and Prospect of the 2013 India Trade Policy 293

Section Three   Development and Prospect of Sino-India Economic and Trade Relations 305

Chapter Fifteen   Brazil 313

Section One   The 2013 Brazil Trade and Investment Situation 313

Section Two   Review and Prospect of the 2013 Brazil Trade Policy 317

Section Three   Development and Prospect of Sino- Brazil Economic and Trade Relations ... 327

Chapter Sixteen   Russia 337

Section One   The 2013 Russia Trade and Investment Situation 337

Section Two   Review and Prospect of the 2013 Russia Trade Policy 344

Section Three   Development and Prospect of Sino- Russia Economic and Trade Relations 352

Part Four   Special Subjects

Chapter Seventeen   Bali Package of Agreements 363

Section One   The Trade Facilitation 363

Section Two   Agriculture and Cotton 375

Section Three   Development and the Least Developed Countries 381

Chapter Eighteen   The Expansion of IT Agreement Negotiation and the Impact on China 387

Section One   Introduction of Information Technology Agreement 387

Section Two   Content of the Expansion of ITA and the Main Dispute 390

Section Three   China's IT Industry Development and Competitiveness Analysis of the Expansion Product 396

Section Four   Welfare Effects of joining the ITA Expansion Negotiation 400

Section Five   How can China Deal with ITA Expansion 405

Index 414

Afterword 415

第一篇 总 论

第一章 世界经济贸易发展回顾与展望

第一节 2013年世界经济发展

一、2013年世界经济发展概况

2013年世界经济继续向下滑行,为金融危机后的最低水平。据国际货币基金组织2014年1月份估计,按照购买力平价法汇总,2013年全球经济增长3.0%,比2012年放缓0.1个百分点;据世界银行2014年1月份估计,按汇率法汇总,2013年全球经济增长2.4%,比2012年放缓0.1个百分点。2013年距2008年国际金融危机爆发已逾五年。国际金融危机以来,世界经济复苏进程艰难曲折,脆弱性、不确定性和不平衡性成为世界经济发展的重要特征,各国政策相应地也在不断调整。总体来说,全球经济依然停留在希望和不确定性之间。虽然复苏赢得了些许动力(特别是一些发达经济体),但世界经济仍然没有达到马力全开的状态——未来几年可能将依然处于动力不足的状态。

(一)发达经济体总体趋于好转,成为世界经济增长的主要拉动力量,但仍动力不足

2013年,主要发达经济体的经济活动开始从低迷转好,经济逐步转强,成为世界经济增长的主要拉动力量。其中,美国经济复苏势头较为稳固,截止到第三季度经济已连续10个季度保持增长;欧元区经济触底回升,逐步走出衰退,金融市场趋于稳定;日本经济刺激政策收到一定成效,增长信心有所提振。但发达国家"低增长、高失业率、高赤字、高负债"并存的格局没有根本改善,导致增长动力不足,经济增速仍低于潜在水平。

2013年美国经济以缓慢但平稳的步调继续复苏。前三季度,美国国内生产总值同比增长率分别为1.8%、1.6%和2.0%,至此美国经济已连续10个季度保持增长。制造业、科技业、私人消费、住房市场的增长支持美国经济实现了持续增长。房地产市场继续改善,截至2013年7月,美国20个大城市房价指数连续8个月环比上升。同时,"页岩气革命"也降低了美国对能源的依赖度,压缩了制造业生产成本,推动制造业活动继续扩张,汽车和高科技行业也实现了增长。

由于美国经济数据表现较好,市场对于美联储收紧量化宽松规模的预期增强。金融危机后,由于采取多轮量化宽松计划,美联储资产负债表规模大幅膨胀,创下3.93万亿美元的历史纪录。随着美国经济形势好转和国际压力加大,逐步退出量化宽松政策摆上了日程。对美国来说,缩减量化宽松规模可能导致流动性收紧,由此带来的利率上升将抑制房地产复苏,也会抬高消费信贷和商业融资成本,不利于私人消费和投资增长。因此如何及何时开始缩减资产购买规模,同时又不会触发利率上升的局面,以免导致拖缓经济复苏进程和损害就业市场的增长是美联储2014年亟须考虑的问题。此外,美国政府债台高筑,也潜藏着财政金融风险,可能拖累经济复苏势头。考虑到近年美国经济调整取得了实际成效,以及房地产市场持续向好、国内工业逐渐企稳、页岩气革命提升其竞争力,2014年美国经济将延续增长态势,增长势头进一步巩固。美联储预计,2014年美国经济增速将达到2.9%~3.1%。

在经历了欧债危机的"急症期"后,2013年欧元区经济渐渐从下挫中企稳,并逐步走出谷底。第二季度欧元区经济环比增长0.3%,是2011年第四季度以来的首次增长。第三季度经济环比增长0.1%,连续两个季度增长。随着市场对经济前景信心增强,欧元区经济景气指数连续攀升,2013年11月该指数连续7个月保持升势,达到2011年8月以来的最高点。工商企业看好经济发展前景,投资意愿正在逐步增强。目前,欧洲火车头德国经济回升态势明显,作为第二大经济体的法国也在逐渐好转,西班牙、意大利等重债国融资成本处于安全水平,希腊财政经济状况也出现改善。德国总理默克尔强势连任,有利于欧盟和欧洲央行政策的连续性,也有利于欧元区朝着"欧元巩固"的方向发展。但欧元区的消费依然比较疲弱。

2014年,欧元区经济复苏会持续下去,经济增速可望加快。欧元区经济增长也将推动全球市场信心改善。但高失业率和结构调整缓慢,使欧元区经济增速大幅回升的可能性不大。2013年11月欧元区按年率计算的通货膨胀率为0.9%,远低于欧洲央行2%的目标,表明欧元区仍存在一定的通缩威胁。欧元区内部经济复苏势头分化依然突出,核心成员国和边缘成员国的经济增速仍存在较大差异,短期内还难以趋同。欧盟委员会2013年11月5日发表的秋季经济报告预测,欧元区在2013年、2014年和2015年的经济增长年率分别为-0.4%、1.1%和1.7%,欧盟在2013年、2014年和2015年的经济增长年率分别为0、1.4%和1.9%。这预示着欧元区经济只能实现缓慢复苏。

受非常规宽松货币政策、刺激性财政政策的支撑,以及日元汇率大幅贬值效应的影响,2013年日本经济温和复苏,失业率下降,私人消费上升,工业生产温和增长,出口回升。日本经济第一季度增速缓慢,趋近为0,但第二季度日本经济则实现同比增长1.2%,第三季度同比增长2.3%。随着大规模量化宽松政策的推行,日本央行大幅压低了日元汇率,这对日本的出口有明显促进作用,使日本企业以日元结算的海外收入增加,企业盈利得到提高,但同时推高了进口价格水平,造成能源、资源进口成本的上升。

"安倍经济学"政策效果逐渐显现,提升了国内经济信心。在历经两个饱受通缩之苦的"失去的十年"之后,日本消费者价格正在上涨。2013年6月,日本核心消费者物价指数(CPI)同比上涨0.4%,为14个月以来首次同比上涨。居民价格预期呈上升趋势,有助于日本经济逐渐走出通缩阴霾。

(二)新兴经济体经济增速放缓,对全球经济拉动作用趋于减弱

金融危机以来,以金砖国家为代表的新兴经济体经济保持较快增长,是拉动世界经济的主要力量。但在发达国家需求持续疲弱、国际资本异动困扰、各国自身深层次的结构性矛盾凸显的情况下,新兴经济体也无法独善其身,经济增速回落明显。从外部看,国际大宗商品市场价格下降,美联储货币政策收缩预期增强,不利于新兴市场和发展中国家经济增长。从内部看,经常账户出现赤字、金融体系不够健全、自身存在结构性矛盾等,减缓了这些国家经济的持续稳定增长。有的国家过于依赖能源资源出口,受国际市场能源资源价格下滑冲击严重;有的国家财政和经常账户双赤字问题突出,亟须加快结构调整和财政紧缩。新兴经济体普遍失去强劲增长势头,让世界经济近期增长放缓。

金砖国家中,中国增长放缓,俄罗斯和印度发展状况弱于预期,而巴西继续令人失望。2013年中国经济延续回落趋势,2013年全年增长7.7%,在金砖国家中依然是最快的。2014年,中国的宏观经济政策会更注重经济发展的质量和效益,经济增速预计低于2013年。2013年印度经济改革进展缓慢、宏观政策空间受限,经济总体延续了2012年逐步放缓趋势,年经济增速为5.0%。在石油价格持续走低和卢布贬值的背景下,俄罗斯国内通货膨胀压力增大,经济增速有所放缓,仅有1.3%,比2012年下降2.1个百分点,IMF预计,俄罗斯2014年经济增长率有望回升至3%。巴西经济发展过度依赖商品的繁荣,过去几年经济增长主要得益于铁矿和大豆等大宗商品出口,但忽略了为民众提供实质的基础建设服务,国际环境变化使其经济发展难免不出现波动。2013年第三季度,巴西经济增速环比下降0.5个百分点,第四季度增速仅为2.1%。

2014年,新兴经济体和发展中国家经济的增长速度会有所加快。美欧经济复苏将有助于拉动发展中国家特别是制成品出口国的经济增长。但美国量化宽松退出的影响、资本流动的冲击以及通胀走高等,仍是新兴经济体经济发展的潜在风险因素。表1.1是世界代表性的发达经济体七国集团和新兴经济体金砖国家以及部分亚洲经济体近三年的GDP同比增长数据。从表中可以发现,发达国家如美英等国家增长率有所上升,反观新兴国家增速有所下降,如俄罗斯GDP

增长率连续三年下滑。

表 1.1 七国集团、金砖国家以及部分亚洲经济体近三年的 GDP 同比增长表

单位:%

国家	2011年	2012年	2013年	2012年第四季度	2013年第一季度	2013年第二季度	2013年第三季度
美国	1.8	2.8	2.2	2.0	1.8	1.6	2.0
英国	1.1	0.3	1.7	0.0	0.2	1.3	1.5
法国	2.0	0.0	0.2	-0.3	-0.4	0.5	0.2
德国	3.3	0.7	0.4	0.3	-0.3	0.5	0.6
日本	-0.5	1.4	1.5	-0.3	0.0	1.2	2.3
意大利	0.4	-2.4	-1.9	-2.8	-2.5	-2.2	-1.8
加拿大	2.5	1.7	2.0	1.0	1.4	1.4	1.9
中国	9.3	7.7	7.7	7.9	7.7	7.5	7.8
巴西	2.7	1.0	2.5	1.8	1.8	3.3	2.1
俄罗斯	4.3	3.4	1.3	2.1	1.6	1.2	1.2
印度	6.6	4.7	5.0	4.7	4.8	4.4	4.8
南非	3.6	2.5	1.9	2.1	1.6	2.3	1.8
韩国	3.7	2.3	3.0	1.5	1.5	2.3	3.3
印度尼西亚	5.1	5.6	5.8	6.1	6.1	5.8	5.6
马来西亚	5.1	5.6	4.7	6.5	4.1	4.4	5.0
菲律宾	3.6	6.8	7.2	7.1	7.7	7.6	7.0
泰国	0.1	6.5	2.9	19.1	5.4	2.9	2.7

资料来源:世界银行和主要经济体官方统计网站。

(三) 全球价格水平走低,但发展中国家通胀压力加大

全世界通货膨胀依然温和,部分反映了发达经济体产能过剩,失业率高,财政紧缩和金融杠杆率继续降低的状况。日本成功摆脱长期通货紧缩,但欧元区开始担忧通缩风险。在发展中国家和转型经济体中,有少数国家通货膨胀率超过 10%,主要集中在南亚和非洲。2013 年第四季度以来,世界消费价格(CPI)上涨 3.2%,涨幅比 2012 年回落 0.1 个百分点;发达国家 CPI 上涨 1.6%,涨幅回落 0.4 个百分点;发展中国家 CPI 上涨 5.8%,涨幅上升 0.5 个百分点。其中,印度、印度尼西亚、巴西和俄罗斯 CPI 分别上涨 10.1%、7.0%、6.2% 和 6.8%,涨幅比 2012 年提升 0.3、2.7、0.4 和 1.7 个百分点。中国 2013 年第四季度 CPI 涨幅

为 2.6%,远远低于政府年初所定的 3.5% 的通胀调控目标。2013 年第一和第二季度,中国物价走势较为平稳,CPI 涨幅在 2.5% 上下。虽然第三季度开始,受食品价格和住房价格等快速上涨的影响,物价略有走高,一度涨幅达到 3%,但在物价出现波动时,中国政府及时提出了经济增长的运行区间和"上下限",其中,"上限"就是物价不冲破 3.5% 的调控目标,通胀水平控制在合理的范围内。

初级商品价格在 2013 年总体平稳,同时呈现多样化的趋势。主要农作物收成比预期要好,粮食价格逐渐下降。温和的需求,充足的供应以及高水平的库存等因素使得工业金属价格也持续下跌。原油价格则因诸多地缘政治因素在过去一年有显著波动。总体来说,大宗商品价格在未来两年将保持平稳。

(四)全球失业人口继续增加,主要经济体失业率居高不下,欧元区青年人失业问题尤为严重

金融危机严重影响了许多国家和地区的劳动力市场,全球就业形势依然不容乐观。发达经济体中,欧元区面临最严重的失业问题,其失业率为 12.1%,比上年升高 0.7 个百分点,达到有统计数据以来最高点。希腊和西班牙的失业率高达 27%,尤其是青年人失业率已超过 50%,就业形势依然严峻。其他发达经济体失业问题短期内也无明显改善迹象,美国和日本失业率虽然有所降低,2013 年美国失业率为 7.4%,比上年降低 0.7 个百分点,但仍高于 6.5% 的目标水平。2013 年日本失业率为 4.0%,比上年降低 0.3 个百分点。发展中国家和转型经济体的就业形势则较为复杂。北非和西亚地区面临极高的结构性失业率,尤其是青年人。大量非正规就业和就业方面明显的性别差异依旧是众多发展中国家劳动力市场的主要特征。高失业率不仅抑制居民收入增长,也会严重损害消费能力和消费意愿,打击消费者信心,从而阻碍世界经济复苏。

二、2013 年全球财政政策回顾与展望

(一)全球财政政策回顾

2013 年全球财政赤字占 GDP 比重有所下降,下降幅度为 0.6 个百分点。其中发达国家表现尤为良好,经周期性调整的财政赤字占 GDP 比重下降 1.2 个百分点,且德国率先出现预算平衡。新兴经济体维持在 2012 年的水平,比重为 2.3%,其中中国、印度的财政赤字比例出现了不同程度的下降,俄罗斯、巴西财政赤字比重却呈现上升势头。

1. 发达经济体平均总负债水平渐稳,财政拖曳正在减弱

2013 年,在先进经济体中,随着财政整顿步伐的加快,财政赤字不断削减(日本例外),平均下降幅度为 GDP 的 5%(几乎达到 2009 年峰值的一半),财政拖曳正在减弱。平均公共债务比率预计将在 2013 年至 2014 年逐渐趋于稳定,

但由于经济增长持续低迷,扩张性财政政策在全球应对金融危机中显得尤为重要,部分国家债务仍处于较高水平。近几年发达国家连年财政赤字,政府债务率不断攀升。2013年美国、欧元区和日本的政府债务率分别高达106%、95.7%和243.5%。

2013年是美国经济进入复苏增长的第5年,这一年美国财政自动减支开始生效,政府支出负增长,同时个人税率上升,美国财政赤字占GDP的比重已从高点10%下降到4%,经周期调整的财政赤字约为GDP的5.4%,比2012年7.7%的水平也有大幅下降,并避免了"财政悬崖"的风险,但仍需要继续削减财政赤字幅度,在2014年达到GDP的5.0%以内。一方面,美国2013年年初开始实行增税法案,主要包括上调富裕家庭的所得税、拒绝延长实施两年的工资减税计划、增加房产遗产税等。这些措施在增加政府财政收入方面取得了良好效果。同时财政支出仅在某些福利部门包括社会保险、养老保险、医疗补助等方面有所增长,在其他包括国防部门、房利美和房地美以及能源计划方面的支出下降;另一方面,美国财政部继续购买国债,刺激就业市场,就业市场前景大幅改善。在财政政策的作用下,2013年美国财政状况有所好转,赤字明显下降。因此,2014年美国财政政策可能接近中性,随着美国家庭财富已经从危机中恢复,美国住房市场显示出复苏迹象,美联储有必要提高对金融稳定的关注。

日本是发达经济体的一个特例,其经周期性调整的财政赤字占GDP的比重由上年的7.6%上升到7.8%。这是"安倍经济学"一系列财政刺激的结果。安倍政府在2013年1月11日通过了总数2 267.6亿美元的政府投资计划。日本政府负债余额已超过GDP的200%,高于全世界任何一个发达国家的情况,这样大规模的政府举债支出伴随的是高风险。随着日本经济形势在强刺激下开始向好,财政整顿也提上日程,且自2014年4月起,日本将实施消费税率由5%提高到8%,对消费增长可能形成抑制,引发经济下行担忧,预计2014年日本财政赤字比例将有所下降,控制在7%以内。

由于欧元区财政整顿步伐加快,欧元区的财政赤字出现明显下降,2013年欧元区经周期调整的财政赤字由2012年占GDP 2.8%的水平削减至GDP的1.5%。欧元区普遍都实行了紧缩的财政政策,但由于财政整顿的步伐不一致,不同国家的财政赤字削减程度不一样。其中,旨在削减赤字的德国在紧缩财政包括大幅削减政府开支和征税等措施的作用下率先实现了财政盈余,经周期性调整的预算账户首次出现盈余0.3%,相比2012年上浮0.4%。未来欧盟在财政政策的选择上,刺激经济复苏将成为欧元区各国政府的优先考虑,同时将继续推动财政联盟的建设,增强市场对欧元区最终摆脱危机的信心。

希腊政府执行的大范围增税裁员的财政紧缩措施虽然减少了财政赤字比例,甚至出现盈余,由2012年经周期性调整的赤字比例2.3%变成盈余比例

2.1%。但同时导致希腊社会福利水平下降,由于社保和养老等重要社会福利部门的开支被大幅度缩减,希腊劳动者工资水平也出现大幅下降。这一系列的紧缩政策导致希腊国内消费需求出现大幅萎缩,政府税收特别是增值税等大幅减少。这种入不敷出的财政局面,将会使希腊债务状况进一步恶化。内需不足还导致了希腊经济增长乏力,更有可能陷入恶性循环。因此,2014年希腊的财政政策有待转向宽松以拯救国内经济。

2. 新兴经济体中各国财政政策出现一定程度的分化

新兴经济体由于各国内部经济形势不一样,各国财政政策出现一定程度的区别,其中中国在经济形势稳定的情况下采取了进一步的财政宽松政策,财政赤字也得到缓和,巴西则继续采取紧缩的财政政策,财政赤字比例进一步拉大,印度也继续维持积极的财政政策。

2013财年中国实行的是积极的财政政策以应对国内外形势,包括扩大基本建设投资、加大科技改革创新力度、增大教育和科研投入、完善社会保障制度、增加农业收入等措施。积极财政政策的三个支点是增赤、减税、扩支,2013财年的政策侧重满足逆周期调节和推动结构调整的双重需要。在此政策调节下,中国政府经周期性调整财政赤字占GDP的比重下降了0.4个百分点,同时保证了经济增速。预计下一财年中国会维持一定的财政宽松,因为中国经济逐渐企稳,外需向好,但内需走弱,还有一定的财政宽松空间。

印度为走出经济低迷,财政部实施了降低证券交易税和取消利息税等扩张性措施,IMF数据显示,印度财政赤字经周期性调整比重有所下降,下降幅度为0.5个百分点。但面对印度国内现况,印度必须整顿财政,避免信用评级降级。降级将严重阻碍该国通过融资来改善其破旧的基础设施,预计印度下一财年赤字比重会继续下降,但下降幅度不大。

受经济减速和财政刺激增加影响,巴西财政状况不断恶化。根据国际货币基金组织(IMF)的估计,2013年巴西政府的债务总额占GDP之比将达到68.3%,超过60%的风险警戒线,经周期性调整的财政赤字占GDP的比重由2012年的2.7%上升到3.3%。在未来一年,巴西应适当放宽财政政策以刺激经济增长,预计财政赤字将不会得到明显改善。

(二) 全球财政政策展望

虽然全球财政风险略有消退,但依然处于高位。先进经济体近期政策大致稳定了公债比率,但是中期前景仍不确定,而且债务仍然维持在历史高位。在新兴市场经济体和低收入国家中,财政脆弱性均在上升,但多数国家的起始水平都相对较低。从国家组别看,财政政策应该以重建政策空间为宗旨,同时支持复苏和中期增长前景。2014年,随着大部分先进经济体的平均债务总水平稳定下来,财政紧缩的步伐将会有所放慢。主要例外是日本,预计其2014年财政紧缩会加剧。居高不下的债务比率的阴影仍然笼罩着大部分国家的中期前景。同时，财政预测依旧大多处于下行趋势。这反映了对增长前景暗淡、中期政策不确定性，以及持续通缩的担忧。这些对债务动态和预算结果都会产生潜在的不利影响。在这种背景下，第一优先事项仍然是设计和实施可信的中期紧缩计划，把债务比率降低到更安全的水平，并认真平衡平等和效率这两个目标之间的关系。

2013年，由于多数新兴市场经济体选择推迟财政调整，赤字则依然明显高于危机前水平。在那些与国际资本市场一体化程度更紧密的国家中，全球流动性状况的正常化已经开始推升借款成本，加大其金融波动，使得财政紧缩变得更加紧迫，特别是在那些赤字和公债一直居高不下的国家。更广泛地说，设计良好的财政改革能够有助于强化安全保障网，提高潜在增长率，并增加被侵蚀的国内储蓄。

三、2014年全球货币金融回顾与展望

国际贸易、投资及消费环境的改善，为经济复苏奠定了良好的基础。国际金融市场逐渐活跃，金融业开始步入稳定发展阶段，从而使实体经济得到了更多的融资支持。在财政政策的选择普遍非常有限的前提下，货币政策将继续担当修复经济的主要推动力。美国和日本政府已经实施了一些常规和非常规的货币政策。长期宽松的货币政策将会带来更多的市场风险，还会催生经济泡沫及资源配置不当。但是轻易撤销非常规的货币政策也是不可取的，因为这将有可能带来震荡，并有可能造成一些新兴经济体的债券收益率急剧上升，从而对经济增长带来消极影响。

（一）欧盟维持低利率和量化宽松政策

2013年是欧债危机的转折点。得益于巩固财政和金融监管的努力，市场信心重新恢复，大量资金返回欧洲。在德国、英国等核心国家经济复苏的拉动下，欧洲经济从第二季度开始复苏。但由于此前欧元区经历了持续6个季度的历史最长时期的衰退，加之意大利、西班牙等衰退程度较深，全年欧元区GDP下降0.4%，欧盟GDP出现零增长。因此基于通缩风险上升，失业率高企的情况，欧洲央行维持0.25%的基准利率；为维护经济复苏的成果，英格兰银行也维持低利率水平和量化宽松规模不变。

展望2014年，在欧元区，财政紧缩压力减轻、金融市场好转和德国等核心国家的强劲增长，仍将是推动经济持续复苏的关键动力；受益于房地产与建筑市场的强劲复苏，英国有望在2014年成为发达国家经济复苏的亮点。由于意大利、西班牙和希腊等危机国家债务水平、失业率和银行不良贷款率依然较高，因此复苏力度较为疲软，成为拖累经济增速的因素。预计在2014年，欧洲央行仍将维

持0.25%的低利率和直接货币交易计划,巩固经济复苏势头。

(二)美国需慎重退出量化宽松

2013年是美国经济进入复苏增长的第5年,增长动力主要来自消费、固定投资和库存投资。这表明增长的内在动能正在累积,具有较坚实的基础和可持续性,并且经受住了负面冲击的考验。2013年美联储维持宽松货币政策,联邦基金利率保持在0~0.25%的水平。

2014年美国经济将会更加平稳持续增长,同时量化宽松政策的退出也提上日程,为了让市场相信高度宽松的货币政策将延续,美联储将继续维持0~0.25%的联邦基金利率目标不变,同时进一步采取前瞻性指导,强调超低利率将延续相当长时间,甚至可能下调升息阈值。预计量化宽松政策退出对美国经济及市场的冲击有限。美国财政政策及债务上限的纷争、不确定性仍将是经济增长的主要障碍。但随着财政赤字进一步改善,政府支出可能减速下降,其对经济增长的直接阻碍作用可能减退。

美联储量化宽松货币政策的退出与其当初实施一样,都具有重要的溢出效应。当初量化宽松货币政策的推出一定程度上让美国经济得到了复苏。量化宽松政策逐步退出,将改变国际金融、商品和房地产市场流动性供求格局,有利于保持资产价格稳定,防止泡沫积累;但同时也可能会引发国际金融市场的剧烈波动,冲击国际债券市场和外汇市场,造成跨国资本流动异常,给世界经济带来新的不确定性。自2013年5月美联储暗示要缩减货币刺激规模以来,市场对量化宽松退出预期的敏感性增强,市场的震荡和风险也明显增加。IMF认为,美国实现平稳退出面临较大难度,能否控制长期利率和市场波动性甚为关键。市场流动性相对减少,很可能导致长期利率升幅扩大,对全球市场产生溢出效应。

(三)安倍新政为日本经济注入活力

随着安倍新政重启经济活力并推动日本走出长期通缩,日本的增长上行成为亚太地区的一个亮点。由于定量和定性货币宽松计划引发汇率贬值及资产价格回升,金融条件显著宽松,通胀和通胀预期提高,但仍远低于日本银行2%的目标。为了加强货币传导,日本银行的资产购买计划需要继续稳步实施,以鼓励投资者调整投资组合,转向对增长有更大作用、能带来更多贷款的高风险资产。在其他国家中央银行考虑最终退出非常规货币政策的战略时,日本正在"安倍新政"框架下增加货币刺激,目的是使经济摆脱通货紧缩。成功实施全套政策(包括财政和结构改革)将增强国内金融稳定,同时可能导致资本流出。但如果计划中的财政和结构改革得不到充分实施,金融稳定可能面临显著风险。若不能落实这些改革,通货紧缩可能再度出现,银行持有的政府债务可能增加。在一种更无序的情景中(更高的通胀和高水平的风险溢价),日本国内和全球金融稳定都会面临更大风险,包括债券收益率和波动性急剧上升,资本外流急剧增加。

2014年日本经济面临的不确定因素增多,"安倍经济学"的短期效应缩减。为应对财政紧缩带来的经济下行风险,日本央行将继续推行超宽松货币政策,但政策效果存在不确定性。

(四)新兴经济体和发展中国家普遍实行宽松的货币政策

为应对经济下行危机,新兴市场和发展中经济体普遍实行了宽松的货币政策。近期的发展情况突出表明,需要对潜在资本流动逆转的风险进行管理。在那些存在国内脆弱性,并且对外经常账户存在逆差的经济体中,这一问题尤其突出。在外部融资条件恶化的情况下,应允许汇率贬值。如果汇率调整受到限制——原因是存在资产负债表错配和其他金融脆弱性,或者由于货币政策框架缺乏透明度或政策实施缺乏连贯性,对通胀产生显著传导效应——政策制定者可能需要考虑在收紧宏观经济政策的同时加强监管政策。中国近期的经济增长反弹突出表明,投资仍是经济增长的主要驱动力。中国需要在经济再平衡方面取得更大进展,使国内需求从投资转向消费,以有效控制投资过度给经济增长和金融稳定带来的风险。

在新兴市场经济体,鉴于美联储将于2014年初期开始逐步退出量化宽松政策,金融市场和资本流动波动性的增大将是一个令人担心的问题。多数经济体市场对美联储12月宣布的相关措施的反应相对平静,这可能得益于美联储的政策沟通和调整(包括对前瞻指引的修改)。然而,美联储逐步退出量化宽松政策,可能会出现汇率调整和一些资本外流。如果还存在国内脆弱性,就可能导致更急剧的资本外流和汇率调整。

许多新兴市场经济体面临金融稳定的挑战。债券市场目前对先进经济体的通融性货币政策的变化更加敏感,因为外国投资者可能会撤出当地市场。新兴市场的信贷扩张和企业杠杆率上升持续了相当长一段时间,其经济基本面近年来已经减弱,政策制定者面临的主要任务是,管理向更均衡、可持续的金融部门过渡过程中可能出现的风险,同时维持强劲的经济增长和金融稳定。

对印度来说,最近的金融压力可能会使公司和银行资产负债表更加脆弱,并使本已处于历史较低位的增长预测进一步下调。其原因包括持续的供应限制以及在结构性改革上进展缓慢。然而,尽管需求疲软,食品价格很可能推高总体通胀达到接近两位数。对中国来说,首要任务是放慢信贷增长,尤其是影子银行部门信贷的增长。这需要更多利用利率作为主要货币政策工具来提供支持。

总的来说,先进经济体的产出缺口仍然很大,并且,考虑到有关风险,在财政整顿继续实施的情况下,货币政策态势应继续保持宽松。在许多新兴市场和发展中经济体中,来自先进经济体的更强劲的外部需求将促使其增长加快,但其国内脆弱性仍是一个值得担心的问题。一些经济体可能有空间提供货币政策支持。而在其他许多经济体中,产出接近潜在水平,这表明增长的减缓在一定程度上反映了结构性因素或周期性降温,提高增长率的主要政策方法必须是推进结构性改革,努力继续改善补贴机制,实现经济多元化并加强社会政策。一些经济体需要应对信贷质量下降和资本外流增加带来的脆弱性。

第二节 2013年全球贸易发展回顾与展望

一、2013年全球贸易发展状况

(一)国际贸易增速维持低位,增长乏力

2013年全球贸易延续了2012年的颓势,增长率仅为2.1%,与上年基本持平。主要原因在于发达国家经济前景的不明朗,包括欧盟经济衰退余波未了,失业率居高不下;美国量化宽松货币政策退出时机暧昧不明。2013年发达国家的高失业率以及进口量大幅减少的状况基本维持不变,导致世界总需求复苏乏力,发展中国家的出口维持低位,从而也使得全球贸易增长率总体保持了2012年的水平,见表1.2。

世界贸易组织(WTO)最新发布的数据显示,全球货物贸易出口增长率由2012年的2.1%微弱增长到2013年的2.2%。其中,美国的出口增长率由4.1%下降到2.2%,而欧盟的出口增长率更是为负,由0.3%下降到-0.9%,这对于发达国家贸易的增长产生了重大的影响,也对本已疲软的国际贸易产生了重大的负面作用。发展中国家表现各有不同,独联体国家的出口增长率出现了下降,由2012年的3.3%下降到了2013年的-2.6%。新兴经济体国家除中印外增长率均为负,其中中国的表现抢眼,出口保持增长,达到7.8%,而印度的出口增长率扭转下跌趋势,由2012年的-0.5%增长到了2013年的5.5%。全球贸易在进口增长方面同样表现不佳,货物贸易进口增长率由2012年的1.9%下降到2013年的1.5%。如表1.2所示,其中,美国进口增长率由2.8%下降到-0.3%;受欧元区危机影响,欧元区经济增长缓慢,内部需求持续疲软,但欧盟进口贸易量还是得到了小幅改善,进口增长率由2012年的-2.0%增至2013年的1.0%。欧元区经济改革步履维艰,内部结构改革未能如预期般取得效果,经济前景并不明朗,同时美国货币政策受国内经济复苏影响可能会退出量化宽松,对欧盟及新兴经济体的负面影响若隐若现。由此看来,欧元区经济恢复乏力与美国退出量化宽松的预期是造成世界贸易量增长乏力的两个重要因素。

表 1.2　2012—2013 年主要国家进出口贸易增速　　　　　　　单位:%

	出口(增速)		进口(增速)	
	2012	2013	2012	2013
美国	4.1	2.2	2.8	-0.3
欧盟	0.3	-0.9	-2.0	1.0
日本	-1.0	-10	3.7	-5.9
中国	6.2	7.8	3.6	7.2
印度	-0.5	5.5	7.2	-4.6

资料来源:根据世贸组织网站资料整理得到。

(二) 发达经济体间贸易增长各不相同

2013 年发达经济体贸易增长率虽有改善迹象,但并未根本好转,各发达经济体间贸易增长情况也各有不同。美国房地产市场和就业市场逐步改善,股指连创历史新高,居民消费重趋活跃,经济处于稳定复苏阶段。但内需增长依然迟缓,进口持续收缩。据美国商务部统计,2013 年美国货物进出口额为 38 457.1 亿美元,比 2012 年增长 0.6%。出口 15 788.5 亿美元,增长 2.1%;进口 22 668.6 亿美元,下降 0.4%。贸易逆差 6 880.0 亿美元,下降 5.7%。欧元区方面,由于持续的财政紧缩,外加经济改革稳步推行,欧元区经济仍陷入衰退中。在这种情况下,根据欧盟统计局统计,2013 年欧盟(27 国,下同)货物贸易进出口 45 464.8 亿美元,较上年增长 1.4%。其中,出口 23 103.2 亿美元,增长 6.3%;进口 22 361.6 亿美元,减少 3.3%;贸易顺差 741.5 亿美元,上年为贸易逆差 1 390.0 亿美元。虽然日本经济在 2013 年受到安培"三支箭"的刺激后有所增长,但日元较美元大幅贬值 18.31%,因此日本贸易额下降较多。据日本海关统计,2013 年日本货物进出口 15 478.8 亿美元,较上年下降 8.1%。其中,出口 7 149.9 亿美元,下降 10.5%;进口 8 328.9 亿美元,下降 6.0%。贸易逆差 1 178.9 亿美元,增长 34.9%。

(三) 新兴经济体外部需求增多,贸易增速普遍上升

2013 年受美国经济复苏影响,新兴经济体的外部需求增多,贸易增速普遍上升,中国经济更是斩获货物贸易额全球第一的桂冠。

据中国商务部统计,2013 年,中国货物进出口 4.16 万亿美元,增长 7.6%,一举成为世界第一货物贸易大国,也是首个货物贸易总额超过 4 万亿美元的国家,创造了世界贸易发展史的奇迹。其中,出口 2.21 万亿美元,增长 7.9%,占全球比重为 11.8%,比 2012 年提高 0.7 个百分点,连续五年居全球首位;进口 1.95 万亿美元,增长 7.3%,占全球比重为 10.3%,比上年提高 0.5 个百分点,连续五年居全球第二;贸易顺差2 597.5亿美元,占GDP比重为2.8%,仍然处于合理区间。分季度看,2013年中国进出口可谓跌宕起伏。第一季度,受套利贸易等因素影响,进出口快速增长,增速达13.5%。第二季度,由于国际市场需求萎缩、国家加强贸易监管,进出口增速下滑至4.3%。下半年,随着国家促进进出口,稳增长、调结构的政策措施逐步见效,加上外需有所好转,进出口企业信心增强、经营状况改善,进出口增速趋于回升。第三、四季度,进出口增速逐步回升至6%和7.3%,其中出口增速从第二季度的3.8%回升至3.9%和7.4%;进口增速从4.9%回升至8.5%和7.1%。

据印度商业信息统计署与印度商务部统计,2013年1—12月,印度货物进出口额为7 800.3亿美元,比2012年增长0.1%。其中,出口3 124.7亿美元,增长5.1%;进口4 675.6亿美元,下降4.7%。贸易逆差1 550.9亿美元,下降21.7%。

全球经济的低迷使巴西大类商品的出口出现下降,据巴西外贸秘书处统计,2013年1—12月,巴西货物进出口额为4 818.0亿美元,比2012年增长3.5%。其中,出口2 421.8亿美元,下降0.2%;进口2 396.2亿美元,增长7.4%。贸易顺差25.6亿美元,下降86.8%。

据俄罗斯海关统计,2013年俄罗斯货物进出口额为5 771.3亿美元,比2012年同期下降10.2%。其中,出口2 901.3亿美元,下降17.7%;进口2 870.0亿美元,下降1.2%。贸易顺差31.2亿美元,下降95.0%。

由于矿产品、贵金属制品等南非的主要出口产品产量的下滑,南非的出口也受到了较大影响,据南非国税局统计,2013年南非货物进出口额为1 838.3亿美元,比2012年下降2.6%。其中,出口834.4亿美元,下降4.4%;进口1 004亿美元,下降1.1%。贸易逆差169.6亿美元,增长18.7%。

二、2013年全球贸易政策回顾与展望

(一) 2013年全球贸易政策回顾

2013年世界经济复苏乏力,世界贸易政策总体趋于保守。2013年奥巴马政府向国会提交《2013年总统贸易政策议程》报告,列举美国2013年贸易工作重点,提出继续推进5年出口倍增计划、《跨太平洋经济伙伴协定》(TPP)、《跨大西洋贸易与投资伙伴协定》(TTIP)等工作重点,旨在打开美国出口市场并维护美国在国际贸易领域的领导地位。欧盟也于2013年4月出台欧盟贸易防御体系修订草案,这是欧盟自1995年以来首次大规模修订该体系。草案授权欧委会在未接到企业申诉的情况下,也可对进口产品主动开展反倾销和反补贴调查,使得欧盟进行双反调查的程序更加简化,对其贸易伙伴的威慑性增强。此外,2013

年6月12日,欧洲议会和欧洲理事会通过了欧盟608/2013号条例,规定了知识产权海关执法的新规则。扩大了海关执法的知识产权范围,列明了海关执法行动申请人的范围,强化了海关依职权的执法行动,引入了"小规模托运"货物的定义及销毁程序等。

(二) 2014年全球贸易政策展望

在全球经济低速增长、失业率总体偏高的情况下,一些国家为了维护本国产业的市场份额,仍在实行各种形式的贸易保护主义。不仅发达国家层层设置贸易壁垒,一些发展中国家也频频出台新的贸易限制措施,中国是近年来全球贸易保护主义的最大受害国。2013年,中国共遭遇19个国家和地区发起的92起贸易救济调查,比2012年增长18%,其中新兴经济体和发展中国家发起的案件约占2/3。2014年第一季度,中国又遭遇11个国家和地区发起的27起贸易救济调查,同比增长23%,其中美国对中国多个产品发起反倾销反补贴调查。从产业领域看,钢铁产品是中国遭遇国外贸易救济调查的"重灾区",发达国家对中国战略性新兴产业出口设限的势头没有根本缓解,新兴经济体与中国关于劳动密集型产品的摩擦时有发生。在国际竞争日趋激烈的环境下,贸易摩擦已经成为影响中国出口稳定增长的重要因素。因此,在世界经济没有实质性好转或有明确好转预期之前,贸易保护主义将会更多地出现在各国贸易政策制定者的头脑中。

三、2014年全球贸易发展展望

2014年全球经济前景将持续改善,主要增长动力将来自先进经济体。然而,这些经济体的通货膨胀仍然低于预期,反映了居高不下的产出缺口和近期商品价格的下跌。在不太有利的外部环境下,许多新兴市场经济体的经济活动令人失望,但它们对全球经济增长的贡献仍超过三分之二。对先进经济体出口的增加将带动这些经济体的产出增长。其中有三点需要注意:新兴市场风险已经增大;先进经济体低于预期的通胀水平给经济活动带来风险;地缘政治风险已重新浮现。总体而言,风险状况虽然有所改善,但全球经济仍处于下行状态。

国际货币基金组织(IMF)2014年4月的《世界经济展望》的预测显示,2014年世界贸易的增长率可能达到4.3%,同时OECD和IMF也对2014年世界贸易增长率的回升表现出信心。但是新的不稳定的危险又浮出水面,这包括一个较长时期的增长放缓,尤其是新兴经济体的增长放缓,欧元区旷日持久的经济衰退以及冲突加剧的地缘政治风险。这些都将成为阻碍各国进出口继续增长的因素。

2014年全球经济前景有所改善,发达经济体中美国由于经济恢复较好,贸易增速较高。据美国商务部统计,2014年1—6月,美国货物进出口额为

19 493.9亿美元,比 2013 年同期增长 3.1%。其中,出口 8039.6 亿美元,增长 3.0%;进口 11 454.3 亿美元,增长 3.2%。贸易逆差 3 414.7 亿美元,增长 3.8%。其中,美国对欧盟 27 国出口增速最高,为 4%;对石油输出国组织国家出口则为负增长,为 -11.5%。与此相应的,美国对欧盟 27 国的进口增长也最高,为 9.8%;对石油输出国组织国家进口下降,增速为 -7.4%。

欧盟 25 国的贸易状况在 2014 年上半年扭转了 2013 年的萎缩态势,但增速提升微弱。2014 年 1 月至 4 月,欧盟货物贸易进口额增加了 2.4%,货物贸易出口额增加了 0.7%。经济增长继续疲弱以及积极货币政策难以推出导致了低迷的需求,同时欧元区经济改革推进不力,都是导致欧盟 25 国贸易表现逊于美国的主要原因。欧洲统计局公布的初步数据显示,2014 年 1—4 月,欧盟 25 国货物进出口额为 15 388.5 亿美元,比 2013 年同期增长 1.5%。其中,出口 7 712.5 亿美元,增长 0.7%;进口 7 675.9 亿美元,增长 2.4%。贸易顺差 36.6 亿美元,减少 77.9%。4 月当月,欧盟 25 国货物进出口 3 888.6 亿美元,增长 0.1%。其中,出口 1 964.5 亿美元,减少 2.1%;进口 1 924.1 亿美元,增长 2.6%。贸易顺差 40.4 亿美元,减少 69.1%。

2013 年安倍政府上台后推出了一系列新的经济政策,俗称安倍经济学。安倍经济学的扩张性货币政策和支持性的财政政策给日本经济带来了巨大的推力。日本股市大幅上升和支持性财政政策带来了明显的财富效应。由于财富效应和通货膨胀上升,日本的国内消费状况上年明显改善,推动了日本经济。但 2014 年日本经济的持续增长存在较大不确定性,受日本将实施消费税的影响,经济增长率将比 2013 年大幅降低 50% 左右,增长率可能仅为 1.4%。日本民间对 2014 年经济增长率的预期更低,只有 1% 左右。安倍射出的头两支"箭"的预期效果在明显减弱。从 2013 年安倍投入的 10 多万亿日元的第二支"箭"来看,经济一般应在第三季度有所反映。但日本第三季度经济增长反而大大低于第一和第二季度。安倍经济学的第三支"箭"力度不够,与前面的措施没有衔接好,从而削弱了安倍经济学的效力。据日本海关统计,2014 年 1—6 月日本货物贸易进出口 7 585.7 亿美元,较 2013 年同期下降 0.4%。其中,出口 3 423.0 亿美元,下降 3.7%;进口 4 162.6 亿美元,增长 2.4%;贸易逆差 739.6 亿美元,增长 44.8%。

2014 年以来,世界经济出现分化,美国经济向好而欧盟依然没有走出衰退,外部市场的需求没有显著加强。此外,美国退出 QE 对新兴经济的打击也有目共睹。在这种大环境下各新兴经济体的出口增速由于内部经济结构组成以及改革预期的不同而表现各异。据中国海关统计,2014 年 1—6 月,中国进出口总值 2.02 万亿美元,增长 1.2%。其中,出口 1.06 万亿美元,增长 0.9%;进口 0.96 万亿美元,增长 1.5%;贸易顺差 1 028.7 亿美元,下降 5.1%。外部需求的恶化使得 2014 年印度对许多贸易伙伴的出口均出现了下降,据印度商业信息统计署与印度商务部统计,2014年1—3月,印度货物进出口额为1 915.5亿美元,比2013年同期下降8.6%。其中,出口818.0亿美元,下降1.4%;进口1 097.4亿美元,下降13.3%。贸易逆差279.4亿美元,下降37.6%。巴西经济增长受中国大宗商品需求下降以及美国退出QE的影响放缓。因此,巴西主要出口商品市场的需求依然低迷,预计2014年巴西出口依旧会下降。据巴西外贸秘书处统计,2014年1—6月,巴西货物进出口额为2 235.5亿美元,比2013年同期下降3.6%。其中,出口1 105.3亿美元,下降3.4%;进口1 130.2亿美元,下降3.8%;贸易逆差24.9亿美元,下降19.0%。俄罗斯的主要出口国为欧洲国家,而受欧元区经济衰退以及地缘政治冲突的负面影响,预计俄罗斯的出口将有所下降。据俄罗斯海关统计,2014年1—4月,俄罗斯货物进出口额为1 798.0亿美元,比2013年同期增长0.7%。其中,出口950.5亿美元,增长6.7%;进口847.5亿美元,下降5.3%。贸易顺差103.0亿美元,2013年同期则为逆差4.1亿美元。据南非国家税务局统计,2014年1—6月,南非货物进出口额为933.4亿美元,比2013年同期增长3.1%。其中,出口444.5亿美元,增长8.1%;进口488.9亿美元,下降1.1%。贸易逆差44.4亿美元,下降46.7%。

第三节　2013年全球外国直接投资发展回顾与展望

一、2013年全球外国直接投资发展概况

(一) 全球FDI回升,呈谨慎乐观态势

2013年全球外国直接投资(FDI)恢复增长态势。全球FDI流入量由2012年的1.33万亿美元增长至1.45万亿美元,增长了9%;FDI流出量由1.35万亿美元增长至1.41万亿美元,增长了4.44%。2013年全球经济的增长仍缓慢,但是出现好转迹象。欧元区结束了长期衰退,开始出现增长;美国和其他发达经济体的经济持续复苏;一些新兴经济体的经济也企稳回升。这些迹象促使全球投资者开始谨慎乐观,扩大投资。因此,流向发达经济体、发展中经济体和转型经济体的FDI均呈现增长。2013年发达经济体FDI流入量为5 660亿美元,比2012年增加490亿美元;发展中经济体FDI流入量为7 780亿美元,比2012年增加490亿美元;转型经济体FDI流入量为1 080亿美元,比2012年增加240亿美元。而在FDI流出量方面,虽然主要经济体集团也均呈现增长,但增长主要来源于发展中经济体和转型经济体。其中,2013年发达经济体的FDI流出量为8570亿美元,仅比2012年增长40亿美元;发展中经济体FDI流出量为4 540亿

美元，比 2012 年增长 140 亿美元；转型经济体 FDI 流出量为 990 亿美元，比 2012 年增长 450 亿美元，见表 1.3。全球 FDI 存量也增长了 9%，达到 25.5 万亿美元。

表 1.3　2012—2013 年各类经济体 FDI 流量　　　　　　单位：亿美元

	FDI 流入量		FDI 流出量	
	2012	2013	2012	2013
世界	13 300	14 520	13 470	14 110
发达经济体	5 170	5 660	8 530	8 570
发展中经济体	7 290	7 780	4 400	4 540
转型经济体	840	1 080	540	990

资料来源：UNCTAD. World Investment Report 2014- Investing in the SDGs：An Action Plan, N. Y. and Geneva：UN. 2014. http://unctad.org/en/pages/PublicationWebflyer.aspx? publicationid=937.

　　2013 年发展中经济体持续了 2012 年的良好表现，发展中经济体吸收的 FDI 占全球 FDI 总流入量的 54%，流入量达到新高，达 7 780 亿美元。发展中经济体的 FDI 流入量增长主要由拉丁美洲和加勒比地区以及非洲推动。作为全球接收外资最多的地区，亚洲发展中经济体 2013 年吸引的 FDI 基本上保持在 2012 年的水平，仍为全球最大的 FDI 流入地。

　　2013 年，流入发达经济体的 FDI 占全球的比重持续两年处于历史低位，流入发达经济体的 FDI 在全球 FDI 流入总量中所占份额仅为 39%。美国仍是全球 FDI 第一大流入国，流向美国的 FDI 达 1 880 亿美元，开始出现上升趋势。欧盟国家中，德国、西班牙和意大利等国 FDI 流入量大幅增长，其中德国增长了 108%，至 270 亿美元。

　　在各大区域及跨区域经济组织中，2013 年，亚太经济合作组织（APEC）经济体在全球 FDI 流入量中的占比从危机前的 37% 上升至 54%，与 20 国集团（G20）经济体的 FDI 流入量占比相当；流入金砖国家（BRICS）的 FDI 在全球 FDI 流入量中的占比与金融危机前相比几乎翻倍，比重达 21%；流向东盟（ASEAN）和南方共同市场（MERCOSUR）的 FDI 占比也比金融危机前翻了一番。目前正在谈判中的三个特大区域一体化项目：TTIP、TPP 和 RCEP 表现出不同的 FDI 趋势。正在进行 TTIP 谈判的美国和欧盟，其在全球 FDI 流入量中的占比总量与危机前相比几乎降低了一半，从危机前的 56% 降到 2013 年的 30%。在 TPP 中，美国下降的份额被集团中新兴经济体 FDI 流入的增加量抵消，使 TPP 成员的总 FDI 流入量占比从 2008 年前的 24% 上升至 2013 年的 32%。正在谈判的《区域全面经济伙伴关系协议》（RCEP），由东盟 10 国及其 6 个 FTA 合作伙伴组成，近年来在全球 FDI 流量中的占比超过了 20%，2013 年占比达到了 24%，几乎是危机前的两倍。

2013年,流向转型经济体的FDI也创下新高,达1 080亿美元,较上年增长28%。俄罗斯的FDI流入量增长55%,达790亿美元,首次跃居全球第三,俄罗斯政府还设立了外国投资基金推动外来投资,FDI增势有望继续保持下去。联合国贸易和发展会议(United Nations Conference on Trade and Development, UNCTAD)的《世界投资报告》显示,2013年流入中国的FDI达1 240亿美元,稳居世界第二。但由于美国的FDI流入量出现上升,流入中国的FDI与美国的差距扩大到640亿美元。此外,位居第4位和第5位的是中国香港(770亿美元)和巴西(640亿美元)。2013年,在全球吸收FDI的前20个经济体中,发展中经济体占了一半,且在前五位中除居于首位的美国外,其余4个均为发展中经济体。

UNCTAD预测,随着全球经济增长势头回升,投资者的信心将得到增强,将进一步扩大投资。因此,未来几年的全球FDI流量将逐步上升,2014年的FDI流量将达到1.6万亿美元,2015年达到1.75万亿美元,2016年达到1.85万亿美元。由于发达经济体的经济复苏逐渐稳定和进一步增强,UNCTAD预测FDI的增长将主要集中于这些发达经济体。而一些新兴经济体的脆弱性、政策不确定性带来的风险和地区冲突等将可能削弱FDI流量的上升预期。由于FDI的预期增长将主要出现于发达经济体,FDI的区域分布将倾向于"传统模式",即在全球FDI中流入发达经济体的FDI将占较高份额。但是,在未来几年中,流入发展中经济体的FDI仍将保持在高位水平。

(二)流入发达经济体的FDI开始恢复增长

在经历了2012年的急剧下降后,2013年流向发达经济体的FDI恢复增长,达5 660亿美元,增长了9%。流入欧盟的FDI为246亿美元,增长了14%,但仍比2007年的峰值低30%。在欧盟的主要经济体中,德国在经历了2012年意外的触底后FDI流入量急速反弹,但是法国和英国仍然在锐减。在很多情况下,公司内部间借款的巨大变化是主要影响因素之一。流向意大利和西班牙的FDI流量也迅速反弹,使西班牙成为2013年欧盟最大的FDI流入国。流向北美地区的FDI恢复至2 500亿美元。作为全球最大的FDI流入国,美国达到17%的增长纪录,增至1 880亿美元。

2013年从发达经济体流出的FDI为8 570亿美元,几乎与2012年持平。欧洲地区的恢复和日本投资的持续扩张被北美地区收缩的FDI流出量抵消。欧洲的FDI流出量达3290亿美元,增加了10%。瑞士成为欧洲最大的对外直接投资国。与欧洲的趋势相反,法国、德国和英国的FDI流出量呈大幅下降趋势。北美地区的FDI流出量下降了10%,为3 810亿美元,部分原因是美国的跨国公司将欧洲地区的资金转移回美国,投放到本土的债券市场中。日本的FDI流出量连续第三年增长,上升至1 360亿美元。

然而，发达经济体的 FDI 流入量和流出量仍仅为 2007 年峰值水平的一半左右。就全球份额而言，发达经济体的 FDI 流入量占了全球总 FDI 流入量的 39%，FDI 流出量占了全球 FDI 流出量的 61%，仍处于历史低水平。

美国的页岩气革命明显对 FDI 模式产生了影响。在美国的油气行业中，随着页岩气市场的稳固以及国内需要分担发展和生产费用的主体较少，外国投资的作用逐步增大。2013 年，页岩气的跨境并购在油气行业并购中的占比超过了 80%。而拥有页岩气勘探和发展方面必要专有技术的美国企业也逐渐成为其他拥有丰富页岩气国家能源企业的并购目标或行业合作伙伴。

除了油气行业，尤其是化学品和化工产品行业，便宜的天然气也在吸引新的设备投资，包括投向美国制造行业中的绿地 FDI。美国在这些行业中的投资在全球公布的绿地投资的份额由 2011 年的 6% 上升至 2012 年的 16%，2013 年的 25%，远远高于美国在所有行业的平均投资份额（7%）。一些美国制造业跨国公司的重新回归也是备受期待的。

2013 年，私募企业的未偿资金增加至 1.07 万亿美元，达最高纪录，较 2012 年上升了 14%。但是，它们以并购为代表的跨境投资为 1 710 亿美元（净值为 830 亿美元），降低了 11%。2013 年私募占总跨境并购中的 21%，比 2007 年的峰值低 10%。近年来，随着日益增加的未偿资金可用于投资，以及相对被抑制的活动，私募 FDI 的增长潜力是非常巨大的。而大部分的私募股本并购仍然集中在欧洲（传统上最大的市场）和美国。

（三）发展中经济体的 FDI 流入量仍处于领先地位

1. 各主要发展中地区的 FDI 流入量均呈增长趋势

虽然与过去 10 年平均 17% 的增长率相比，发展中经济体的 FDI 流入增长率已跌至 7%，但是 2013 年发展中经济体的 FDI 流入量仍达到了新高，为 7 780 亿美元，占全球 FDI 总流入量的 54%，仍处于领先地位。发展中的亚洲仍旧为 FDI 流入量最多的地区，远远高于传统上占据全球 FDI 最大份额的欧盟。在其他的主要发展中地区，FDI 流入量也呈增加趋势：非洲（增加 4%）、拉丁美洲和加勒比地区（增加 6%，除去离岸金融中心）。发达经济体在全球 FDI 流量中的份额仍然处于历史低位（39%），比 2007 年的峰值低 57%。发展中经济体连续第二年超过发达经济体处于领先地位，超过 2 000 亿美元。在 FDI 流入量位于前 20 的发展中经济体和转型经济体中，墨西哥成为第十大 FDI 流入国。中国再次创下历史新高，并保持着世界第二大、发展中经济体和转型经济体中第一大 FDI 流入国的地位。

来自发展中经济体的跨国公司的 FDI 也创下历史新高，达 4 540 亿美元。加上来自转型经济体的 FDI，它们占了全球 FDI 总流出量的 39%，而在 21 世纪初期这一比例只有 12%。2013 年，前 20 的 FDI 流出国和地区中有 6 个是发展中经济体和转型经济体。其中，除俄罗斯外，其余 5 个都是来自亚洲的发展中经济体和转型经济体，包括中国（第 3 位）、中国香港（第 5 位）、韩国（第 12 位）、新加坡（第 13 位）和中国台湾（第 19 位）。来自发展中国家的跨国公司正越来越多地并购发达国家跨国企业在发展中经济体的附属企业。

2. 发展中的亚洲仍然是世界上最大的 FDI 流入地区

2013 年流向亚洲的 FDI 达到 4 260 亿美元，占到了全球 FDI 流入量的近 30%，仍然是世界上最大的 FDI 接收地区。流向东亚的 FDI 为 2 210 亿美元，仅增长了 2%。这一区域的稳定表现主要得益于中国、韩国和中国台湾的 FDI 流入量增加。近年来，中国的 FDI 流入量稳步增长，西部地区吸收的 FDI 比东部地区更多，服务业吸收的 FDI 也高于制造业，这些变化都有助于中国经济健康平稳地发展。中国吸收的 FDI 与对外投资的数字接近平衡，将逐步向对外投资增多的趋势发展。此外，中国政府近来一直倡导实施经济改革，也有助于进一步改善投资环境。同时，2013 年从中国流出的 FDI 也增加了 15%，达 1 010 亿美元，这主要来源于在发达经济体的大量巨额交易。中国的 FDI 流出量在未来两到三年内有望超过 FDI 流入量。中国香港的 FDI 流入量也微增到 770 亿美元。2013 年，中国香港在吸引跨国企业地区总部上又取得了巨大成功，其数目已经将近 1 400 家。

2013 年，东南亚的 FDI 流入量达到了 1 250 亿美元，增长了 7%，其中新加坡吸收了近一半的 FDI 流入量。南亚的 FDI 流入量达到了 360 亿美元，增长了 10%。南亚地区最大的 FDI 流入国是印度，其 FDI 流入量在 2013 年达 280 亿美元，增长了 17%。虽然 2012 年开放了多品牌零售业，但与总趋势相反，印度的零售业投资并没有增长。西亚地区的 FDI 流入量为 440 亿美元，减少了 9%，连续第五年衰退。虽然在不同国家有差异，但是地区间的持续冲突和政治不确定性阻止了投资者。沙特阿拉伯和卡塔尔的 FDI 流入量仍然是下降趋势，其他国家稍有复苏，但除了科威特和伊拉克分别在 2012 年和 2013 年达到了最高水平外，其余国家的 FDI 流入量仍然远低于以前的水平。

3. 非洲 FDI 流入量增加主要来源于区域内的投资

受国际和地区市场需求和基础设施投资的驱动，非洲的 FDI 流入量达到了 570 亿美元，增长了 4%。预期新兴中产阶层的持续增长，吸引了包括食品、IT、旅游、金融和零售业在内的消费导向型行业的 FDI。

非洲的 FDI 流入量增加主要来源于东非和南非地区，而其他地区的投资则在减少。在南非地区，FDI 流入量几乎翻倍，达到了 130 亿美元，主要是由于向南非和莫桑比克流入的 FDI 量达到新高。在这两个国家中，最吸引 FDI 的是基础设施投资，还有莫桑比克天然气行业的投资。在东非地区，由于向埃塞俄比亚和肯尼亚的投资增加，使 FDI 流入量增加到了 62 亿美元，增加了 15%。

非洲内部的投资正在日益增加，主要由南非、肯尼亚、尼日利亚的跨国企业主导。在2009—2013年间，已公布的来自非洲内部的跨境绿地投资项目数份额已经从10%以下增加至18%。对于许多非洲内陆的小国或非石油出口国，区域内的FDI已经成为外国投资的重要来源。非洲内部的项目主要集中于制造业和服务业。在2009—2013年间，已公布的区域内绿地项目总金额中仅有3%是在采掘行业，而区域外部的绿地项目中的比例是24%。

4. 拉丁美洲和加勒比地区的FDI增长不均匀

2013年流向拉丁美洲和加勒比地区的FDI达到了2 920亿美元，除去离岸金融中心，它们的FDI流入量为1 820亿美元，增长了5%。在前几年，这一地区的FDI流入量增长主要由南美地区主导，但2013年，南美地区在经历了三年的FDI流入量连续增长后，缩减了6%，仅为1 330亿美元。在主要的FDI流入国中，巴西的FDI流入量微减了2%，而智利、阿根廷、秘鲁的FDI流入量均大幅度减少，分别降低了29%、25%和17%。相反的，哥伦比亚的FDI流入量增加了8%，达到170亿美元，主要源于电力和银行业的跨境并购。中美和加勒比地区（不包括离岸金融中心）的FDI流入量增加了64%，达到了490亿美元。

由于外国并购的停滞、巴西和智利跨国公司的外国子公司向母公司借款偿还的激增，从拉丁美洲和加勒比地区（不包括离岸金融中心）流出的FDI减少了31%，仅为330亿美元。

5. 发展中经济体部分行业中的FDI情况

虽然在历史上许多较为贫穷的发展中经济体的FDI都大量依赖于采掘行业，但在过去10年中绿地投资的动态反映了更为微妙的状况。在非洲和最不发达国家中，已公布的跨境绿地项目的累计金额中采掘行业的比例是相当大的，分别为26%和36%。但是，由于这些行业的资本密集属性，这些项目数量的份额在非洲已经降到8%，在最不发达国家降到了9%。此外，采掘行业的份额正在迅速减少。2013年已公布的绿地投资数据显示，在非洲最不发达国家中制造业和服务业占了总项目金额的近90%。由此可见，贫穷的发展中经济体正在逐步减少对于自然资源的依赖。

近年来，制药行业的跨国企业已经在剥离非核心业务部门和外包研发活动，并热衷于通过并购来寻求新的收益和低成本生产基地。为了满足日益增长的需求，这一行业的全球生产者通过并购位于发展中经济体的厂商来获得高质量、低成本的非专利药品。它们也将发展中经济体中的成功研究型企业和创业型企业作为并购目标。在这一行业中，目标为发展中经济体和转型经济体的跨境并购份额从2006年前的低于4%，增加到2010—2012年间平均的10%，到2013年超过了18%。

虽然私募股本并购仍然集中于欧洲和美国，但是亚洲地区的这些并购交易正在增加。虽然相对规模较小,位于发展中经济体的私募公司正在开始出现,并且不仅参与发展中经济体的交易,还参与到更成熟的市场交易中。

二、2013年全球外国直接投资政策回顾与展望

(一) 2013年全球外国直接投资政策回顾

FDI对于东道国既有积极作用,也有不利影响。从现有的研究来看,积极作用包括直接或者间接创造就业,降低本土企业的金融约束,通过示范效应、竞争效应促进技术升级,跨国企业进入垄断行业从而提高资源配置效率,将本土企业融入全球生产链等。但也存在消极影响,首先,竞争效应虽然能够提高效率,但也有可能会挤出本土企业,尤其是对中小企业带来较大的生存压力;其次,FDI企业使用的所有资源,不管是土地还是劳动力或者其他生产要素等,都有机会成本;再次,带来污染等对环境的不利影响;最后,可能增加本土企业对外国资本的依赖性。

各国监管者已经逐步开始意识到投资自由化的同时需要加强监管,从而最大化FDI带来的正面作用,最小化不利影响。从国别政策来看,各国在吸引外商直接投资的同时更具有选择性,注重外资对于该国实现包容性经济增长的贡献,尤其关注创造就业、降低贫困和应对环境挑战等方面的议题,强调企业社会责任和负责任的投资。但是,各国对外资的干预也导致了限制性措施的增加。①

1. FDI政策总体继续向自由化发展,但是限制性措施的比例仍在增加

2013年,根据UNCTAD的统计数据,59个经济体采纳了87项影响外国投资的政策措施。其中,有61项是涉及促进投资自由化的政策,23项政策对投资引入了新的限制或管制。新的管制和限制政策份额微增,从2012年的25%上升到2013年的27%。此外,近一半的政策管制是跨行业的,大部分针对具体行业的政策措施集中在服务业。

新的FDI自由化措施主要出现在亚洲的经济体,其中有一部分都是针对电信行业的FDI。例如,印度去除了对电信业FDI的上限;韩国通过了修订的《电信业务法案》,允许在来自于韩国签订了自由贸易协定(FTA)的经济体的外国投资者并购上限为100%韩国设备的电信业务,除SK和韩国电信外;墨西哥将电信行业除广播和电视广播外所有领域的外国投资上限增加到100%,在某些特定条件下的上限是49%。

---

① 王碧珺.2013年国际直接投资形势回顾与展望[R].中国社会科学院世界经济与政治研究所国际投资研究室. 2014. 第15~16页. 网址: http://intl.cssn.cn/gj/gj_gjwtyj/gj_sjjj/201402/P020140212384512599528.pdf.

除了在电信行业投资的自由化外,印度将国防业的FDI上限提高到26%,条件是通过内阁安全委员会的批准和特定情况下。在其他行业,包括石油和天然气、快递业、单一品牌零售、证券市场和短期现货交易市场的商品交易、信贷信息公司、基础设施公司等,审核要求都已经被放松。印度尼西亚修订了针对外国投资开放的行业领域的清单,并对一些行业上调了外国投资上限,包括制药、金融服务业的风险投资业务和发电厂项目。菲律宾修订了《乡镇银行法案》,允许外国的个人或实体机构在乡镇银行中持有至多60%的股权。

在促进FDI的政策措施中,古巴的国民议会批准了关于外国投资的一项新法律,将为投资者和财政刺激提供担保。古巴还在马里埃尔为外国投资者设立了新的经济特区(SEZ);韩国也引入了新的体系来降低指定投资区域的要求;巴基斯坦的商务部与国家保险公司确定了一项协议,为外国投资者提供综合保险。

不考虑国籍,适用于所有投资者的投资刺激和便利措施在非洲和亚洲最为常见。促进FDI的政策措施主要集中在财政刺激计划,包括许多特定行业的项目。FDI便利化的政策措施主要集中在简化营业登记。例如,蒙古通过了一项新的投资法减少审批要求、将登记手续流程化和提供特定法律保证。

许多经济体引入了SEZ或修改了已存在的SEZ的一些政策。例如,中国设立了上海自由贸易试验区,引入了在贸易、投资和金融方面的许多新政策措施。对于内向型FDI,上海自由贸易试验区在规定机构权利方面采用了新方法。六大服务业:金融、运输、商贸、专业服务、文化服务和公共服务的一些具体部门都向外国投资者开放。南苏丹政府正式设立了朱巴SEZ,是一个用于商业和投资活动的工业区。

新的限制性政策主要包括对进入管制的修订、在审议后拒绝投资项目以及国有化。2013年,至少有13个国家针对外国投资者采用了新的政策限制。

在进入管制的修订中,印度尼西亚降低了几个行业的外资拥有权上限,包括陆上石油生产和数据通信系统服务。斯里兰卡限制外国人拥有土地但仍然允许长期租赁土地。加拿大修改了《加拿大投资法案》,使得工业部长可以在法案规定下进行"净收益"审核,决定实体是否可由一个或多个外国国有企业控制,即使该实体是根据法案中的规定被认定为国内控股而成立的。为了公共秩序、公共安全和国防利益的考虑,法国政府出台了一项法案加强对外国投资的控制。为了计算在印度企业外国的总投资,印度政府修订了"控股"的定义。

一些政府限制了许多外国并购。例如,在《加拿大投资法案》的国家安全条款下,加拿大拒绝了埃及的投资者Accelero控股公司收购曼尼托巴电信的一家分公司。俄罗斯的外国投资委员会否决了美国雅培公司购买俄罗斯疫苗生产商Petrovax Pharm,在所有考虑事项中引用了保护国家安全利益的条款。此外,欧盟委员会拒绝了美国的UPS并购荷兰TNT快递的请求。欧盟委员会发现该并购将可能引起在小包裹快递服务的限制竞争。出于公共利益的考虑,玻利维亚将西班牙 Abertisy Aena 子公司玻利维亚机场服务(SABSA)国有化了。

一些经济体出台的限制性或管制性政策对 FDI 和国内投资都有影响。例如,玻利维亚出台的新银行法,允许国家对商业银行设定的利率进行管理,它还授权政府给特定行业或商业活动的贷款规定配额。厄瓜多尔在媒体法下出台了关于广播电视频数回归的规定,要求 66% 的广播频数是来源于私立或公共的媒体(各占 33%),剩下的 34% 是"社区"媒体。委内瑞拉出台了关于汽车生产和汽车销售的行业法规。

2. 投资刺激政策的发展回顾

投资刺激性政策主要用于刺激对特定行业、特定活动或不发达地区的投资。虽然对于投资刺激性政策没有统一的定义,但是它可以被描述为影响投资者行为的非市场效益。投资激励政策可以由国家、地区和地方政府制定,主要表现为以下三种形式:经济效益、财政效益和监管效益。2014 年 1—4 月,UNCTAD 开展了关于投资促进机构(IPAs)对 FDI 前景和对外国投资者投资刺激促进可持续发展的全球调查。根据调查结果,财政刺激是吸引外国投资并从中获益的最重要形式,尤其是对于发展中经济体和转型经济体。经济刺激和监管刺激被认为是吸引外国投资并从中获益的较为次要的政策工具。除了投资刺激政策,IPAs 认为投资便利措施对于吸引投资也极为重要。

投资刺激在某些东道国可以用于吸引或维持 FDI(区位刺激)。在这种情况下,它们可以被理解为对投资者和东道国政府间信息不对称、投资环境缺陷的补偿,如落后的基础设施、未开发的人力资源和行政约束。在这种环境下,投资刺激政策可能成为国与国之间或一国内部各地区间吸引外国投资竞争的主要政策工具。投资刺激也可用于达成公共政策目标,如通过外国投资或使外国子公司从事经济活动达到经济增长(行为刺激)的目的。出于这一目的,刺激可能集中于对经济增长指标的支持,如提供就业机会、技术人才的转移、研发、创造出口和与当地企业建立联系。

对于许多国家,创造就业是投资刺激的最重要目标。有 85% 的 IPAs 认为创造就业是投资刺激的前五大目标之一,其中 75% 将其列为第一或第二目标。就重要程度而言,排在创造就业之后的目标依次是技术转移、增加出口、地区连接和国内增加值以及技能培养。只有 40% 的受访者认为区位决策和国际竞争力属于五大投资刺激目标之一。有意思的是,这种情况下的受访者中有超过一半的 IPAs 是来自发达经济体,只有不到三分之一是来自发展中经济体或转型经济体。对于这一现象的可能解释是,在大多数发达经济体中,与其他目标相比,如技术水平、出口和技能培养都已经相对先进了。最后,两大可能的目标:环境保护和促进,以及地方的发展,并没有被列为非常重要的目标。

投资刺激通常取决于投资者特定目标要求的实现程度。IPAs 调查显示这些要求主要与创造就业、技术和技能转移相联系，接下来是最低投资要求、区位要求和出口要求。环境保护和其他一些政策目标则不在主要关注的范围内。投资刺激也会有特定的目标行业。根据 IPAs，投资刺激最重要的目标行业是 IT 和商业服务行业。超过 40% 的受访者认为该行业位于五大目标行业之首。其他的主要目标行业包括农业、酒店餐饮业。虽然可再生能源行业也在最重要的目标行业之列，但是低于三分之一的投资促进机构将其列为五大目标行业之一。

针对 FDI 的投资刺激在各国情况都不一样。大约 40% 的 IPAs 表示经常有专门针对外国投资者的刺激政策，但有四分之一表示从来没有出台类似政策。超过三分之二的 IPAs 表示投资刺激项目常常能达到目标。

在大多数情况下，投资刺激都不在体系监测内。因此，在投资刺激政策的发展趋势、政策目标变化，包括可持续发展的促进方面的数据都很少。UNCTAD 的投资政策监测数据显示，投资刺激在新近出台的、寻求为投资者创造更具吸引力的投资环境的投资政策措施中占了非常大的比例。在 2004—2013 年间，这一比例在 26% 和 55% 之间波动，而它们的总体重要程度在这一时期逐渐增加。2013 年，在新的投资自由化和促进措施中超过一半涉及对投资者的刺激条款。而在这些投资刺激措施中，有超过一半是属于财政刺激。

虽然可持续发展不是最突出的激励政策目标，但一些最新的政策措施也包括了医疗、教育、研发和当地发展等方面。例如，在安哥拉，2012 年的《赞助法》定义面向企业税收和其他的激励措施是指为涉及社会倡议、教育、文化、运动、科学健康和信息技术的项目提供资金和支持。2010 年，保加利亚出台了法律允许最高可以补偿 50% 的教育和研发活动支出，并为加工企业提供最高 10% 的补贴。2011 年，为了通过增加高科技行业中的 FDI 来增强国家的创新能力和竞争能力，波兰制定了"2011—2020 支持对波兰具有重要意义的投资的规划"。2011 年，俄罗斯免除了特定情况下公司利润税中的教育和医疗服务支出。

许多国家制定了促进地区发展的措施。例如，2012 年，阿尔及利亚实施了适用于南部省份和高地区域的激励体制。中国为中西部地区的投资者提供设备、技术和原材料进口的优惠税率。日本也在试图设计 6 个 SEZ 来刺激当地的经济。这些特区位于日本的各地，并针对不同的产业，包括农业、旅游业。

在这些区域中，过去 10 年里亚洲关于投资激励方面的政策变化最多，其次是非洲。亚洲国家中以中国和韩国为领先，非洲则是安哥拉、埃及、利比亚和南非。这些投资激励政策中有 75% 没有针对目标产业，在针对目标产业的投资激励中，大部分针对服务业和制造业。

3. 国际投资政策的发展回顾

在过去这些年中国际投资协定发展的趋势是分离和升级。2013 年共签署了44个国际投资协定(IIA)(30个双边投资协定或BIT,14个"其他IIA"),年末的IIA总数达3 236个(2 902个BIT和334个其他IIA)。2013年在签署BIT方面比较活跃的国家包括科威特(7个)、土耳其(4个)、阿联酋(4个)、日本(3个)、毛里求斯(3个)和坦桑尼亚(3个)。2013年也有一些BIT到期终止。例如,南非通知了与德国、荷兰、西班牙和瑞士的BIT在2013年到期,印度尼西亚通知与荷兰的BIT在2014年到期。一旦生效,终止的BIT将不会被新的替代,则BIT总数将会减少,虽然数量很少(约43个,比例少于2%)。但是,由于"续存条款",在这些BIT终止前的投资将仍受到10~20年的保护,这取决于已终止条款的相关规定。

2013年签署的"其他IIA"可以归纳为三大类。第一类为7个存在与BIT等价规定的协议,包括加拿大-洪都拉斯自由贸易协定(FTA)、中国-冰岛FTA,哥伦比亚分别与哥斯达黎加、以色列、韩国和巴拿马的FTA,以及新西兰-中国台湾FTA。这些FTA中的一些义务条款都能在一般的BIT中找到,包括投资保护的大量标准和投资者与国家间的争端解决(ISDS)。第二类是2个包含有限投资条款的协议:中国-瑞士FTA和欧洲自由贸易联盟(EFTA)-哥斯达黎加-巴拿马FTA。这些协议只规定了有限的投资相关条款,如涉及直接投资中关于商业存在或资本自由流动的国民待遇。第三类是5个包含投资合作条款和(或)未来谈判授权的协议,包括智利-泰国FTA、EFTA-波斯尼亚-黑塞哥维那FTA、美国分别与加勒比共同市场(CARICOM)、缅甸和利比亚签署的投资框架协议。这些协议都有关于投资合作事项的一般规定和(或)未来在投资方面谈判的授权。

此外,至少有40个国家和4个区域一体化组织正在或已经修改它们的IIA模本。就正在进行的"其他IIA"谈判来看,欧盟将在参与的超过20个协议中包含投资相关条款(它们的范围和深度可能不一)。加拿大正参与12个FTA的谈判,韩国正在谈判10个,日本和新加坡分别在谈判9个。这些正在谈判的协议中有的是巨型区域协议。

2013年达成的协议和正在谈判的协议将会使全球投资政策"升级"。这一效应可以在参与率(即已经达成或正在谈判的协议的经济体数量)、流程(现在显示出越来越多的动态)和协议的实质内容(现有内容的扩张和新内容的出现)中可以发现。所有这些现象导致近几年的投资政策方向产生越来越多的分歧,也表现在经济体同时扩张全球IIA体制和从中分离出来的行动中。

一般来说,越多的国家参与到IIA谈判中,包括巨型区域合作谈判,它们就越能激起非参与国开始行动和参与谈判。然而,数目众多的"其他IIA"、正在谈判的BIT和巨型区域协议还远远不够。这些谈判中的一个或几个发生停滞或破裂,可能会引发国际投资政策制定环境的恶化,并在双边、区域和多边层次上大大减弱行动的动力和志气。

（二）全球外国直接投资政策展望

从 UNCTAD 的统计数据和趋势发展看，在国家层面和国际上的 FDI 政策仍将继续向自由化方向发展。随着宏观经济环境的改善、公司利润的恢复和股市的回暖，在未来三年内将会进一步增加 FDI 流量。FDI 对于许多发展中经济体和转型经济体的经济发展仍然是非常重要的。为了促进和增加 FDI，必然要求 FDI 政策进一步的自由化和便利化。

1. 投资刺激政策的展望和建议

虽然投资刺激政策不是 FDI 的主要决定因素之一，而且它们的成本效益也很受人质疑，最近 UNCTAD 数据显示政策制定者仍然将刺激政策作为吸引 FDI 的一项重要政策工具。将投资刺激方案与可持续发展目标联系在一起可以使它们成为一个更为有效弥补市场失灵、回应传统投资刺激方式备受批评的政策工具。

政府也应该遵循以下的实践：第一，投资刺激的根本目的应该明确地从国家的发展战略中区分出来，投资刺激政策的效果也应该在实施前进行充分评估。第二，对于特定行业的投资激励应该确保是针对具有可持续生存能力的行业，以免牺牲了总体经济来补贴无生存能力的行业。第三，所有的激励政策应该在预设的、客观的、清楚和透明的标准基础上批准，在非歧视性基础上进行并在执行前就成本效益进行仔细的评估。第四，投资刺激的成本收益应该进行周期性审核，它们在达到预期目标的过程中应有评估和监测。

2. 新兴的巨型区域协议在未来将带来巨大的影响

巨型区域协议是一群有着重大经济权重的经济体间达成的一个有宽广范围的经济协议，而其包含的议题之一即是投资。在过去两年间，这类巨型区域协议得到了快速发展。《跨太平洋伙伴关系协议》（TPP）、《跨大西洋贸易与投资伙伴协定》（TTIP）和《欧盟—加拿大经济全面贸易协定》（CETA）都属于这类巨型区域协议。这些协议一旦达成，将很有可能对全球投资规则的制定和全球投资模式产生重大影响。这些巨型区域协议受到越来越多的关注，一方面是由于它们带来的潜在经济效益，另一方面是它们很可能会影响成员国国内的管制空间和可持续发展。此外，巨型区域协议涉及的规模庞大，包括人口规模和 GDP 规模。最后，巨型区域协议能够产生很多新的双边 IIA 关系。

巨型区域协议的谈判可以带来新一代投资协议形成的机会，这些新投资协议必然要解决可持续发展问题。谈判方必须决定投资者最大保护限度范围和协议的最大灵活度如何平衡，这也为运用 IIA 被实施和仲裁时解释了解到的知识提供了空间。

这些巨型区域协议一旦达成，将给 IIA 体制带来重大的系统性影响。它们可以为现在多层面的协议网络（将近 3 240 个 IIA）提供巩固和整合的机会，但由于现有协议的重叠,它们也会带来新的不一致。目前在议程上的 6 个包含 BIT 类似条款的巨型区域协议将能把 140 个有重叠的协议(45 个双边和区域的"其他 IIA"以及 95 个 BIT)整合转变成为数量更少、但更为包容和更重要的可管理和统一的 IIA 网络。同时,这 6 个巨型区域协议将产生近 200 个新的双边 IIA 关系。而这些巨型区域协议整合 IIA 体系的程度则主要取决于谈判方是否选择将现有的双边 IIA 替换为相关的巨型区域协议。现在比较流行的区域主义做法导致了平行性,从而增加了体系的复杂性和不一致。巨型区域协议和成员国内部达成的其他投资协议的共存带来了优先适用哪个协议的问题。此外,这些巨型区域协议会产生新的投资准则,这些投资准则是在区域协议内部的成员方与其他第三国达成的双边或诸边 IIA 中的投资准则之外的。这些准则的不一致就会增加投资者根据最惠国待遇条款从不同的协议中寻求最有利条款的机会。

在诸边层次上,巨型区域协议的达成也会给现有的投资法案间的关系带来问题。这些巨型区域协议的达成可能会与现有的诸边投资协议形成重叠和不一致,从而产生"搭便车"问题。这一问题主要困扰的是在巨型区域协议中有着先进的制度和法律体系以及开放投资环境的发达成员方。

巨型区域协议也将对未参与谈判的国家带来重大影响。一方面,这些协议的达成可能会使这些第三方被边缘化,更进一步地可能将它们由"规则制定者"变为"规则接受者"(因为巨型区域协议使非成员国对于全球 IIA 体系更难产生重要影响)。从而,它们可能会落后于最新的 IIA 协议实践规则。另一方面,这些协议也可以带来机遇,除了能"搭便车"外,还可以从巨型区域协议带来的示范效应中学习。

3. 未来 IIA 体系的改革路径和方向

目前的 IIA 体系正面临回顾、反思和改革的时期。大部分国家都是一个或几个 IIA 的成员方,但对现有的体制满意的国家很少。主要因为以下几个原因:一是对 IIA 对于促进 FDI、减少政策和管制空间实际作用的质疑在增加,二是投资者和国家间争端解决越来越多,三是缺乏可持续发展目标的明确追求。此外,即使在一国内部,对于 IIA 的态度也存在很大差异。这就增加了 IIA 体制的复杂性,并缺乏类似 WTO 的多边机构的多层次性。这些使通过系统途径全面改革 IIA 体系变得很困难。现在许多国家抱着观望的态度,对于进一步深层次和全面改革的犹豫反映出政府的困境。实质性的改变会削弱一国对外资的吸引力,对先行者更是如此。而且,成员方对于"新"的 IIA 模式的实质内容还存在疑问,并担心一些途径增加现在的复杂程度和不确定性。

不同政策制定层面上的 IIA 改革也在进行中。在国家层面,一些国家基于包容性和透明性的多方利益相关流程修改了自己的模式协议;在双边和区域层面,一些国家在进行增加新条款的谈判;在多边层面,一些国家在讨论 IIA 改革的具体方面。目前来看,IIA 改革的方向和途径共有以下几个:维持现状、从现有体系中分离、选择性调整和系统性的改革。

维持现状、不做任何实质性的改变,这一途径看似是最简单和直接的。这一途径对预期将有大量外向型 FDI 的国家最有吸引力,它不仅只需要有限的资源(不需要评估、国内审核和多利益相关者的磋商),还避免了由于新的 IIA 条款造成无法预期的潜在深远影响。但是,维持现状就不能解决任何现行全球 IIA 体系中存在的问题和挑战,也会引起利益相关者对 IIA 的强烈抵制。另外,越来越多的国家将开始进行 IIA 改革,所以根据现在的模板进行新的协议谈判会越来越难。一国选择的另一个极端则是从国际投资体系中脱离出来,这就会导致国际协议中投资保护的国际承诺自动消除。但这对于那些对 IIA 相关政策存在很大争议的国家很有吸引力。

选择性地调整是解决一些具体问题的较好途径,而且也越来越受到欢迎。它对于那些希望解决 IIA 面临的挑战但整体上维持投资体系不变的国家尤其有吸引力。这一途径有许多好处,如它可以优先选择一些"容易实现的目标"或者最紧迫的事项进行调整,而不改变合约协议的核心;可以针对不同的经济关系制订不同的谈判范本;还可以用于测试和试验不同的解决方案。在新的协议谈判中进行选择性调整是缓解 IIA 压力的最具吸引力的途径。但是,在未来 IIA 中的选择性调整不能完全解决现在协议面临的挑战。

系统性改革则意味着要设计与投资和发展模式转移一致、促进可持续发展的国际承诺。在所有管理层面的政策行动中,这是改革现行 IIA 体系的最全面途径。实现这一途径就必须设计一个能有效解决三大挑战(发展层次的增加、权利义务的再平衡和对 IIA 体系复杂度的管理)的、能积极促进可持续发展投资的、新的 IIA 协议模本。这一途径看似是艰巨的、具有高度挑战性的,它将占用大量的时间和资源。它达到的最终结果是一个更为"平衡"的 IIA,虽然被认为降低了协议提供保护的价值和削弱了投资环境的吸引力。这一途径的实施也要求处理现存的 IIA,而可能被认为影响投资者的"既得权利"。但是这一途径是唯一能够带来全面和一致改革的途径。

4. 多边便利化将有助于解决 IIA 体系的挑战

多边便利化和全面的逐步改革都可以有效解决 IIA 体系的系统挑战。不论一国采用上述哪一种途径,多边进程都有助于将所有成员方联合起来,它也能给改革带来其他的好处。第一,符合可持续发展和发展中国家尤其是最不发达国家的利益,能促成更全面和更协调的途径;第二,可以将一致同意的涉及商业和发展的原则都纳入进去,包括在联合国文本中采纳的原则和国际标准;第三,建立在 UNCTAD 的 11 条投资政策制定原则之上;第四,确保考虑了所有利益相关者;最后,能够支持双边和区域的行动并有助于解决先行者挑战。

以改革为导向的政策选择的实施是在国家的、双边和区域的层次上被决定和实现的。例如,国内投入对甄别重要的和新出现的问题、经验教训至关重要;在讨论哪些地方可以变、哪些地方不一致时必须要求国与国的磋商(在双边和区域层面);一国的经验对于辨别不同改革方案也是必需的,在多边层面分享这类经验则能够有助于评估不同的选择方案。

多边平台能够为达成共识活动建立基础设施和制度支持,为参与、集体学习、分享经验和鉴别最优实践创造舒适区;多边平台还能够提供一般性支持和分析性支持,基于迹象的政策分析和系统范围内的信息来形成全球的构架图并建立信息差的桥梁;多边平台还能提供有效的技术支持,尤其对在 IIA 改革中面临挑战的低收入和弱势的发展中国家;多边平台还能有助于确定进程的包容性和统一性,国际投资政策制定者(如 IIA 谈判者)将是促成改革成果的核心,但其他投资发展的利益相关者也应该加入其中。通过这些途径,多边平台能够有效地支持国内的、双边的和区域的投资政策制定。

参考文献

[1] Eurostat. Eurostat yearbook [EB/OL]. Eurostat 网站, http://epp.eurostat.ec.europa.eu/statistics_explained/index.php/Europe_in_figures_-_Eurostat_yearbook.2014.

[2] IMF. Fiscal Monitor2014- Public Expenditure Reform Making Difficult Choices [EB/OL]. IMF 网站, http://www.imf.org/external/pubs/ft/fm/2014/01/pdf/fm1401.pdf.

[3] IMF. Global Financial Stability Report 2014- Moving from Liquidity- to Growth-Driven Markets [EB/OL]. IMF 网站, http://www.imf.org/external/pubs/FT/GFSR/2014/01/pdf/text.pdf.

[4] IMF. Regional Economic Outlook: Asia and Pacific- Sustaining the Momentum: Vigilance and Reforms [EB/OL]. IMF 网站, http://www.imf.org/external/pubs/ft/reo/2014/apd/eng/areo0414.pdf.

[5] IMF. Regional Economic Outlook: Asia and Pacific- Shifting Risks, New Foundations for Growth [EB/OL]. IMF 网站, http://www.imf.org/external/pubs/ft/reo/2013/APD/eng/areo0413.pdf.

[6] IMF. World Economic Outlook 2013- Hopes, Realities, and Risks [EB/OL]. IMF 网站, http://www.imf.org/external/pubs/ft/weo/2013/01/pdf/text.pdf.

[7] IMF. World Economic Outlook 2014- Recovery Strengthens, Remains Uneven [EB/OL]. IMF 网站, http://www.imf.org/external/pubs/ft/weo/2014/01/.

[8] IMF. 亚太地区经济展望 2013.10 [EB/OL]. IMF 网站, https://www.

imf.org/external/chinese/pubs/ft/reo/2013/apd/areo1013c.pdf.

[9] Ministry of Finance, Government of India. Annual Report [EB/OL]. Finmin 网站, http://finmin.nic.in/reports/AnnualReport2013-14.pdf.

[10] OECD. OECD Economic Outlook, Volume 2014 Issue 1 [EB/OL]. OECD 网站, http://www.keepeek.com/Digital-Asset-Management/oecd/economics/oecd-economic-outlook-volume-2014-issue-1_eco_outlook-v2014-1-en#page1.

[11] UNCTAD. World Investment Report 2014- Investing in the SDGs: An Action Plan [EB/OL]. UNCTAD 网站, http://unctad.org/en/PublicationsLibrary/wir2014_en.

[12] UN. 2014 世界经济形势与展望 [EB/OL]. UN 网站, http://www.un.org/en/development/desa/policy/wesp/wesp_current/2014wesp_es_ch.pdf.

[13] 王碧珺. 2013 年国际直接投资形势回顾与展望 [R]. 中国社会科学院世界经济与政治研究所国际投资研究室. 2014. 网址: http://intl.cssn.cn/gj/gj_gjwtyj/gj_sjjj/201402/P020140212384512599528.pdf.

[14] 中国银行国际金融研究所. 全球经济金融展望 2014 年报 [R]. 中国银行网站, http://pic.bankofchina.com/bocappd/report/201312/ P020131220378641756148.pdf.

第二章 世界贸易组织新发展

第一节 2013年世界贸易组织主要工作概述

2013年年底,WTO第九届部长级会议在印度尼西亚巴厘岛举行。会议上,部长们通过了"巴厘岛一揽子方案",涵盖包括贸易便利化、农业、发展等议题在内的一系列决议;部长们还同意也门加入世界贸易组织。2013年年初,老挝和塔吉克斯坦完成加入WTO进程,WTO成员增加至159个。2013年9月,罗伯托·阿泽维多接替帕斯卡尔·拉米,担任WTO第六位总干事。

一、贸易谈判

2013年,贸易谈判达成了里程碑式的《巴厘岛一揽子协定》,包含了更广泛多哈回合谈判中的一系列议题。2013年12月,在巴厘岛第九届部长级会议结束时,《巴厘岛一揽子协定》获准通过,协定共包含10项部长级决议或宣言,涵盖贸易便利化、农业和发展问题。

通过削减"红头文件"等繁文缛节、简化通关手续,《贸易便利化协定》提高了贸易效率。同时,《贸易便利化协定》设立特别规定,帮助发展中国家实施该协议,预计这将给世界经济带来4 000亿美元至10 000亿美元的收益。

在农业方面,部长们同意给予出于粮食安全考虑而设立的粮食储备计划提供临时性保护,所有形式的出口补贴及其他具有类似效果的措施都将受到"最大限度限制"。部长们还同意改善关税配额管理,同意将一些涉及农村民生和对发展中国家具有特别意义的土地使用计划加入到可随意享受补贴的名单中,还承诺在农业谈判中努力解决棉花问题。

在发展方面,部长们决定建立监督机制,以分析、审查多边世界贸易组织协议下发展中国家实施"特殊与差别化待遇"条款的各方面情况;同时,部长们通过了与最不发达国家(LDC)相关的一些决议,这些决议包括:提高原产地优惠规则的透明度,使最不发达国家能够更好地利用给予它们的优惠;改善从最不发达国家进口的免税、免配额市场准入的实施;切实落实豁免的使用,确保WTO成员国给予最不发达国家的服务和服务供应商优惠的市场准入等。

为筹备巴厘岛会议,WTO日内瓦总部举行了一场议程紧密的磋商会议。9月,新任命的总干事罗伯托·阿泽维多担任贸易谈判委员会的主席,推进磋商进程。11月底,在总理事会会议上,总干事阿泽维多向WTO成员们呈交了代表谈判进展状态的10份文件,作为一揽子协议。由于当时一些领域的工作尚未完成,阿泽维多表示这些文本不能被看做是已完全获得各方同意,他将把文本用于向在巴厘岛的部长们介绍在日内瓦取得的进展,而不会把它们当做让部长们采用的协议文本。

在部长级会议上,部长们表达了他们希望谈判取得成功的共同愿望。因此,从12月4日起直至本次会议12月7日闭幕,总干事阿泽维多举行了日夜不停的磋商会议,最终达成了关于尚未解决问题的协议。这使得《巴厘岛一揽子协定》获准通过,成为自1995年世界贸易组织成立以来,WTO成员之间的第一次重大协议。

在会议结束时,部长们发表了《巴厘部长宣言》,呼吁建立明确的工作计划,于2014年年底彻底解决多哈发展议程的遗留问题。

二、执行与监督

WTO理事会和委员会从各方面努力确保WTO成员正确执行WTO的协定和规则。总理事会设在日内瓦,是WTO的最高级别决策机构。

2013年,WTO总理事会负责监督新总干事的遴选及任命过程,而总干事拉米的任期于2013年8月31日结束。从2012年年底开始,九名候选人获得提名。经过几轮与WTO成员的磋商,总理事会于2013年5月14日决定任命巴西驻WTO大使罗伯托·阿泽维多为新的世界贸易组织总干事,并于2013年9月1日开始任职,任期四年。

2013年12月3日至7日,世界贸易组织第九届部长级会议在印度尼西亚的巴厘岛召开。总理事会主席负责会议的筹备工作,确定重大的组织方面问题,并向部长级会议提交了诸多关于会议决议的建议。

2013年,其他WTO理事会和委员会继续监督WTO协议的执行情况。由于WTO成员关于农业措施的报告书能够为其工作提供关键信息,WTO农业委员会就改善报告书的提交及其质量问题举行了进一步磋商,还公布了新的在线数据库,供用户分析WTO成员在委员会审查过程中提交的问题、答案及报告书。

2013年,WTO贸易政策审议机构举行了15次会议,审查了20个WTO成员的贸易政策和实践。2013年,WTO秘书处编写了四份关于全球贸易发展的报告。截止到2013年11月中旬,过去12个月中,WTO共记录了407项新的贸易限制措施,超过之前概述中罗列的308项贸易限制措施。这些贸易限制措施涉及价值2400亿美元的货物进口,略多于世界总量的1.3%。

2013年,世界贸易组织共接到35个新的区域贸易协定报告书,较2012年的37个略有下降。美洲是报告书发布最多的区域,共12个;其次是欧洲,发布7个。截止到2013年年底,区域贸易协定报告书的总数已达到581个。除了蒙古国,所有WTO成员都是一个或多个区域贸易协定的成员,部分成员甚至参加了多达30个区域贸易协定。

三、争端解决

当WTO成员认为他们在贸易协议中的权利受到侵犯时,会将争端诉诸WTO。解决争端是争端解决机构(Dispute Settlement Body)的职责所在。

2013年,WTO争端案件数量处于上升态势,争端解决机构受理了从绿色能源生产到禁止密封件产品领域共计28项争端或仲裁。此外,争端解决机构还收到了20项磋商请求(磋商请求是WTO争端解决过程中的第一步)。尽管较2012年的27项磋商请求而言,该数量有所下滑,但2013年仍然是过去10年当中磋商请求数量第三多的年份。

发展中国家共提交了9项磋商请求,其中拉丁美洲尤为活跃;阿根廷提出2次磋商请求,在该区域最为活跃。2012年加入世界贸易组织的俄罗斯,也是一个积极的参与者。古巴第一次发起争端磋商请求,针对澳大利亚关于烟草产品普通包装管制措施提出申诉,这也使得投诉澳大利亚普通包装要求的WTO成员数达到五位。自1995年成立以来,截止到2013年年底,WTO已经受理了474项磋商请求。

2013年,争端解决机构成立了12个新的争端解决小组以裁决14项新争端。2013年,15个争端解决小组参与调查了20项不同的申诉。争端最多的项目(约8项)集中于补贴与投资措施或者贸易救济措施的当地成分要求,例如反倾销与反补贴税。

2009年,争端解决机构首次将争端问题送交纪律小组,以确保败诉方遵守争端解决机构的建议和裁决。自此以后,争端解决机构共移交两项争端。它们是:加拿大与墨西哥对于美国肉制品标签要求的申诉;中国对于欧盟碳钢紧固件反倾销措施的申诉。2013年,印度尼西亚请求针对美国的加香卷烟争端采取贸易报复措施,争端解决机构将此请求提交仲裁。

2013年,争端解决机构收到了4个争端解决小组的报告和2个上诉机构的报告。争端解决小组发布了有关中国针对欧盟X射线扫描仪征收反倾销税,中国针对美国肉鸡产品采取反倾销与反补贴措施,以及加拿大在欧盟和日本发起的安大略省的可再生能源行业的争端中所采取的措施等报告。上诉机构的报告,同样提到了针对安大略省可再生能源措施的争议。

四、贸易能力建设

WTO旨在通过帮助发展中国家建设贸易能力,促使它们能够更为有效地参加到多边贸易体系中。

在2013年12月的巴厘部长会议上,部长们同意建立监督机制(作为《巴厘岛一揽子协定》的组成部分),以分析世界贸易组织协议、部长级会议和总理事会决议中针对发展中国家实施"特殊与差别化待遇条款"的执行情况。这一机制的主要特点在于它能够针对检测到的问题提出建议。在巴厘岛获得通过的《贸易便利化协定》第二节包含了旨在帮助发展中国家执行《贸易便利化协定》条款的特殊与差别待遇规定。

《巴厘岛一揽子协定》还包含了许多与最不发达国家相关、旨在帮助最不发达国家融入多边贸易体系的决议。

在巴厘岛,部长们还决定继续开展电子商务的工作计划,以增加尤其是发展中国家和最不发达国家的经济和发展机会。部长们还呼吁总理事会在委托实施该计划的WTO机构提交报告的基础上,进行定期审查。

2013年,贸易援助项目继续动员国际资源支持发展中国家。虽然2011年援助下滑14%至415亿美元,但这些资源仍然比2002年至2005年期间的基准线高出57%。第四届全球贸易援助大会于2013年7月8日至10日在WTO会议期间举行,会议主题为"连接到价值链"。在巴厘部长级会议上,部长们重申了他们对贸易援助计划的承诺。

2013年,WTO为发展中国家的政府官员开展了281次技术援助活动。培训覆盖了从WTO通识课程到特殊贸易协定专业课程在内的各种各样的贸易学科。这其中,非洲国家参与了23%的贸易能力建设活动,亚洲国家参与了15%,拉丁美洲和中亚各占10%。2013年,最不发达国家受益于49%的技术援助活动,而2012年这一数字为41%。

五、对外合作

2013年,WTO与非政府组织、议会、其他国际组织、记者和公众保持着经常性对话以加强其公开性与透明性。

2013年度最重要的对外合作活动为举办公共论坛,吸引了包括非政府组织与企业代表在内的约900名参与者来探讨"通过创新和数字经济扩展贸易"的主题。2013年下半年,来自66个国家的近350个非政府组织获准参加巴厘部长级会议。

2013年,超过300位国会议员前往巴厘岛参加有关WTO议题议会会议。该会议在WTO部长级会议召开期间举行,促进了这些国会议员们与WTO高级官员、与总理事会主席和各国际组织负责人之间的互动。筹备巴厘岛会议期间,WTO与淡马锡基金会合作,为在新加坡的亚洲议员们组织了一场区域性研讨会,吸引了42名高级别议员参会。

2013年,WTO积极与各种政府间组织合作。WTO和OECD联合开发了一个以附加值价格计算流量的贸易数据库,与世界卫生组织和世界知识产权组织合作发表了一项研究,探讨公共卫生政策及知识产权和贸易的关联作用如何推动医疗技术进步、确保其公平地提供给所有需要的人。

WTO与超过2 000位来自不同国家的记者保持着经常性对话,他们已在WTO网站上注册使用媒体新闻中心。世界贸易组织多次为记者们举办培训活动,包括为讲英语的记者举办的研讨会、在日内瓦举行的区域研讨会以及在雅加达、印度尼西亚、圣多明各、多米尼加共和国举行的区域研讨会等。2013年,世界贸易组织在科威特举办了首个为阿拉伯国家私营机构开设的专门区域研讨会,还在WTO网站上为商界留出专用区域。

2013年,WTO官方网站每个月就吸引了超过180万名访问者,网页访问量总计超过4 000万次,较2012年上涨14%。2013年12月部长级会议期间,WTO官方网站日平均访问量超过9万次。同时,WTO也更多地利用社交媒体传播信息。

第二节 巴厘部长级会议

2013年12月3日至7日期间,世界贸易组织第九届部长级会议在印度尼西亚巴厘岛举行。会议上,部长们通过了《巴厘岛一揽子协定》,涵盖贸易便利化、农业、发展在内的一系列决议;《巴厘部长宣言》呼吁建立明确的工作计划,于2014年年底彻底解决多哈发展议程的遗留问题。会议上,部长们还同意也门加入世界贸易组织。

经过日内瓦议程密集的多轮谈判和部长级会议上日夜不停的磋商、会晤后,部长们通过了所谓的《巴厘岛一揽子协定》,这是世界贸易组织自1995年成立以来达成的第一个多边贸易协议。

该《巴厘岛一揽子协定》包含以下10份文件:贸易便利化的《贸易便利化协定》;农业议题问题的《综合服务》、《用于粮食安全目的的公共储备》、《关于农业协议第二条农产品关税配额管理定义的谅解》和《出口竞争》;棉花议题的《棉花协议》;关于发展中和最不发达国家成员的《对最不发达国家的优惠原产地规则》、《给予最不发达国家的服务和服务供应商的豁免优惠待遇的操作》、《给予最不发达国家免税和免配额的市场准入》和《特殊和差别待遇监控机制》。

《贸易便利化协定》将削减繁文缛节,简化通关手续,削减跨境贸易障碍。该协定的实施将降低成本,提高办理通关手续的速度和效率。《贸易便利化协定》是一项具有法律约束力的协定,是世界贸易组织自成立以来最大的改革之一,有望对世界经济做出重大贡献。该协定的第二部分包含了旨在帮助发展中国家和最不发达国家执行该协定条款的特殊与差别待遇规定。12月7日在巴厘岛举行的部长级会议决定成立筹备委员会,负责确保该协定生效。

在农业方面,部长们给予出于粮食安全考虑、储备主要粮食作物的粮食储备计划以临时性保护。这意味着,在某些范围内,即使WTO成员违反对农民补贴的限额规定,他们也不会受到《农业协议》的法律约束。此临时解决方案在长久解决方案获得批准前将一直有效,工作组设立了在四年间找到长久解决方案的工作计划。

部长们将一些涉及农村民生和对发展中国家具有特别意义的土地使用计划加入到极少导致或从未导致贸易扭曲、可享受随意补贴的名单中。此外,他们将采取措施改善关税配额的使用,允许对配额内进口量征收较低的税。最后,他们将出口竞争列为巴厘岛会议后工作计划中优先考虑的问题。他们还同意将"最大程度限制"所有形式的出口补贴及其他具有类似效果的措施,以确保出口补贴的实际水平尽可能明显低于许可水平。

成员们还雄心勃勃地重申,他们要在农业谈判中取得进展,迅速地解决关于棉花的问题。

在发展方面,部长们通过建立监督机制的决议,以分析、审查多边世界贸易组织协议下发展中国家实施"特殊与差别待遇"条款的各方面情况。部长们还达成了与最不发达国家(LDC)相关的一些决议,这些决议包括:提高原产地优惠规则的透明度,使最不发达国家能够更好地利用给予他们的优惠;改善从最不发达国家进口的免税、免配额市场准入的实施;切实落实豁免的使用,确保WTO成员方给予最不发达国家的服务和服务供应商市场准入的优惠等。

总干事阿泽维多对部长们说,"世界各地的人都将从你们今天达成的一揽子协定中受益",这是"通向多哈回合谈判完成的一块重要垫脚石"。为保持这种势头,《巴厘部长宣言》指示贸易谈判委员会在未来的12个月内,为解决多哈回合谈判中的遗留问题建立明确的工作计划。

WTO成员欢迎新成员也门加入。也门将在批准其加入协议的30天后正式成为WTO成员。

部长级会议还通过了五项关于 WTO 常规性工作的决议，涵盖知识产权、电子商务、小规模经济、贸易援助和技术转让等议题。

在巴厘岛会议举行期间，WTO 的《政府采购协议》缔约方举行会议。部长们预计修订后的《政府采购协议》将在 2014 年第一季度开始生效。

第三节　世界贸易组织发展状况

一、加入 WTO

2013 年，老挝人民民主共和国和塔吉克斯坦共和国正式加入 WTO，WTO 成员达到 159 个。2013 年 12 月举行的巴厘部长级会议通过也门的加入 WTO 协议，为也门加入 WTO 扫清了道路。WTO 还为申请加入的政府提供技术援助，例如，在日内瓦举办了一场为期五天的研讨会。此外，旨在提高最不发达国家在世界贸易组织中参与度的"中国计划"获批延长一年。

在巴厘岛第九届部长级会议上，部长们批准经历 13 年入世谈判的也门加入 WTO。也门将在向 WTO 秘书处通知其接受、存档《加入世界贸易组织协定接受书》30 天后，正式成为 WTO 成员。这将使 WTO 在建立广泛会员制的目标上又迈进了一步。目前，几个申请加入 WTO 的政府已经进入了加入 WTO 谈判的决定性阶段，这些政府有：阿富汗、阿尔及利亚、阿塞拜疆、巴哈马、波斯尼亚和黑塞哥维那、哈萨克斯坦、塞尔维亚和塞舌尔。

2013 年 11 月，总干事罗伯托·阿泽维多就加入 WTO 进展情况发布了第五份年度报告。报告详细介绍了加入 WTO 的进程、WTO 成员福利、2013 年政策问题和挑战，以及关于透明度义务和通知的专题聚焦。

二、加强技术援助

2013 年，WTO 加强技术援助，申请加入 WTO 的政府受邀参加了 100 多场技术援助活动。

2013 年 9 月，WTO 秘书处组织了一场为期五天的研讨会——全球加入 WTO 研讨会。在日内瓦举行的会议以"维护和加强以规则为基础的多边贸易体制"为主题，成为加入 WTO 的政府官员们和 WTO 成员相互交换意见、分享加入 WTO 谈判经验和最佳做法的良机。此外，会议还回顾了《WTO 协定》第 12 条下 31 个加入 WTO 的缔约成果，即那些自 1995 年世界贸易组织成立以来陆续加入的国家。

WTO秘书处继续推进中国政府提议的最不发达国家加入WTO计划("中国计划")。该计划旨在提高最不发达国家成员在世界贸易组织中的参与度,协助申请加入WTO的最不发达国家开展工作。2013年10月15日至18日,第二次高级别圆桌会议在老挝的琅勃拉邦召开,重点关注"多边贸易体制的未来:最不发达国家与《WTO协定》成员"。作为"中国计划"的一部分,五名实习生被选中参加在WTO秘书处的实习计划。之后,在第九届部长级会议上,总干事阿泽维多和中国商务部部长高虎城签署了一份关于延长"中国计划"一年的谅解备忘录。

国际贸易中心(International Trade Centre,简写为ITC)和世界贸易组织秘书处继续推进其联合项目,支持申请加入WTO的发展中国家和最不发达国家的私营部门。工作小组主席们走访了几个申请加入WTO的政府,拜访其国内重要的利益相关者以推广宣传、答疑解惑,提高他们对WTO成员身份的理解。

加入WTO谈判及协调小组(Accessions Division)对新任命的工作组主席和新代表进行了情况简介,还为议员和民间组织举办了几场研讨会。此外,针对加入WTO谈判承诺和广大会员义务的履行情况,加入WTO部门还举行了几场加入WTO后的技术援助活动。

通过加入WTO快报、总干事关于加入WTO进程的年报以及与WTO各国家集团每年举行的加入WTO推广对话,加入WTO非正式小组(Informal Group on Accessions)以定期会议形式,进一步提高了加入WTO的透明度。2013年的对话参与者有:最不发达国家的磋商小组、发展中国家的非正式小组、发展中成员的亚洲国家集团,拉丁美洲和加勒比国家集团,非洲国家集团和阿拉伯国家集团。

三、欢迎新成员

2013年,世界贸易组织第九届部长级会议批准了也门的加入WTO协定条款。也门的《加入WTO协定书》经也门国会批准后,也门向世界贸易组织总干事通知其接受、存档《加入WTO协定接受书》,正式成为了WTO会员。也门在加入条款中承诺遵守所有WTO规则。

加入WTO推动着新成员加速融入到贸易规则约束并规范的全球经济中。也门开始开放其贸易体制,加快其融入世界经济的步伐。也门加入WTO的条款中除了包含与WTO规则绑定的一些特别承诺,还包括必要时的特定过渡期,用于响应某一区域的特殊需求;还包含了对商品和服务市场准入谈判的让步和承诺。

2013年12月4日的部长级会议上,经过13年的谈判,也门加入WTO条款获准通过。也门在向WTO通知其接受加入WTO条款的30日后,正式成为WTO成员。

也门工业与贸易部部长萨阿德丁·塔利布(Saadaldeen Talib)博士说:"一个国家有时候会经历一些改变命运的时刻,但一个国家的本质、其贸易的历史和文明仍然留存。实际上,自香料之路开始,我国目前已有至少五百年的贸易历史。作为WTO成员,我们将加强贸易活动,努力与世界上的每一个人相连。我们一直想分享自己的历史、产品、文化,就像我们与这次部长级会议的主办方印度尼西亚分享了几个世纪那样。"

总干事罗伯托·阿泽维多对也门政府的国内改革表示祝贺。他说:"也门将成为我们的第160位会员和我们第35位最不发达国家成员,这是深远而积极的一步。"

在也门加入WTO的过程中,WTO成员一直与也门保持合作,帮助其变革贸易法规,适应WTO规则,还培训其政府官员。这些WTO成员们还承诺将继续为也门提供加入WTO后所需的技术援助。

四、全球会员

2013年,老挝人民民主共和国和塔吉克斯坦共和国正式加入世界贸易组织。世界贸易组织目前有159个成员,贸易量占全球贸易的97%以上。其中,最不发达国家之一的也门,也于2013年结束了加入WTO的谈判,将申请加入WTO的最不发达国家数量减少为8个。

第四节 贸易谈判

在2013年世界贸易组织部长级会议上,部长们批准了一系列更宽泛的多哈回合谈判议题,也即《巴厘岛一揽子协定》。《巴厘岛一揽子协定》包括了一系列旨在简化贸易、允许发展中国家在粮食安全问题上具有更多选择权,以及协助最不发达国家发展贸易的决议。

筹备委员会的任务是要确保《贸易便利化协定》生效,这将是WTO自1995年成立以来最大的改革之一。部长们还呼吁为在2014年年底前彻底解决剩下的多哈回合发展议程议题确立明确的工作计划。

一、多哈发展议程

2001年11月,在卡塔尔首都多哈举办的世界贸易组织第四次部长级会议上,WTO成员同意启动新一轮贸易谈判。他们还同意在当前世界贸易组织协议的执行情况等其他问题上共同努力。整个协定被称为多哈回合发展议程(the Doha Development Agenda)或多哈回合谈判。贸易谈判委员会(Trade Negotiations Committee,TNC)及其附属机构通过举行常规会议和委员会特别会议,或专门设立谈判机构来组织谈判。谈判机构向协调他们工作的贸易谈判委员会汇报工作,贸易谈判委员会则由WTO总干事主持。

(一) 2013年多哈回合谈判

1.《巴厘岛一揽子协定》

2013年12月,世界贸易组织第九届部长级会议在巴厘岛举行,会上通过了旨在简化贸易程序的一揽子协议,使发展中国家拥有保障自身粮食安全的更多选择,以推动最不发达国家的贸易进步,帮助其实现更普遍的发展。从12月4日至7日会议结束,日夜不停的密集磋商最终达成了《巴厘岛一揽子协定》。而《巴厘岛一揽子协定》亦被称作自1995年WTO成立以来WTO成员达成的第一个重大协议。

《贸易便利化协定》是关于削减繁文缛节、加快港口清算的协定。一揽子协定其他部分,主要集中在与农业和发展相关的问题上,包括发展中国家的粮食安全、棉花和若干针对最不发达国家的条款等问题。一揽子协定还包括减少和维持较低水平农业出口补贴、减少通过配额进口农产品贸易障碍等在内的政治承诺。

2. 贸易谈判委员会的角色

在2011年举办的世界贸易组织第八届部长级会议上,部长们承认多哈回合谈判已陷入僵局,但他们仍致力于推进一些可以取得进展的谈判。他们重点关注能够使WTO成员基于早前共识而进一步达成协议的《多哈宣言》的内容上,而非全面的多哈回合谈判总结上。因此,贸易谈判委员会为推进和达成小部分多哈发展议程问题的初步协议做了铺垫,发挥了关键作用,而成员们也普遍认为,这些问题能够在巴厘岛第九届部长级会议上得到解决。

这些WTO成员认为可达成目标的问题有:贸易便利化问题、部分农业问题和发展问题,包括一些与最不发达国家相关的问题。有几位成员强调说,解决这些多哈发展议程问题,不仅对于部长级会议本身来说意义重大,还对维护多边贸易体系和世界贸易组织的信誉,特别是维持成员对WTO谈判职能的信心,发挥着重要作用。因此,成员们认为巴厘岛会议的成功具有举足轻重的意义。

2013年期间,在三个可达成预期目标的谈判小组的主席、四位"贸易便利化主席之友"以及最不发达国家集团4月份任命的最不发达国家问题的调解员的带领下,几个相关谈判小组以不同的形式和方式进行紧密磋商。贸易谈判委员会建立了WTO成员评估进展情况的论坛,设计出了前进的道路。为推进潜在可达成目标在巴厘岛会议上的实现,WTO成员或独自,或集体在感兴趣领域中提交了几项提案。

WTO成员们把7月看做是决定巴厘岛会议能否达成预期目标的关键月份,将7月底看做是"通往巴厘岛高速公路最后的加油站"。在7月的贸易谈判委员会会议上,前总干事帕斯卡尔·拉米说,相比两个月前,成员们目前更有希望在三个可达成预期目标的谈判中取得具体成果。一些成员们在这次会议上彼此相互提醒,要避免在部长级会议上进行谈判。他们认为应该在日内瓦完成所有的谈判。

9月,新任总干事罗伯托·阿泽维多接任贸易谈判委员会主席。随着所谓"水平化流程"的开始,即统一考虑所有谈判问题,巴厘岛会议可达成预期目标的谈判进程也开始加速,成员们以集中、精确、务实的方式进行讨论。各代表团也进入令人备受鼓舞的解决问题的模式,高调地讨论问题。在此过程中,尽管区域、集团协调员和成员受到不同问题的影响,但他们都坚持以包容性为信条,举行的会议涵盖了所有问题、包含所有成员。

3. 工作加速

贸易谈判委员会主席认为,WTO成员应该把十月底结束日内瓦谈判的主要内容当做奋斗目标,届时,可达成结果的巴厘"着陆区"应该基本成形。因此,为了在需要成员投入更多关注的关键问题上取得进展,委员会继续加紧推动工作。各委员会主席、主席之友以及最不发达国家的协调员也继续在各自领域寻求解决悬而未决问题的共识。他们将磋商中取得的进展汇报给了贸易谈判委员会。

来自不同地区的部长们对于贸易谈判委员会主席主持开展的一系列宣传活动都做出了积极回应。这些活动旨在通过建设性工作推动在巴厘岛会议上取得成果,并以此作为保障、保护WTO公信力和推进多哈发展议程的必要的第一步。

在临近部长级会议的最后几周,成员们在巴厘岛会议可达成目标问题上的参与度空前高涨,积极参与讨论已取得进展领域中尚未达成一致的协议文本,以期迅速达成最终协议。而在那些被认定为已进入"着陆区"的领域中,成员们则致力于将已取得的进展落实为文本。

所有WTO成员都参与到巴厘岛三项可达成目标(包括贸易便利化、农业和发展等议题)的文本逐字审查中。这三项成果来自谈判小组的工作、主席们与贸易便利化主席之友、最不发达国家的协调员之间紧密的磋商。所有这三个领域在他们的共同努力下都取得了显著的进展。

4. 近在咫尺的成功

在 11 月举行的贸易谈判委员会会议上,贸易谈判委员会主席提醒各成员,由于现在某些他强调过的"冰山"仍然存在,部长级会议仍然存在着失败的风险。尽管如此,他仍然预计会议将取得成功,因为谈判成功已近在咫尺,因此,他敦促各成员继续谈判。在以各成员首都为基地的官员们的参与下,谈判工作得到进一步加强,以努力尝试在剩余几个比较难以达成共识的领域里进一步加紧谈判。

在 11 月底举行的总理事会会议上,主席向成员们呈交了代表当时谈判状态的 10 份文件,并作为一揽子协定。其中 4 份文件属于农业领域,1 份贸易便利化草案协定及 5 份关于发展和最不发达国家问题(包括棉花)在内的文件。

主席表示,此次他将文件作为一揽子协定呈交时,成员们已相互妥协,表现出其灵活性,而成员们的贡献也将在其他谈判领域中得到回报。他还说,由于当时并非所有领域内的各项工作都已完成,这些文件不可能完全被理解、认同,只是方便快速一览成员们在谈判进程中所处的位置。他将使用这些文件向在巴厘岛的部长们汇报日内瓦谈判的进展情况,而不会将其作为供各方采纳的最后文件。

主席还指出,成员们几乎已完全通过这些文本,只剩下几个文本有待确定。他还说,正是成员们一直缺乏政治意愿,难以做出需有艰难政治担当的政治承诺,才阻碍了成员们跨过日内瓦谈判的终点线。

在部长级会议上,部长们表达了对在这三个领域取得谈判成果的共同愿望。因此,他们要求总干事在巴厘岛与有关成员进行一系列磋商,解决悬而未决的问题,为一揽子协议获得通过铺平道路。总干事与有关人士进行了紧密磋商,并就悬而未决的问题达成一致,因此在部长级会议结束时,部长们通过了《巴厘岛一揽子协定》。

部长们指出,这一揽子协定是多哈回合谈判路上至关重要的一块垫脚石。他们责成贸易谈判委员会,以在巴厘岛达成的协议和多哈回合谈判的其他中心问题为基础,于 2014 年年底制定出如何解决多哈发展议程剩余问题的方案及明确的工作计划。他们认为应当优先考虑《巴厘岛一揽子协定》中那些无法达成具有法律约束力成果的问题。他们还认为,应该把部长级会议上那些《巴厘岛一揽子协定》中尚未得到充分讨论的问题留给相关委员会和谈判小组。

此外,部长们认为,该工作计划应该与第八届部长级会议提出的指导意见保持一致,重点关注能够帮助成员们铲除最主要、最根本绊脚石的方法。

(二) 农业

2013 年,关于农业的谈判主要集中在巴厘部长级会议待定协议的问题上,主要是延续 2011 年决议,关注最有可能取得进展的多哈回合议题。而最终将在

12月份举行的巴厘岛会议上获得通过的那些议题都来自各成员组的提议。在会议上,部长们发布了四项决议和一个关于农业的宣言,涉及农村发展和扶贫补贴、公共粮食安全储备补贴、如何避免将特定类型配额变成贸易壁垒、广义出口补贴以及棉花问题。

2013年,谈判者们从技术问题和共享公共储备提案信息上着手开始谈判。经过几个月谈判,在主席约翰·阿丹克(John Adank)的主持下,代表团谈判立场上的差异缩小,议题取得进展。

到2013年年底,总干事罗伯托·阿泽维多已举行了一系列关于各农业提案中悬而未决问题的磋商会议。这些问题正是《巴厘岛一揽子协定》议题的部分雏形。最终,与会者解决了一些较难的敏感问题。农业草案文本于巴厘岛部长级会议召开的前一星期的11月25日完成。之后在巴厘岛会议上,讨论主要集中在公共粮食安全储备问题上。经过紧密磋商,所有讨论过的农业问题最终达成了协议。

1. 粮食安全与补贴限额

2012年年末,33国集团,一个旨在帮助本国农民积极寻求弹性政策的发展中国家粮食进口集团提出,发展中国家政府应该能够以援助价格从贫困农民手中购买粮食,用作保障粮食安全的粮食储备,而不受限于补贴规则。

WTO成员一致同意,粮食安全至关重要,对较贫穷的国家来说更是如此。而那些对提案有保留意见的成员则担心,在这些计划下,没有任何规则约束地储备粮食,之后发放粮食,可能会压低价格,进而影响其他国家的农民收入和粮食安全。因此,大部分谈判主要是关于如何应用这些规则的。

基于农业委员会主席分发的调查问卷结果,农业委员会"特别会议"2013年召开一系列技术会议进行谈判,希望一些成员能在筹备自己的公共储备和粮食安全计划前,了解《农业协议》下农场补贴限制给一些发展中国家带来的挑战。

从2013年春天开始,农业委员会主席开始探索那些成员们可能取得提案共识的方面。一般来说,达成共识需要两步:成员们先将重点放在制定可行过渡期机制上,然后在使用过程中找到长久的解决方案。

因此,在巴厘岛,部长们同意暂时保留这些计划。发展中国家出于粮食安全目的实施公共储备计划,会造成其违反国内支持承诺。但考虑到其他提案也已得到同意,成员承诺其不会纠结于此。但他们认为,任何决定使用这项决议的发展中国家,必须提供相关信息,避免扭曲贸易,或给其他国家的粮食安全造成不利影响。在最终制定出长久的解决方案之前,这项临时解决方案将一直有效。而成员们也将制定出一个四年内达成长久解决方案的工作计划。

2. 发展和减少贫困

33国集团提议成员们明确政府补贴规则,以确保用于土地利用、土地改造、水资源管理、农村民生保障和其他有关发展、减少贫困等目的的政府补贴不受任何限制。这项不具有争议性的提案最初由非洲集团发起（部分成员属于33国集团成员），将这些计划作为很少或根本不会造成贸易扭曲（"绿箱"国内支持）的扶持政策范例，加入到"综合服务"中去。

3. 出口补贴和相关政策

第三个问题是关于出口补贴和其他具有同等效果的措施，例如国际粮食援助、出口信贷、出口信用担保、保险项目以及农业国营贸易企业（state trading enterprises）。总之，他们被描述为"出口竞争"问题。

2013年上半年，WTO秘书处根据WTO成员的通知内容和问卷调查收集的信息，发布了关于该问题的一份背景材料。此外，秘书处还发布了关于出口禁止和限制的文件。

随后，发展中国家泛农业联盟——20国集团为在巴厘岛开会的部长们提交了一份提案。该提案将寻求WTO成员承诺开始削减出口补贴作为先前削减补贴目标的第一步，还提议限制出口融资计划的最长还款期限。但是，这种形式的提案是无法取得共识的，因为一些国家表示，他们只会对出口补贴（及相关政策）做出具有法律约束力的承诺，将其作为全部多哈回合一揽子协议的一部分。而在巴厘岛达成的共识是一项强有力的政治声明，政府将确保所有形式的出口补贴都保持在较低水平，并承诺增加透明度，加强监督。

4. 关税配额管理

WTO成员继续将20国集团在2012年10月发布的《关税配额管理》提案作为另一种可能实现的巴厘岛提案。根据关税税率配额（tariff rate quotas，简称"关税配额"）的规定，商定配额内的进口征税应该低于配额外的高额征税。

一方面，一些国家担心政府会运用贸易商（"关税配额管理"）之间分享这些配额的手段，形成新的贸易壁垒，特别是当部分或全部配额没有使用完时（他们用"不满"形容）。另一方面，进口国家经常辩解，配额不满是由市场的供需条件引起的（例如，供应国歉收或者进口国有了更便宜的当地产品）。

20国集团的提案描述了关税配额不满时监测管理方法的新步骤。巴厘岛部长级会议在农业委员会管理范围内设立了监测措施，将不满配额信息快速提供与磋商结合起来。巴厘岛决议表示，如果配额持续不满，信息共享和磋商无果，进口的政府可以申请采用消除壁垒的管理配额规定的一套方案之中的一个。

5. 棉花

在巴厘岛，部长们一致同意WTO成员应该每年进行两次关于棉花贸易发展的讨论，特别是关于市场准入、国内支持（补贴）和出口竞争（补贴及类似于补贴的政策）问题的讨论。此外，应该以提高透明度、加强监管为目标，在农业谈判中进行这些专门讨论。

兼任棉花下属委员会主席的农业谈判组主席,根据布基纳法索(Burkina Faso)、贝宁(Benin)、马里(Mali)和乍得(Chad),也即"棉花四国","有利于棉花的部门行动"的共同发起人提交的一份提案,与几个主要代表团做了大量筹备工作,以达成此项决议。

(三) 非农产品的市场准入

2013年,由于WTO成员一直在等待12月巴厘部长级会议的结果,非农产品市场准入谈判被搁置。成员们普遍认为,任何针对非农产品市场准入议题的深化都可能会影响到巴厘岛会议上贸易便利化协议的达成。谈判组主席瑞米吉·温扎普(Remigi Winzap)表示,考虑到目前在巴厘岛所获的成功,非农产品市场准入"应该被再次提上议程"。

温扎普大使于2012年11月担任非农产品市场准入谈判组的主席,一上任即花费数月时间与WTO成员进行多轮磋商,了解成员对于重新启动陷入僵局的非农产品市场准入谈判的意愿。然而他的结论是,这样的做法仍然为时过早。他在2013年4月发布的一份报告中称"我从磋商中得到的主要信息是'不要捣乱巴厘岛'"。在关税方面,他指出:"一些成员认为,导致2011年谈判陷入僵局的因素仍然存在。由于主要参与者的地位未发生根本性改变,因此,2011年贸易谈判委员会主席发布的报告中所反映出的僵局,至今仍然存在。"

温扎普先生还指出,非关税贸易壁垒所处的局面变得更加微妙。虽然在某些方面已可以讨论有关非关税壁垒的技术问题,但也有成员表示在解决非关税壁垒前,要先有"明确关税"的规定。

温扎普先生在报告中最后表示,他将会关注巴厘进程,并在他认为的合适时机将非农产品市场准入纳入后巴厘岛议程之时,重回非农产品市场准入谈判小组。

(四) 服务

2013年,服务贸易理事会未召开专门会议,而旨在减少服务贸易壁垒的所有谈判未取得任何进展。研究国内法规的工作小组,就如何在国家层面运用许可制度、资格要求和程序、技术标准问题交换了信息。而研究GATS规则的工作小组则在政府采购方面,进一步探讨了《政府采购协议》与GATS规则之间的关联与互补。

1. 国内法规

研究国内法规的工作小组的职责在于制定各项规则,以免许可制度、资格要求和程序、技术标准等国内法规会对服务贸易构成不必要的障碍。

2013年,基于WTO成员提供的信息,工作组审查了成员们提交的90多个问题,重点探讨了某些要求、程序和技术标准如何在国家层面得到执行。除此之外,工作组还讨论了透明度原则、许可制度和资格制度的简化、待遇应用、认证协议、普遍服务义务与国际标准,以及监管如何影响评估的使用和作用等问题。

在这些技术层面的讨论过程中,在成员们的要求下,WTO 秘书处召开了两次重要的背景说明会。第一次说明会讨论了在争端解决案例中,WTO 协议中"普遍适用措施"条款是如何被阐释的。第二次说明会讨论了技术标准在服务中的作用,解释了服务行业内的国家和国际标准的制定过程。总而言之,技术层面的讨论帮助成员提高了对于监管规定的认知,也明确了国内法规发展上需要进一步关注的领域和问题。

在秘书处背景说明会的支持下,代表们发起了关于"行业监管问题与供应模式"的单独讨论。这些讨论旨在帮助 WTO 成员方更好理解服务行业的监管环境,识别可能会对服务贸易产生影响的问题。

2. GATS 规则

制定 GATS 规则的工作小组履行谈判职责,讨论了 GATS 规则第十条(紧急保障措施)、第十三条(政府采购)和第十五条(补贴)等条款。然而,和前几年一样,WTO 成员并未参与任何基于文本的磋商,原因是各方意见不一,也不清楚在这三方面会取得哪些可以接受的成果。

就紧急保障措施而言,成员们经过一段时间思考,原则上同意就维护区域和双边贸易协定的保障措施问题,在 2014 年举行一次由成员驱动的专项讨论。

就政府采购而言,成员们在 WTO 秘书处报告的基础上,开始重新讨论修订后的《政府采购协议》对于服务贸易的意义,《服务贸易总协定》与《政府采购协定》之间经济和法律的衔接,以及在最近的区域贸易协定中的服务采购范围等问题。

成员们对于讨论服务业补贴问题的兴趣十分有限。因此,要更好理解补贴在服务贸易中的作用和它们可能会造成的贸易扭曲影响,成员们还有更多实际性和概念性的工作要做。

(五)与贸易有关的知识产权

关于红酒及烈性酒地理标志通知和登记的谈判仍处于僵局中。TRIPS 理事会特别会议仅就程序问题会晤过一次,并没有解决实质性问题。TRIPS 理事会在常规会议上,对发达国家就公司把技术转让给最不发达国家的激励机制进行了第 11 轮年度审议。WTO 部长级会议通过了 TRIPS 理事会的建议,将暂停受理"无违规情势投诉"的决定进行期限延长。

1. 地理标志注册谈判

地理标志注册是否具有法律效力,这种效力是否适用于全部 WTO 成员,还是仅适用于获选参加的 WTO 成员,对于这些问题,各方意见不一。而对于地理标志注册是否仅限于葡萄酒和烈性酒,还是可以适用于其他产品,如食品和农产品,即在产品范围方面,各方所持的看法也不同。

对红酒及烈性酒进行地理注册,旨在推动对地理标志的保护。一些产品的产地给予了它们特殊的品质、名声及其他特质,因此这些地名(或其他与地名相关的名称或标志)被用来识别产品。作为高品质红酒和烈性酒的代名词,"波尔多"、"龙舌兰"这两个地名便是众所周知的著名例子。1996年起,TRIPS协定便开始就建立地理注册相关问题展开了谈判。

2011年,理事会主席发布了一份综合草案,反映了各成员的立场。之后,主席一直致力于寻找推进此项工作的通用方法而未果。问题主要存在于一些代表团提出的两个与TRIPS相关的执行问题,即如何保护红酒及烈性酒地理标志及如何处理TRIPS协定与《生物多样性协定》之间的关系。

鉴于这些实质性和程序性问题的复杂性,WTO成员没有将地理标志注册工作优先放在巴厘岛部长级会议的筹备中。

2. 悬而未决的执行问题

将地理标志保护扩展到其他类产品上,是有助于此类产品的贸易,还是会因提高其保护水平而增加不必要的法律和商业负担?在这样的问题上,WTO成员仍然存在着分歧。目前,成员们把这种"更高"或"更强"的地理标志保护范围延伸到其他产品上去,看做是所谓的"执行问题"之一。2005年《香港部长宣言》希望总干事就与TRIPS相关的悬而未决的执行问题进行磋商,其中之一就是解决可能扩展范围的问题。

而第二个问题涉及TRIPS协定和《生物多样性协定》之间的关系:TRIPS是否应当做更多,以促进实现《生物多样性协定》的目标,即平等分享基因资源用于研究和生产以产生收益。如果答案是肯定的,那么又如何做到这一点?讨论焦点集中在建议修订TRIPS协议上,要求专利申请者公布来源或提供基因资源的国家,以及相关的传统知识。自总干事帕斯卡尔·拉米公布了一份涵盖2009年3月至2011年4月这一段时期的书面报告以来,2013年各方没有再进行进一步磋商。

3. 技术转让激励机制

TRIPS理事会在2013年10月举行的常规会议上,对发达国家就公司把技术转让给最不发达国家的激励机制进行了第十一轮年度审议。TRIPS协定要求发达国家提供激励机制。2003年理事会应多哈部长级会议要求,决定建立审查机制来监督这项义务。

WTO秘书处组织了第六次年度研讨会,帮助最不发达国家和发达国家代表团就如何落实技术转移激励机制进行沟通。根据最不发达国家的提议,为帮助分析和理解报告中提到的措施,代表团探讨了建立统一报告模式的可能性。讨论还谈到了秘书处如何努力提高现有大量有用信息的可访问性,以及改良后的信息工具如何更好地对最不发达国家的需求做出反应。

4. 知识产权保护争端

2013年，TRIPS理事会继续审议在WTO争端解决机制下能否提出所谓的对有关知识产权的"无违规"投诉。对于这些案件是否成立，或者这是否能成为争端的合法基础，成员们意见不一。

一般情况下，如果一方违反一项协议或承诺，或一方的预期收益在没有违反书面规定的情况下被取消而受损，那么这些争端都能通过WTO争端解决机制来解决。然而，对于知识产权保护争端，TRIPS协定规定五年内暂停受理"无违规"投诉，并且这一暂缓的决定在一系列的部长级会议上得到延期。

当前，对于暂停"无违规"投诉，只是将其从一个部长级会议推延到另一个部长级会议。2013年10月，主席告知理事会会议，WTO成员已表示愿意在2014年年初开展强化工作，对这些争端范围和方式进行检查，以找到跳出这个圈子的方法。

反过来，世界贸易组织第九届部长级会议指示理事会继续审查这些争端的范围和方式，并为2015年的下一个部长级会议提出建议。同时，它还同意，在TRIPS协定下成员们不能发起此类投诉。

（六）贸易与发展

遵照WTO第八届部长级会议的指示，贸易与发展委员会重点制定了发展中国家特殊与差别待遇监督机制的基础，全面盘点了2003年在墨西哥坎昆会议上原则上达成一致的28项特殊协定提案。2013年，监督机制建设取得显著进展。2013年12月在巴厘岛举行的部长级会议上，监督机制正式获得采用。监督机制可以被用来分析、审查多边世界贸易组织协定、部长决议和总理事会决议下的发展中国家特殊与差别待遇条款执行情况的各个方面。

1. 关于监督机制的部长级会议决议

在巴厘岛部长级会议上，部长们批准通过监督机制。这是多边贸易体系中具有重要意义的一步，它加快了对发展中国家特殊与差别待遇的执行和利用情况的回应速度。它将使特殊与差别待遇的接收者从多方面受益。它将会使已有贸易体系至少从以下三个方面增值：

首先，该机制定期审查多边世界贸易组织协议中所有现存和即将实行的"特殊与差别待遇"条款，使特殊与差别待遇相关问题变得清晰可见。其次，该机制将在WTO成员参加世界贸易组织委员会会议发现问题时，给予建议，而不像以往那样仅限于单纯的讨论。再次，该机制给予的建议能够带来许多WTO相关技术机构的谈判。这将为发展中国家提供机会，解决它们在使用"特殊与差别待遇"条款时可能面临的任何挑战。

2. 关于最不发达国家的部长级会议决议

部长们在巴厘岛会议上通过了有利于最不发达国家的若干决定，以进一步帮助它们融入多边贸易体系。这些决定包括,旨在促进最不发达国家产品市场准入的优惠原产地多边准则;对于最不发达国家免关税、免配额市场准入的决定;关于成员扩大现有免税免配额范围的呼吁,以及在服务贸易领域发起帮助最不发达国家服务和服务供应商优惠市场准入的决定。

此外,会议还通过了关于棉花的决议,旨在加强贸易相关的透明性、监督和发展援助,主要依据由"棉花四国"(布基纳法索、贝宁、马里和乍得)提交的一份提案。

3. 特殊协定提案

2013年,委员会举行了许多正式和非正式会议,在关于发展中国家特殊与差别待遇的坎昆协议特殊协定提案中,取得了一些进展。但是,达成共识仍十分困难,WTO成员决定将在2014年重新讨论这些问题。

这些提案基本认同WTO协议中现有的特殊与差别待遇规定,并提出了新的措辞或解释以使规定更加明确、有效、具有可操作性。因此,它们被称为"特殊协定提案"。由于发展中国家或最不发达国家无法像发达国家一样做出承诺、履行义务,"特殊与差别待遇"规定为这些WTO成员提供了优厚的待遇、灵活性或帮助。

非洲集团和其他最不发达国家希望将28项特殊协定提案纳入《巴厘岛一揽子协定》中,但是一些其他成员代表表示,他们并不能接受所有的28项提案。因此,这项工作仍然在继续。

(七)贸易与技术转让

2013年,贸易与技术转让工作组举行三次正式会议,继续分析贸易与技术转让的关系,并探讨了增加发展中国家技术流入的方法。其工作主要以联合国贸易与发展会议2012年关于创新和技术转让的报告、巴基斯坦在金融服务和数据管理方面的报告以及WTO秘书处环境技术传播研讨会报告的主要观点为基础。

1. 贸易与技术转让的关系

研讨会讨论了政府如何从非股权模式(non-equity modes,NEM)转让中获得最大化收益,以及如何通过融会贸易、投资和技术政策,将非股权模式政策融入整个发展策略中去。一般来说,非股权模式转让的形式有合同关系、许可协议、本地企业与跨国公司之间的特许经营或合同生产等。

联合国贸易与发展会议的报告发现,非股权模式转让介于外商直接投资与贸易的中间地带。在外商直接投资中,跨国公司掌握资产;而在贸易中,国际贸易伙伴手中没有掌握资产。非股权模式多见于制药、汽车零部件、IT服务和电子行业。

巴基斯坦报告了其在运用技术提供金融服务、数据管理和信息技术方面的经验,强调了这些服务对人们生活产生的积极影响。信息技术可以通过互联网或移动电话提供移动金融服务,促进金融业发展。而这些发展将直接使人们受益,例如,向农村地区延伸金融服务或帮助女性成为企业家。

世界贸易组织的贸易和环境部就贸易与技术转让之间的关系问题,为WTO成员举办了题为"环境技术传播:环境技术传播的挑战与机会"的研讨会。讨论主要集中在环境技术传播中的障碍以及障碍的消除将如何对可持续发展做出贡献的问题上。

会议还讨论了三项具体的环保技术:碳捕获和封存技术,低排放技术以及废物管理和水处理技术。碳捕获,是指将化石燃料燃烧或其他化学或生物过程产生的温室气体如二氧化碳进行捕捉并储存,使其无法逃逸到大气中。此外,会议将发展中国家参与国际标准制定、贸易和投资当做促进创新和支持发展中国家市场发展的关键要素。

2. 未来工作

WTO成员继续进行早先一些成员组提交的题为"加速适当技术采购的信息流通、促进技术流向发展中国家"的讨论。支持者希望能在不久的将来制定出修订版的意见书,而成员们也原则上同意于2014年组织贸易和技术转让的研讨会。

3. 巴厘岛决议

在12月份召开的巴厘岛部长会议上,部长们认为,为实现《多哈部长宣言》的承诺,贸易和技术转让工作组还有很多工作有待完成,特别要加强对周边贸易中的复杂问题和技术转让问题的理解。

(八)贸易与环境

2013年上半年,贸易与环境委员会特别会议召开,重点讨论推进其工作的方法,特别是减少、消除环保产品和服务中贸易壁垒的方法。

2013年上半年,在贸易与环境委员会特别会议中,代表团将环保产品作为一部分谈判任务进行专门讨论。WTO规则和多边环境贸易协定及世界贸易组织和多边环境协定秘书处之间的合作,已经取得了相对的进展。2013年下半年没有再进一步举行会议。

经过多年时间,关于环保产品及其关税待遇认定的讨论已不可胜数。很多WTO成员给环保商品列出了总共409项不同的税目。这些产品涵盖多个环保类别,例如环保技术、大气污染控制、废物管理和水处理、可再生能源和碳捕获及封存等。

环保产品认证工作仍存在一些技术上的困难,其中包括国际商品统一分类和编码制度的检验以及已提交环保产品子分类的确定问题。贸易与环境委员会特别会议主席组织了多场磋商会议,重点放在推进这项技术工作的方法上。

（九）贸易便利化

经过多年的谈判，贸易部长们在 2013 年 12 月于巴厘岛举行的世界贸易组织第九届部长级会议上批准了新的《贸易便利化协定》(Trade Facilitation Agreement, TFA)。该协定将通过简化通关手续，给全球经济每年带来估计高达 10 000 亿美元的显著收益，援助发展中国家和最不发达国家。

发展中国家和发达国家很早就指出，大量繁文缛节仍然存在于跨境货物运输之中。这些文件要求往往缺乏透明度，又在许多地方重复，而这一问题往往又因进出口商和官方机构之间缺乏合作而变得更加复杂。尽管信息技术不断进步，自动数据提交却并不常见。

《贸易便利化协定》将通过降低成本和提高通关速度、效率来简化通关手续。这将是一个具有法律约束力的协议，也将是世界贸易组织自 1995 年成立以来最大的改革之一。

《贸易便利化协定》的目标是：加快通关手续；使贸易更容易、更快捷、更便宜；保障清晰性、高效率和透明度；减少官僚作风和腐败以及运用技术进步。《贸易便利化协定》关于在途货物的规定，特别吸引通过港口与周边国家贸易的内陆国家。该协议的一部分还包含对发展中国家和最不发达国家更新基础设施的援助，对其海关官员的培训，还有与执行本协议相关的任何其他花费的支持。

据估测，《贸易便利化协定》将促进贸易流量的增加，给世界经济每年带来大约 10 000 亿美元的收益。此外，贸易便利化还可以减少 10%~15% 的贸易成本。尽管巴厘岛会议采用的《贸易便利化协定》并非最终文本，成员们会检查、修正文本，确保其在法律层面准确无误，但其实质不会改变。成员们希望最终文本能在 2014 年 7 月 31 日之前获总理事通过。

该协议有两个部分：第一部分包含了加快货物流动、放行和清关的规定。它阐述并改善了 1994 年 GATT 的相关条款（条款 V、Ⅷ 和 X）；第二部分包含了对于发展中国家和最不发达国家的特殊与差别待遇条款，以帮助他们实施该协议的规定。

2013 年，贸易便利化谈判小组在爱德华·斯比瑞森·优特（Eduardo Ernesto Sperisen-Yurt）主席和四个"贸易便利化主席之友"（弗雷德里克大使、马里奥·马特斯大使，常驻代表迈克尔·斯通和瑞米吉·温扎普大使）的带领下，加紧工作。

2013 年 9 月 1 日上任的总干事阿泽维多，也针对草案文本加紧谈判。虽然成员们以各种形式进行交流，但都强调交流的透明性、包容性以及"自下而上"的方式，这意味着一部分成员无意将该协议强加给别人。发展中国家和最不发达国家都很支持该协议，并通过谈判显著改善了文本内容。在整个谈判进程中，这些国家受到了各种援助活动的支持。

在巴厘岛会议的筹备中,最终工作成果由谈判文本合并草案的多种版本整合而来。在巴厘岛部长会议上,WTO 成员就几个未解决问题达成书面上的一致,部长们也批准了该协议。部长们设立筹备委员会,进行文本的法律审查;如他们所指出的,任何修改将纯粹是形式上的修改,并不会影响本协议的实质内容。

(十) WTO 规则

由于缺乏积极谈判,WTO 规则谈判组只能继续其技术活动。其中,最明显的成果是在其技术小组的主持下,各代表团就 WTO 成员的反倾销做法进行交流。

2012 年 10 月的非正式磋商之后,谈判小组主席韦恩·麦库克(Wayne McCook)大使总结道,与会代表们在多哈发展议程的大局发生改变之前并不积极恢复谈判。2013 年,这种情况并没有发生改变。但谈判小组主席确实提到说,一些成员对技术层面工作的继续开展表现出兴趣。其中,技术小组建立了一个各代表团能够就反倾销措施进行信息交流的论坛。

技术小组在 2013 年 4 月、10 月会面,交流 WTO 成员在国内产业定义、数据收集、调查期、征税、税赋评估系统以及期中及新出口商复审等领域的问题。

(十一) 争端解决谅解机制

WTO 成员集中讨论《争端解决谅解协定》谈判中尚未完全解决的关键性问题。虽然没有取得具体成果,参与者们仍就广泛议题汇报了其所做的建设性工作,表达了希望找到解决办法的普遍愿望。

2013 年 6 月,根据与有关成员磋商的结果,争端解决机构特别会议主席罗纳德·萨沃里奥·索托(Saborío Soto)对谈判进展情况及尚未解决的关键性问题做出总体评价。他邀请支持者和其他相关参与者集中跟进,探索所有未决领域的解决方案。

2013 年下半年,这项工作开始启动。特别会议主席协助执行并向所有代表团确保其透明度。工作盘点会议分别于 2013 年 7 月、10 月及 11 月举行,会上,参与者就广泛议题汇报了所做的建设性工作。

虽然到 2013 年年底,这项工作仍没有取得具体成果,但在部分领域,工作进展顺利,还出现了一些令人鼓舞的迹象:成员们开始参与到许多问题尚未解决的领域中。此外,参会者还愿意为取得胜利成果,探讨高于最初设定目标的解决方案。

如果在上诉阶段出现事实争议,案件将发回或转交原专家组重审。在这个问题上,成员已就转交机制的一些基本特征达成了有益共识。类似的,在报复后问题上,成员也就解决报复后情况的大概步骤和顺序在概念层面上达成了共识。这些都是今后工作的重要组成部分。

在磋商中,与会者在第三方权利的问题上达成了部分共识,但对于工作组和申诉中第三方参与的问题仍存在分歧。在透明化和法庭之友提供的信息简报问题上,一些参与者认为诉讼程序的系统性开放是不合理的,因此还需要解决这些参与者所关注的问题。

成员们普遍对时间节省提案的主要目标感到满意。这些目标旨在简化可简化的流程,确保对于所有WTO成员,特别是那些面临着资源紧缺的发展中国家成员来说时间都够充足。

在有效执行方面,成员们广泛讨论如何改善《争端解决谅解协定》,以使所有WTO成员能够尽可能采取有效补救措施。支持发展中国家利益的成员们,目前已将第三方权利、时间节省、协议的有效执行以及参与、进入争端解决机制作为他们关注的领域。因此,在这些方面取得有意义的进展,将有助于整体解决发展中国家所关注的问题。

有关成员控制及灵活性工作也正在继续,其中既有共识,也存在分歧。

二、《政府采购协议》

在巴厘岛举行的世界贸易组织第九届部长级会议召开期间,签署WTO《政府采购协议》(The Agreement on Government Procurement,简称为GPA)的成员部长们于2013年12月3日会晤。他们对目前推进修订后的《政府采购协议》生效所取得的进展情况感到满意。该协议在10个《政府采购协议》的缔约方批准后,于2014年4月6日生效。

2012年3月,修订后的《政府采购协议》正式开始实施,目前由15个缔约方(此处将欧盟及其28个成员国计为一个)组成。截止到2014年3月,已有10个缔约方宣告接受。这些缔约方(以它们宣布接受的顺序排列)为:列支敦士登、挪威、加拿大、中国台北、美国、中国香港、欧盟(也包括其成员国)、冰岛、新加坡和以色列。由于三分之二的协议缔约方已批准通过,修订后的《政府采购协议》生效。

修订后的《政府采购协议》有新的、修改过的内容,还有关于缔约方市场准入范围扩张的重大承诺。该协定下的发展中国家缔约方希望将自身转变为一个更具国际竞争力的政府采购政权,而该协定给予了它们实现这种转变可观的灵活性。新的内容重视利于电子采购工具的使用,同时又加强了《政府采购协议》在改善管理和打击腐败中的作用。缔约方市场准入范围扩张的承诺,估计每年将带来800亿~1000亿美元甚至更多的收益。新增的市场准入承诺,将覆盖包含一些地方政府、次中心实体在内的约500个其他采购实体,新增服务采购范围。

修订后的《政府采购协议》已生效,推动着政府采购协议委员会开始着手制定已获得一致同意的几个新工作计划。这些工作计划代表着每个谈判的独有结果,涵盖诸如促进中小型企业参与政府采购、改进可持续采购实务及按照协议改善业务统计数据等在内的热点问题。

参考文献

[1] World Trade Organization. Annual Report 2013[EB/OL]. WTO 网站. http://www.wto.org/english/res_e/publications_e/anrep13_e.htm.2013-12-20.

[2] World Trade Organization. Bali Ministerial Declaration and Decisions. WTO 网站. http://wto.org/english/thewto_e/minist_e/mc9_e/tempdocs_e.htm.

第三章 世界贸易组织与中国

第一节 2013年中国对外贸易与投资发展

世界经济总产出于2012年实现同比增长3.1%后,2013年延续着弱势复苏的态势,全年总产出增长3.2%。相对应地,全球贸易总量仅增长3.1%。针对这种严峻和复杂的国际形势,中国政府通过改革创新,及时出台稳增长和调结构的对外经贸政策,从而促进了中国对外贸易的稳步增长,无论从货物贸易、服务贸易还是利用外商直接投资以及对外投资方面,中国对外经济依然取得了不错的成绩。

一、2013年中国货物贸易发展情况

(一)货物贸易规模稳步增长,成为世界第一货物贸易大国

2000年以来,除2009年货物贸易额有所下降外,其余年份均保持稳步增长的态势。2013年,中国货物贸易总额一举超过4万亿美元,达到4.16万亿美元,是首个货物贸易总额超过4万亿美元的国家,较2013年增长7.6%,高于世界货物贸易平均增速,一举成为世界第一货物贸易大国。根据WTO的统计数据,2010年中国货物贸易总额落后美国2 700亿美元,2013年中国货物贸易总额高出美国2 500亿美元。

从进出口来看,2013年中国货物贸易出口额为2.21万亿美元,较2012年增长7.9%,连续五年稳居全球首位,占全球货物出口总额的11.8%,较2012年提高0.7个百分点;2013年中国货物贸易进口额为1.95万亿美元,较2012年增长7.3%,连续五年位居全球第二位,占全球货物进口总额的10.3%,较2012年提高0.5个百分点。2013年中国货物贸易继续保持顺差,顺差额为2 597.5亿美元,虽然较2012年增长幅度有所减缓,但是贸易顺差额持续扩大,中国外汇储备总额进而增加到38 213.15亿美元,继续保持世界第一位。

对外贸易对中国经济社会发展起到了重要的推动作用,近年来对中国国民经济增长平均贡献率达到18%左右,直接和间接带动国内1.8亿人就业,创造

18%的全国税收。但是不可否认的是,近年贸易增长对于经济增长的贡献度有所降低。中国货物出口占 GDP 比重从 2010 年的 26.7% 下降到 2013 年的 24%;货物进口占 GDP 比重从 2010 年的 23.7% 下降到 2013 年的 21.3%。中国贸易顺差占 GDP 比重由 2010 年的 3.1% 下降到 2013 年的 2.8%。同时,中国对外贸易发展也为世界经济和贸易伙伴的经济增长做出了巨大贡献。根据 WTO 在 2013 年发布的统计数据,当时 159 个 WTO 成员中,中国是其中 107 个成员前三大进口来源地,是其中 42 个成员前三大出口市场,同时,中国还是 48 个最不发达国家的最大出口市场。中国强大的进出口市场,对于促进其他 WTO 成员的贸易和经济增长做出了巨大贡献。

(二)中国货物贸易产品结构进一步优化,然而资本密集型产品出口增速低于劳动密集型产品

2013 年中国货物产品出口中,农产品出口所占比重为 3.2%,较 2011 年的 3.4% 有所下降,其中食品占 2.7%,农业原材料占 0.5%。矿产品出口所占比重为 2.7%,较 2011 年的 3.1% 有所下降,其中矿石占 0.2%,有色金属占 1.0%,燃料占 1.5%。制成品出口依然是中国出口的主要内容,所占比重高达 94.0%,较 2011 年的 93.3% 有所上升。其中钢铁占比 2.5%,较 2011 年的 2.9% 下降 0.4 个百分点;化工产品 5.4%,较 2011 年的 6.0% 下降 0.6 个百分点;其他制成品占 8.0%,较 2011 年的 7.7% 上升 0.3 个百分点;机械和运输设备占 47.0%,较 2011 年的 47.5% 略有下降。

2013 年中国制成品出口中,纺织品、服装、箱包、鞋类、玩具、家具、塑料制品等 7 大类劳动密集型产品出口 4 618 亿美元,增长 10.3%,高出整体出口增速 2.4 个百分点;机电产品(资本密集型产品)出口 12 655 亿美元,增长 7.3%,占出口总额的比重为 57.3%。从机电产品内部结构看,自动数据处理设备出口有所下降,家电出口低速增长,部分机械设备出口增长较快,成为机电产品出口新增长点。其中,飞机出口额增长 76.1%,机械提升搬运装卸设备及零件出口额增长 13.5%,纺织机械及零部件出口额增长 12.4%。2013 年中国高新技术产品出口总额达到 6 603 亿美元,较 2012 年增长 9.8%,占中国货物出口总额比重为 29.9%,比 2012 年提高了 0.5 个百分点。

2013 年中国主要制造业进口产品包括办公和通信设备、化工产品;原料和其他矿产品进口占近 30%;农产品进口占 8%。

(三)一般贸易稳步增长,加工贸易增速继续回落

长期以来,加工贸易一直占据中国对外贸易半壁江山,但最近几年加工贸易增速有所回落,在中国货物贸易中的比重有所下降。如表 3.1 所示,2013 年中国一般贸易进出口总额为 2.2 万亿美元,增长 9.3%,较 2012 年的 4.4% 高出 4.9 个百分点;占中国进出口总额的 52.8%,较 2012 年的 52.0% 高出 0.8 个百分点。其中一般贸易出口额为 10 875.3 亿美元,较 2012 年增长 10.1%,占出口比例达 49.2%;一般贸易进口额为 11 097.2 亿美元,较 2012 年增长 8.5%,占进口比例高达 56.9%。2013 年中国加工贸易进出口总额为 1.36 万亿美元,仅增长 1.1%,较 2012 年的 3.3% 下降 2.2 个百分点,占进出口总额的 32.6%,较 2012 年的 34.8% 下降 2.2 个百分点。其中加工贸易出口额为 8 608.2 亿美元,较 2012 年下降 0.2%,占出口比例为 39.0%;加工贸易进口额为 4 969.9 亿美元,较 2012 年增长 3.3%,占进口比例为 25.5%。从加工贸易发展的区域结构看,国家引导加工贸易梯度转移取得积极的成效,中西部地区在加工贸易中所占比例达到 11.9%,较 2012 年提高 2.1 个百分点,较 2008 年提高 8.9 个百分点。

表 3.1　2013 年中国进出口贸易方式情况　　　　单位:亿美元,%

项目	进出口总额			出口额			进口额		
	金额	同比	占比	金额	同比	占比	金额	同比	占比
贸易总值	41 603.1	7.6	100.0	22 100.2	7.9	100.0	19 502.9	7.3	100.0
一般贸易	21 972.5	9.3	52.8	10 875.3	10.1	49.2	11 097.2	8.5	56.9
加工贸易	13 578.1	1.1	32.6	8 608.2	-0.2	39.0	4 969.9	3.3	25.5
其他贸易	6 052.5	18.3	14.5	2 616.7	32.2	11.8	3 435.8	9.6	17.6

资料来源:根据中国商务部网站统计数据计算整理。

(四)民营企业进出口依旧强劲增长,外资企业和国有企业占比持续降低

长期以来,外资企业进出口占据中国对外贸易的 50% 以上,近年来由于中国政府大力推进简政放权,取消和下放大量行政审批事项,从而降低了民营企业成本,激发了民营企业开展对外贸易的活力,民营企业对外贸易比重持续走高,国有企业和外资所占比例持续降低。由表 3.2 可以看出,2006 年以来,民营企业在中国对外贸易中的比重持续增加,由 17.47% 增加到 2013 年的 35.83%,而国有企业和外商投资企业所占比重分别由 23.66% 和 58.87% 下降到 2013 年的 17.99% 和 46.18%。

表 3.2　2006—2013 年中国不同类型企业对外贸易所占比重　　　单位:%

年份	2006	2007	2008	2009	2010	2011	2012	2013
国有企业	23.66	22.79	23.82	21.70	20.91	20.85	19.41	17.99
外商投资企业	58.87	57.83	55.11	55.18	53.84	51.10	49.00	46.18
其他类型企业	17.47	19.38	21.08	23.12	25.25	28.05	31.59	35.83

资料来源:Wind 数据库。

2013 年中国进出口贸易中,国有企业进出口总额为 7 479.8 亿美元,总体相

对于 2012 年的 7 517.1 亿美元下降 0.5% 个百分点,降幅相对于 2012 年的 1.2% 有所减少。其中国有企业出口额为 2 489.9 亿美元,较 2012 年下降 2.8%,占出口总额的 11.3%;国有企业进口额为 4 989.9 亿美元,较 2012 年增长 0.6%,占进口总额的 25.6%。2013 年外商投资企业进出口总额为 19 190.8 亿美元,较 2012 年增长 1.32%。其中出口额为 10 442.6 亿美元,较 2012 年增长 2.1%,占出口总额的 47.3%;进口额为 8 748.2 亿美元,较 2012 年增长 0.4%,占进口总额的 44.9%。2013 年民营企业进出口总额为 14 932.5 亿美元,较 2012 年增长 22.3%,相对于 2012 年 19.6% 的增长提升 2.7 个百分点,高出货物进出口总体增速 14.7 个百分点。其中民营企业出口 9 167.7 亿美元,较 2012 年增长 19.1%,占出口总额的 41.5%;民营企业进口 5 764.8 亿美元,较 2012 年增长 27.8%,占进口总额的 29.6%。详见表 3.3。

表 3.3　2013 年中国进出口贸易企业性质情况　　　单位:亿美元,%

项目	进出口总额			出口额			进口额		
	金额	同比	占比	金额	同比	占比	金额	同比	占比
贸易总值	41 603.1	7.6	100.0	22 100.2	7.9	100.0	19 502.9	7.3	100.0
国有企业	7 479.8	-0.5	18.0	2 489.9	-2.8	11.3	4 989.9	0.6	25.6
外商投资企业	19 190.8	1.32	46.1	10 442.6	2.1	47.3	8 748.2	0.4	44.9
其他企业	14 932.5	22.3	35.9	9 167.7	19.1	41.5	5 764.8	27.8	29.6

资料来源:根据中国商务部网站统计数据计算整理。

(五)对外贸易集中度稳中有降,对新兴经济体出口增速较高

在加强出口市场多元化的战略下,近年来中国贸易市场结构逐步优化,贸易市场集中度稳中有降。2013 年中国前十大贸易伙伴为欧盟(28 国)、美国、东盟、中国香港、日本、韩国、中国台湾、澳大利亚、巴西、俄罗斯,进出口总额达 30 246.3 亿美元,占中国货物贸易总额的 72.7%。其中中国出口额为 17 417.4 亿美元,占中国出口总额的比重为 78.8%,较 2012 年的 78.5% 略有上升;中国进口额为 12 829.2 亿美元,占中国进口总额的比重为 65.8%,较 2012 年的 69.1% 大幅降低。

如表 3.4 所示,从国别地区看,2013 年中国对转型经济体或发展中经济体出口增速较快,对东盟、中国香港、中国台湾、巴西和俄罗斯等国家和地区的出口增速分别高达 19.5%、19.0%、10.5%、8.3% 和 12.6%;进口增速较快的国家和地区为美国、韩国、中国台湾、澳大利亚等发达经济体,进口增速分别高达 14.8%、8.5%、18.5% 和 16.8%。其中 2013 年中国对台湾地区进出口增速均较快。由于

中日政治关系紧张造成中日经贸关系趋冷,2013年中日贸易总额仅3 125.5亿美元,相对于2012年下降5.1%。其中中国对日本出口1 502.8亿美元,较2012年下降0.9%;中国从日本进口1 622.8亿美元,较2012年下降8.7%,中日贸易中中国依然逆差120亿美元。

表3.4 2013年中国与前十大贸易伙伴贸易情况　　　单位:亿美元,%

	进出口	同比	占比	出口	同比	进口	同比
合计	41 603.3	7.6	100.0	22 100.4	7.9	19 502.9	7.3
欧盟(28国)	5 590.6	2.1	13.4	3 390.1	1.1	2 200.6	3.7
美国	5 210.0	7.5	12.5	3 684.3	4.7	1 525.8	14.8
东盟	4 436.1	10.9	10.7	2 440.7	19.5	1 995.4	1.9
中国香港	4 010.1	17.5	9.6	3 847.9	19.0	162.2	-9.3
日本	3 125.5	-5.1	7.5	1 502.8	-0.9	1 622.8	-8.7
韩国	2 742.5	7.0	6.6	911.8	4.0	1 830.7	8.5
中国台湾	1 972.8	16.7	4.7	406.4	10.5	1 566.4	18.5
澳大利亚	1 363.8	11.5	3.3	375.6	-0.4	988.2	16.8
巴西	902.8	5.3	2.2	361.9	8.3	540.9	3.4
俄罗斯	892.1	1.1	2.1	495.9	12.6	396.2	-10.3

资料来源:根据中国商务部统计资料整理。

(六) 中西部地区贸易继续高速增长,贸易格局有所调整

改革开放以来,中国东部沿海地区依托地域和政策优势,大力发展外向型产业,开展对外贸易,进出口贸易迅速增长,其规模远远超过中西部地区,在相当长的时期内,东部地区进出口贸易额占全国贸易比重一直保持在90%以上。在中央出台实施西部大开发和中部崛起战略后,中西部地区通过不断改善基础设施、增强产业配套、强化招商引资政策,其承接沿海地区和国外产业转移的能力不断增强,促使进出口贸易额显著上升。2010年,中西部地区进出口额占全国贸易额比重提升至9.7%,较2005年提高2.5个百分点。十二五期间,中西部地区进口依然保持较快的增长趋势,成为中国外贸增长的生力军,从而与东部地区的贸易差距在逐步缩小。

2013年中国中西部地区进出口总额达5 625.5亿美元,较2012年增长14.3%,虽然较2012年20.8%的增速有所回落,但依然高出全国增速6.7个百分点;占中国进出口总额的比重达到13.5%,较2012年的12.7%提高0.8个百分点。其中,出口贸易额3 392.9亿美元,增长17.1%,高于整体出口增速9.2个百分点；进口贸易额 2 232.8 亿美元，增速 10.4%，高出整体进口增速 3.1 个百分点。2013 年，中国东部地区进出口增速为 6.6%，低于全国平均水平 1 个百分点，占中国进出口总额的比重下降为 86.5%。2013 年，中国东部的广东、江苏、上海、北京、浙江、山东和福建 7 个省市进出口比重占中国进出口总值的 79%，相对于 2012 年下降 0.9 个百分点；而中西部的云南、宁夏、贵州、甘肃、重庆和河南出口增长均超过 20%，云南、宁夏的增速分别高达 59.3% 和 55.5%。由此可以看出，2013 年中国中西部省市的对外贸易增速明显高于中国的东部省市，见表 3.5。

表 3.5 2013 年中国东中西部地区进出口贸易情况   单位：亿美元，%

	进出口额	增长	占比	出口额	增长	占比	进口额	增长	占比
全国	41 603.1	7.6	100.0	22 100.2	7.9	100.0	19 502.9	7.3	100.0
东部	35 977.4	6.6	86.5	18 707.3	6.4	84.6	17 270.2	6.9	88.6
中部	2 844.0	11.3	6.8	1 610.7	14.2	7.3	1 233.5	7.7	6.3
西部	2 781.5	17.7	6.7	1 782.2	19.8	8.1	999.3	14.0	5.1

注：东部地区包括北京、天津、河北、辽宁、上海、江苏、浙江、福建、山东、广东和海南；中部地区包括山西、吉林、黑龙江、安徽、江西、河南、湖北和湖南；西部地区包括内蒙古、广西、四川、重庆、贵州、云南、西藏、陕西、甘肃、青海、宁夏和新疆。

资料来源：根据中国商务部统计资料整理。

（七）贸易摩擦持续高发，对外贸易形势依然严峻

在国际经贸环境总体不佳的背景下，2013 年中国面临的贸易形势依然严峻，针对中国出口的贸易摩擦持续高发，主要呈现以下几个特点：第一，发起贸易摩擦的案件数量持续增加。根据商务部的统计数据，2013 年全年共有 19 个国家和地区对中国发起贸易救济调查案件 92 起，较 2012 年增长 17.9%。其中反倾销调查 71 起，反补贴调查 14 起，保障措施 7 起。从 WTO 统计的数据看，中国已经连续 18 年成为遭遇反倾销调查最多的国家，连续 8 年成为遭遇反补贴调查最多的国家，依然是全球贸易保护主义的最大受害国。第二，针对中国高技术产品的贸易摩擦增多。根据商务部的统计数据，仅美国在 2013 年就对中国电子、通信、机械等出口产品发起"337"调查 19 起，较 2012 年的 18 起又有所增加。占其同期立案数量的 1/4 以上，涉及中国不少战略性新兴产业的大型龙头企业。某些案件中中国被裁定的反倾销税率偏高，由于发达国家不断强化贸易执法，放宽立案标准，强化反倾销和反补贴调查规则，裁决趋于严格，再加上中国应诉企业在一些案件中应诉不力，导致这些企业被裁定较高反倾销税率，且某些贸易救济措施和贸易救济调查明显针对中国产品。由于新兴经济体和发展中国家经济增速放缓，而中国对这些国家和地区的出口增速较高，其对中国的贸易摩擦呈增多趋势。

针对进口产品的不公平竞争,中国通过开展贸易救济调查,维护产业安全和企业合法权益。根据商务部的统计数据,2013年中国全年共发起反倾销调查11起,反补贴调查1起,涉案金额24.03亿美元,涉及产品主要为浆粕、高温承压用合金钢无缝钢管、四氯乙烯、葡萄酒、单膜光纤和特丁基对苯二酚。2013年,中国共做出贸易救济调查初裁裁决5起、终裁裁决4起、期中复审裁决1起、期终复审裁决3起和新出口商复审裁决1起。此外,启动对进口丙酮反倾销期终复审;终止涂布白卡纸反倾销案调查。

二、2013年中国服务贸易发展情况

在服务贸易逐渐成为国际经贸竞争新领域的国际背景下,国际服务贸易发展越来越受到中国政府的重视,进入21世纪以来,中国服务贸易也取得迅速发展。2013年中国服务贸易发展主要呈现以下特点:

(一) 中国服务贸易额继续保持高速增长,占世界服务贸易比重进一步提高

根据WTO的统计数据,2013年全球服务贸易进出口贸易总额达到90 257.30亿美元,较2012年的85 709.3亿美元增长5.31%。其中全球服务出口总额46 443.8亿美元,较2012年的43 970.0亿美元增长5.63%;全球服务进口总额43 813.5亿美元,较2012年的41 739.3亿美元增长4.97%。2013年中国服务贸易进出口总额为5 341.42亿美元,较2012年的4 706.04亿美元增长13.5%。其中中国服务出口额为2 047.18亿美元,较2012年的1 904.40亿美元增长7.50%;服务进口额3 294.24亿美元,较2012年的2 801.64亿美元增长17.58%,各项增长均高过全球平均增速,从而使得中国服务贸易额在全球服务贸易额中的比重进一步提高,其中中国服务出口比重由2012年的4.33%提高到4.41%,位于美国、英国、德国之后,居全球第四位;中国服务进口额由2012年的6.71%提高到7.52%,仅次于美国,位居全球第二位。

(二) 中国服务贸易逆差有继续扩大趋势

长期以来,中国服务贸易一直保持逆差,这一趋势在2013年不但没有减缓的趋势,反而逆差额进一步增加。根据国家外汇管理局的统计数据,2013年中国服务贸易逆差额达到1245亿美元,较2012年的897亿美元增加了348亿美元。其中运输服务贸易逆差额达到567亿美元,较2012年的469亿美元增加98亿美元;传统贸易顺差的旅游服务继续保持逆差,并进一步由2012年的进差额519亿美元增加到769亿美元,增加了250亿美元,是中国服务贸易逆差扩大的主要来源;保险服务贸易逆差由2012年的173亿美元微增至2013年的181亿美元;专有权利使用和特许费逆差由2012年的167亿美元持续增加到201亿美元。以上四项是2013年中国服务贸易逆差的主要来源,另外金融服务、电影音

像呈现微小逆差,逆差额分别为5亿美元和6亿美元。

(三) 中国服务贸易结构进一步优化

中国服务贸易结构中,旅游服务、运输服务以及其他商业服务等传统服务所占比重较高,一直保持在50%左右的水平。随着中国政府对现代服务业发展的重视,近年来,现代服务业贸易额所占比重逐渐提高。从服务贸易总额看,2013年中国运输服务贸易、旅游服务、其他商业服务分别为1 319.0亿美元、1 803.0亿美元和547亿美元,共计3 669.0亿美元;占中国服务贸易比重分别为24.59%、33.61%和10.20%,合计占68.39%。其中,这三项服务出口额分别为376.0亿美元、517.0亿美元和341.0亿美元,共计1 234.0亿美元;占中国服务出口额比重分别为18.25%、25.10%和16.55%,合计占59.90%,较2012年的61.29%下降1.39个百分点;这三项服务进口额分别为943.0亿美元、1 286.0亿美元和206.0亿美元,合计2 435.0亿美元;占中国服务进口额的比重分别为28.53%、38.91%和6.23%,合计占73.68%,较2012年的73.79%略微下降。与此同时,保险服务、计算机和信息服务、专有权利使用费和特许费、咨询服务金额继续增加,其中专有权利使用费和特许费进口增速达到18.64%,咨询服务出口增速高达21.26%,进口增速高达18.0%。在顺差方面,计算机和信息服务、咨询服务顺差额分别高达94.0亿美元、169.0亿美元,与其他商业服务(顺差135.0亿美元)共同成为中国服务贸易顺差的主要来源。

三、2013年中国利用外资和对外投资情况

(一) 2013年中国利用外资情况

1. 2013年中国利用外资金额稳步增长

根据商务部的统计数据,2013年全国设立外商投资企业22 773家,较2012年下降8.63%;但是2013年的实际利用外资金额达到1 175.86亿美元,较2012年增长5.25%。

从外资来源看,中国利用的外资主要来自亚洲10个国家和地区(中国香港、中国澳门、中国台湾、日本、菲律宾、泰国、马来西亚、新加坡、印度尼西亚和韩国)。2013年,亚洲10个国家和地区共在中国投资新设立企业18 407家,较2012年下降7.46%,低于全国总体下降幅度,占外资设立企业总数的80.83%;这10个国家和地区实际投资金额合计达到1 025.23亿美元,较2012年增长7.09%,高于全国总体增长幅度,占中国外资总金额的87.19%。2013年,美国在中国投资新设企业1 111家,较2012年大幅下降19.14%;实际投资金额达33.53亿美元,同比增长7.13%。欧盟28国共在中国投资新设企业1 523家,较2012年下降10.41%,实际投资金额为72.14亿美元,同比增幅高达18.07%。

按照对华投资金额排序,2013 年对华投资前十位的国家和地区(按照实际投资金额计算)依次为中国香港(783.02 亿美元)、新加坡(73.27 亿美元)、日本(70.64 亿美元)、中国台湾(52.46 亿美元)、美国(33.53 亿美元)、韩国(30.59 亿美元)、德国(20.95 亿美元)、荷兰(12.81 亿美元)、英国(10.39 亿美元)和法国(7.62 亿美元),这 10 个国家和地区实际投资资金合计达到 1 010.21 亿美元,占中国实际利用外资总额的 93.15%。

2. 服务业利用外资金额大幅增长,利用外资金额首次超过总额的 50%

就实际利用外资的行业类别看,2013 年中国服务业实际利用外资金额达到 614.51 亿美元,较 2012 年增长 14.15%,在全国利用外资金额总额中的比重达到 52.3%,首次占比超过 50%。其中社会福利保障业、电气机械修理业、娱乐服务业增长较快,分别增长 368.63%、308.8%和 117.42%。制造业实际使用外资金额为 455.55 亿美元,较 2012 年下降 6.78%,在全国实际利用外资金额总额中的比重为 38.7%。其中石油加工、炼焦及核燃料加工业,水产品加工增长较快,同比分别增长 81.97%和 46.76%。农林牧渔业实际使用外资金额 18 亿美元,同比下降 12.71%,在全国总量中的比重为 1.53%。

(二) 2013 年中国对外投资情况

1. 中国对外投资不断增长,从流量看已位居世界第三位

在人民币不断稳步升值、金融危机后欧美各国希望吸引外来投资等国际背景下,近年来中国企业对外投资并购步伐不断加快,2013 年中国对外投资在流量上已经位居世界第三位。根据商务部的统计数据,2012 年,中国境内投资者共对全球 156 个国家和地区的 5 090 家境外企业进行了直接投资,累计实现非金融类直接投资 901.70 亿美元,较 2012 年增长 16.8%。其中股本投资和其他投资 727.7 亿美元,占 80.7%,利润再投资 174 亿美元,占 19.3%。其中中国地方企业对外直接投资 329.7 亿美元,较 2012 年增长 16.9%,占对外直接投资总额的 36.6%,而广东、山东和江苏三个省份位列前三。截至 2013 年年底,我国累计非金融类对外直接投资 5 257 亿美元。

2. 中国对外直接投资目的地仍较集中,但对发达经济体的投资比重明显提高

从投资目的地看,虽然中国对外投资的目的地仍较为集中,但对发达经济体的投资比重明显提高。2013 年中国对中国香港、东盟、欧盟、澳大利亚、美国、俄罗斯、日本等七个主要经济体投资合计高达 654.5 亿美元,占 2013 年中国对外直接投资总额的 72.6%,较 2012 年增长 9.1%,其增速低于对外直接投资总额的整体增速。从增速看,2013 年除对中国香港、欧盟和日本的投资额分别下降 6%、13.6%和 23.5%外,对俄罗斯、美国、澳大利亚、东盟的投资额分别达到 40.8 亿美元、42.3 亿美元、39.4 亿美元和 57.4 亿美元,分别实现 518.2%、125.0%、

82.4%、29.9%的高速增长。

3. 中国对外直接投资的行业门类齐全且重点突出

从投资行业看,中国对外直接投资的行业门类齐全,且重点突出。根据商务部的统计数据,2013年中国对外直接投资的90%流向商务服务业、采矿业、批发和零售业、制造业、建筑业和交通运输业。其中流向商务服务业的投资金额294.5亿美元,占投资总额的32.7%;流向采矿业的投资金额201.6亿美元,占22.4%;流向批发零售业的投资金额136.7亿美元,占15.2%;流向制造业的投资金额86.8亿美元,占9.6%;流向建筑业的投资金额65.3亿美元,占7.2%;流向交通运输业的投资金额25亿美元,占2.8%。同时,建筑业、文化体育和娱乐业是中国对外直接投资增速最快的行业领域,同比分别增长129.1%和102.2%。另外,采矿业、批发和零售业、制造业、房地产业等也实现了较快增长。

4. 中国对外承包工程业务迅速增长,对外劳务合作进一步加强

根据商务部的统计数据,2013年中国对外承包工程业务完成营业额1 371.4亿美元,较2012年增长17.6%,新签合同金额1 716.3亿美元,较2012年增长9.6%。新签合同金额在5 000万美元以上的项目达到685个,较2012年的586个增加了99个,合计合同金额达到1 347.8亿美元,占新签合同总额的78.5%。其中上亿美元的项目达到392个,较2012年增加63个。截至2013年年底,中国对外承包工程业务累计签订合同金额11 698亿美元,完成营业额7927亿美元。

根据商务部的统计数据,2013年中国对外劳务合作派出各类劳务人员52.7万人,较2012年同期增加1.5万人;其中承包工程项下派出27.1万人,劳务合作项下派出25.6万人。2013年年末在外各类劳务人员85.3万人,较2012年同期增加0.3万人。截至2013年年底,中国对外劳务合作业务累计派出各类劳务人员692万人。

第二节 2013年中国对外贸易政策回顾

面对依然相对低迷的全球经济增长和相对严峻的对外贸易环境,2013年中国政府在贸易政策制定方面紧随着全球贸易格局的变化,制定相适应的对外贸易政策,从单边、双边、区域以及多边等各方面都取得较为显著的成绩。

一、制定《2013年关税实施方案》以调整关税结构

2012年12月17日,中国财政部发布国务院关税税则委员会关于2013年

关税实施方案的通知，《2013年关税实施方案》于2013年1月1日正式实施，对进出口商品税率、协定税率、特惠税率、出口商品税率和税则税目等进行了调整，多角度进一步完善关税调控手段，促进经济结构调整和经济发展方式转变。

（一）调整关税税则税目

为适应经济社会发展、科学技术进步、加强进出口管理及应对国际贸易争端的需要，2013年中国对进出口税则中部分税目进行调整，增列硒化氢、垃圾焚烧炉、生物杀虫剂、混凝土泵车等税目。调整后，中国进出口税目总数由2012年的8 194个增至2013年的8 238个。其中从价税税目有7 385个，免税税目有810个，特别税率有35个，替代税率有3个。

（二）整体关税税率水平稳中有降，关税结构有所优化

2013年中国最惠国税率总体依然维持在9.7%的平均水平，考虑到免税商品，简单平均税率为9.4%，较2009年和2011年的9.5%有所下降。其中农产品简单平均关税由2011年的14.5%下降到13.9%，工业制成品简单平均关税则维持8.6%的水平。WTO定义的农产品关税为14.8%，较2011年的15.1%略有下降；WTO定义的非农产品关税自2009年来一直保持在8.6%的水平。同时，关税水平超过15%的比例也由2009年和2011年的14.9%和14.8%下降到2013年的14.4%。2013年中国实施的最惠国待遇关税共有55个不同水平的从价税，税率水平为0~65%不等，其中40%的税率分布额在5%~10%。

（三）根据需要调整不同种类商品的进口税率

总体上，2013年中国继续维持9个非全税目信息技术产品实行海关核查管理；对小麦等8类47个税目商品继续实施关税配额管理，税目和税率维持不变，对配额外进口的一定数量棉花实施滑准税形式的暂定税率，调整了滑准税计税公式；为支持农业生产，对尿素、复合肥、磷酸氢二铵三种化肥的配额暂定税率为1%；继续对冻鸡产品、感光材料和摄、录像机等47个税目的商品实行从量税或复合税，税率维持不变；将5种感光胶片进口关税的征收方式由从量计征改为从价计征。另外，在2012年对739项商品实现暂定税率的基础上，2013年对784项商品实施较低的进口暂定税率，平均税率为4.4%，优惠幅度为56%。根据国内外生产、消费、价格和进出口情况，按照2012年暂定税率的水平和商品范围，继续为714项商品实施暂定税率。

（四）根据中国签署的自由贸易协定或关税优惠协定给予协定税率、特惠税率

根据中国与有关国家或地区签署的自由贸易协定或关税优惠协定，2013年中国继续对原产于东盟各国、智利、巴基斯坦、新西兰、秘鲁、哥斯达黎加、韩国、印度、斯里兰卡、孟加拉等国家的部分进口产品实施协定税率，部分税率水平进

一步降低。在内地与中国香港、澳门更紧密经贸关系安排框架下,对原产于港澳地区且已制定优惠原产地标准的产品实施零关税。根据海峡两岸经济合作框架协议,对原产于中国台湾地区的部分产品实施零关税。根据中国与有关国家或地区签署的贸易或关税优惠协定、双边换文情况以及国务院有关决定,继续对原产于老挝、苏丹、也门等40个最不发达国家的部分产品实施特惠税率。

(五)部分产品依然征收出口税

为促进经济可持续发展,推动资源节约型、环境友好型社会建设,2013年中国继续以暂定税率的形式对煤炭、原油、化肥、铁合金等产品征收出口关税。适当延长化肥淡季税率适用时间并降低淡季出口关税税率,部分化肥产品出口关税的征收方式由从价计征改为从量计征。

二、开启全面深化改革历程,构建开放型经济新体系

(一)十八大报告提出全面深化改革开放的目标

2012年11月召开的中国共产党第十八次全国代表大会明确提出了全面深化改革开放的目标,即全面提高开放型经济水平。为适应经济全球化新形势,必须实行更加积极主动的开放战略,完善互利共赢、多元平衡、安全高效的开放型经济体系。要加快转变对外经济发展方式,推动开放朝着优化结构、拓展深度、提高效益的方向转变。创新开放模式,促进沿海内陆沿边开放优势互补,形成引领国际经济合作和竞争的开放区域,培育带动区域发展的开放高地。坚持出口和进口并重,强化贸易政策和产业政策协调,形成以技术、品牌、质量、服务为核心的出口竞争新优势,促进加工贸易转型升级,发展服务贸易,推动对外贸易平衡发展。提高利用外资综合优势和总体效益,推动引资、引技、引智有机结合。加快走出去步伐,增强企业国际化经营能力,培育一批世界水平的跨国公司。统筹双边、多边、区域次区域开放合作,加快实施自由贸易区战略,推动同周边国家互联互通,提高抵御国际经济风险能力。

(二)十八届三中全会《决定》开启全面深化改革历程

2013年11月召开的党的十八届三中全会通过了《中共中央关于全面深化改革若干重大问题的决定》(以下简称《决定》),对全面深化改革做出系统部署,强调"构建开放型经济新体制",从而开始中国新一轮全面深化改革的历程。这既是对中国35年开放型经济探索经验的继承与发展,也是改革开放在制度层面的具体化。《决定》指出,适应经济全球化新形势,必须推动对内对外开放相互促进、引进来和走出去更好结合,促进国际国内要素有序自由流动、资源高效配置、市场深度融合,加快培育参与和引领国际经济合作竞争新优势,以开放促改革。具体要求为:

1. 放宽投资准入

放宽投资准入主要表现在促进利用外商直接投资、建设中国上海自由贸易实验区、鼓励对外投资合作以及商签投资协定等几个方面。

促进利用外商直接投资的主要要求有:一是要统一内外资法律法规,保持外资政策稳定、透明、可预期。二是要推进金融、教育、文化、医疗等服务业领域有序开放,放开育幼养老、建筑设计、会计审计、商贸物流、电子商务等服务业领域外资准入限制,进一步放开一般制造业,主要体现在钢铁、化工、汽车等领域。三是加快海关特殊监管区域整合优化。

对于建立中国上海自由贸易试验区,《决定》指出其是在新形势下推进改革开放的重大举措,要切实建设好、管理好,为全面深化改革和扩大开放探索新途径、积累新经验。在推进现有试点的基础上,选择若干具备条件的地方发展自由贸易园(港)区。

鼓励对外投资合作主要表现为:扩大企业及个人对外投资,确立企业及个人对外投资主体地位,允许发挥自身优势到境外开展投资合作,允许自担风险到各国各地区自由承揽工程和劳务合作项目,允许以创新方式走出去开展绿地投资、并购投资、证券投资、联合投资等。

最后,中国要加强同有关国家和地区商签投资协定,改革涉外投资审批体制,完善领事保护体制,提供权益保障、投资促进、风险预警等更多服务,扩大投资合作空间。

2. 加快自由贸易区建设

《决定》指出,中国要坚持世界贸易体制规则,坚持双边、多边、区域次区域开放合作,扩大同各国各地区利益汇合点,以周边为基础加快实施自由贸易区战略。改革市场准入、海关监管、检验检疫等管理体制,加快环境保护、投资保护、政府采购、电子商务等新议题谈判,形成面向全球的高标准自由贸易区网络。同时扩大对中国香港特别行政区、中国澳门特别行政区和中国台湾地区开放合作。

3. 扩大内陆沿边开放

《决定》指出,中国要抓住全球产业重新布局机遇,推动内陆贸易、投资、技术创新协调发展。创新加工贸易模式,形成有利于推动内陆产业集群发展的体制机制。支持内陆城市增开国际客货运航线,发展多式联运,形成横贯东中西、联结南北方的对外经济走廊。推动内陆同沿海沿边通关协作,实现口岸管理相关部门信息互换、监管互认、执法互助。加快沿边开放步伐,允许沿边重点口岸、边境城市、经济合作区在人员往来、加工物流、旅游等方面实行特殊方式和政策。建立开发性金融机构,加快同周边国家和区域基础设施互联互通建设,推进丝绸之路经济带、海上丝绸之路建设,形成全方位开放新格局。

三、完善外贸外资政策法规,推动外贸稳步增长

(一)印发《国务院办公厅关于促进进出口稳增长、调结构的若干意见》

2013年上半年,中国对外贸易发展形势并不可观,为提振外贸,2013年7月24日国务院常务会议制定促进外贸发展的6条措施,分别为:一是制定便利通关办法,抓紧出台"一次申报、一次查验、一次放行"改革方案,分步在全国口岸实行。二是整顿进出口环节经营性收费,减少行政事业性收费。暂免出口商品法定检验费用。减少法检商品种类,原则上工业制成品不再实行出口法检。抓紧研究法定检验体制改革方案。三是鼓励金融机构对有订单、有效益的企业及项目加大支持力度,发展短期出口信用保险业务,扩大保险规模。四是支持外贸综合服务企业为中小民营企业的出口提供融资、通关、退税等服务。创造条件对服务出口实行零税率,逐步扩大服务进口。五是积极扩大商品进口,增加进口贴息资金规模。完善多种贸易方式,促进边境贸易。六是努力促进国际收支基本平衡,保持人民币汇率在合理均衡水平上的基本稳定。

2013年7月27日,国务院办公厅以国办发〔2013〕83号文件发布《国务院办公厅关于促进进出口稳增长、调结构的若干意见》,提出如下具体措施:一是调整出口法检费用和目录。免收2013年8月1日至2013年年底5个月的出口商品法检费用;减少出口法检商品种类,原则上一般工业制成品不再实行出口法检。二是加大出口退税支持力度,在防止骗退税的基础上,进一步提高退税审核效率,加快退税进度,保证及时足额退税。三是加快推进跨境贸易人民币结算。扩大跨境贸易人民币计算规模,简化业务流程,便利外贸企业,逐步下放出口货物贸易人民币结算重点监管企业名单审核权限。四是改善融资服务,支持金融机构按照风险可控、商业可持续的原则,对有订单、有效益的企业及项目提供贷款,对外贸企业开展出口退税账户托管贷款业务和出口信用保险保单融资。扩大外汇储备委托贷款规模,继续发挥担保公司服务外贸企业的作用。五是扩大信用保险支持,增加对新兴市场和发展中国家承保的国别限额。鼓励发展短期出口信用保险业务,提高出口信用保险规模,扩大覆盖面,加大对小微企业的支持力度。六是完善人民币汇率形成机制,完善人民币汇率中介形成机制,引导市场形成双向波动预期,保持人民币汇率在合理均衡水平上的基本稳定。鼓励金融机构开发避险产品,帮助企业有效规避汇率波动风险。七是提高贸易便利化水平。抓紧出台"一次申报、一次查验、一次放行"改革方案,分步在全国口岸实行。支持区域通关模式创新,继续推进"属地申报,口岸验收"等便利措施。根据企业资信记录和监管条件,制订便利通关办法,提高海关查验的针对性和有效性,加快通关速度。减少自动进口许可货物种类,减少、简化申领程序,便利外贸

企业。整顿进出口环节经营性收费,减少行政事业性收费。八是完善多种贸易方式。积极研究以跨境电子商务方式出口货物(B2C、B2B等方式)所遇到的海关监管、退税、检验、外汇收支、统计等问题,完善相关政策,抓紧在有条件的地方先行试点,推动跨境电子商务的发展。推进市场采购贸易发展,研究完善边贸发展政策,扩大边境贸易。九是支持民营外贸企业加快发展。完善对中小民营企业开展进出口业务的服务,支持民营企业结构调整、重组兼并、改善管理。充分发挥外贸综合服务企业的作用,为中小民营企业的出口提供通关、融资、退税等服务。十是更加重视开拓国际市场。扩大中小企业开拓国际市场的资金规模,新增资金要向新兴市场和发展中国家倾斜。取消企业赴国外开展商务活动的审批。支持企业参与发展中国家基础设施项目建设,推进海外市场营销网络建设。结合"营改增"改革范围的扩大,创造条件,对服务出口实行零税率。十一是积极扩大进口,扩大进口贴息产品范围,增加进口贴息资金规模。支持地方制定政策,鼓励企业进口先进设备和技术。逐步扩大服务进口。本着有利于结构优化、淘汰落后产能的原则,赋予符合质量、环保、安全及能耗等标准的原油加工企业原油进口及使用资质。十二是调整和完善棉花储备政策,扩大国储棉销售,确保国内市场棉花供应,满足纺织企业需要,减少出口用棉企业成本,扩大纺织品出口。

(二)通过拓展服务贸易平台、完善服务贸易法规促进服务贸易发展

服务业占世界经济总量的比重约为70%,主要发达经济体服务业比重达到80%左右;服务出口占世界贸易出口比重约为20%,发展服务贸易日益成为世界各国改善国际收支状况、提高国际分工地位的重要手段。2013年中国政府力图通过建立服务贸易促进平台、完善服务贸易政策来推动服务贸易健康、平稳发展。

1. 进一步拓展服务贸易平台建设

继2012年成功举办第一届中国(北京)国际服务贸易交易会以来,2013年,中国商务部和北京市人民政府联合成功举办第二届京交会,并与联合国贸易与发展会议在第二届京交会期间联合主办全球服务论坛·北京峰会,组建全球服务业展望委员会,发布《北京宣言》,提高了发展中国家在世界服务贸易发展格局中的话语权。成功举办首届中国(上海)国际技术进出口交易会,搭建了技术进出口领域的权威交易平台。成功举办第九届文博会、第十一届大连软交会、第十届中韩技术展示暨洽谈会、第七届中国(香港)国际服务贸易洽谈会等服务贸易展会,初步形成了覆盖面广、各有侧重的服务贸易会展格局。

2. 完善服务贸易政策体系

国务院办公厅印发的《国务院办公厅关于促进进出口稳增长、调结构的若干意见》中明确指出,结合营改增改革范围的扩大,创造条件,对服务出口实行零税率。同时,中国政府更加重视服务外包发展,制定了新一轮服务外包政策措施。继 2012 年 12 月 14 日,商务部和国家发展和改革委员会印发《中国国际服务外包产业发展规划纲要(2011—2015)》的通知后,2013 年国务院办公厅印发《关于进一步促进服务外包产业发展的复函》,原则同意《中国服务外包示范城市综合评价办法》,在此基础上开展服务外包示范城市评价工作。中国政府大力支持文化服务贸易发展,积极支持上海技术进出口促进中心建设,研究改进技术出口贴息工作,配合做好技术进口贴息工作,开展中医药服务贸易重点项目、骨干企业(机构)和重点区域建设工作。

(三)完善利用外资和"走出去"政策体系

2013 年,对于利用外资和实现对外经济合作,中国政府制定了相应的措施,以提升中国利用外资质量,推动中国对外投资合作业务发展。

1. 完善利用外资政策体系,提升利用外资质量

2013 年 3 月,商务部发布关于 2013 年全国吸收外商投资工作的指导意见,提出以下政策措施:一是着力改善投资环境,增强引资国际竞争力;二是积极稳妥引导外资投向,优化产业结构;三是鼓励外资参与我国创新驱动发展战略,实现引资、引技、引智有机结合;四是把握区域发展重点,引导外资促进区域协调发展;五是加强外商投资管理,完善外商投资科学评价体系;六是充分发挥经济技术开发区载体作用,实现开发区持续健康发展;七是完善投资促进工作体系,提升招商引资水平。另外,2013 年,中国修订出台了《中西部地区外商投资优势产业目录》,共列 500 条目,较 2008 年版增加了 89 条,进一步推动中西部地区扩大对外开放的广度和深度。

2. 推动投资便利化,积极探索外商投资管理体制改革

2013 年,中国在中国(上海)自由贸易试验区积极开展外商投资管理体制改革试点,探索建立"准入前国民待遇加负面清单"的外资准入管理新模式。在试验区内,对于准入特别管理措施之外的外商投资,由国务院提请全国人大决定,暂时调整"外资三法"中的有关行政审批,由审批制改为备案制。在此基础上,上海市制定了试验区外资准入特别管理措施(负面清单),为下一步建立既符合国际通行做法,又适应中国国情的外资准入和监管体系探索路径、积累经验。此外,根据国务院关于深化政府职能转变的统一部署,继续大力推进简政放权,取消了"石油、天然气、煤层气对外合作合同"的审批;同时积极参与注册资本实缴登记制改认缴登记制等工商登记制度改革,优化外商投资商事登记制度和流程;修订《政府核准的投资项目目录》,进一步缩小需政府核准的外商投资项目范围。

3. 完善对外合作政策法规,强化境外风险防控

为进一步扩大开放,推进境外投资管理体制改革,营造国际化、法制化投资

环境,2013年9月,根据《中国(上海)自由贸易试验区总体方案》,制定了《中国(上海)自由贸易试验区境外投资开办企业备案管理办法》。为保障境外中资企业机构和人员的生命财产安全,妥善处置各类对外投资合作境外安全事件,促进"走出去"健康可持续发展,2013年7月,商务部会同外交部、住建部、卫生和计划生育委员会、国资委、国家安全生产监督管理局发布《对外投资合作境外安全事件应急响应和处置规定》。为帮助中国"走出去"企业了解国际投资合作市场环境,有效规避风险,商务部于2013年12月发布了《2013年对外投资合作国别(地区)指南》,涵盖了全球165个国家和地区,主要以投资目的国(地区)有关法律法规、官方统计数据和其他信息为依据,客观反映其政治、经济和社会发展等方面的情况,并就中国企业在当地开展业务可能遇到的问题给予必要的提示和建议。

四、通过积极参与自由贸易区谈判构筑中国全球自由贸易区网络

2013年,中国继续按照十七大"实施自由贸易区战略"和十八大"加快实施自由贸易区战略"的要求,积极推进自贸区建设,完善自贸区整体布局,取得了新的突破。截至2013年年底,中国正在建设18个自由贸易区,其中已签署12个自由贸易协定,正在谈判6个自由贸易协定。

(一) 与欧洲国家自贸区建设取得重要突破

1. 顺利完成中国—冰岛自由贸易区谈判并签署协定

2013年4月15日,中国和冰岛在北京签署了《中国—冰岛自由贸易协定》,这是中国与欧洲国家签署的第一个自由贸易协定,涵盖货物贸易、服务贸易、投资等诸多领域。《中国—冰岛自由贸易协定》是一个高水平的协定,双方最终实施零关税的产品,按税目数衡量均接近96%,按贸易量衡量均接近100%。中国—冰岛自由贸易区的建成,不仅将为两国经贸合作建立制度性安排,有力推动双边经贸关系的持续健康发展,而且将对深化中欧经贸合作具有重要的示范意义。

2. 成功结束中国—瑞士自由贸易协定谈判并签署协定

2013年5月中国和瑞士双方宣布结束自由贸易区谈判,2013年7月6日,中瑞在北京正式签署自由贸易协定。《中国—瑞士自由贸易协定》是中国与欧洲大陆国家及西方重要经济体签署的第一个自由贸易协定,其覆盖面广、开放水平高、优惠政策多,是一个高质量、宽领域、互利共赢的协定,也是近年来中国对外达成的最高水平、最为全面的自由贸易协定之一。在货物贸易领域,中国和瑞士同意给予对方绝大多数产品零关税或低关税待遇。瑞士将在协定生效之日起,对中国绝大部分出口产品削减关税,涉及中国对瑞士出口额的99.99%,其中

99.7%立即实施零关税。中国对瑞士也做出较高的市场开放承诺,对瑞士产品在一定过渡期内大幅削减关税,涉及瑞士对中国出口额的96.5%,其中最终实施零关税的产品金额占比为84.2%。在服务贸易领域,双方承诺加快服务贸易自由化和便利化进程。中国将扩大航空、环境、证券等服务领域的开放;瑞士承诺为中国商务人员办理签证及工作许可提供便利。特别是在环境保护、知识产权、政府采购等领域,中国按照求同存异的原则与瑞士进行谈判,达成许多共识,展示了中国在区域经贸规则制定进程中积极、开放的态度,为中国参与其他高水平的自由贸易区谈判奠定了较好的基础。

(二)中国与周边国家自由贸易区建设取得新进展

1. 推动东亚经济一体化建设进程

近年来,东亚地区经济快速发展,已成为全球经济增长的新引擎,也是区域经济合作最为活跃的地区之一。在此背景下,中国通过大力推动中韩、中日韩自由贸易区和《区域全面经济伙伴关系协定》(RCEP)谈判,积极倡议打造中国—东盟自由贸易区"升级版",在东亚区域经济一体化进程中发挥了重要的作用,主要表现有:

第一,中韩自由贸易区结束模式谈判。通过中国和韩国双方工作层的密切沟通,2013年中韩自由贸易区谈判加快了进程,共举行了八轮谈判,已就货物贸易降税模式达成共识,顺利进入出要价谈判阶段。另外,中韩双方还交换了其他领域的文本草案,为尽快结束谈判奠定了较好基础。

第二,稳步推进中日韩自由贸易区谈判。2013年中日韩三方共举行了三轮谈判,成立了15个工作组和专家组,全面铺开各项工作,深入开展各领域谈判。三方就谈判的基本模式和框架范围进行了讨论,除个别核心分歧外,基本完成了货物贸易模式文本的磋商工作。

第三,启动RCEP谈判。RCEP包括东盟10国、中国、日本、韩国、印度、澳大利亚和新西兰等16个国家,覆盖世界一半的人口和全球三分之一的生产总值,建成后将成为全球人口最多的自由贸易区。2013年RCEP共举行两轮谈判,确定了谈判的职责范围,并成立了货物、服务和投资工作组以及原产地规则及海关程序与贸易便利化两个小组。此外,各方还就经济合作、知识产权和竞争政策等议题展开了磋商。

第四,倡议开展中国—东盟自由贸易区"升级版"谈判。中国—东盟自由贸易区是中国与其他国家达成的第一个、也是最大的一个自由贸易区,同时是东盟作为整体对外建立的第一个自由贸易区。2013年10月9日,李克强总理在文莱出席中国—东盟领导人会议期间,倡议启动中国—东盟自由贸易区升级版谈判。目前,中国已向东盟提交升级版倡议草案。打造中国—东盟自由贸易区升级版,将进一步提升双方贸易投资自由化、便利化水平,实现共赢。

2. 加快与南亚国家建立自由贸易区

第一,启动中国—斯里兰卡自由贸易区联合可行性研究。2013年5月斯里兰卡总统拉贾帕克萨访华期间,与习近平主席和李克强总理达成了建设中斯自由贸易区的共识。2013年8月,中斯正式启动自由贸易协定联合可行性研究。2013年10月,双方举行了第一次可行性研究工作组会议,就工作机制、报告框架及主要内容等交换了意见。

第二,2013年11月中国和巴基斯坦在北京召开中巴自由贸易区第二阶段降税谈判第二次会议,就深化中巴自由贸易区建设交换了意见,为进一步提升两国经贸合作水平奠定了良好基础。

五、积极参与 WTO 活动,继续发挥建设性作用

(一) 支持多边贸易体制,多种场合呼吁推动多哈回合谈判

1. 主动表示中国将倾全力推动多哈回合谈判

近年来多哈回合谈判陷入僵局,WTO 成员开始采取区域、次区域合作来防止在全球化中被边缘化,对此,在十二届全国人大一次会议新闻中心记者会上,时任商务部部长陈德铭表示,中国愿意倾注全力推进多哈回合谈判,希望能在2013年年底举行的第九届部长级会议上达成多哈回合谈判早期收获,也希望所有区域合作是透明的、包容的、不排斥第三方的。实际上,2013年12月在巴厘岛举行的第九届部长级会议上,中国对达成《巴厘岛一揽子协定》具有决定性的作用。

2. 利用 APEC 会议呼吁推动多哈回合谈判

在2013年4月举行的亚太经合组织贸易部长会议上,中国呼吁展现政治意愿推动多哈回合谈判。2013年10月7日举行的巴厘岛会议,中国再次表示始终在推动多哈回合谈判中发挥建设性作用。中国表示,自中国加入 WTO 以来,一直积极地参与多哈回合谈判,提出很多建设性议案。随着中国成为世界第二大贸易国,多边贸易体制对中国经济贸易发展利益攸关,中国愿意和 APEC、WTO 成员共同努力,争取在第九届部长级会议上达成早期收获。

3. 利用 G20 高峰会谈呼吁推动多哈回合谈判

在2013年9月6日在俄罗斯举行的二十国集团领导人第八次峰会上,习近平总书记强调,世界贸易保护主义的抬头、多哈回合谈判停滞不前致使多边贸易体系面临诸多挑战,这不利于世界经济复苏,不符合各国利益。鉴于此,习近平总书记强调:第一,反对贸易保护主义,维护和发展开放型世界经济。二十国集团要致力于营造自由开放的全球贸易环境,推动国际贸易自由化、便利化。要坚持通过对话和协商妥善处理贸易摩擦。第二,加强多边贸易体系,推动多哈回合

谈判。当前多边贸易体制以WTO为核心,其生命力在于普惠性和非歧视性。参与区域自由贸易合作时,要坚持开放、包容、透明原则,使之既有利于参与方,又能体现对多边贸易体系和规则的支持,避免国际贸易治理体系碎片化。第三,完善全球价值链,建设全球一体化大市场,要正确认识各国在全球价值链中的分工、增值、获益情况,加强贸易政策协调,帮助发展中国家加强贸易能力建设。

4. 利用区域、双边会晤呼吁推动多哈回合谈判

2013年3月26日,在金砖国家第三次经贸部长会议上,中国表示,金砖国家应当继续坚定地支持WTO所代表的多边贸易体制,在尊重发展授权、维护已有成果的基础上,最终全面完成多哈回合谈判,有利于维护多边贸易体制健康发展。中国支持金砖国家利用此次经贸部长会议,呼吁各方采取务实态度,推进早期收获谈判,争取在2013年12月举行的第九届部长级会议上取得实质性成果,并为多哈回合剩余问题制定明确计划,争取尽快成功结束多哈回合谈判。关于早期收获,中国支持以贸易便利化为核心、辅之以部分农业和发展议题的早期收获框架,呼吁各方以建设性方式推动谈判,避免触及其他成员的"红线"。

2013年10月24日,在布鲁塞尔举行第四次中欧经贸高层对话后,中国呼吁中欧双方在多边贸易体系框架下加强合作与协调,为多哈回合"早期收获"谈判注入政治动力。中欧双方作为WTO的重要成员,应积极为谈判注入政治动力,与其他成员一道确保在第九届部长级会议上达成"早期收获",并在此基础上为尽快全面完成多哈回合谈判献计献策,推动多边贸易体制朝着更加开放、公正、平衡的方向发展,维护其在全球经济治理中的作用。

5. 与WTO新任总干事会晤强调支持WTO的工作

2013年9月2日,中国商务部部长高虎城在与WTO新任总干事阿泽维多通话时就双方如何推动多哈回合"早期收获"谈判、维护多边贸易体制及二十国集团峰会贸易议题交换了意见。中国表示支持二十国集团峰会领导人就WTO第九届部长级会议达成"早期收获"协议,为最终完成多哈回合谈判制定路线图做出明确承诺。

2013年12月3日,在印度尼西亚巴厘岛举行的WTO第九届部长级会议上,中国政府与WTO总干事阿泽维多会谈时表示,中国一直致力于在WTO第九届部长级会议上达成"早期收获"协议以及尽早全面完全多哈回合谈判,积极维护WTO的健康发展尤其是其谈判功能。中国表示将在巴厘岛会议期间全力支持和配合总干事的工作,努力推动第九届部长级会议达成协议。2013年12月7日,WTO第九届部长级会议在印度尼西亚巴厘岛闭幕,会议发表了《巴厘部长宣言》,达成了《巴厘岛一揽子协定》,实现了WTO成立18年来多边谈判的"零突破"。此次会议的成功标志着陷入僵局多年的多哈回合谈判终于迎来新的前进动力。《巴厘岛一揽子协定》包括10份文件,内容涵盖了简化海关及口岸通关

程序、允许发展中国家在粮食安全问题上具有更多选择权、协助最不发达国家发展贸易等内容。中国在此次会议开幕当天宣布进一步与贝宁、布基纳法索、马里、乍得组成的"棉花四国"加强援助合作，帮助"棉花四国"全面提升棉花生产、加工、储运和贸易能力。中国在多哈回合谈判中的表现得到与会人士的赞扬。

(二)积极参与WTO日常工作,充分发挥成员作用

1. 三次参与WTO/TBT例会,与其他成员就特别贸易关注问题进行磋商

2013年3月5—7日、6月17—20日以及10月29—31日,中国三次参与在日内瓦举行的WTO/TBT例会,对于中国提出或参与提出的特别贸易关注以及其他成员提出针对中国的特别贸易关注问题,分别与美国、欧盟、日本、加拿大、俄罗斯、印度、巴西、韩国等成员进行磋商。其中中国提出或参与提出的特别贸易关注问题包括:加拿大食品检验法规修订案、欧盟灯具生态设计指令、美国消费类产品能源节约计划、美国《特定化学物质全新使用规则》、欧盟REACH法案附件17修订情况、欧盟《真空吸尘器能效及能源标志实施条例》等。其他成员针对中国的特别贸易关注包括欧盟、美国、日本和巴西关注的《商用密码管理条例》和《信息安全等级管理办法》；欧盟、美国、日本、加拿大、韩国关注的《化妆品行政学科申报受理规定》、《化妆品标签说明书管理规定》及指南；欧盟、美国、巴西关注的《医疗器械监督管理条例》；日本和美国关注的《关于加强移动智能终端进网管理的通知》；欧盟和美国关注的《创新医疗器械特别审批程序(试行)》和《关于医疗器械重新注册有关事项的通知》；欧盟关注的《关于YY0505-2012医疗器械行业标准实施有关工作要求的通知》等。

2. 三次参加WTO/SPS例会,就SPS相关问题进行磋商

中国分别于2013年3月20—22日、6月25—28日、10月14—18日三次参与WTO/SPS例会,分别就印度尼西亚进口新鲜水果蔬菜的植物检疫措施、美国《人类食品危害分析和基于风险的预防控制法规》、美国《第三方审核机构/认证机构认可计划》等中国关注的问题进行讨论和磋商；同时对于欧盟提出的中国塑化剂相关进口措施、欧盟和巴西提出的因疯牛病对牛肉及产品的进口禁令、印度尼西亚提出的中国进口燕窝政策、日本提出的中国因其核电厂事故采取的进口限制措施、挪威提出的中国进口三文鱼检疫措施等问题进行澄清和讨论。

3. 积极参与WTO贸易政策审议

2013年2月19—21日,WTO对日本进行了第十一次贸易政策审议,中国参与了对日本的贸易政策审议,充分肯定了日本作为世界第三大经济体在国际经济和多边贸易体制中发挥的重要作用。其他成员也指出,日本仍然存在关税体系复杂,政府采购部门开放有限,农业、渔业等行业过度保护等问题,并敦促日本加快进行包括贸易自由化在内的体制改革,以便解决发展中长期存在的结构性问题。

2013年11月19—21日,WTO对吉尔吉斯斯坦进行了第二次贸易政策审议,中国参与了对吉尔吉斯斯坦的贸易政策审议。与会成员高度肯定了吉尔吉斯斯坦作为独联体国家从计划经济转向市场经济的改革,尤其是5%的低关税保护水平、"单一窗口"、"无纸化通关"等贸易便利化措施,维持了开放的贸易体制。成员同时指出,吉尔吉斯斯坦在90个关税税目高于约束税率、政策透明度及通报义务履行、法律框架制度变动频繁、非关税措施等方面仍需进一步完善。中国政府赞扬了吉尔吉斯斯坦积极推进贸易便利化、政府采购等相关改革,指出吉尔吉斯斯坦在投资、采矿、技术性标准等领域的法律法规应及时更新,对吉尔吉斯斯坦加入关税同盟表示重点关注。

第三节　2014年中国贸易政策与发展展望

一、2014年中国面临的对外贸易环境

总体来看,2014年世界经济复苏势头趋于改善,其总体形势好于2013年,增长动力有所增强,外部需求有所好转,对于中国对外贸易发展有促进作用。但是不可否认的是,2014年中国对外贸易依然面临着诸多风险因素,对外贸易复杂而严峻的环境依然不容忽视。

(一)国际因素:机遇与风险并存

1. 世界经济总体趋于改善是中国对外贸易增长的正向因素

世界经济经历了2012年和2013年的持续缓慢复苏后,各种迹象表明2014年世界经济将呈现较强劲的复苏力度,从而会拉动中国的外部需求,有利于中国对外贸易发展。IMF预计,2014年全球经济增长3.6%,较2013年提高0.6个百分点。其中发达经济体经济增长2.2%,美国经济增速将加快0.9个百分点至2.8%;欧元区触底回升,增长率将达1.2%;日本后续动力有所减弱,增长率预计为1.4%。新兴经济体和发展中国家增长4.9%,略好于2013年。WTO则预测2014年全球贸易量增长4.7%,较2013年提高2.6个百分点。一方面,主要发达经济体经济形势进一步好转,财政紧缩压力有所缓解,对于世界经济增长支撑作用更强劲。2014年美国联邦政府财政赤字率降幅将从2013财年的2.9%缩小至1.1%,财政紧缩对世界经济复苏的抑制作用明显减轻;欧元区经济已经确定开始温和复苏,失业率开始从高位回落,政府债务上升趋势得以扭转,货币政策有进一步放松以规避通缩风险的余地;日本经济基本摆脱长期通缩局面,在量化宽松货币政策的刺激下,经济增长势头有望得以延续。另一方面,主要新兴经济体

经济企稳,通胀压力有所减轻,为世界经济持续复苏注入动力。2013年下半年以来,为应对资本外流和通货膨胀,多个新兴经济体采取的提高利率、紧缩财政等措施取得一定成效。2014年第一季度以来,新兴经济体资本持续外流状况得以逆转,印度、巴西、南非、印度尼西亚、土耳其等发展中大国金融形势趋于改善,汇市、股市基本稳定,对其宏观经济增长具有较大的支撑作用。

2. 世界经济发展的不确定因素将会影响中国对外贸易稳定发展

虽然世界经济复苏环境持续改善,但是全球经济结构调整尚未结束,世界经济发展过程中依然存在不确定和不稳定的因素,从而会影响到中国对外贸易发展。一方面,美国量化宽松货币政策的退出存在隐忧。美联储月度量化宽松规模已由2013年的850亿美元降至550亿美元,在2014年年底将会彻底退出。在存在较强市场预期的情况下,不会对金融市场和大宗商品市场产生严重冲击,但是美国的货币政策推高了金融市场利率,其货币政策调整将加速国际资本重新布局,影响其他发达国家和新兴经济体的复苏进程。实际上,从制造业采购经理人指数等先行指标看,未来一段时期新兴经济体经济增长相对于发达经济体的优势将持续缩小,部分财政和经常账户"双赤字"国家经济增长状况甚至会进一步恶化。另一方面,各国以财政政策和货币政策促进经济增长的空间有限。虽然世界主要经济体开始走出财政债务高企的阴影,但不可否认的是,其政府债务依然居于高位,利率水平偏低,鉴于受政府财政约束和利率水平的限制,财政政策和货币政策已经穷尽所能。

(二)国内因素:助力与阻力同在

1. 全面深化改革将继续推进,有助于对外贸易发展

党的十八届三中全会关于全面深化改革的决定提出中国要坚持完善基本经济制度、加快完善现代市场体系、加快转变政府职能、深化财税体制改革、构建开放型经济新体制等要求,必然有助于中国经济的长期健康发展,从而成为中国对外贸易发展的强大助力。另外,2013年人民币出现了对美元的小幅贬值,从而改变了长期以来单边升值的态势。可以预计2014年人民币整体升值幅度不可能高于2013年,因此对中国出口贸易将是利好。

2. 严峻的国内外经济贸易形势成为对外贸易发展的阻力

第一,中国经济短期内面临下行压力,从而成为中国对外贸易发展的阻力。中国经济正处于结构调整的阵痛期,经济增长面临下行压力。2014年第一季度和第二季度,中国经济增长率均为7.4%,低于2013年同期的7.7%和7.6%,也低于2014年的平均水平,这对于中国对外贸易发展有所影响。第二,中国劳动力、土地等要素成本仍处于持续上升期,传统劳动密集型产业竞争力不断削弱,尤其是沿海地区出口企业用工成本持续高速增长,一方面降低了中国出口产品的竞争力,另一方面也使得外商直接投资开始向内地以及越南、印度、柬埔寨等周边

国家转移。

二、2014年中国对外贸易政策展望

(一) 构建开放型经济新体系是中国贸易政策的总体趋向

十八届三中全会《决定》指出中国要构建开放型经济新体系,这将是未来中国对外经济政策的指导方针,同时也是中国贸易政策的总体趋向。实际上,2014年中国在构建开放型经济新体系方面已迈出了步伐。

1. 进口关税大幅下调,惠及全球贸易,实现全球共赢

2013年12月16日,中国财政部发布《2014年关税实施方案》,决定从2014年1月1日起对767种进口商品实施低于最惠国税率的年度进口暂定税率,暂定税率从0至20%不等,平均优惠幅度高达60%。其中,新增和进一步降低税率的产品包括活塞航空发动机、手机和平板计算机取像模块等战略性新兴产业所需的设备、零部件和原材料;天然牧草等支农惠农产品;音频生命探测仪等救灾用品等。中国大幅度自主降低商品关税,不仅有利于中国进出口贸易的发展,同时也有利于世界其他国家商品对中国出口,为世界经济的持续复苏增加动力,实现中国与世界的共赢。

2. 支持外贸稳定增长将是对外贸易政策的主题

面临严峻而复杂的对外贸易形势,2014年5月4日,国务院办公厅印发《关于支持外贸稳定增长的若干意见》国发办〔2014〕19号,从着力优化外贸结构、进一步改善外贸环境、强化政策保障、增强外贸企业竞争力、加强组织领导等5个方面提出了16条具体措施。具体来说主要有:在着力优化外贸结构方面提出要进一步加强进口,保持货物贸易稳定增长,支持服务贸易发展,发挥"走出去"的贸易促进作用等;在进一步改善外贸环境方面提出要提高贸易便利化水平、规范进出口经营秩序,加强贸易摩擦应对等措施;在强化政策保障方面提出要进一步完善人民币汇率市场化形成机制,推进跨境贸易人民币结算,改善融资服务以及加大出口信用保险支持等意见;在增强外贸企业竞争力方面主要提出支持各类外贸企业发展以及创新和完善多种贸易平台等举措;在加强组织领导方面提出要进一步提高认识和抓好政策措施落实的原则性规定。

(二) 继续推动多边贸易谈判,积极融入全球经济体系

1. 继续支持和推动多边贸易谈判

从中国加入WTO十多年的历史看,中国是多边贸易体制的最大受益者之一。目前,中国已经成为全球第一大货物贸易国,全球第三大服务贸易国,中国经济发展对于世界贸易增长的依赖性逐步增强。而以WTO为代表的多边贸易体制是实现世界贸易增长的关键,也是中国维护对外贸易利益的最佳场所。所

以,中国在未来将维护多边贸易体制发展,支持和推动多边贸易谈判。事实上,对于2013年年底达成的《巴厘岛一揽子协定》,中国发挥了"促谈、促和、促成"的关键作用,并提出了三点原则立场:一是各方要尽快落实《巴厘岛一揽子协定》成果,让产业界实实在在地享受到谈判成果,进一步增强WTO的信誉;二是各方在处理多哈回合剩余议题时,应坚定以WTO为代表的多边贸易体制是解决全球性贸易问题最佳平台的信念,所有成员都应重申对多边贸易体制的承诺,确保WTO在全球贸易中的主导地位得到巩固和发展;三是在谈判方式上,无论是多哈回合大的一揽子谈判方式,还是类似巴厘岛会议的方式,只要坚持发展授权,尊重已有谈判成果,并有利于最终完成多哈回合谈判,中国都将持开放态度。

2. 加入WTO环境议题谈判,积极融入全球经济体系

2014年以来,中国积极参与了WTO相关议题的谈判。2014年1月24日,中国参与的WTO环境产品谈判进程启动,谈判旨在落实2013年APEC领导人承诺,以APEC清单为基础,在WTO框架下进一步探讨实现环境产品自由化的各种机会,其最终成果将通过最惠国待遇惠及所有WTO成员。在经历了多轮磋商后,2014年7月8日,中国、美国、欧盟等14个WTO成员在瑞士日内瓦正式启动谈判,第一阶段集中磋商环境产品减免关税等议题。中国参与谈判的目的在于与其他成员一同努力对环境产品减免关税,推动环境保护和可持续发展,同时推动多边贸易体制发展。

3. 清理与WTO规则不符的贸易政策

2014年6月17日,国务院办公厅发布《关于进一步加强贸易政策合规工作的通知》(国办发〔2014〕29号),要求再度集中清理不符合WTO规则的贸易政策。在中国已经成为世界第一贸易大国和第二大经济体的情况下,中国贸易政策对于世界贸易体系的运转举足轻重。2014年7月3日,WTO在对中国进行的第五次贸易政策审议中提出了1 700多个书面意见,其中不乏涉及中国经贸政策的透明度、政府干预微观经济活动、国有企业特殊待遇、海关执法统一性等各方面的问题。事实上,在2001年中国加入WTO后,中国政府共清理了不符合WTO规则的中央性法律法规2 300多件、地方性政策措施19万多件。与以往不同,本次政策清理要求拟定贸易政策应评估其合规性,将合规性工作从事后集中清理为主转变为事前评估把关、事中沟通完善,进一步提高了对外开放政策的稳定、透明度和可预见性,有助于中国在外贸政策博弈中争取主导权。

(三)继续推进区域贸易谈判,加快构建全球自由贸易区网络

在WTO多边贸易谈判屡屡受挫的背景下,虽然中国依然坚持将多边贸易自由化作为首选目标,但与此同时开始探索构建自身的全球自由贸易区网络,因此对于区域或双边自由贸易协定谈判越发重视,2014年中国将继续推动区域或双

边贸易协定谈判。目前中国正在进行或拟将进行的区域或双边自由贸易协定谈判主要有：

1. 中国—东盟自由贸易区"升级版"谈判

2014年3月11—13日中国—东盟自由贸易区联委会在中国成都举行第五次会议，重要内容即为筹备自由贸易区升级版谈判。经过双方磋商，2014年8月，中国—东盟经贸部长会议通过了中国—东盟自由贸易区升级谈判要素文件，并正式宣布启动升级谈判。2014年9月23—24日，中国—东盟自由贸易区联委会在越南河内举行第六次会议，讨论了中国—东盟自由贸易区升级谈判的工作安排，并召开了投资、经济合作、原产地规则和海关程序与贸易便利化四个工作组会议，就具体领域深入交换了意见，并决定联委会第七次会议将在2015年年初在中国举行。东盟一直是中国对外贸易的主要伙伴，中国—东盟自由贸易协定对于双方经济贸易发展的贡献有目共睹，打造中国—东盟自由贸易区升级版是加快推进东亚区域经济一体化进程的战略要求，同时也是中国与东盟应对国际经贸新形势的战略需要，更是中国—东盟实现互利共赢发展的现实选择。中国—东盟自由贸易区升级版将通过更新和扩充中国—东盟自由贸易协定的内容与范围，削减非关税措施，提出新的服务贸易承诺，从准入条件、人员往来等方面推动投资领域的实质性开放，提升贸易和投资自由化便利化水平，争取到2020年实现双边贸易额1万亿美元，形成宽领域、高层次、高水平、全方位的合作格局。因此未来中国、东盟双方会加快升级版谈判进程。

2. 中日韩自由贸易区谈判将有序推进

在东亚地区，日本和韩国历来是中国主要的贸易伙伴。2012年11月20日，在柬埔寨金边召开的东亚领导人系列会议期间，中日韩三国经贸部长举行会晤宣布启动中日韩自由贸易区谈判，2013年举行了三轮谈判，2014年3月4—7日和9月1—5日，中日韩自由贸易区分别在韩国首尔和中国北京举行第四轮和第五轮谈判，谈判内容主要包括货物贸易的降税模式、服务贸易和投资的开放方式、协定的范围和领域等议题。

3. 中韩自由贸易协定谈判加快

自中韩建交以来，双边经贸关系取得飞跃式发展，双方也互为对方主要贸易伙伴。2013年，中韩双边贸易额突破2 700亿美元，相互投资超过579亿美元，中国是韩国第一大贸易伙伴国。中韩自由贸易区谈判于2012年5月正式启动，在2014年3月17日、5月26日、7月14日和9月22日分别举行了第十轮至第十三轮谈判，双方就货物贸易、服务贸易、投资、原产地规则、贸易救济、技术性贸易壁垒、卫生和植物卫生措施、知识产权等广泛领域开展相互磋商，并提出完成谈判的意见，争取尽快完成谈判。

4. 中国—斯里兰卡自由贸易区谈判正式启动

近年来,中国与斯里兰卡双边贸易规模不断扩大,2013年中斯双边贸易额达到36.2亿美元,同比增长14.3%,中国已经成为斯里兰卡第二大贸易伙伴和第二大进口来源地,中国也是斯里兰卡主要外资来源国之一。中斯自由贸易区联合可行性研究于2013年8月启动,并于2014年3月结束,2014年9月,双方宣布正式启动双边自由贸易区谈判。在首轮谈判中,就谈判工作机制、覆盖范围、推进方式、路线图和时间表、货物贸易降税模式等多项议题进行了深入磋商,并讨论通过指导未来谈判的"职责范围"文件,为后续谈判奠定基础。

5. 中澳自由贸易协定谈判进程加快,有望尽快结束

中澳自由贸易协定谈判于2005年开启,但由于双方经济结构的问题造成双方自由贸易协定谈判进展缓慢,主要表现在农产品、服务和投资等方面,双方对彼此的开放度要求都很高。比如澳大利亚要求自由贸易协定覆盖中澳贸易额的90%,但在农业部分中国难以达到这一要求;在矿业领域澳大利亚对中国企业投资造成的经济安全问题较为担心,从而设置较高的门槛;同时在服务贸易领域,澳大利亚希望中国能够进一步开放金融服务业,而中国对此问题较为谨慎。实际上,中国和澳大利亚经贸关系较为紧密。根据澳大利亚的统计显示,2012—2013财年(2012年7月—2013年6月),澳大利亚进出口总额达到6 208.5亿澳元,中国继续是澳大利亚最大的贸易伙伴,双边贸易总额达到1 310亿美元,占澳大利亚对外贸易总额的21.1%,且澳大利亚是中国第七大贸易伙伴。因此,中澳自由贸易协定对于双边经贸发展将会起到巨大的促进作用,从而也为双边尽快结束自由贸易协定谈判提供动力,2013年双方均多次表示希望加快自由贸易协定谈判进程,尽快结束谈判。2014年9月1—5日,中澳自由贸易协定第21轮谈判在北京举行,就货物贸易、服务贸易、投资、协议案文等议题进行了全面且深入的磋商,取得了积极和建设性的进展,预计谈判将会尽快结束。

6. RCEP举行第三轮谈判,谈判进展并不明确

2014年1月20—25日,RCEP第三轮谈判在马来西亚吉隆坡举行,各谈判成员围绕货物贸易、服务贸易和投资领域的技术性议题进行磋商,主要包括:货物贸易领域各方讨论了降税模式、原产地规则、海关程序和贸易便利化等议题;货物贸易各方探讨了章节结构、要素及市场准入等议题;投资领域各方探讨了市场准入模式、章节要素等议题,并成立了知识产权、竞争政策、经济技术合作和争端解决四个工作组,并就部分成员提出的新领域进行了信息交流,召开了知识产权、服务与投资关系研讨会。虽然RCEP启动之初计划于2015年结束谈判,但在TPP和TTIP等大型区域贸易协定谈判进展并不理想的情况下,RCEP谈判也缺乏应有动力,谈判进展并不明确。

三、中国对外贸易与投资发展展望

（一）中国对外贸易将告别持续高速增长的时代

1. 规模庞大的贸易基数不支持中国外贸的持续高速增长

中国自加入WTO以来，除2009年外，2002—2011年的进出口贸易始终维持较高的增长水平，目前中国已经成为世界第一大贸易国。根据WTO的统计，2013年中国货物出口额达到2.21万亿美元，占世界货物出口总额的11.74%；2013年中国货物进口额达到1.95万亿美元，占世界货物进口总额的10.32%。在高基数和对外贸易环境较为严峻的双重背景下，中国对外贸易实现持续高速增长的难度较大。

2. 贸易自由化水平也制约了中国外贸的持续高速增长

1995年WTO的成立使得世界贸易自由化水平向前迈出较大的一步，虽然十多年来WTO多哈回合谈判尚未结束，但十多年间通过区域贸易协定、双边贸易协定以及主要成员的单边自主开放，贸易自由化水平已经大幅提高。第一，目前中国的主要贸易伙伴大部分是发达国家，这些发达国家总体关税水平普遍较低，东盟是中国的主要贸易伙伴，而中国—东盟自由贸易区已经使双边约束关税水平大幅下降。第二，从货物贸易结构看，制造业领域贸易规模更大，所占比例更高，而制造业关税水平相对较低，关税水平相对较高的农产品和其他敏感产品，贸易规模本身很小，对于基数庞大的国际贸易而言，其自由化水平的提高所能产生的贸易增速效益有限。第三，相对货物贸易而言，服务贸易的增长潜力更大，但从世界总体水平看，服务贸易占总贸易比重约20%，而中国服务贸易占货物贸易比重仅为10%，因此，中国服务贸易实现较高的增速对于中国贸易的总体增速作用也有限。所以，总体来看，贸易自由化水平的提高虽会对中国对外贸易发展起到促进作用，但不支持中国对外贸易的持续高速增长。

（二）贸易投资可保持稳步增长，贸易格局趋势相对稳定

1. 货物贸易实现稳步增长，贸易结构趋势保持相对稳定

虽然2014年中国货物贸易的总体形势要好于2013年，但2014年仍处于中国经济结构调整的阵痛期，货物贸易的增速将有所放缓。根据中国海关总署公布的数据，2014年1—8月，中国货物进出口总值为27 663.9亿美元，增速仅为2.3%；其中出口14 834.6亿美元，增速3.8%；进口12 829.3亿美元，增速0.6%；贸易顺差2 005.3亿美元，扩大30.3%。由于2013年上半年中国对外贸易增速较低，2013年下半年增速相对较高，因此从2014年前8个月的对外贸易形势看，即使2014年9—12月中国对外贸易实现较高的增速，全年的整体贸易增速也较低。

从贸易结构看,主要表现为:第一,一般贸易进出口持续增长,加工贸易进出口有所下降。2014年1—8月,中国一般贸易进出口增长5.0%,占外贸总值的比例为54.9%,较2013年同期提升2.3个百分点,实现贸易顺差,而2013年同期为逆差;加工贸易下降1.7%,占对外贸易总值的比重为31.5%,较2013年同期下滑0.7个百分点,加工贸易顺差收窄。第二,对欧盟、美国、东盟、日本等主要贸易伙伴进出口保持增长,其中中欧双边贸易增长9.9%,中美双边贸易增长4.4%,中国与东盟双边贸易增长4.2%,中日双边贸易增长0.5%。内地与香港双边贸易额下降17.9%。第三,东部地区进出口所占比重持续回落,中西部地区出口依旧活跃。2014年1—8月,广东、江苏、上海、北京、浙江、山东、福建7个省市进出口占全国比值为77.6%,较2013年同期回落2.1%个百分点。中西部地区的云南、重庆、陕西、广西和湖南的出口增速分别为49.5%、45.7%、34.2%、28.2%和26.4%。第四,民营企业进出口增速依然高于其他类型企业。2014年1—8月,外商投资企业进出口增长1.1%,占比为45.8%;民营企业进出口增长3.4%,占比提升至34.3%;国有企业进出口增长0.2%,占比进一步下降至18.1%。第五,从产品结构看,传统劳动密集型产品出口增长,主要大宗商品进口量增长,进口均价普遍下跌。未来一段时间,中国对外贸易的这种格局将会延续。

2. 服务贸易增速相对较快,贸易结构进一步优化

根据国家外汇管理局的初步统计,2014年1—6月中国服务贸易出口额为1 103.0亿美元,较2013年同期的967.0亿美元增长14.06%,增速高于货物贸易;2014年1—6月中国服务贸易进口额为1 727.0亿美元,较2013年同期的1 519.0亿美元增长13.69%,同样高于货物贸易增速。2014年1—6月中国服务贸易逆差额为625.0亿美元,较2013年同期的551.0亿美元增长74.0亿美元,增速为13.43%。从服务贸易结构看,出口方面,2014年1—6月中国运输服务、旅游服务和其他服务所占比重分别为16.14%、22.48%和61.38%,2013年同期则分别为19.54%、24.20%和56.26%,可见运输服务和旅游服务出口所占比重均大幅降低,其他服务出口比重迅速提升。进口方面,2014年1—6月中国运输服务、旅游服务和其他服务所占比重分别为26.98%、39.84%和33.18%;2013年同期则分别为29.76%、38.91%和31.33%,可见,运输服务进口比重降低,旅游服务进口比重提高,其他服务进口比重略有降低。从贸易逆差来看,运输服务、旅游服务、保险服务、专有权利使用费和特许费依然是中国服务贸易逆差的主要来源,而建筑服务、计算机和信息服务、咨询服务以及其他商业服务是中国服务贸易顺差的主要来源。总体来看,中国服务贸易增速高于货物贸易增速,服务贸易出口结构将进一步优化,服务贸易逆差和顺差的主要行业来源短期内不会改变。

3. 利用外商直接投资额不容乐观,主要资金来源地保持稳定

由于中国劳动力成本优势的逐渐丧失以及国际资金的紧张,2014年中国利

用外商直接投资额不容乐观。2014年1—7月,虽然全国设立外商直接投资企业13 249家,较2013年同期增长4.9%,但是实际利用外资金额仅为711.4亿美元,同比下降0.4%。其中东盟对华投资新设企业同比增长6.6%,实际投资金额41.8亿美元,同比下降12.7%;欧盟28国对华投资新设立企业同比增长5.2%,实际投入外资金额38.3亿美元,同比下降17.5%。2014年1—7月,主要国家/地区对华投资总体保持稳定。前十位国家/地区实际投入外资总额668.3亿美元,占全国实际使用外资金额的93.9%,同比增长1.2%。对华投资前十位国家/地区依次为:中国香港(493.7亿美元)、新加坡(38.2亿美元)、中国台湾(34.5亿美元)、韩国(29.2亿美元)、日本(28.3亿美元)、美国(18.1亿美元)、德国(10.3亿美元)、英国(7.3亿美元)、法国(4.5亿美元)和荷兰(4.3亿美元)。

(三) 贸易摩擦将是中国对外贸易中长期关注的话题

在世界经济形势并不十分乐观的背景下,全球贸易保护主义有所升温,再加上中国与新兴国家的竞争不断加剧,贸易摩擦将是中国对外贸易中长期关注的话题。据统计,2008年以来,20国集团成员国共实施1 185项限制性贸易措施,截至2014年5月只有251项措施被取消,在2014年上半年,20国集团成员国共实施116项贸易保护主义措施。2014年1—6月,中国共遭受18个国家(地区)发起的贸易救济调查53起,涉案金额52.9亿美元,分别较2013年同期增长20.4%和136.0%。从发起方来看,成员趋于集中。2014年美、欧、澳、加、日等传统摩擦发起国家或地区共对华立案17起,占比32%,涉案金额35.4亿美元,占比66.9%。发展中国家对华立案37起,占比67.9%;G20国家对华立案46起,涉案金额51.8亿美元,分别占总量和总额的86.8%和91.1%;金砖国家立案数量和涉案金额同比增长90.0%和47.2%。从争端措施看,反倾销调查依然是国外对中国发起的贸易救济调查的主要措施,达到32起,但较2013年同期的72.2%下降到60.3%;保障措施立案数为13起,较2013年同期的11.3%提升至24.5%;反补贴调查基本持平,但也呈现向发展中国家蔓延的趋势。从贸易摩擦涉及行业看,清洁能源和钢铁产品摩擦突出。2014年1—6月,五金矿产、化工、机电仍是贸易摩擦较多的领域,案件数量分别为23起、14起和10起,占比分别为43.4%、26.4%和18.9%。总体看,在中国对外贸易持续增长、中国经济结构转型升级的过程中,贸易摩擦将是中国对外贸易中需长期关注的话题。

参考文献

[1] RobertZ. Lawrence, Margareta Drzeniek Hanouz and Sean Doherty. The Global Enabling Trade Report: Reducing Supply Chain Barriers[R]. Geneva: World Economic Forum, 2012. 网址: http://www.weforum.org/reports/global-enabling-trade-report-2012.

［2］WTO. Bali Ministerial Declaration and decisions. WTO 网站. http://wto.org/english/thewto_e/minist_e/mc9_e/tempdocs_e.htm.

［3］中国商务部. 中国对外贸易形势报告（2013年春季）［EB/OL］. 商务部网站. http://zhs.mofcom.gov.cn/article/cbw/201304/20130400107526.shtml.

［4］中国商务部. 中国对外贸易形势报告（2013年秋季）［EB/OL］. 商务部网站. http://zhs.mofcom.gov.cn/article/cbw/201310/20131000372883.shtml.

第二篇 2013年WTO主要议题分论

第四章 农业与技术性贸易壁垒

第一节 农 业

一、2013 年农业委员会的工作

2013 年,农业委员会共召开了 3 次会议,分别是在 3 月 26 日、6 月 13 日和 9 月 26 日,①原定 11 月召开的第四次会议推迟到 2014 年 1 月 28 日。根据《农业协议》第 18.1 条,农业委员会在每次会议上都审议了各成员实施协议承诺的进展。这些审议基于各成员向 WTO 提交的通知,主要涉及市场准入、国内支持、出口竞争、出口禁止和限制以及《关于就改革方案对最不发达国家和粮食净进口发展中国家可能产生的不利影响采取措施的马拉喀什部长级决定》(NFIDC)实施情况。2013 年共有 137 份通知提交审议。一些成员也向委员会提交了具体的关注。②

总体上,2013 年各成员在农业委员会会议上提及了关于具体通知的 175 个问题,其具体分布如下:77% 是有关国内支持的问题,20% 有关市场准入,3% 是关于出口补贴的问题。③

根据《农业协议》第 18.6 段,关于承诺实施问题也单独提交了很多通知。在《农业协议》的实施方面,根据《多哈会议关于实施方面的问题和关注的决定》④,以及总理事会的建议,WTO 农业委员会设置了固定的议程。2013 年共有 5 个成员提交了 17 份关于实施问题的通知,主要包括:印度尼西亚的股份制计划、土耳其的面粉销售目标地、泰国的稻谷认捐计划、圣卢西亚对家禽和猪肉的

---

① 有关 WTO 会议文件编号为:G/AG/R70、G/AG/R71 和 G/AG/R72。
② 例如 WTO 文件 G/AG/R71 中的第 1.10—1.12 段。
③ 参见 WTO 文件 G/AG/W/109 的第 2.1—2.6 部分,文件 G/AG/W/111 的第 2.1—2.3 部分,文件 G/AG/W/114 的第 2.1—2.5 部分。
④ 参见 WTO 文件 WT/MIN(01)/17 第 2 段。

国内采购要求、哥斯达黎加履行"支持总量"(AMS)承诺的情况、中国的棉花国内支持、巴西的国内支持计划、美国的精制糖再出口计划、乌克兰关于糖生产的国家规制、韩国对猪肉和牛肉的国内支持、印度的国家食品安全法案、巴西的贸易与产业政策、加拿大的奶制品政策、菲律宾连续使用进口参考价格的情况、印度尼西亚对某些食品的数量限制和其他进口限制、斯里兰卡的奶粉关税及是否遵守 WTO 约定税率的情况、瑞士遵守《农业协议》第 9.1(c) 条的情况等。① 其中,有 4 类问题在 2013 年第 1 次会议上进行了讨论,其他问题在前几年的农业委员会会议上断断续续地进行了讨论。在这些问题中,类似于各成员国内支持承诺水平、国内支持措施的附加信息等国内支持相关议题讨论得最多。

农业委员会每次会议都会审议各成员履行通知义务的情况,并形成专门的总结性文件。② 委员会继续努力更新重要出口商列表。2013 年 9 月的委员会会议讨论了 NFIDC 的后续实施情况。自 2012 年以来,WTO 关于 NFIDC 的列表保持不变,并没有新的申请者。③

在 2013 年 9 月,农业委员会基于《农业协议》第 18.5 条,对出口补贴承诺背景下世界农产品贸易的正常增长情况进行了年度审议。WTO 秘书处提供的背景材料反映了世界农产品贸易的演变情况,显示出一些产品或产品类别获得了更多的出口补贴。④

在农业委员会中,各成员还就如何加强委员会的功能,尤其是在透明度相关问题上的功能,交换了各自的意见。这个问题在 2013 年 3 月、6 月和 9 月的非正式会议上进行了讨论。⑤ 各成员还继续就如何改进通知的提交工作进行了讨论。在成员的要求下,WTO 秘书处制定了一份指导性文件,总结了农业委员会在此问题上的工作。

为推动农业通知的准备和审议工作,WTO 农业和商品处与培训和技术合作研究院在 2013 年 7 月 2—5 日在日内瓦就农业通知问题组织了一次研讨会。来自发展中国家的 20 名人员参会,有的是 WTO 资助,有的则是自费参会。研讨会的内容涉及与农业委员会审议过程相关的具体操作,以及如何使用农业信息管理系统(AG IMS)的培训手册。与会人员还与 WTO 秘书处的工作人员进行了单独沟通,协商未履行通知义务问题。除此之外,2013 年秘书处还分别在佛得角、中国和危地马拉举行了 3 次关于农业通知方面的专题研讨会。

---

① 参见 WTO 文件 G/AG/W/109 的第 1.1-1.8 部分,文件 G/AG/W/111 的第 1.1-1.9 部分,文件 G/AG/W/114 的第 1.1-1.14 部分。
② 参见 WTO 文件 G/AG/GEN/86/Rev.13、G/AG/GEN/86/Rev.14 和 G/AG/GEN/86/Rev.15。
③ 参见 WTO 文件 G/AG/5/Rev.10。
④ 参见 WTO 文件 G/AG/W/32/Rev.14 和 G/AG/W/32/Rev.14/Corr.1。
⑤ 参见 WTO 文件 G/AG/W/107 和 G/AG/W/113。

2013年,各成员对农业信息管理系统的利用有所增强。该系统目前可以通过WTO的公共网址进入。该系统使得各成员能够搜索农业委员会自1995年以来的问题及回答,还允许用户及时地搜索并分析在市场准入、国内支持和出口补贴方面的农业相关通知信息。成员已经开始通过该系统在线提交和反馈各种问题。该系统还为未来各成员在线提交通知提供了平台。

二、2014年农业委员会的工作

在2014年1月29日召开的农业委员会上,根据《农业协议》第18.6条,共提出了15项关于承诺实践的内容。主要由美国、加拿大、巴基斯坦三个国家提出:巴西的国内支持项目、加拿大的税率改革、中国的棉花内部支持、哥斯达黎加对于AMS承诺的实施、厄瓜多尔对于部分农产品的进口许可、埃及对大米的出口限制、欧盟对于蔬菜瓜果征税的承诺、印度的大米出口、印度的小麦存储和出口、日本的新农业政策、圣卢西亚对于家禽和猪肉的国内消费、泰国的稻田承诺、土耳其对于小麦的最低限价、印度以低于成本的价格出口小麦①。

在2013年9月农业委员会的常规会议到2014年1月29日的农业委员会的常规会议之间,农业委员会共收到了43份通知,涉及农业的各个方面②。

在此次会议中,还提到了巴厘岛部长级会议中提到的问题。就出口限制这一议题,美国提出要关注农业出口限制申请透明度的重要性,同时强调了经合组织的作用③。

在2014年3月21日召开的农业委员会会议上,根据《农业协议》第18.6条,共提出了16项关于承诺实践的内容,除了2014年1月29日所包含的承诺实践外,还包括加拿大乳制品政策、印度的大米市场价格支持、印度国家食品安全法案、印度的糖类出口补贴、土耳其的国内进出口补贴、美国农业法案这六项。

在2014年1月29日的农业委员会常规会议到3月21日的农业委员会的常规会议之间,农业委员会共收到了48份通知。

在该届的非正式会议上,农业委员会还汇报了以下五个问题:美国农业法案介绍,美国国内食品安全的实施,出口限制、农业市场准入承诺的实施,农产品的交易趋势以及国内支持趋势。除此之外,还阐述了各国对于巴厘岛部长级会议的承诺实践④。

目前,以下几个国际政府间组织获得了农业委员会的定期观察员地位:粮食

---

① 参见WTO文件G/AG/W/118第一部分。
② 参见WTO文件G/AG/R/73/1.2。
③ 参见WTO文件G/AG/W/113和G/AG/R/73。
④ 参见WTO文件G/AG/R/74。

及农业组织、国际货币基金组织、国际谷物理事会、经济合作与发展组织、联合国贸易与发展会议、世界粮食计划署、世界银行。美洲农业合作研究所则是临时观察员。另有11个国际组织对观察员地位的申请没有得到批准。[①]

三、第九届部长级会议中的农业议题

2013年12月在印度尼西亚巴厘岛举行的WTO第九届部长级会议成为打破多哈回合谈判僵局的关键会议,可以说是农业谈判的一大步,其主要包括三个提案,分别为G20关税配额管理、G33粮食安全及G20出口竞争议题,其中又以粮食安全议题争议最大。

(一)粮食安全议题

有关粮食安全议题,主要解决印度等G33集团成员,基于粮食安全目的而购买的公共储粮补贴支出,可能超过该国农业境内总支持(Aggregate Measurement of Support, AMS)上限的问题,印度等主张应让其进行土地改革、乡村发展的政府一般服务计划纳入绿色措施,以及让其以价差补贴方式执行的粮食安全计划能永久豁免纳入AMS中。但是印度后项诉求涉及修改《农业协议》的法律规范,而且会让属于AMS的扭曲贸易措施转为可豁免削减的绿色措施,所以遭美欧等发达国家的坚决反对。在多次咨商协调后,农业谈判主席综合各方意见,提出了粮食安全议题的建议草案,当中以提供一个短期的和平条款方式作为过渡性措施,以让发展中国家能免除因AMS金额超过上限,而遭到其他WTO成员的控诉。但该过渡措施要持续多久、可涵盖哪些粮食,以及当这些措施影响国际粮食价格时,是否要有防卫机制来处理,又引起另一波争议。WTO第九届部长级会议期间,印度等WTO成员仍坚持必须使其粮食安全问题获得永久的解决,否则不接受草案文字。最终在WTO秘书长的调解下,印度终于在草案中增列必须在第十一届部长会议前找到一个永久解决方案,并同意粮食安全草案,而使第九届部长级会议提出的巴厘套案得以通过。

WTO部长最终同意WTO成员与土地改革、乡村发展有关的措施可纳入绿色措施的一般性服务范围;而对于发展中国家以粮食安全为目的的公共储粮,则同意若因该措施而使其AMS金额超出承诺上限,在未来四年内可免受其他成员国的控诉,并在第十一届部长级会议前协商一个永久的解决方案。而要适用本项决议的发展中国家必须履行近5年境内支持措施的通知义务,且应提供近3年生产统计相关资料,并仅限传统主食作物,相关措施计划细节亦需提前通报

[①] Committee on Agriculture. Report(2013)on the Activities of the Committee on Agriculture.WTO G/L/1044,7 October 2013,pp.1-3.

WTO。此外,发展中国家必须作出该措施不会导致贸易扭曲的保证①。

（二）关税配额管理议题

有关关税配额管理的议题,主要是针对 WTO 成员在乌拉圭回合的关税配额（TRQ）承诺,希望建立一套低配额执行率的监督改善机制,来使 WTO 成员的关税配额承诺不会因为其配额管理方式而无法落实。大多成员国同意 G20 的关税配额管理提案,但是这份提案也给了发展中国家较为优惠的待遇,所以发展中国家即使配额执行率低,也无须被强制改为先到先配或是无条件的自动发证。对此,美国提出反对,其认为发展中国家可以直接豁免低配额执行率机制的待遇并不符合比例原则,尤其中国在 2001 年加入 WTO 以来,其 TRQ 产品的配额执行率普遍偏低,包括小麦、玉米和稻米等。若该提案通过,则中国大陆将可适用,而无法强制其改善配额执行率低下的问题。但中国的态度则较为强硬。最后在 WTO 秘书长的调解下,美国最终在草案文件中增列例外条款后同意该草案。

关税配额产品的配额执行率连续三年不到 65%,或连续 3 年皆未通报执行率的 WTO 成员,将启动低配额执行率改善机制,其应将管理方式改为先到先配或是自动输入许可证至少三年,以减少管理方式可能造成的市场进入障碍。而发展中国家享有特殊与差别待遇,启动低配额执行率机制后仍可自行选择关税配额管理方式进行改善。决议文件中指示该机制是否继续适用应在第十二届部长级会议时由部长作出决定,倘若部长没有作出新的决议,则仍鼓励 WTO 成员继续遵守此项关税配额管理机制,除非列在附件 B 的会员,而美国便在附件 B 的名单中②。

（三）出口竞争议题

有关出口竞争议题,主要是指发达国家落实 2005 年香港部长宣言,于 2013 年年底前削减 50% 有关出口补贴的预算金额,同时出口补贴数量应降至基期（2003 年至 2005 年）的平均数量。该提案也引起美欧的强烈反对。

正因美欧等发达国家的坚持,农业谈判主席艾登在撰拟第九届部长级会议《巴厘岛一揽子协定》出口竞争议题草案时,便建议在不涉及 WTO 成员现行出口补贴承诺的情况下,以政治宣示方式处理,由各国部长发表声明,承认所有形式的出口补贴皆严重扭曲贸易,且同意应完全消除出口补贴,以及承诺在巴厘岛部长会议后,将积极展开消除所有出口补贴,提高相关补贴措施的透明度等工作。主席的建议获得美欧等成员的支持,而以巴西为首的 G20 成员也同意了该草案,使草案得以通过。

部长们重申 2005 年香港部长会议的决议"取消出口补贴及其他有平行效果

---

① 参见 WTO 文件 MT/MIN(13)/W/9 及 MT/MIN(13)/W/10。
② 参见 WTO 文件 MT/MIN(13)/W/11。

的出口竞争措施",强调出口补贴对全球贸易的负面影响,因此 WTO 成员应致力于全面消除出口补贴;此外,部长们同意加强出口补贴的透明化及监督措施,由秘书处每年以问卷调查方式办理(问卷内容包含成员的出口补贴、出口信贷、国有企业贸易及粮食援助等措施①)。

第二节 技术性贸易壁垒

2013 年,技术性贸易壁垒委员会分别在 3 月 3—7 日、6 月 19—20 日和 10 月 30—31 日召开了第 59 次至第 61 次常规会议。② 在会议期间,根据 TBT 协议第 15.2 条的要求,委员会听取了各成员关于确保协议实施和管理措施的陈述说明。自 1995 年以来,共有 126 个成员至少提交了一次这样的说明。另外,新的具体贸易关注提请委员会注意,特别是针对其潜在的贸易负面影响或与 TBT 协议不一致的地方。委员会还就以前讨论过的一些贸易关注听取了交换意见。1995 年到 2012 年,每年的贸易关注数都呈现出一个逐年增加的趋势,可以看出技术性贸易壁垒委员会对此做出的努力,详见表 4.1。

2013 年,委员会就 TBT 协议相关运作和实施问题召开了 5 次专题研讨会,其中 2 次是关于良好规制实践,③ 1 次是关于标准问题,④ 1 次关于特殊与差别待遇和技术援助,1 次是关于一致性评估程序。⑤ 委员会还于 2013 年 6 月 18 日举办了关于信息交换程序问题的第 7 次特别会议。

表 4.1 1995—2012 年技术性贸易壁垒委员会提及的具体贸易关注

年份	过去的关注	新的关注	总关注数
1995	0	4	4
1996	0	6	6
1997	0	11	11
1998	3	13	16
1999	6	5	11
2000	4	13	17

---

① 参见 WTO 文件 MT/MIN(13)/W/12。
② 参见 WTO 文件 G/TBT/M/59、G/TBT/M/60 和 G/TBT/M/61。
③ 参见 WTO 文件 G/TBT/GEN/143 and Add.1。
④ 参见 WTO 文件 G/TBT/GEN/144。
⑤ 参见 WTO 文件 G/TBT/GEN/155 和 G/TBT/GEN/156。

续表

年份	过去的关注	新的关注	总关注数
2001	7	15	22
2002	12	20	32
2003	12	15	27
2004	13	14	27
2005	12	12	24
2006	12	24	36
2007	19	27	46
2008	26	32	58
2009	28	47	75
2010	32	29	61
2011	32	44	76
2012	59	35	94

资料来源：WTO. World Trade Report 2014:Technical Barriers to Trade,WTO,2014。

在2013年3月6—7日的会议上，委员会根据TBT协议第15.3条规定，通过了关于TBT协议实施和运行问题的第18次年度审议报告。在同一会议上，委员会对准备、采用和实施标准的良好实践守则进行第18次年度审议，这些工作基于如下背景性文件：在审议期间接受该守则的标准机构名单①、1995年以来接受该守则的标准机构名单②，以及第18版WTO技术性贸易壁垒标准指南。

在2013年，技术性贸易壁垒委员会强调一系列交叉议题，其中提高良好法规的应用水平就是一个重要议题。代表团不断为委员会提供一些解决办法，委员会成员强调的"特定贸易问题"的关注度仍然很高。WTO成员也非常关注TBT协议下所作出承诺的实施。

在2012年年末，委员会决定在每个技术性贸易壁垒委员会会议期间至少拿出一天来分割和分析议题。这些非正式的专题会议给予委员会充分的时间去采纳各个成员的建议，同时也促使各个成员国拓宽TBT可以实施的领域。与此同时，2013年对于特定贸易问题的特别关注，也使得成员国对于其他领域的探索有所减少。在2013年，技术性贸易壁垒委员会主要取得了两个领域的进步：

---

① 参见WTO文件G/TBT/CS/1/Add.17。
② 参见WTO文件G/TBT/CS/2/Rev.19。

第一个是良好的管理实践。在2013年,当政府制定产品需求时,委员会明确表示使用"简单的自愿机制和良好管理实践的相关原则"。其目的是使规章制度的准备、采用和实施的过程更加流畅(通过"管理生命周期")。技术性贸易壁垒委员会还专注于一些涵盖范围广的实质性承诺。这项工作将在2014年持续进行下去。

第二个领域是透明化。技术性贸易壁垒委员会长期以来都在不断改进其实施程序。近期的"通知格式的连贯使用"的参考就有待于提高其透明度。在透明度方面,世界贸易组织秘书处在2013年10月正式发布了提交TBT通知的在线设备,即TBT通知提交系统(TBT NSS)。TBT通知提交系统同时为WTO成员方和秘书处减少了数据录入的时间浪费。截止到2013年年末,该系统接收了约35%的通知。

技术性贸易壁垒委员会收到的新的(或者改变的)通知措施也呈现递增的趋势,见表4.2。其中和环境问题相关的通知措施就有多个。各个代表团讨论了关于化石燃料的科学依据,包括和化石燃料相比的温室气体价值。影响传统燃料交易的因素也得到了更多的关注,包括要求运输业燃料的供应商降低此类燃料的平均生命周期。WTO成员提出了一些对于特殊贸易的关注,主要是关于饮食和营养以及对抗非传染性疾病的法规,如心脑血管疾病和糖尿病等会引起死亡的疾病。部分委员会成员建议实施强制性的包装标签(例如糖、钠和脂肪含量,或特定的警告语句)和强制营养价值成分。大家都同意的改善儿童和青少年的健康饮食习惯是非常重要的,各代表团分别讨论了这些实施草案。有人认为,自愿性的措施会是一个更好的办法。各与会成员也讨论了相关的国际标准的应用,包括食品法典委员会制定的营养标签和/或使用营养和健康的声明,当然讨论完毕后把草案通知TBT委员会也是非常重要的①。

表4.2 1995—2013年技术性贸易壁垒委员会收到的通知数目

年份	通知数量	附录及勘误表	总量
1995	364	22	386
1996	461	40	501
1997	799	46	845
1998	650	31	681
1999	674	23	697
2000	608	25	633

---

① 参见《WTO Annual Report 2014》第52页。

续表

年份	通知数量	附录及勘误表	总量
2001	547	27	574
2002	587	38	625
2003	797	100	897
2004	640	84	724
2005	764	130	894
2006	876	155	1 031
2007	1 035	188	1 223
2008	1 263	259	1 522
2009	1 492	397	1 889
2010	1 432	435	1 867
2011	1 230	541	1 771
2012	1 571	624	2 195
2013	1 628	509	2 137

资料来源：WTO. World Trade Report 2013：Technical Barriers to Trade, WTO, 2013。

自 1995 年以来，已有 49 起纠纷要求在 TBT 协定下进行磋商。在 2013 年发生了 4 起纠纷。其中两起是针对澳大利亚的烟草控制措施，一个是关于俄罗斯对汽车回收费用的纠纷，另外一个是欧盟关于生物柴油的进口及营销措施。

TBT 委员会各观察员组织的代表包括：粮农组织/世界卫生组织食品法典委员会、国际电工委员会、国际标准化组织、国际贸易中心、经济合作与发展组织、国际法定计量组织、联合国欧洲经济委员会、联合国工业发展组织、国际电信联盟、世界卫生组织和国际度量局[1]。

参考文献

[1] H. E. MR. JOHN ADANK. Negotiating group on agriculture[R]. 21 March 2014.

[2] WTO. WTO Annual Reports[R]. 世界贸易组织网站. http://www.wto.org/english/res_e/reser_e/annual_report_e.htm.

---

① 参见《The WTO Agreements Series Technical Barriers to Trade》以及《WTO Annual Report 2014》第 53 页。

[3] 陈逸洁.WTO农业委员会对于农业决议的执行工作[J].国际经贸规范动态分析月报,2014(3).

[4] 薛荣久.巴厘岛会议后国际贸易规则的走向与我国的应对[J].中国财政,2014(7):38~39.

[5] 叶长城,徐遵慈,姜博瑄,陈逸洁.WTO第九届部长级会议成果评析[J].WTO特刊,2014(3).

第五章 贸易救济措施

第一节 反 倾 销

一、《反倾销协议》实施情况

(一) 反倾销案件数量

WTO反倾销实施委员会审议了各成员有关反倾销法律法规最新的立法通知、半年报告以及成员采取临时措施和最终措施的特别通知。2013年各成员一共发起了283项反倾销调查,相比之下2012年只有208项,见表5.1。

表 5.1 2008—2013 年 WTO 成员发起的反倾销调查和采取措施数目

年度	发起数	最终措施数
2008	213	139
2009	209	141
2010	172	123
2011	166	98
2012	208	117
2013	283	159
1995—2013 年合计	4 519	2 894

资料来源:WTO. Statistics on anti-dumping,WTO 网站:http://www.wto.org/english/tratop_e/adp_e/adp_e.htm.

相比2012年上半年,2013年上半年阿根廷、中国、哥伦比亚、印度、韩国、马来西亚和墨西哥发起了更多的反倾销调查。相反,那些经常采取反倾销措施的成员,如澳大利亚、巴西、欧盟、巴基斯坦、中国台北、土耳其以及乌克兰等,减少了反倾销调查。

实施反倾销行动的 WTO 成员采用2008年发布的修改模板通报半年度报

告。而且,很多成员采用了 2009 年修改的最简模板来通报反倾销特别报告。通报责任的履行有了明显的改善。随着电子通报系统自动化答复功能的出现,大多数成员国通过电子系统提交报告。

在 2013 年春季和秋季的两次会议上,反倾销调查委员会审议了 30 位成员提交的 2012 年下半年半年报告以及 30 位成员所提交的 2013 年上半年的半年报告。委员会还审议了 2013 年各次会议上由 19 位成员提交的初步行动及最终行动的特别通知。截至 2013 年 7 月 30 日,28 位成员向 WTO 通报了 1 374 项反倾销措施(最终关税及价格承诺)。

委员会还审议了 2013 年来自澳大利亚、喀麦隆、智利、欧盟、老挝、新西兰、俄罗斯、乌克兰和美国有关立法的最新通知,并继续审议来自印度尼西亚的法律通知。

执行工作组在春季和秋季会议上讨论了一系列问题。其中之一涉及准确性和充分性审查,被视为反倾销当局用于判定一国是否具备充足证据以发起反倾销调查的依据。

最后,工作组也关注了是否存在显著的价格削减的问题。相关的小组论文介绍了该问题产生的背景,以及涉及该问题的成员被相关国家机构调查的经历。

(二) 与反倾销有关的争端解决案件

2013 年一共有 5 起贸易争端案件援引《反倾销协议》提出磋商请求。

1. DS460

2013 年 6 月 13 日,欧盟就中国对其高性能不锈钢无缝管征收反倾销税提出磋商请求。欧盟宣称该措施违反了《反倾销协议》第 1、2.2、2.4、2.4.2、3.1、3.2、3.4、3.5、6.4、6.5、6.5.1、6.7、6.8、6.9、7.4、12.2 以及 12.2.2 条规定,违反了 GATT 1994 第 6 条规定。2013 年 9 月 11 日,建立专家组。日本、韩国、印度、土耳其以及美国作为第三方参与磋商。

2. DS470

2013 年 11 月 27 日,印度尼西亚向巴基斯坦提出磋商请求,印方认为后者对来自该国的特定纸产品采取反倾销调查和反补贴调查时间过长,不合时宜。印方认为后者的行为同《反倾销协议》第 1、5.10、18.1 以及 18.4 条不符;与《补贴与反补贴措施协议》第 10、11.11、32.1 以及 32.5 条不符;与 GATT 1994 中第 6 条第 10.1 款、第 10.3(a)款以及第 11.1 款不符。2014 年 5 月 12 日,印度尼西亚提出申请建立专家组。在 2014 年 5 月 23 日会议上,争端解决机构(DSB)延长建立专家组的期限。

3. DS471

2013 年 12 月 3 日,中国就美国对来自中国的产品采取特定的反倾销调查方法提出磋商。中国认为上述措施与《反倾销协议》第 2.4.2、6.1、6.8、6.10、9.2、9.3、9.4 条不符;与 GATT 1994 第 6 条第 2 款不符。2014 年 8 月 28 日,建立专家组。巴西、加拿大、欧盟、印度、日本、韩国、挪威、俄罗斯、沙特阿拉伯、乌克兰、越南、土耳其、中国台北作为第三方参与磋商。

4. DS473

2013 年 12 月 19 日,阿根廷就欧盟采取的反倾销措施向 DSB 提出磋商请求,内容如下:(1) 针对原产于阿根廷的生物柴油采取临时反倾销措施和最终反倾销措施以及在该措施项下的调查;(2) 2009 年 9 月出台的理事会条例第 1225/2009 号条款规定在确定倾销幅度环节采用产品成本调整法。

阿根廷宣称这些措施不符合现行条款,具体包括:《反倾销协议》第 1、2.1、2.2、2.2.1.1、2.2.2、2.4、3.1、3.2、3.4、3.5、6.2、6.4、6.5、6.5.1、9.3、18 以及 18.4 条;GATT 1994 第 6 条;《WTO 协定》第 16 条项下的第 4 款。澳大利亚、中国、马来西亚、挪威、俄罗斯、沙特阿拉伯、土耳其、美国、哥伦比亚、印度尼西亚以及墨西哥作为第三方参与协商。2014 年 6 月 23 日,建立专家组。

5. DS474

2013 年 12 月 23 日,俄罗斯向欧盟提出有关"成本调整法"磋商请求,欧盟在反倾销调查和审议中采取该方式以确定倾销幅度。磋商具体内容包括:(1) 拒绝原产地所在国生产厂商和出口厂商提供的产品成本和价格信息,包括计入制造成本在内的能源投入数据;(2) 拒绝原产地所在国在"特定产品市场"出现"相似产品"的销售价格;(3) 拒绝产品成本和价格信息的做法对决定产品倾销幅度和倾销损害、征收及延长反倾销税产生的影响;(4) 采取反倾销税等特定行动以抵制所谓的政府性补贴。

俄罗斯认为欧盟采取的"成本调整法"同《反倾销协议》第 2.1、2.2、2.2.1、2.2.1.1、2.2、2.4、3.1、3.2、3.4、3.5、5.8、6.8、9.2、9.3、11.1、11.2、11.3、18.1、18.4 条以及附件 2 不符;与《补贴与反补贴措施协议》第 10 条和第 32.1 条不符;与 GATT 1994 第 1 条和第 6 条不符;与《WTO 协定》第 16 条第 4 款不符。2014 年 7 月 24 日,争端解决机构(DSB)建立专家组。阿根廷、澳大利亚、加拿大、中国、印度尼西亚、挪威、土耳其、乌克兰、美国、巴西、墨西哥以及沙特阿拉伯作为第三方参与磋商。

(三) 反倾销涉及的产品类别

按照商品编码分类来看,反倾销争端主要集中在以下五类:贱金属及其制品,机械电子设备,纺织原料及其制品,化工及相关产业产品,树脂、塑料及橡胶制品。其中贱金属及其制品领域的争端数目位居所有产品类别争端数目的首位,2000 年左右该领域的争端达到了白热化的程度。2001 年贱金属及其制品类别争端发起数高达 137 项。2001—2011 年间,争端有所缓解。但 2012 年后,该领域的争端发起数再次出现回升势头。2013 年共发起 283 项反倾销调查,其中第 15 类贱金属及其制品领域达到了 93 项。1995 年至 2013 年间,在贱金属及其制品领域的争端发起数总计为 1 287 项,同期所有争端发起数为 4 519 项,前者占后者接近 30%,详见表 5.2。

表 5.2 1995—2013 年按产品部门分类的反倾销发起数

年份	第 6 类 化学工业及相关产业产品	第 7 类 树脂、塑料及橡胶制品	第 11 类 纺织原料及其制品	第 15 类 贱金属及其制品	第 16 类 机械和电子设备	所有类别发起数总计
1995	31	20	1	43	24	157
1996	42	26	23	39	33	226
1997	21	36	8	64	34	246
1998	24	33	28	111	10	264
1999	74	40	36	111	30	359
2000	63	24	17	109	30	296
2001	67	56	27	137	24	372
2002	96	40	7	96	9	311
2003	73	24	14	53	12	234
2004	49	44	21	38	16	220
2005	37	37	27	39	16	200
2006	39	24	17	31	30	203
2007	56	16	12	24	28	166
2008	34	21	39	70	16	218
2009	47	31	20	52	22	217
2010	44	24	7	43	10	173
2011	29	13	2	58	8	165
2012	34	40	12	76	18	209
2013	48	41	21	93	22	283
总计	908	590	339	1 287	392	4 519

资料来源:WTO 网站.http://www.wto.org/english/tratop_e/adp_e/AD_InitiationsBySector.pdf.

(四) 中国的反倾销情况

1995年至2013年期间,中国共遭受989起反倾销调查,主要来自以下几个成员:印度(161起),美国(117起),欧盟(114起),阿根廷(90起),巴西(78起),土耳其(64起)[①]。考虑到中美、中欧之间庞大的贸易体量,中国遭受来自美欧等贸易对象较多的反倾销调查数目,理解起来并不困难。但是事实上,对中国发起反倾销调查总数最多的竟是印度。并且中国同巴西、土耳其等国的双边贸易摩擦同样很多。这可能是因为,印度等国热衷于通过反倾销调查等方式来解决争端,更重要的是中国、巴西、印度等国处于相同的发展阶段,贸易产品的相似性决定了在一定程度上很难避免贸易争端的出现。

同中国频繁遭受反倾销调查的现状相比,中国较少对外发起反倾销调查。1995年至2013年间,中国一共对外发起反倾销调查211起;而且主要集中在美国、欧盟、日本、韩国等经贸往来频繁的贸易伙伴。其中对美国发起39起,日本35起,韩国32起,欧盟23起[②]。

2013年,中国一共对外发起反倾销调查11起,采取最终措施8起[③]。这11起反倾销调查分别是:

(1) 2013年2月6日,对原产于美国、加拿大和巴西的进口浆粕发起反倾销调查(3起);

(2) 2013年5月10日,商务部对原产于欧盟、日本和美国的进口相关高温承压用合金钢无缝钢管发起反倾销调查(3起);

(3) 2013年5月31日,商务部对原产于欧盟和美国的四氯乙烯发起反倾销调查(2起);

(4) 2013年7月1日,对原产于欧盟的进口葡萄酒进行反倾销调查;

(5) 2013年8月14日,商务部对原产于印度的进口单模光纤发起反倾销调查;

(6) 2013年8月22日,商务部宣布对原产于印度的进口特丁基对苯二酚进行反倾销调查。

二、《反倾销协议》谈判的新进展及谈判焦点

作为国际贸易发展的历史产物,反倾销规则从少数西方国家的单边行为发

[①] Anti-dumping Initiations: By Exporting Country 01/01/1995 – 31/12/2013,载于 http://www.wto.org/english/tratop_e/adp_e/AD_MeasuresByExpCty.pdf,2014年8月20日。

[②] Anti-dumping Initiations: By Reporting Member 01/01/1995 – 31/12/2013,载于 http://www.wto.org/english/tratop_e/adp_e/AD_InitiationsByRepMem.pdf,2014年8月20日。

[③] 中国贸易救济网 http://www.cacs.gov.cn/cacs/newstatic/diaocha.aspx,2014年8月20日。

展为多边规则,在现今国际贸易领域中已确立了不可动摇的重要地位。WTO 各成员对于谈判的参与程度一轮比一轮高,辩论程度也更为激烈。进入多哈回合谈判后,世界经济格局发生了重大变化。中国、印度、巴西等发展中国家的崛起使其参与反倾销规则制定的话语权提升,使反倾销规则谈判呈现更加复杂和尖锐的格局;其中既有美欧为代表的保守派,又有加拿大和澳大利亚为代表的务实派,也有日韩等出口导向国家与部分发展中国家组成的反倾销联合小组——激进派,还有正在崛起的发展中大国。这些派别和国家集团在具体议题的谈判上重新交叉组合,增加了谈判的复杂程度。

多哈回合反倾销规则谈判涉及的议题非常广泛,囊括了 WTO《反倾销协议》的大部分条款。然而由于谈判各方立场分歧巨大,几乎所有重要的实体规则议题在谈判中陷入僵局,特别是归零法、日落规则、反规避、低税规则、因果关系、被调查产品、公共利益等。2011 年 4 月 21 日,多哈回合谈判小组的主席们发布了代表各个小组的工作进展的最新文件,其中,规则谈判小组的"主席沟通文件①"对反倾销协议的修改和说明在整体架构上与 2008 年"主席案文"②基本一致。本文在此对条款的具体修改和补充不做赘述,重点介绍谈判各方在重要议题上各自的立场和争论焦点。

(一) 归零法

在反倾销规则谈判中,"归零"问题无疑是争议最大的热点议题。自 WTO 成立以来,"归零"问题在长达十几年间几乎没有间断地被诉诸 WTO 争端解决,最终被 WTO 争端解决机构全面否定。在多哈回合反倾销规则谈判中,为"归零"正名成为美国最主要的目标之一。事实上,《反倾销协议》第 2.4.2 条规定了计算倾销幅度时正常价格和出口价格的比较方法:

"在遵守适用于第 4 款中公平比较规定的前提下,调查阶段倾销幅度的存在通常应在比较加权平均正常价值与全部可比出口交易的加权平均价格的基础上确定,或在逐笔交易的基础上对正常价值与出口价格进行比较而确定。如调查机关认为一种出口价格在不同交易、地区或者时间之间差异很大,且如果就为何不能通过使用加权平均对加权平均或单笔对单笔进行比较而适当考虑此类差异做出说明,则在加权平均基础上确定的正常价值可以与单笔出口交易的价格进行比较。"

但第 2.4.2 条中始终没有提到归零法。正因如此,在 WTO 成立后美国和欧盟都继续实行各自原有的归零做法,为日后的"归零"问题留下了隐患。

---

① WTO, Negotiating Group on Rules, Communication from the Chairman, TN/RL/W/254, 21 April 2011.
② WTO, Negotiating Group on Rules, New Draft Consolidated Chair Texts of the AD and SCM Agreements, TN/RL/W/236, 19 December 2008.

"2011主席沟通文件"在2.4.2条款后,补充说明了成员方对"归零法"的不同观点,指出"这个议题仍然是反倾销谈判中最有分歧的,但已有收敛的迹象。成员方的立场从坚持所有程序中不管采用何种比较方法都要完全禁止'归零法',到要求在所有情形下使用'归零法'都要特别授权等,各有不同。一些代表团持有更细致入微的立场,有些代表团认为在特定情况下要对这一问题进行技术审查,比如第2.4.2条规定的第三种方法(针对性倾销)"。在这一说明之后,增加了2.4.3款,即"要求主管机关给予利益关系方及时的机会就被调查产品可能的分类和比较进行说明",其前提是"被调查产品在类型、型号、等级、技术规格等方面有差异"。

从反倾销规则谈判开始起,谈判各方形成了鲜明的对立立场。一方是联合小组成员、中国和印度等发展中国家和地区形成的"二十国联盟",它们要求在规则上明确全面禁止归零;另一方是美国,要求在规则上明确全面允许归零。双方在"归零"问题上的立场刚好处于两个极端,并且表现出毫不妥协的坚定决心,这一僵局直接影响了它们在其他问题上的妥协。谈判对立双方如果做出任何让步,都必须有足够的理由来说服各自的国内压力集团。因此,通过简单的"折中"技术手段,难以解决归零问题。最终可能还需要在更大的"一揽子"协议框架内寻求政治上的突破。

(二) 低税规则

当前的WTO《反倾销协议》在从低征税规则上采取折中方案,对成员方调查机关征收反倾销税的强制性条件是"征收反倾销税的幅度不得超过确定的倾销幅度",又以非强制性的措施鼓励成员方,"如果征收低于倾销幅度的适当税率即足以消除国内产业遭受损害,则按此征收较低的税率是'可取的'"。但围绕着是否强制实施从低规则以及如何实施这一规则的问题,各方争论不休,各行其是。

综观成员方提交的大量关于从低征税规则的提案,可以根据其立场大致分为五类:其一,以"反倾销谈判之友"为代表的强烈支持派,不仅主张强制性适用从低征税规则,而且较为详细地提出了具体的损害幅度计算方法。其二,以欧盟为代表的"温和支持派",主张强制性适用从低征税规则,但未提出具体的损害幅度计算方法。其三,以中国、埃及为代表的"差别适用派",主张在发达成员方对发展中成员方征收反倾销税时,强制性适用从低征税规则,但未提出具体的损害幅度计算方法。其四,以美国为代表的"强烈质疑派",质疑强制性适用从低征税规则的可能性。其五,以澳大利亚为代表的"温和质疑派",就强制性适用从低征税规则提出了一系列需要解决的问题。

低税规则在规则谈判中之所以成为各方关注的焦点,很大程度上是因为其被人们看作规则改革可行性的突破口。是否强制适用低税规则,如何适用低税规则,是多哈回合反倾销规则谈判中对现有实体规则提出的最重大修改之一。反倾销联合小组和印度等成员方极力倡导低税规则,并且低税规则的强制性实施也得到了欧盟长期实践的验证。然而,在目前的多边贸易体系下,若没有美国的支持,对游戏规则的任何改变都是难以实现的。

美国为何坚决反对强制适用低税规则,甚至坚决反对非强制性低税规则呢? 从美国的立场上,有着深层制度原因:其一,美国对倾销和损害的调查是由两个完全独立的机构分别进行的,即美国商务部负责倾销调查,美国国际贸易委员会负责损害调查。实行低税规则,有碍于两个机构独立执行的基本原则。其二,在损害调查方面,欧盟实行"暗箱操作",损害幅度如何计算无人完全知晓,便于调查机关的任意裁定。而美国反倾销中的双方律师可以查阅对方保密资料,具有很高的透明度,政府行为受到透明度极大的制约。如果美国实行低税规则,在对国内产业的保护方面,必然大大不如欧盟等采取"暗箱操作"的国家。因此,在各方压力下,美国政府对低税规则谈判的让步意愿微乎其微。未来美国有可能将其作为筹码,与其他成员方在服务贸易、知识产权等对美国有利的议题方面进行交换。

(三) 公共利益

公共利益在本质上是进口国用于平衡内部利益的规则,即规定调查机关在决定采取反倾销措施前,除了考虑同类产品国内产业的利益,还要考虑上下游产业以及最终用户和消费者的利益,以此来决定在多大程度上采取反倾销措施。"2011 主席沟通文件"只是在 9.1 条项下以黑体加粗形式概述了谈判各方在公共利益议题上的立场:

"在决定是否征税时,关于考虑国内利害关系意见的程序的可取性,谈判各方分歧巨大。一些谈判方认为,这样的程序侵犯了成员方的主权,并且费用高、耗时,而其他一些谈判方支持引入这样的程序。关于这一程序,还有一些争议,诸如在多大程度上这一程序适用于第 11 条规定的复审,《反倾销协议》规定的司法审查是否适用按照这一程序所做出的决定,以及在多大程度上 WTO 争端解决机制适用于这一程序"

在引入公共利益条款的问题上,反倾销规则谈判分出对立的两派:一边是反倾销联合小组成员和加拿大,另一边是美国和澳大利亚。反倾销联合小组积极推动公共利益议题谈判,以期在进口国内分化各个利益集团,从而缓解反倾销措施的打压;加拿大支持务实的贸易救济,对公共利益问题持支持态度;欧盟在公共利益的单边立法和实践,使得公共利益已经成为欧盟无法离开的基本政策;美国不主张为公共利益条款设定多边规则,即使勉强接受,也不希望以公共利益条款限制调查机关的权力;澳大利亚和埃及则认为不应将公共利益纳入规则谈判小组议题,而应留给成员方国内处理。

从欧盟的公共利益立法和实践中可以看出,公共利益在实践中确实能够起到"安全阀"作用,避免反倾销"双刃剑"对于进口国的整体利益造成负面影响。但是欧盟的公共利益条款根源于欧盟自身的内在需要和独特的法律体系、机构组织、程序规则和实体规范,是为自身所定制的。事实上,由于公共利益条款本身具有很大的单边性,以及在该问题上谈判各方立场对立,如果希望公共利益能够在多哈回合反倾销规则谈判中获得通过,那么谈判各方必须在谈判中保持充分的灵活性,在关键问题上做好妥协的准备,最终获得通过的公共利益条款必须体现一种平衡的结果。

(四) 自动日落和日落复审

《反倾销协议》第11.3条一方面规定了5年的反倾销措施实施期限,另一方面又规定了日落复审条款,即如果经调查认定"反倾销税的终止有可能导致倾销和损害的继续或再度发生",则可以再延长征税5年。这样使得调查机关拥有很大的自由空间,各成员方可以带有倾向和目的性地建立各自的日落复审制度,并可以凭借手中的自由裁量权进行日落复审调查和裁定,由此日落条款成了实践中的"日不落"工具。

在多哈回合反倾销规则谈判中,谈判各方对于修改日落条款的议题进行了激烈的磋商。2011年4月,规则谈判主席发布了主席沟通文件,在2008年的主席文案的基础上概述了谈判各方立场,其中包括日落议题的各方意见。其中,联合小组成员和加拿大是日落条款修改议题的支持派,前者强烈要求五年自动日落,后者提出通过列举可能性分析的各种因素严格日落复审纪律,在一定程度上限制调查机关在日落复审中的任意性和不确定性。日本努力推进日落规则谈判,提出在出口商基础上实现日落目标,试图通过局部妥协的办法在日落条款修改上最大限度维护自身利益,以解决"日不落"问题。相比之下,中国的态度没有反倾销小组那么激进,但比之加拿大和日本,又相对坚决一些。除了调查机关不得主动发起,且日落复审必须在到期日7个月前展开调查之外,中国还提出了10年内自动日落的重要建议。美国和欧盟是日落条款修改议题的反对派,目的是加强现有反倾销措施的保护效果,希望维持现有的日落复审规则。日落议题的谈判和其他异议较大的议题一样,作为整个反倾销规则谈判的重要组成部分,仍然处于僵局之中。

综上所述,由于多哈回合总体谈判艰难曲折,反倾销规则谈判也不得不走走停停。而且,由于反倾销规则本身的内在冲突,使其在多哈规则谈判中继续碰壁。由于谈判各方立场分歧巨大,特别是欧美代表的保守派和反倾销联合小组代表的激进派的冲突和对抗,几乎使得所有重要的实体规则议题在谈判中陷入僵局。谈判各方唯有积极争取更多的共识,谈判才有可能取得新进展。

第二节 补贴与反补贴

一、《补贴与反补贴措施协议》实施情况

2013年,补贴与反补贴措施委员会审议了各成员对下列事项的通报:专向性补贴、反补贴立法、反补贴案件的半年报告以及各成员采取的反补贴临时措施和最终措施等。在4月和10月的一般会议上,轮值主席(4月轮值主席为Sam C.S.Hui,10月轮值主席为Marcus Bartley Johns)表达了对补贴通报状况的深切关注。

在秋季会议前,轮值主席Marcus Bartley Johns写信催促还没有提交2011年度完整通报的成员代表团。随后一部分成员提交了完整通报。在秋季会议上,Marcus Bartley Johns要求58个未提交2011年度完整通报的成员代表团以及84个未提交2013年度完整补贴通报的代表团与WTO秘书处联系,尽快补交通报。

委员会就收到的2013年最新完整版补贴通报以及早前通报周期(2011年,2009年,2007年,2005年和2001年)的最新完整版补贴通报做出审议。在四月和十月的会议上,委员会就如何提高补贴和反补贴协议项下保证通报以及其他相关贸易措施信息流通的及时性和全面性问题展开了讨论。

有关19个进入最后阶段的发展中成员取消出口补贴项目的延长时限问题,委员会没有采取进一步行动。对之前已经延长时间的成员而言,2013年是他们延期的最后一年,2014年和2015年则是最后的逐步退出期限。

根据《补贴与反补贴措施协议》附件第7条规定,协议列明的某些最不发达国家可以免除取消出口补贴的义务。想要获得此项豁免,相关成员需要满足人均GNP低于1 000美元的要求。

根据2001年多哈部长级会议的决定,以1990年美元作为不变美元计量,连续三年人均国民收入超过1 000美元者,才从人均GNP低于1 000美元的成员名单中删除。世界银行每年计算调整相关国家GNP数值。根据2013年最新的调整数值,在第7条下位列的成员有:玻利维亚、喀麦隆、刚果、科特迪瓦、加纳、圭亚那、洪都拉斯、印度、印度尼西亚、肯尼亚、尼加拉瓜、尼日利亚、巴基斯坦、塞内加尔、斯里兰卡和津巴布韦。此外,被联合国认定为最不发达国家的所有成员也包括在第7条下,从而也被免除禁止出口补贴的义务。

委员会审议了来自以下成员的相关反补贴立法通报:澳大利亚、喀麦隆、智利、印度尼西亚、马里、摩洛哥、新西兰、俄罗斯、乌克兰和美国。

委员会还审议了反补贴措施通报。通报的成员有:澳大利亚、巴西、加拿大、中国、欧盟、墨西哥、巴基斯坦、秘鲁、南非和美国。截至 2013 年 7 月 30 日,共有 93 项反补贴措施通报(最终关税和价格承诺)生效,其中 52 项来自美国,14 项来自加拿大,13 项来自欧盟。

如表 5.3 所示,2013 年 WTO 成员共发起 33 起反补贴调查,其中针对中国的反补贴调查最为严重。具体来说,中国 14 起,印度 6 起,印度尼西亚、土耳其、美国各 2 起,厄瓜多尔、欧盟、韩国、马来西亚、南非、中国台北、泰国各 1 起[①]。从 2004 年加拿大对原产于中国的烧烤架发起反补贴立案调查开始,陆续上演了针对中国的反补贴调查。近 7 年来,中国遭受反补贴调查的现象愈演愈烈。2007 年 8 起,2008 年 11 起,2009 年 13 起,2011 年 6 起,2012 年 10 起,2013 年 14 起。1995 年至 2013 年期间,中国一共遭受 76 项反补贴调查,总数上位居全球榜首。印度位列第二(61 项),韩国(20 项)和印度尼西亚(18 项)分别列第三和第四,美国(15 项)和欧盟(14 项)紧随其后[②]。

表 5.3　2008—2013 年 WTO 成员发起反补贴调查和采取措施数

年度	发起数	最终措施数
2008	16	11
2009	28	9
2010	9	19
2011	25	9
2012	23	10
2013	33	13
1995—2013 年合计	335	190

资料来源:WTO. Statistics on subsidies and countervailing measures, WTO 网站: http://www.wto.org/english/tratop_e/scm_e/scm_e.htm.

从近 10 年反补贴调查发起成员分布来看,美国、欧盟、加拿大、澳大利亚是主要的反补贴调查发起者。2013 年美国对外发起 19 起反补贴调查,欧盟 5 起,加拿大 4 起。1995 年至 2013 年间,中国一共遭受的 76 项反补贴调查中,39 项来自美国,18 项来自加拿大,澳大利亚和欧盟各 8 起,印度、墨西哥、秘鲁各 1

[①] Countervailing Initiations:By Exporting Country 01/01/1995-31/12/2013,载于 http://www.wto.org/english/tratop_e/scm_e/CV_InitiationsByRepMem.xls,2014 年 8 月 20 日。

[②] Countervailing Initiations:By Exporting Country 01/01/1995-31/12/2013,载于 http://www.wto.org/english/tratop_e/scm_e/CV_InitiationsByRepMem.xls,2014 年 8 月 20 日。

起①。相比之下,中国极少对外发起反补贴调查。1995 年至 2013 年期间中国一共对外发起 7 起反补贴调查,分别是 2009 年 3 起,2010 年 1 起,2012 年 2 起以及 2013 年 1 起。这 7 起反补贴调查中,4 起针对美国、3 起针对欧盟②。其中 2013 年唯一的 1 起调查是针对来自原产于欧盟的进口葡萄酒采取双反调查,2014 年 3 月 24 日终裁结果为申请人中国酒业协会撤诉,停止双反调查。

从反补贴调查产品部门类别的分布来看,反补贴争议主要集中在第 15 类贱金属及其制品;第 4 类食品,饮料、酒及醋,烟草、烟草及烟草代用品制品;第 6 类化学工业及其相关工业的产品;第 7 类塑料及其制品,橡胶及其制品。1995 年至 2013 年间,全球一共发起的 335 起反补贴调查中,在第 15 类贱金属及其制品上就高达 131 起,第 4 类、第 6 类、第 7 类分别为 32 起、31 起和 30 起,相比之下,第 15 类的反补贴调查数目比起后三类部门产品反补贴调查数目的总和还多③。截至 2013 年年底,中国一共遭受的 76 起反补贴调查中,就 40 起集中于第 15 类贱金属及其制品这一领域,比重过半。综观该领域所有遭受反补贴调查的成员名单,中国位列受调查国家之首。尽管印度在该领域也遭受了 23 起反补贴调查,但除了中国和印度之外,其余各成员受调查数均在两位数之下。

二、《补贴与反补贴措施协议》谈判进展

WTO《补贴与反补贴措施协议》规范了补贴的使用,同时规定了某一国针对补贴的影响可以采取的措施。根据此协议,一国可以使用 WTO 争端解决程序请求撤销补贴措施或者消除其不利影响。此外,此国也可以针对损害国内生产者利益的补贴进口产品自行发起调查并征收附加税("反补贴税")。

2001 年多哈部长会议上各成员同意在反倾销、补贴与反补贴及区域贸易协议三方面明确并发展 WTO 规则。就补贴议题而言,主要涉及渔业补贴问题。2005 年香港部长级会议特别指出需要加强渔业补贴规定,其中包括禁用可能产生产能过剩及过度捕捞问题的补贴政策。

2012 年谈判小组在补贴与反补贴措施要求方面继续寻求解决方案。谈判小组新主席提出的双边及开放式磋商表明:除非多哈谈判议程的整体环境有所改变,否则代表团不愿恢复谈判。但是谈判小组继续开展了技术性活动,主要体

---

① Countervailing Initiations: Reporting Member vs Exporting Country 01/01/1995-31/12/2013,载于 http://www.wto.org/english/tratop_e/scm_e/CV_InitiationsRepMemVsExpCty.pdf,2014 年 8 月 20 日。
② Countervailing Initiations: Reporting Member vs Exporting Country 01/01/1995-31/12/2013,载于 http://www.wto.org/english/tratop_e/scm_e/CV_InitiationsRepMemVsExpCty.pdf,2014 年 8 月 20 日。
③ Countervailing Initiations: By Sector 01/01/1995 - 31/12/2013,载于 http://www.wto.org/english/tratop_e/scm_e/CV_InitiationsBySector.pdf,2014 年 8 月 20 日。

现在技术小组中 WTO 成员交换了反倾销活动信息。某些代表团认为渔业补贴领域也可以适用技术活动,虽然谈判小组并未认可代表团的这种倡议。此外,更多的技术活动也可以运用到区域贸易谈判领域。

第三节 保障措施

在 2013 年的两次会议上,保障措施委员会审议了 WTO 成员有关保障措施的规定和行动通报。相比 2012 年的 25 起,2013 年保障措施调查通报数目下降至 18 起。然而,最终措施的实施数目从 2012 年的 7 起上升至 2013 年的 9 起,见表 5.4。作为 2012 年加入的新成员,俄罗斯首次通报了 2 起保障措施,分别涉及瓷桌、厨房用具以及收割机。2013 年间,保障措施委员会收到并讨论了来自 10 个成员有关保障措施最新立法规定或者修改的立法规定。

就乌克兰 2012 年 4 月就汽车问题采取的保障措施,土耳其于 2013 年 7 月提交通报,依据《保障措施协议》第 8.2 条规定,土耳其将停止对乌克兰的关税减让。8.2 条规定如果保障措施的实施方和任何相关出口方就补偿后者的问题未能达成协议,出口方可以采取相对等的贸易中止措施。

1995 年至 2013 年期间,全球共采取了 130 项保障措施,就保障措施最终采取的数目而言,印度、印度尼西亚和土耳其位居前三,分别为印度 15 项,印度尼西亚 15 项,土耳其 13 项。中国只在 2002 年采取过 1 项保障措施。2013 年一共采取了 9 项最终措施[①]。

表 5.4 2006—2013 年 WTO 成员发起和采取保障措施数

年度	发起数	最终措施数
2006	13	7
2007	8	5
2008	10	6
2009	25	10
2010	20	3
2011	11	11
2012	25	7

---

① Safeguard Measures by Reporting Member 01/01/1995 – 31/12/2013,载于 http://www.wto.org/english/tratop_e/safeg_e/SG-Measures_By_Reporting_Member.pdf,2014 年 9 月 1 日。

续表

年度	发起数	最终措施数
2013	18	9
1995—2013年合计	271	130

资料来源:WTO.Statistics on safeguards,WTO 网站:http://www.wto.org/english/tratop_e/safeg_e/safeg_e.htm.

参考文献

[1] World Trade Organization. Annual Report 2013[EB/OL].WTO 网站.http://www.wto.org/english/res_e/publications_e/anrep13_e.htm.2013-12-20.

[2] 姜维.WTO 多哈规则谈判中关于《反倾销协议》的最新谈判结果评析[J].世界贸易组织动态与研究,2012(7).

[3] 林惠玲,卢蓉蓉.WTO 新一轮谈判中美国在补贴与反补贴规则修改上的立场和建议[J].华东政法大学,国际商务研究,2012(2).

[4] 宋和平.多哈回合反倾销和反补贴规则谈判研究[M].北京:法律出版社,2011.

[5] 张亮.多哈回合反倾销谈判中的从低征税规则研究[J].法学家,2012(2).

第六章　服务贸易、投资措施与知识产权

第一节　服务贸易

一、2013年以来服务贸易谈判的发展

2013年以来，服务贸易谈判在降低服务贸易门槛的工作上进展甚微。国内监管工作小组对于各种许可证、资格要求、程序流程、技术标准如何在国家之间协调进行了讨论；《服务贸易总协定》规则工作小组针对政府采购、《服务贸易总协定》以及《服务贸易总协定》与《政府采购协议》间的关系和互补性进行了探索。

（一）国内规制谈判情况

国内规制工作组的任务是制定纪律，确保各种许可证、资质要求、程序流程、技术标准不会构成不必要的服务贸易障碍。根据WTO成员提供的工作信息，工作组完成了超过90个关于许可、准则要求、程序、技术标准在国家层面实施情况的检查。在检查过程中需要考量的因素包括透明度的问题、许可与准则要求的简化、应用程序的处理、单边协议、普遍服务义务与国际标准，以及监管对于评估的影响。

2013年，工作组分别于3月21日和6月19日进行了两次正式会议，议题主要集中在以下两方面：

1. 技术议题

在技术问题的讨论中，应成员要求，WTO秘书处准备了两个新的背景说明。一个解释了所谓"普遍适用的措施"在争端解决中是如何被解读的；另一个讨论了技术标准在服务中起到的作用以及服务标准在国家层面和国际层面的进步，并强调了技术问题的讨论对于国内规制问题理解的重要性，有助于加强对需要强化国内规制纪律的问题及领域的关注。

各成员继续对"潜在技术问题列表"中的93个问题进行了讨论和交流。讨论主要集中在资格的验证与评估、评估标准的缺陷、检验、技术标准、一般规定以

及规定中与发展程度相关的内容。还有成员对监管实践中处理申请的时限、满足条件能够提供服务的许可以及费用问题进行了讨论。工作组还对一些国内规制的概念及术语进行了规范,对实际监管实践进行了更清晰的表述。

2. 部门的监管问题及供应模式

各成员国在秘书处报告《部门的监管问题及供应模式》(见 S/WPDR/W/48/Add.1 文件)的基础上,展开了一系列讨论,以更好地理解服务行业的监管环境。在 2013 年 3 月 21 日的会议上,各成员对以下议题进行了讨论:建筑设计服务、建筑及相关工程服务、法律服务、会计服务及服务贸易提供模式 4(自然人的流动)。在 2013 年 6 月 19 日的会议上,成员继续对发展、电信服务、计算机及相关服务、视听服务及服务贸易提供模式 1(跨境交付)、模式 2(境外消费)进行了讨论。在讨论发展议题时,秘书处分发了一份补充文件《发展中国家所面临的服务贸易监管挑战》(见 S/WPDR/W/51 文件)。讨论中,各成员主要对以下问题交换了意见:服务贸易监管问题的重要性、各国在监管改革和能力建设上的经验以及发展中国家所面临的具体挑战。

(二)《服务贸易总协定》规则谈判进展情况

2013 年,工作组针对《服务贸易总协定》规则谈判举行了两次正式会议,分别于 3 月 20 日、6 月 20 日对《服务贸易总协定》第 10 条(紧急保障措施)、第 13 条(政府采购)和第 15 条(补贴)进行了谈判,但谈判进展收效甚微,均没有得出能够被接受的结论。

1. 紧急保障措施

会上提出了一份记录 1995 年以来支持方所提出的建议及立场的草案修正版(见 RD/SERV/79/Rev.1 文件)文件,与会者认为这份系统文件可以作为未来谈判工作的起点。他们提出 2007 年 10 月所提出用来落实成员国内规制的条款[见 JOB(07)/155 文件],并不是一个适用于所有成员的保障条款。在 2013 年 6 月的会议上,与会者认为一些在区域贸易协定中签署了类似条款的成员应该更积极地分享其在紧急保障措施方面的经验,并展开技术上的讨论。经过一段时间的讨论,各代表团原则上达成一致,即将在 2014 年规则制定小组会议中,开始对区域贸易协定及双边贸易协定中的紧急保障措施相关内容进行讨论。

2. 政府采购

政府采购谈判的进展主要集中在以下两方面:一是与会者一致认为有必要对区域贸易协定中的政府采购内容进行总结,形成一份 WTO 工作报告;二是在 2013 年 6 月的会议上,秘书处就修正后的《政府采购协议》的主要特征进行了介绍,并阐述了其对服务贸易的影响。秘书处的代表从经济与法律两个角度重点阐述了《政府采购协议》与《服务贸易总协定》间的联系与互补性。此次修订增加了公共机构和服务部门的相关条款。秘书处阐述结束之后,各成员间展开了激烈的讨论。

总体来说,基于 WTO 秘书处的报告,关于政府采购的讨论集中在以下几个问题上:修订《政府采购协定》中服务相关问题的意义、《服务贸易总协定》与《政府采购协定》间的经济和法律的接口,以及近期的区域贸易协定中服务采购的覆盖范围。

3. 补贴

在 2013 年 6 月的会议上,一些代表就秘书处报告《服务部门补贴——WTO 贸易政策回顾》(见文件 S/WPGR/W/25/Add.6)做了发言。基于对秘书处贸易政策审议报告的研究,上述报告为补贴对服务部门的影响提供了更多经验性的证据。各成员一致认为有关补贴的概念定义工作依然需要巩固和加强,以便各成员能够对补贴对服务贸易的扭曲效果有一个更好的了解。

二、2013 年服务贸易政策的实施与监管

2013 年,服务贸易理事会的关注重点仍然集中在电子商务领域,同时对最不发达国家豁免权运作问题以及近期服务贸易及其监管的发展进行了讨论。透明度问题也逐渐成为讨论的焦点,各成员对该议题的讨论集中在如何遵守该规定上。对此,WTO 官方网站上综合贸易信息门户(I-TIP)数据库所提供的数据可在提高透明度问题上提供一定的帮助。

服务贸易理事会关于电子商务的讨论集中在与贸易相关的信息和通信技术原理、移动应用和云计算服务,以及 WTO 成员在这些领域的经验上。2013 年 6 月 17—18 日,服务贸易理事会举办了一场公开研讨会以讨论与服务相关的电子商务问题。研讨会由瑞典大使赖特主持,包括三个小组会:第一个小组会议对主要贸易和电信政策发展趋势进行了概述;第二个小组会议分享了一系列的业务经验;第三个小组会议讨论了几个案例并分析了电子商务的监管问题。研讨会涉及的议题十分广泛,包括宽带部署和通信基础设施监管的最佳时间、移动商务的发展、贸易协定中有关电子商务的条款、网上销售、软件和云服务市场以及新媒体的全球化趋势。鉴于巴厘岛 WTO 部长级会议对电子商务议题的重视,该议题在 2014 年依旧是工作组关注的重点。

服务贸易理事会还讨论了近期服务贸易的发展动态以及监管情况。《服务贸易总协定》(TISA)的谈判成员不断向服务贸易理事会通报具体情况,并提交了一份文件详细表述了谈判内容、结构以及目标。服务贸易理事会还审议了小型和中型企业在服务贸易中的作用,并参考了瑞士通信公司对该问题的看法以及联合国贸易与发展会议关于基础设施服务监管问题的阐述。关于国际移动漫

游业务的讨论也重新被提起,这主要源于一份新西兰与澳大利亚两国针对跨塔斯曼国际漫游费用所进行的联合调查。

继 WTO 第八届部长级会议之后,关于最不发达国家服务贸易豁免的讨论再次被提起。服务贸易豁免要求成员在特定的服务领域上,给予最不发达国家成员的服务供应商以更优惠的待遇。然而至今为止,还没有对具体的豁免权做出规定。最不发达国家集团持续向服务贸易理事会通报关于最不发达国家服务出口受惠讨论的最新进展。最不发达国家服务贸易豁免在 2014 年的服务贸易理事会议程上依然会占据重要的地位。

按照《服务贸易总协定》对透明度条款的规定,服务贸易理事会收到了 27 条通告,这些通告中各成员提出了一些对贸易有显著影响的新措施及修订措施并达成了一致。另有 11 条通告涉及新的经济一体化协定中服务贸易的相关内容。

服务贸易理事会就如何履行《服务贸易总协定》的规定以及如何提高透明度进行了进一步的探讨。秘书处就主要的可实行措施提供了一份情况说明。理事会还听取了有关技术性贸易壁垒和动植物检疫的经验总结,并参考了成员对透明度条款的若干建议总结。

(一)金融服务的审议

1. 宏观政策审慎

2012 年,服务贸易理事会接受了厄瓜多尔提出的关于宏观审慎管理和《服务贸易总协定》规则管理的提议,宏观审慎管理的目的是降低风险和金融危机带来的宏观经济成本。2013 年,金融服务贸易理事会继此提议,对成员在宏观政策审慎及管理方面的经验进行了专门的讨论。全球金融危机也促使金融监管重新被重视起来,然而至今为止这种监管都只集中在个别的金融机构(即所谓的微观审慎),且这样的微观审慎被用来评判系统全面(宏观审慎)的风险。各成员的经验表明并没有一个模板是适用于所有成员的。一些成员将宏观金融服务审慎管理的义务交付到某一特定部门来处理,也有一些成员采用联合监管的形式进行该项工作。

2. 金融服务贸易与发展

考虑到金融服务贸易会受到成员发展程度的制约,服务贸易理事会听取了中国代表团对于中小企业参与金融服务路径的阐述,以及挪威和巴基斯坦对于手机银行业务相关问题的汇报。服务贸易理事会也将持续探索金融服务在其相关领域发展过程中的影响,即所谓的"金融包容性"。

3. 金融服务监管

以秘书处对金融服务监管问题的报告为基础,服务贸易理事会对该问题进行了进一步讨论。秘书处的说明在许可证和资质以及金融服务技术标准上,为成员提供了监管实践,以协助国内规制工作小组对该问题的考量。

4. 技术议题(分类工作)

在一些技术性的工作方面,理事会基于成员提供的数据,对金融服务分类进行了进一步的审查。对于该议题,成员同意在非正式会议上进行讨论。

(二)具体承诺的审议

在 2013 年 3 月 20 日和 2013 年 6 月 20 日的会议上,服务贸易理事会对审查分类情况、时间安排进行了讨论。

1. 分类情况

以秘书处提供的报告为基础,对分类情况的审查仍然是服务贸易理事会 2013 年的工作重点。审查的行业包括:邮政速递、配送、海运、物流、法律、教育、卫生及娱乐服务业。为方便各方交换意见,除对各行业的讨论,还对 WTO 法律体系中存在的服务分类问题进行了研究。其中包括争端解决专家组以及上诉机构适用的解释方法。

2. 时间表

2013 年在承诺时间表议题上并未取得一个实质性的进展。为保证未来谈判的一致性,在 2013 年 3 月的会议上,成员建议各国应就本国在 WTO 之外所获得的知识产权及教育问题上的时间安排进行经验分享。

根据《服务贸易总协定》第 21 条的规定,服务贸易理事会还审查了具体承诺修正时间表的具体操作程序是否符合规定。这次的讨论中涉及一些重要的议题,包括这些条款的调用、谈判的时机及总结、结论的整合与分配。

第二节 投资措施

一、《与贸易有关的投资措施协议》

《与贸易有关的投资措施协议》(Agreement on Trade-Related Investment Measures,TRIMs)是 WTO 管辖的一项多边贸易协议,也是世界上第一个专门规范贸易与投资关系的国际性协议,它将 GATT 中的国民待遇等原则引入国际投资领域,要求取消限制贸易的投资措施,对各国的外资立法影响最大。它由序言和 9 项条款及 1 个附件组成。其条款主要有:范围、国民待遇和数量限制、例外、发展中国家成员、通知和过渡安排、透明度、与贸易有关的投资措施委员会、磋商与争端解决、货物贸易理事会的审议等。

二、2013年以来投资措施谈判进展以及焦点问题讨论

2013年,与贸易有关的投资措施委员会在成员的支持下举办的投资措施会议内容如表6.1所示。

表6.1 2013年主要会议事件

时间	会议事件
2013年4月	印度就"美国可再生能源发电措施"提出质疑并展开讨论
	美国、欧盟就"俄罗斯农用产品的当地成分要求"提出质疑并展开讨论
	美国、欧盟、日本就"俄罗斯汽车投资措施"提出质疑并展开讨论
	欧盟、美国、日本就"巴西的进口产品税收措施"提出质疑并展开讨论
2013年6月	美国就"乌拉圭风电场投资的当地成分要求"提出质疑并展开讨论

(一)巴西的进口产品税收措施引质疑

巴西对进口产品所采取的间接税收措施引起了欧盟、美国、日本等国家的关注。相关国家认为巴西的相关法律条款存在着歧视性的规定。并且,这些法律条款也在侧面反映出巴西在间接税、产业政策等方面的一系列弊端。

巴西对满足当地成分要求的公司提供相应的税收优惠(如要求使用巴西当地的产品)。2011年后,这种例子不胜枚举。当时,由于汽车制造商未达到65%的当地成分要求标准,巴西针对汽车产业大幅度提高了税收(30%)。尽管巴西当局表示增税只是一个临时性措施,并且将在2012年12月废止这一措施,但巴西却开始实施了一个新的税收项目,并且该税收项目将持续到2017年。这个新税收项目对进口汽车构成了一定程度的税收歧视,并且会促使制造商使用本国的汽车零件而非进口零件。

并且,巴西也在其他领域采取了类似的税收措施。2012年9月的第12715号法案第17条以最终形式确立了汽车领域的税收政策,并且有望在通信网络设备领域建立类似的制度。该法律还在某些数码产品领域建立了相关税收制度,并对进口产品构成税收歧视。

针对巴西的相关税收措施,欧盟、美国、日本等国家指出,2012年4月的第12794号法案第2条旨在发展巴西的化肥产业,从而建立了特殊的税收制度,这预示着通过享受该制度的优惠条件,机器、工具以及其他设备的间接税将形同虚设。并且为了从该制度中享受到优惠待遇,总投资中必须有一定比例的当地成分限制(第7条)。对此,相关国家质疑巴西的法律规定并不符合TRIMs的协议规定。同时,2012年9月第12715号法案第17条旨在促进通信宽带网络的规

模、标准化发展,从而建立了特殊的税收制度。为了享受该制度的优惠条件,所采购的网络工具和零件必须符合基本生产程序(PPB)。基于此,相关国家质疑对于符合 PPB 程序的产品,该产品是否必须产于巴西,同时,这些制度也违背了 TRIMs 的相关规定。2012 年 9 月第 12715 号法案第 17 条在汽车领域也同样设立了特殊的法律制度。该制度旨在通过税收激励措施来促进汽车产量的增加以及供应链的发展,而该项税收激励措施可以抵免高达 30% 的 IPI 率(工业产品税率)。为从该制度中获利,必须满足一定的条件:汽车制造商必须不断增加在巴西的汽车产量,其中涉及一定量的汽车零件。该制度对已经在巴西的汽车制造商、有意在巴西增加投资规模的汽车制造商、巴西的汽车销售商全部有效。对此,相关国家质疑进口汽车产品和工具能否同样从该法律制度中获得税收抵免优惠,而这种做法与 TRIMs 的相关规定是相悖的。

针对欧盟、日本、美国等国家的质疑,巴西作出了相关回复。巴西认为,2012 年 4 月的第 127942 号法案第 7 条设立了享受税收优惠的技术、生产要求,该法律旨在吸引调研、发展和技术创新方面的投资,并促进巴西生产率的提高。第 7 条中的相关规定是为了促进生产链中技术能够得到有效利用,并且这项措施并未强制要求购买国内产品。同时,巴西认为 WTO 成员有权决定本国在生产链中所处的生产阶段。WTO 协议条款并未禁止其成员自主决定自身所处的生产阶段以及禁止成员国自主决定本国的技术发展阶段。一旦有这种政策存在,成员国的发展政策将会大打折扣,其所参与的生产阶段仅会局限于最终的组装阶段。

同时,巴西认为,PPB 仅仅设立了一系列的制造程序,而非直接涉及产品的原产地。如果不设立生产和技术要求,那么投资将会局限于最终的产品组装阶段,这将不利于汽车制造业中技术的发展以及人员素质的提高。第 12715 号法案第 41 条为符合规定的汽车制造商和进口商都提供了相应的税收抵免,这与 WTO 的相关协议是一致的①。

(二)乌拉圭风电场投资当地成分要求引质疑

2009 年 8 月 24 日,乌拉圭总统签署了 403/009 号法案,该项法案由工业、能源和矿产部颁布。这项法案规定了在乌拉圭建立风电场的竞标条件,并在其第 2 条的第 3 部分中规定:有意投资风电场的竞标方,其投资中的乌拉圭成分必须达到投资总额的 20%。对此,美方质疑,该竞标条款以及相关条件为乌拉圭本国企业提供了价格的比较优势红利。乌拉圭针对 G/TRIMS/W/132 号文件中的相关质疑作出了相关回应。然而,这些解答引起了相关国家对乌拉圭投资条款的进一步质疑。对此,美国在与贸易相关的投资措施委员会(G/TRIMS/W/125)上

---

① WTO.WTO committee on Trade-Related Investment Measures,Minutes of the meeting held on 17 April 2013.WTO 网站:http://docsonline.wto.org,2013.

对乌拉圭提出了质疑。

美方首先对403/009号法案的实施现状提出了相关疑问。美方提出,403/009号法案规定了相关的合同问题,这与可再生能源建设有着密切联系。这些合同条款解决了风电场建设方难以寻求买方的问题,并且确保了电能输往国家电网,而非用于出口。

对此乌拉圭指出,根据该项法案,UTE(发电厂和输电总局)——乌拉圭的国有电力公司对有兴趣参与投标的公司发出了强有力的号召。一旦竞标成功,电力购买合同将得以达成。在这些合同中,发电设施所有者负责销售输往UTE的电能,并对其负责。UTE随后将这些电能用于国内消费并有可能进行出口。值得强调的是,乌拉圭的电力市场是自由开放的竞争市场。这意味着乌拉圭的国内外投资商在取得环境和行政授权后,可以在该法案的框架体系外建设独立的发电设施,从而向UTE或者大的客户群售电。因此,不能将403/009号法案解读为建设发电设施的约束条款。

乌拉圭同时指出,403/009号法案旨在促进能源结构的多元化、提高可再生能源的购买价格以及减少温室气体的排放。该法案符合2008~2030号能源政策的规定,该政策旨在促进可再生能源的使用,并且与联合国气候变化框架公约的《京都议定书》达成一致,乌拉圭于12279号法律中确认了这一规定。该法案要求输电方,如UTE与能源提供者缔结特殊购买合同,以此来保证所产生的电能达到150兆瓦的额定容量。

在G/TRIMS/W/132号文件中,乌拉圭在403/009号法案中作出了20%的当地成分要求的相关规定。然而,通过该措施,乌拉圭将该法案与另一项法案联系了起来。在这项法案中,乌拉圭设定了最低为35%的当地成分要求的门槛。对此美方质疑,乌拉圭的403/009号法案是要求20%还是35%的当地成分要求。

随后,美方对乌拉圭提出了后续问题。美方质疑,乌拉圭曾表明,403/009号法案已经完成并且不会再依照该法案制定新的相关规定。那么,在可再生能源领域乌拉圭是否也会出台当地成分要求的相关条款,乌拉圭又能否对此进行相关预测。乌拉圭尚未对此作出相应回答①。

(三)俄罗斯农用产品的当地成分要求引质疑

俄罗斯RAL公司是一个国有控股的租赁公司,该公司旨在为俄罗斯农民提供农用设备。RAL购买了大量农用设备,并将其租赁给4 000余位农民。根据俄罗斯的一份报告,俄联邦政府的代表称,成立于2001年2月的RAL租赁公司是一个股份制公司,该公司通过采用新的全国农用租赁制度来为农业制造商提

---

① WTO.WTO committee on Trade-Related Investment Measures, Minutes of the meeting held on 15 October 2013.WTO 网站:http://docsonline.wto.org,2013.

供相关支持。他指出,该公司的相关活动在"农用产品外贸政策"中有相关体现。并且该联邦代表称在2009年2月4日的第90号政府决议中,农业部以低于市场利率的水平向农民提供购买农用机械专项贷款。在2009年,用于购买农用机械设备的这一项目总集资额达到了12亿卢比(4千万美元)。一些成员指出,农业部的该贷款项目仅局限于购买本国生产的农用设备。美欧等成员对此表示关切并且要求俄罗斯纠正其相关政策措施从而与WTO规则保持一致。

美国、欧盟向俄罗斯提出了两点质疑:首先,俄罗斯的该举措是否有违贷款补贴及反补贴协议;其次是俄罗斯的该项措施是否有违TRIMs协议中对当地成分要求的规定。美国与欧盟进一步要求俄罗斯解释RAL与俄罗斯联邦政府间的关系以及RAL购买农用设备并将其租赁给农民的运作程序;RAL是否要求其所购买的农用设备及相关零件必须产自俄罗斯,俄罗斯又是如何保证该项目不会对进口产品构成歧视。

针对美国与欧盟的质疑,俄罗斯作出了回答。俄罗斯表示,RAL公司是一个国有控股的商业公司,俄罗斯联邦政府作为该公司的股东享有监管权利。RAL作为一个股份制公司,其商业行为遵守全国性质的相关法律。根据俄罗斯WPR第689段的相关规定,2009年2月俄联邦政府第90号决议允许农业部向农民提供低于市场利率的贷款。在2013年1月,该决议失效。在同一时期,为了促进农业发展项目的顺利进行并且增强对农产品生产、销售市场的有效管理,在2012年12月开始采用第1423号政府决议,该决议旨在向农用机械制造商提供相应补贴[①]。

(四)俄罗斯汽车投资措施规定引质疑

2013年1月21日,俄罗斯联邦政府发布了一项通知,该通知是基于TRIMs协议第5.1条、G/TRIMS/N/1/RUS/1(2013年1月23日)以及附录G/TRIMS/N/1/RUS/1/Add.1所发布的。这个通知是由俄罗斯加入WTO工作小组报告表38所指定的。这项通知解决了"汽车投资项目"的相关问题,详见于WPR第1063、1072~1086、1089~1090段以及表格42、43及44。

俄罗斯联邦在通知及附件中提出,俄罗斯加入WTO工作小组报告第1090段规定俄罗斯不符合世贸规定的相关措施应在2018年7月1日前进行废止。该段还规定俄罗斯联邦政府应在2016年7月1日前与WTO成员方进行磋商,从而采取与WTO规则相一致的措施并废止有悖于WTO规则的措施。

俄罗斯的过渡期将截止于2018年7月1日,该决定将有力地促进俄罗斯加入多边贸易体系。在这个背景下,再加上各国对汽车领域相关税费的关注度不

---

① WTO.WTO committee on Trade-Related Investment Measures, Minutes of the meeting held on 4 October 2013.WTO 网站:http://docsonline.wto.org,2013.

断提高,俄罗斯的相关贸易措施也引起越来越多国家的关注。美国和欧盟由此针对 G/TRIMS/N/1/RUS/1 和 G/TRIMS/N/1/RUS/1/Add.1 通知提出了相关质疑。

针对美国、欧盟的质疑,俄罗斯作出了回复。根据俄罗斯汽车及零件组装投资制度通知、G/TRIMS/N/1/RUS/1/Add.1 号附件,俄罗斯联邦承诺逐步消除所有与 WTO 规则不符的相关投资措施,并且以 2018 年 7 月 1 日为限。俄罗斯承诺在 2018 年 7 月 1 日前对现有投资措施进行调整,以此来与 WTO 规则保持一致。但是该承诺并不保证在 2018 年 7 月 1 日后完全废止相关投资措施。同样道理,俄罗斯的相关承诺并不保证结束投资协议。并且,协议的模式也不一定会进行相应改变。俄罗斯并不保证未来会采取什么样的措施。针对俄罗斯所采取的与 WTO 规则相一致的政策调整措施,俄罗斯已经与相关方展开积极协商,从而确保投资方的投资措施与 WTO 规则相一致。而关于与相关成员国的磋商进程,俄罗斯尚不明确将采取何种措施在 2018 年 7 月 1 日前完成相关过渡①。

(五)美国可再生能源发电措施引质疑

美国开展了一系列激励性项目来发展可再生能源部门。部分项目中所采取的激励性措施会促进本国或者本州产品的使用。对此,部分成员国质疑,美国的相关政策违背了 TRIMs 第二条中关于美国义务的相关规定。同时,该举措也违背了《补贴与反补贴措施协议》的相关规定。相关国家要求美国提供相关州或地区可再生能源领域项目关于优惠措施的具体信息,这些优惠措施包括根据当地成分要求所采取的激励措施、额外激励措施、回扣或者信用优惠。当地成分要求涉及由特定州所制造或者初加工的产品、特定地区进行一定程度加工制造的产品、经过一定程度加工制造并将在特定地区的公司进行组装的产品、采用国内原料进行生产的产品。在进行了相关调查后,印度要求美国提供特定能源领域的相关信息。

1. 密歇根:根据《清洁、可再生以及高效能源法》采取的可再生能源信用措施

2008 年 10 月 6 日,第 295 号公共法成文。该法律亦被称为《清洁、可再生以及高效能源法》。该法为密歇根州设立了一项可再生能源的标准。可再生能源标准要求密歇根的电力供应商在 2015 年前,其电力输送总量中应包含 10% 的可再生能源电力。在其第 295 号可再生能源法报告中,密歇根公共服务委员会(MPSC)表示自 2008 年第 295 号公共法实施以来,密歇根可再生能源领域的投资有了迅速的增长。保守来说,2012 年密歇根州有超过 17.9 亿美元的投资用于

---

① WTO.WTO committee on Trade-Related Investment Measures, Minutes of the meeting held on 25 September 2013.WTO 网站:http://docsonline.wto.org,2013.

可再生能源的线上项目,其发电量达到了 895 兆瓦。《清洁、可再生及高效能源法》(第 295 号公共法),S.39(2) 规定:

根据第 3 条规定,以下附加的可再生能源信用(RECs),亦被称为密歇根鼓励可再生能源信用,基于以下条件才给予批准:

"(d)委员会决定,使用由本州生产的设备进行可再生能源发电的企业,其每兆瓦小时的电力将获得 1/10 的可再生能源信用。可再生能源基于商业用途开始发电后的前三年,在这个细分系统上可以给予其新增授信。

(e)委员会决定,使用由本州劳动力进行可再生能源发电的企业,其每兆瓦小时的电力将获得 1/10 的可再生能源信用。可再生能源基于商业用途开始发电后的前三年,在这个细分系统上可以给予其新增授信。"

基于上述事实,印度对美国进行了相关质疑。从当地成分要求的角度来讲,印度质疑美国密歇根州的相关行为违反了 TRIMs 协议中的第二条,参照 GATT 1994 第三条的规定。如果投资商无法满足密歇根州当地成分要求,那么其投资项目是否可以获得批准。印度进一步要求美国对申请人合规的条件以及附加要求进行详细的解释。

针对印度的质疑,美方代表作出了回答。密歇根的可再生能源标准是《2008 年清洁、可再生以及高效能源法》的重要组成部分。可再生能源标准要求 2015 年前,密歇根的电力供应商的供电组合中可再生能源占到至少 10%。该法案还规定了从 2012 年起年度中期的合规性要求。电力供应商需通过购买和/或生产可再生能源信用来达到可再生能源的相关规定。由可再生能源系统所产生的每一兆瓦电力随之创造了一个 REC。RECs 可以但不局限于以下能源作为燃料的设备:生物质能、太阳能和太阳能热能源、风能、地热能源、城市固体废弃物的动能以及垃圾填埋气。RECs 可以和相关能源分离,并可进行销售、买卖甚至转移。它可以和能源"绑定"并且也可以以同样的方式被处理。RECs 在其满足可再生能源的相关标准或者满三年后即过期,以时间较早的事件为准。能源供应商也可以创造一个可再生能源信用刺激方案(IRECs),以此作为 RECs 的补充。这些信用有很多基础,例如太阳能系统的利用、高峰期产生电能并使用先进电能储备技术或者水电储存技术在低峰期储电的系统。使用在密歇根州制造或组装的设备进行可再生能源发电的系统只是 IRECs 的基础之一。通过该基础所获得的 IRECs 仅相当于 1/10 的 RECs,尽管 IRECs 是按比例从能源系统中获得的,并且能源系统是以在该州生产或组装的设备和材料的美元价值计量的。一个包含 50%以上密歇根成分的能源系统可以获得 1/10 的 IRECs。可再生能源系统仅在商业活动开始后的三年方可获得密歇根设备 IRECs。在 2012 年,共产生了 4 378 587 的 RECs,并且在该年度共产生了 920 个 IRECs。作为 1/10 的 RECs,IRECs 仅占 2012 年 RECs 的 0.002 1%。

2. 加利福尼亚:洛杉矶水源、能源部(LADWP)太阳能光伏刺激计划

LADWP 的官网在阐述其太阳能刺激项目时提到:"LAMC——洛杉矶制造业信贷:购买或安装光伏配件以及安装集成光伏系统的消费者可以获得更高的优惠税率,前提是生产这些配件或者系统的公司必须位于洛杉矶。"LADWP 太阳能光伏刺激计划指南称,"除此以外,LADWP 根据该刺激计划指南第八条的规定选择符合条件的洛杉矶光伏设备制造商,并为其提供制造业信贷(LAMC)。LAMC 的目标是通过发展制造业、增加就业、扩大产量、降低成本以及增强竞争力来促进当地经济发展。刺激计划指南进一步规定了关于制造地点和控制需满足 LAMC 的最低要求:(1) 为了满足 LAMC 的相关条件,太阳能光伏电池和太阳能设备必须在洛杉矶制造。生产商必须从 LADWP 获得书面同意书。(2) 为了组装该商品,生产商必须以文件形式、库存控制总结、实体工厂参观或者其他必要方式来告知 LADWP,在 LAMC 发放前将记录所有当地生产的信息。LADWP 保留审核记录以及检查制造场所的相关权利。(3) 为了满足 LAMC 的条件并被视为当地制造,光伏电池的成品以及合格的设备必须最低有 50% 的零件由洛杉矶本地进行制造。(4) 为了获得 LAMC,必须获得 LADWP 制造商本地商业计划的审核和通过。这种商业计划规定及记录了当地劳动力的使用情况、当地生产的零件以及其他当地经济资源的使用情况,以此来保证 50% 或者高于 50% 的制成品产自本地。商业计划书必须是最新的,并且每年都会进行更新。季度财务和劳动力商业报表也需及时提供。"

鉴于洛杉矶上述当地成分要求,印度认为美国的上述做法违背了 TRIMs 协议的第 2 条。印度进一步要求美国提供 LADWP 决定制造程序以及制造设备是否符合要求的相关标准、洛杉矶当地制造的光伏电池及设备的满足条件、50% 的当地制造要求的相关条件及附加条件等相关信息。印度进一步要求美国提供每位合格申请人从该项目中所获得的相关财政补助及 LADWP 这一项目的财政贡献的相关信息。对此,美国尚未作出相应回答。

3. 加利福尼亚:自发电激励计划(SGIP)

始于 2001 年的 SGIP 为发电的客户提供补助,这些客户主要使用风力涡轮机、燃料电池以及各种形式的热电联产和先进的储能设备进行发电。原定于 2011 年失效的 2009 SB412 项目修正了公用事业法,从而保证刺激措施可以持续到 2016 年 1 月 6 日。SGIP 手册规定:使用由加利福尼亚提供商所提供的先进能源储备技术或者安装由其提供的分布式发电设备将会获得 20% 的额外补贴。任何满足以下条件的个人独资企业、合伙企业、合资企业或公司都被视为"加利福尼亚供应商":(1) 户籍为加利福尼亚的所有者或决策者,并且其长期工作地点或公司所在地位于加利福尼亚。(2) 公司或企业,包括其单独所有或共同所有的企业,在向 SGIP 接受者提供分布式发电的前五年里,能够持续满足以下条

件:i) 拥有或使用位于加利福尼亚的制造设施,这些设施利用分布式发电技术运行;ii) 获得加利福尼亚的营业执照;iii) 雇用加利福尼亚的当地居民进行生产。

对此,印度质疑,使用由"加利福尼亚供应商"提供的相关产品可以获得20%的额外补助,该措施违背了TRIMs第2条规定。印度进一步要求美国提供"加利福尼亚制造商""合规的分布发电或先进的能源储备技术"的相应单据。同时,印度对"安装"的定义产生质疑,并要求美国回答是否要求使用分布发电和先进能源储备技术的设备或零件需要由加利福尼亚供应商进行生产和组装,如果系统零件产自加利福尼亚之外的地区,那么是否仍可获得20%的相应补助,如果可以获得,那么需要满足的条件又是什么?对此,美国尚未作出回答。

4. 得克萨斯:奥斯汀能源公司

奥斯汀能源公司是一个公有制的能源公司并且是城市奥斯汀的一个部门,在其网站中,有这样一则信息:"我们提供太阳能光伏回馈和商业辅助来鼓励我们的消费者安装太阳能系统。并且,我们为与州、国际组织的相关合作提供太阳能项目和资金。这些刺激措施有利于电能的多元化,从而促进清洁、可再生能源的使用,为奥斯汀发展清洁能源产业。"

2011年4月,奥斯汀能源电力公司为超过1 200家客户拥有的太阳能系统、100个商业项目、37个市政工程、32个学校设施以及6个图书馆提供了相应的支持,这共计生产了4.7兆瓦的电能。并且,超过39个太阳能安装公司在奥斯汀发展起来,创造了超过300个的绿色工作岗位。

标题为"奖励资金"的太阳能刺激项目以及奥斯汀能源标准规定:奥斯汀公司为PBI提供的费率是0.14美元每千瓦时。为了促进太阳能技术的使用和刺激经济增长,合格的机械设备必须有60%是由奥斯汀能源公司所生产或者组装的,满足以上条件才可能保证其PBI不超过0.175美元每千瓦时。"生产或制造"不包括系统的安装。

同时,名为"资金回馈"的奥斯汀太阳能光伏住宅项目指南称:标准的设备回赠为2美元每千瓦时。为了促进太阳能技术的推广和经济的增长,合规的设备必须有至少60%是由奥斯汀能源公司所生产或组装的,满足以上条件方可能获得不超过2.5美元每千瓦时的费率。"生产或组装"不包括系统的安装。

对此,印度质疑美国的行为违背了TRIMs第2条的相关规定,并质疑如果该公司未达成以上相关条件,是否仍会获得超过0.175美元每千瓦时的优惠费率。印度进一步要求美国提供支持该项目的相关联邦或州立法律以及合规机械设备、奥斯汀太阳能项目预算分配的相关信息。

对此,美方代表作出了回答。奥斯汀能源公司为使用太阳能光伏所产生的电力的消费者提供补助。能够获得该补助的人仅限于奥斯汀公司的消费者。奥斯汀太阳能补助不包括前期回赠,而是分成十年针对每千瓦时进行补助。现在奥斯汀能源公司的补助标准是 0.12 美元每千瓦时。顾客必须根据太阳能系统的安装情况进行申请,并且有足够的预算。同样的,奥斯汀能源公司通过提供太阳能回赠的方式来鼓励消费者安装太阳能系统。2013 年 5 月 7 日,太阳能回赠的标准是 1.50 美元每千瓦时。之前所提到的由奥斯汀生产或组装的设备的规定也随之从回赠标准中去除了[①]。

第三节 知 识 产 权

一、WTO 总理事会关于知识产权相关的事项

2013 年 11 月,总理事会从 TRIPS 理事会接收了一份多哈宣言《与贸易有关的知识产权协定》(TRIPS)和公共健康第六段实施情况回顾的报告。这份报告与特殊条款相关,包含在 TRIPS 的一项选择中。其中,允许专利药品的仿制品出口到自己没有生产能力的,并且也不能使用 TRIPS 弹性在公共健康领域颁发强制许可的发展中国家。总理事会也同意将其延长到 2013 年 12 月 31 日,即 WTO 成员接受修改替换弃权的 TRIPS 的日期。

(一) 提高透明性

国家知识产权系统的透明性是 TRIPS 的一个关键原则。它减少了贸易对峙,在知识产品和科技领域建立了富有成效的贸易关系。TRIPS 理事会发展出了基于 WTO 成员的通知和理事会国家系统回顾的保护和管理知识产权多种方法的独特信息体。它也从各成员收集了如科技合作和科技转移激励方面的广泛报告。2013 年,理事会进一步讨论了有关信息的改进方法,包括如何使各成员和公众更加容易获得这些信息,以及如何运用信息科技更有效地管理这些材料以保证信息更加及时和完整。

理事会完成了对古巴和马尔代夫 TRIPS 实施立法的审查,开启了对黑山和俄罗斯的立法审查。

(二) 最不发达国家过渡期的延长

WTO 2011 年部长级会议邀请理事会"充分考虑最不发达国家成员适时积极地延长它们过渡期的请求",在这一期间它们不必实施 TRIPS,与理事会建立

---

① WTO.WTO committee on Trade-Related Investment Measures, Minutes of the meeting held on 4 October 2013.WTO 网站:http://docsonline.wto.org,2013.

的在协定66.1条中允许这种延长的使命相一致。

最不发达国家集团在2012年11月的理事会会议上呈递了一份延长过渡期的请求。理事会在2013年3月第一次进行了讨论。在理事会主席的推动下,最不发达国家集团自1月初起和一些发达国家进行了大量接触。到了5月,这些代表要求主席开始更紧密的谈判过程。除了与这些代表进行磋商,主席为整个理事会举行了几次非正式会议。

结果是,理事会在6月通过了一项"在66.1条下最不发达国家成员过渡期延长"的决定。这项决定延长了最不发达国家成员的过渡期达八年(直到2021年7月1日),同时保留进一步延长的可能。在这一决定之下,最不发达国家成员"表明了维护和继续迈向执行TRIPS的坚定决心"。

(三)《与贸易有关的知识产权协定》与公共健康

理事会进行了它的所谓的"第六条机制"功能的年度回顾。又有四个国家接受了2005年对协议的修改,包括第六条款,这一条款将在三分之二的WTO成员都接受时正式生效。到2013年12月31日,49个成员已经这么做了(欧盟算作一个成员)。

出口特殊强制许可的"第六条机制"使得贫穷国家在TRIPS框架下有额外的灵活性得到可支付的药品。这一机制允许专利药品的仿制品在特定类型的强制许可下(即允许在不经过专利持有人同意的情况下)专门生产以供出口到不能生产自己需要的药品的国家。

TRIPS起初仅允许强制许可主要服务于国内市场(除非改进反竞争行为)。新的机制首先通过一系列的弃权然后通过2005年的修改改变了这一状况。

与TRIPS和公共健康相关的问题在WTO秘书处的许多次科技合作活动中被处理。秘书处也继续努力提升这一区域的能力建设并使之与世界卫生组织和世界知识产权组织相协调。这三个组织在2013年2月合作出版了一份关于促进医疗技术的获取与创新的研究。这份出版物涵盖了更宽范围更复杂的与医疗科技领域的公共健康和创新相关的问题。而且,这三个机构在七月举行了第三次三方联合科技论坛探讨创新的变化并探索医药创新领域新的和潜在的商业模型。

(四)动植物、生物多样性和传统知识

理事会继续处理一组2005年《香港部长宣言》指示的与生物科技、生物多样性、基因资源和传统知识相关的主题。这些讨论涵盖了对处理植物动物发明的专利性和职务多样性的保护,TRIPS与《生物多样性公约》的关系以及对传统知识和民俗的保护的TRIPS特殊条款的回顾。

(五)科技合作和能力建设

理事会基于从发达国家、其他政府间组织和WTO秘书处接受的信息审查了知识产权领域的科技合作。在2013年,马达加斯加和多哥报告了它们对科技和金融合作的需求,使得向TRIPS理事会报告其需要的欠发达国家的数量达到了9个。

在其科技合作事项里,WTO秘书处继续聚焦于帮助成员和观察者理解TRIPS的权利与义务和WTO实体的相关决定以使得它们能够符合它们的发展目标与其他国内政策目标。

(六) 其他问题

在TRIPS的强制规定下,协定作为一个整体("71.1回顾")和对地理标志的条款的运用("24.2回顾")没有新的提议出现。对于后者,理事会在2010年3月同意鼓励成员间分享它们之间达成的任何双边协定的信息。瑞士通知理事会代表俄罗斯的利益,以及它自己的利益,两国已经就它们地理标志的保护达成了一个双边协定,并在2011年9月1日正式生效。

(七) 烟草控制措施

2013年理事会继续考虑烟草控制措施。在多米尼加共和国的要求下,它讨论了新西兰引入烟草产品警示包装的提议。尽管一些WTO成员表达了提议的措施与TRIPS并存的担心,其他成员则声称国家有权力使用协定中的弹性用于公共健康目标,包括烟草控制。

在"其他事项"下,尼加拉瓜和古巴表达了它们对于烟草产品欧盟指令的担心。这些指令包括烟草产品在欧盟的包装、组合和销售。

(八) 创新

2013年,TRIPS理事会继续探讨了创新问题。在智利、韩国、中国台北和美国的要求下,理事会在3月的会议上聚焦于中小企业的知识产权。一些成员代表指出,对中小企业而言,有创新的有利环境至关重要,知识产权在融资和保持竞争力上扮演了重要角色。在他们看来,中小企业创新的社会利益经常超出个体公司的利益。然而一些代表则认为获得和维持知识产权对中小企业来说非常昂贵。欠发达国家希望关注它们落后的研发能力和在这些项目上缺少公共资金的现状。

在2013年6月的会议上,理事会主要关注成本效益或者"节俭的"创新。这个概念指削减一个商品的复杂性和花费以及生产过程来驱动创新,提高发展中国家对进步科技的可得性和可支付性。这个概念的支持者(加拿大、智利、欧盟、韩国、瑞士、中国台北、美国的代表)认为尤其对于中小企业来说,这种创新的知识产权保护是一种培养当地创新者参与的工具。他们从全世界举了很大范围的例子支持他们的观点,从水净化技术到作物喷粉过程。一些其他代表强调一个不平衡或者运行不好的知识产权系统在面对包括节俭创新等创新冲击的时候面临负面的风险,比如牵涉大量的专利诉讼费用。

（九）气候变化

2013 年，TRIPS 理事会讨论了知识产权和气候变化以及在厄瓜多尔提出将这些问题加入日程之后知识产权在培育环境科技转移上的贡献。厄瓜多尔建议从减轻缓解环境问题的立场评价 TRIPS，目的是确认 TRIPS 弹性与成熟的环境科技的联系并启动对这些科技专利的评估过程。

很多代表对厄瓜多尔的担心作出了回应并欢迎对这个议题进行更广泛的讨论。其他一些代表尽管同意科技转移和创新对处理气候变化的挑战至关重要，也认为知识产权保护——而不是做一个壁垒——对创新而言是必要的。

（十）知识产权和体育

2013 年，TRIPS 理事会第一次讨论了知识产权和体育问题。这一议题的支持者（欧盟、牙买加、墨西哥、特立尼达和多巴哥以及美国）以及很多其他 WTO 成员强调了知识产权在资助体育队伍和大型体育赛事，保证体育驱动创新利益，以及传播安全和下一代运动员的发展和训练上发挥了重要作用。一些体育的总体经济贡献的数字表明这种贡献在社会维度上远远超出了体育领域。

一些其他代表说已经提到的议题已经享受到了在 TRIPS 框架下的知识产权保护，并且告诫对这个主题的讨论不应该将注意力从理事会常规日程中的重要议题转移开来。

二、多哈发展议程中与贸易有关的知识产权

谈判各方在通知和注册葡萄酒和烈酒的地理标志方面仍然难以有所突破。TRIPS 理事会特别会议在程序上仅会面一次，并且没有处理大量的问题。TRIPS 理事会在常规的会议中进行了从发达国家公司的科技转移到欠发达国家的第十一次年度激励措施的回顾。WTO 部长级会议确认了 TRIPS 理事会延长 TRIPS 非违法之诉和情势之诉的暂停期的建议。

（一）关于地理标志注册的谈判

在地理标志（GI）注册的法律效力和效力是否适用于所有成员还是只适用那些选择参加的 WTO 成员的问题上争议仍在持续。在产品范围方面和注册是否仅限于葡萄酒和烈酒的地理标志或者是否适用于食物农产品等其他产品方面各方仍保持根深蒂固的看法。

葡萄酒和烈酒的注册是为了培育对地理标志的保护。这些地名（有时与一个地方相联系的其他特征或者标志）用于鉴定产品，产品的原产地给予它们特定的质量、声誉和其他特征。苏格兰威士忌、香槟和龙舌兰是知名的例子。自从 1996 年起 TRIPS 协定强制谈判方进行这项注册。

自从 2011 年以草案条约语言反映 WTO 成员立场的"文本草案"散发以来，

主席们试图找出一个普通方法加速这项工作的努力一直没有成功。进一步的困难来自一些代表指出的两个与 TRIPS 相关的执行问题,即地理标志保护的扩张以及 TRIPS 与《生物多样性公约》之间的关系。

鉴于这些程序的复杂性,WTO 成员在巴厘部长级会议的前期准备阶段并没有给予地理标志注册方面的工作以优先性。

(二) 未决实施问题

对于扩大对其他产品的地理标志保护是否能帮助在这些产品上的贸易或者增加保护的水平是否将创造不必要的法律和商业负担,WTO 成员继续存在分歧。现有的只对葡萄酒和烈性酒的"更高的"或者"提高"水平的地理标志保护可能扩大到其他产品即是一个所谓的"实施问题"。2005 年《香港部长宣言》中总干事呼吁对 TRIPS 相关的"未决实施问题"进行磋商,其中的第一个问题就是产品范围的扩大。

这些问题之中的第二个是关于 TRIPS 与《生物多样性公约》(CBD) 之间的关系的:TRIPS 应该如何做得更多才能达到平等地分享基因资源用于研发和产业所带来的利益这一 CBD 的目标。主要的焦点在于提议修改 TRIPS 以要求专利申请人公开资源或者提供基因资源的国家和有关的传统知识。自从当时的总干事 Pascal Lamy 呈递一份从 2009 年 3 月到 2011 年 4 月的书面报告以来还没有进行过进一步的磋商。在 2013 年的 TRIPS 理事会上这一问题被一些成员提出但是没有取得明显的进展。

(三) 科技转移的激励

在 2013 年 10 月,TRIPS 理事会在常规会议中进行了发达国家公司的科技转移到欠发达国家的第十一次年度激励措施的回顾报告。TRIPS 要求发达国家提供这些激励,并且在 2003 年理事会通过多哈部长级会议生成指示来建立回顾机制以监督这项责任。

(四) 围绕知识产权保护的争论

2013 年,TRIPS 理事会继续就知识产权的"非违法之诉"能否被带入 WTO 争端解决机制的问题进行讨论。对于知识产权保护方面的争端,TRIPS 对发起"非违法之诉和情势之诉"规定了五年的暂停期,而且这个暂停期通过一系列的部长级会议延长了。

主席在十月的理事会会议上透露,WTO 成员暗示准备参与 2014 年早期对于这些诉讼规模和方式检查的加强工作。其目的是找出在目前部长级会议延长非违法之诉暂停期循环之外的一个新方法。

2013 年 12 月,WTO 第九届部长级会议指示理事会继续检查这些争端的规模和形式并且于 2015 年举办的下一次部长级会议提出建议。同时它也同意,成员在现在的 TRIPS 下不能提起这些诉讼。

参考文献

[1] World Trade Organization.Annual Report 2014[EB/OL].世界贸易组织网站.http://www.wto.org/english/res_e/booksp_e/anrep_e/anrep14_e.pdf.2014-05-28.

[2] 薛荣久.WTO多哈回合与中国[M].北京:对外经济贸易大学出版社,2004年7月.

[3] 世界贸易组织百科全书编辑委员会.世界贸易组织百科全书[M].北京:中国大百科全书出版社,2007年1月.

第七章 争端解决

WTO争端解决机制由独立的专家组和上诉机构按照确定的规则和程序审理成员之间的经贸纠纷案件,从法律和技术角度和平解决国际经贸争端,可以避免贸易摩擦给双边政治和经贸关系带来的冲击,已经成为WTO成员之间解决贸易纠纷、维护贸易权益的有效平台。WTO争端解决裁决的结果,不仅有利于厘清双方具有争议的事实和法律问题,及时有效化解当事方之间的经贸纠纷,也从法律角度澄清了相关国际贸易规则,促进了国际贸易环境和多边贸易体制的稳定性和可预见性。

2013年,WTO争端解决机构接受了20起磋商申请,涉案议题包括绿色能源、海豹产品禁售等方面,尽管低于2012年的27起,但在近十年来提起的磋商申请中仍高居第三位,如图7.1所示。其中,发展中成员共提起9起磋商申请,拉美成员尤其活跃,如阿根廷;俄罗斯自2012年加入WTO以来,也成为在争端解决领域较为活跃的成员;古巴提起了其在WTO争端解决机制下的首次磋商申请,主要是针对澳大利亚烟草产品的简易包装措施问题;一些亚洲国家成员也在2013年表现得较为活跃,如印度尼西亚和日本均提起了2起磋商申请。

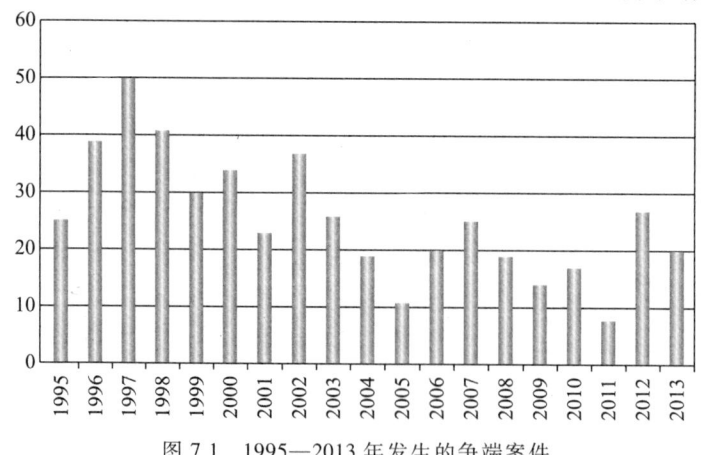

图7.1　1995—2013年发生的争端案件

资料来源:WTO . WTO Annual Report 2014. http://www.wto.org.

数据显示,1995—2013年,WTO成员共向争端解决机构提起了474起磋商申请。2013年,WTO争端解决机构设立了12个专家组审查14起争端案件。在这些争端案件中,有8起涉及补贴和投资措施中的当地成分要求以及贸易救济措施中的反倾销和反补贴措施。2013年,WTO成员向上诉机构共提起2起上诉申请,均涉及加拿大可再生能源案(DS412、DS426);上诉机构也就这两起案件发布了上诉机构报告。1995—2013年,上诉机构共发布了119个裁决报告。2013年,WTO争端解决机构通过了4个专家组报告和2个上诉机构报告。

第一节 2013年争端解决机构的主要活动

2013年,WTO争端解决机构度过了艰难的一年,除了频繁参与争端解决的传统成员,如欧盟、中国、美国和日本等,WTO新成员俄罗斯也开始在争端解决中变得活跃起来。与此同时,在争端解决中缺乏经验的国家,譬如古巴、纳米比亚、赞比亚和津巴布韦也在2013年也开始跃跃欲试(见表7.1),其中,古巴作为申诉方提起1起案件(DS458),纳米比亚、赞比亚和津巴布韦则作为第三方参与了争端解决。

表7.1 1995—2013年WTO成员参与争端案件数

成员	申诉方	被诉方	成员	申诉方	被诉方
安提瓜和巴布达	1	0	马来西亚	1	1
阿根廷	20	22	墨西哥	23	14
亚美尼亚	0	1	摩尔多瓦	1	1
澳大利亚	7	15	荷兰	0	3
孟加拉国	1	0	新西兰	8	0
比利时	0	3	尼加拉瓜	1	2
巴西	26	15	挪威	4	0
加拿大	33	17	巴基斯坦	3	3
智利	10	14	巴拿马	7	1
中国	12	31	秘鲁	3	5
哥伦比亚	5	4	菲律宾	5	6
哥斯达黎加	5	0	波兰	3	1
克罗地亚	0	1	葡萄牙	0	1
捷克	1	2	罗马尼亚	0	2
丹麦	1	1	俄罗斯	1	2
多米尼加	1	7	新加坡	1	0

续表

成员	申诉方	被诉方	成员	申诉方	被诉方
厄瓜多尔	3	3	斯洛伐克	0	3
埃及	0	4	南非	0	4
萨尔瓦多	1	0	西班牙	0	3
欧盟(原欧共体)	90	77	斯里兰卡	1	0
法国	0	4	瑞典	0	1
德国	0	2	瑞士	4	0
希腊	0	3	中国台北	3	0
危地马拉	9	2	泰国	13	3
洪都拉斯	8	0	特立尼达和多巴哥	0	2
中国香港	1	0	土耳其	2	9
匈牙利	5	2	乌克兰	3	2
印度	21	22	英国	0	3
印度尼西亚	8	7	美国	106	121
爱尔兰	0	3	乌拉圭	1	1
意大利	0	1	委内瑞拉	1	2
日本	19	15	越南	2	0
韩国	16	14	古巴	1	0

资料来源：WTO. WTO Annual Report 2014. http://www.wto.org/english/res_e/booksp_e/anrep_e/anrep14_e.pdf.

一、争端解决活动概述

争端解决机构旨在解决 WTO 成员之间的争端，任何有关协定的履行都可能会导致成员之间的争端案件增加。争端解决机构有权成立专家组，参与争端事项的仲裁，或采纳专家组、上诉机构或仲裁机构的建议，并且保持对建议和裁决执行的监督权。对于那些违背规则和建议的事项，争端解决机构可以授权成员实施报复。

磋商阶段是 WTO 争端解决的第一阶段。2013 年，争端解决机构(DSB)收到 20 份争端解决磋商请求。虽然较 2012 年的 27 起略低，但是在近十年来的磋商请求中仍高居第三位。WTO 已经对 28 起争端及仲裁争议进行了审查，并成立了12个专家组审查14起争端案件。其中,对某些类似的案件可能由相同的专家组单独审核。

争端解决机构将合规审查小组发来的两起争端案件交由原专家组重新审理。这是符合WTO法律程序的惯用做法。当败诉方未能遵守裁决结果,且其做法不符合WTO规则,并与申诉方产生意见分歧的时候,争端解决机构就会建立合规审查小组。诸如此类的案件有加拿大和墨西哥对美国肉食品标签案件的申诉和中国对欧盟进口不锈钢紧固件采取的反倾销措施案件的申诉。

争端解决机构通过了4份专家组报告和2份上诉机构报告。专家组发布的报告包括中国对欧盟进口X射线扫描设备征收反倾销税,中国对美国出口肉鸡产品采取反倾销和反补贴措施,以及日本和欧盟对加拿大安大略省可再生能源采取的反倾销措施(见表7.2)。上诉机构报告关注的同样是具有争议的安大略省的可再生能源的措施。合规审查小组报告中包括墨西哥就美国对其不锈钢产品的反倾销措施,但是该案件并没有通过争端解决机构,因为争论双方就如何解决争端已达成协议。

此外,争端解决机构授权安提瓜和巴布达可以根据《与贸易有关的知识产权协定》对美国实行贸易报复性措施,因为美国在"网络赌博"一案中不听从争端解决机构的建议和裁决。印度尼西亚就"香烟禁令"一案也向争端解决机构提出磋商请求,要求对美国采取贸易报复性措施。最后,争端解决机构的仲裁报告建议在最佳时间对"中国针对进口自美国的电工钢采取反倾销和反补贴措施"一案作出裁决。

表7.2 2013年专家组及上诉机构报告发布情况

争端名称	报告编号	申诉方	被诉方	第三方	涉及的WTO协议	DSB通过日期
中国-X射线设备	WT/DS425/R	欧盟	中国	智利、印度、日本、挪威、泰国、美国	《反倾销协议》	2013.4.24
加拿大-可再生能源	WT/DS412/AB/R WT/DS412/R	日本	加拿大	澳大利亚、巴西、中国、萨尔瓦多、欧盟、洪都拉斯、印度、沙特阿拉伯、韩国、墨西哥、挪威、中国台北、美国	《补贴与反补贴措施协议》、《与贸易有关的投资措施协议》、《1994年关税与贸易总协定》、《关于争端解决规则与程序的谅解》	2013.5.24

续表

争端名称	报告编号	申诉方	被诉方	第三方	涉及的WTO协议	DSB通过日期
加拿大-关于饲料的关税计划	WT/DS426/AB/R WT/DS426/R	欧盟	加拿大	美国、日本、澳大利亚、中国、中国台北、印度、沙特阿拉伯、巴西、韩国、墨西哥、挪威、土耳其、萨尔瓦多	《补贴与反补贴措施协议》、《与贸易有关的投资措施协议》、《1994年关税与贸易总协定》、《关于争端解决规则与程序的谅解》	2013.5.24
中国-肉鸡产品	WT/DS427/R	美国	中国	智利、欧盟、日本、墨西哥、挪威、沙特阿拉伯、泰国	《1994年关税与贸易总协定》、《技术性贸易壁垒协议》	2013.9.25
欧共体-海豹产品	WT/DS400/R	加拿大	欧盟	阿根廷、中国、哥伦比亚、厄瓜多尔、冰岛、日本、墨西哥、挪威、俄罗斯、美国	《1994年关税与贸易总协定》、《技术性贸易壁垒协议》	专家组报告正在上诉
欧共体-海豹产品	WT/DS401/R	挪威	欧盟	阿根廷、加拿大、中国、哥伦比亚、厄瓜多尔、冰岛、日本、墨西哥、纳米比亚、俄罗斯、美国	《1994年关税与贸易总协定》、《技术性贸易壁垒协议》、《农业协议》	专家组报告正在上诉

续表

争端名称	报告编号	申诉方	被诉方	第三方	涉及的WTO协议	DSB通过日期
美国－不锈钢（墨西哥）（第21.5条）	WT/DS344/RW	墨西哥	美国	巴西、中国、欧盟、日本、韩国	最终报告没有发给WTO成员（双方协商解决）	不适用（双方协商解决）

资料来源：WTO. WTO Annual Report 2014. http://www.wto.org/english/res_e/booksp_e/anrep_e/anrep14_e.pdf.

二、2013年参与争端解决的主要成员

2013年，发展中成员总共发起了9起磋商申请（表7.3），其中，拉丁美洲成员发起了5起磋商请求，阿根廷尤为活跃，发起了2起磋商请求。古巴提起了WTO争端解决机制下的首次磋商申请，主要是针对澳大利亚烟草产品的简易包装措施问题。这使得WTO成员针对澳大利亚包装要求的申诉案件达到5起。一些亚洲成员国也较为活跃，包括印度尼西亚、日本在内的成员共提起了2起磋商请求。而2012年新加入WTO的俄罗斯，也提起了1起磋商请求。另外俄罗斯还作为被诉方和第三方卷入到2起申诉案件中。2013年WTO成员提出的磋商请求案件如图7.2、图7.3及表7.3所示。

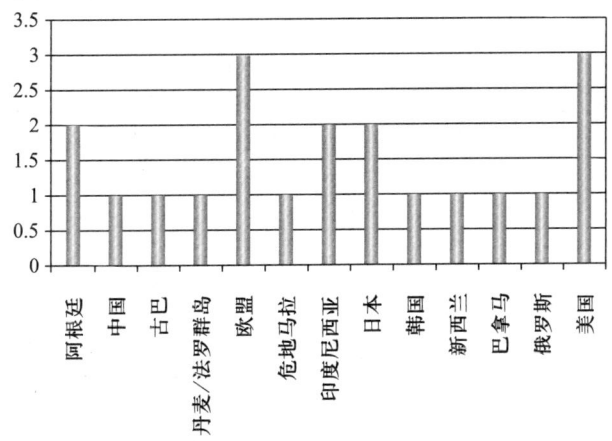

图7.2 2013年作为申诉方涉案国的案件数

资料来源：WTO. WTO Annual Report 2014. http://www.wto.org/english/res_e/booksp_e/anrep_e/anrep14_e.pdf.

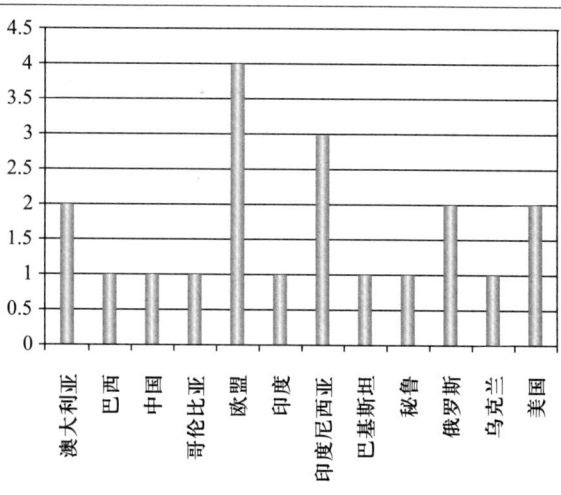

图 7.3　2013 年作为被诉方涉案国的案件数

资料来源：WTO. WTO Annual Report 2014. http://www.wto.org/english/res_e/booksp_e/anrep_e/anrep14_e.pdf.

表 7.3 列出了 2013 年的磋商请求案件及其进展状况。从表中可以看出，许多发展中国家都参与其中。该表还显示了 2013 年各国的磋商请求中所涉及的 WTO 协议。

表 7.3　2013 年 WTO 成员提出的争端解决磋商请求

标题	案件编号	申诉方	磋商时间	涉及的 WTO 协议	截至 2013 年 12 月 31 日时状态
印度尼西亚—园艺产品，动物及动植物产品的进口	WT/DS455	美国	2013.1.10	《1994 年关税和贸易总协定》、《农业协议》、《进口许可程序协议》	专家组成立/专家组构成还未定
印度—与太阳能电池及组件相关的措施	WT/DS456	美国	2013.2.6	《1994 年关税和贸易总协定》、《与贸易有关的投资措施协议》、《补贴与反补贴措施协议》	磋商中
秘鲁—对某些农产品进口的额外征税	WT/DS457	危地马拉	2013.4.12	《1994 年关税和贸易总协定》、《农业协定》、《海关估价协议》第七条执行情况	专家组工作已经开始

续表

标题	案件编号	申诉方	磋商时间	涉及的WTO协议	截至2013年12月31日时状态
澳大利亚—对烟草产品的商标、地理标志及其他包装要求	WT/DS458	古巴	2013.5.3	《1994年关税和贸易总协定》、《技术性贸易壁垒协议》、《与贸易有关的知识产权协定》	磋商中
欧盟和某些成员国—某些生物柴油的市场及其进口措施以及支持生物柴油工业的措施	WT/DS459	阿根廷	2013.5.15	《1994年关税和贸易总协定》、《技术性贸易壁垒协议》、《马拉喀什建立世界贸易组织协定》、《与贸易有关的投资措施协议》、《补贴与反补贴措施协议》	磋商中
中国—对源自欧盟的高压不锈钢无缝钢管的反倾销措施	WT/DS460	欧盟	2013.6.13	《1994年关税和贸易总协定》、《反倾销协议》	专家组成立/专家组构成还未定
哥伦比亚—与纺织品、服装、鞋类相关的措施	WT/DS461	巴拿马	2013.6.18	《1994年关税和贸易总协定》	磋商中
俄罗斯—机动车辆的回收费用	WT/DS462	欧盟	2013.7.9	《1994年关税和贸易总协定》、《与贸易有关的投资措施协议》	专家组工作已经开始
俄罗斯—机动车辆的回收费用	WT/DS463	日本	2013.7.24	《1994年关税和贸易总协定》、《与贸易有关的投资措施协议》、《技术性贸易壁垒协议》	磋商中
美国—对源自韩国洗衣机的反倾销反补贴措施	WT/DS464	韩国	2013.8.29	《1994年关税和贸易总协定》、《反倾销协议》、《补贴与反补贴措施协议》	磋商中

续表

标题	案件编号	申诉方	磋商时间	涉及的WTO协议	截至2013年12月31日时状态
印度尼西亚—园艺产品、动物及动植物产品的进口	WT/DS465	美国	2013.8.30	《1994年关税和贸易总协定》、《装运前检验协定》	磋商中
印度尼西亚—园艺产品、动物及动植物产品的进口	WT/DS466	新西兰	2013.8.30	《1994年关税和贸易总协定》、《进口许可程序协议》	磋商中
澳大利亚—对烟草产品的商标、地理标志及其他包装要求	WT/DS467	印度尼西亚	2013.9.20	《1994年关税和贸易总协定》、《技术性贸易壁垒协议》、《与贸易有关的投资措施协议》	磋商中
乌克兰—对某些乘用车采取的保护性措施	WT/DS468	日本	2013.10.30	《1994年关税和贸易总协定》、《保障协议》	磋商中
欧盟—对法罗群岛鲱鱼采取的措施	WT/DS469	丹麦的法罗群岛	2013.11.4	《1994年关税和贸易总协定》	磋商中
巴基斯坦—对来自印度尼西亚的某些纸质产品采取的反倾销和反补贴调查	WT/DS470	印度尼西亚	2013.11.27	《1994年关税和贸易总协定》、《反倾销协议》、《补贴与反补贴措施协议》	磋商中
美国—对某些涉及中国的产品采取的反倾销措施	WT/DS471	中国	2013.12.3	《1994年关税和贸易总协定》、《反倾销协议》	磋商中
巴西—对某些税收和收费的若干措施	WT/DS472	欧盟	2013.12.19	《1994年关税和贸易总协定》、《补贴与反补贴措施协议》、《与贸易有关的投资措施协议》	磋商中

续表

标题	案件编号	申诉方	磋商时间	涉及的 WTO 协议	截至 2013年12月31日时状态
欧盟—对来自阿根廷的生物柴油采取的反倾销措施	WT/DS473	阿根廷	2013.12.19	《1994年关税和贸易总协定》、《补贴与反补贴措施协议》、《马拉喀什建立世界贸易组织协定》	磋商中
欧盟—对进口自俄罗斯的部分产品采取的反倾销措施和成本调整方法	WT/DS474	俄罗斯	2013.12.23	《1994年关税和贸易总协定》、《反倾销协议》、《补贴与反补贴措施协议》	磋商中

资料来源：WTO. WTO Annual Report 2014. http://www.wto.org/english/res_e/booksp_e/anrep_e/anrep14_e.pdf.

三、争端主题

自 1995 年以来，各国提起了 474 起磋商请求，其中有 375 起都是基于 GATT 而提起的。在此期间，基于反倾销和反补贴协议提起的磋商请求较多，明显多于其他协议，详见图 7.4。

表 7.2 显示，WTO 成员在许多不同的贸易领域对簿公堂。如今申诉方的争端包括：哥伦比亚对进口纺织品、服装和鞋类采取措施；俄罗斯对进口机动车征收"循环费"；中国对来自欧盟和日本的高性能无缝不锈钢管征收反倾销税等。与此同时，2013 年的专家组数量激增，且在争端解决活动中异常活跃，其中 15 个专家组非常活跃，涉及 20 个不同的争端案件，由法律事务部门协助处理其中 7 个。另外 8 个专家组（涉及 9 起争端案件）负责贸易救济领域，且由合规部门协助其工作。

如果按主题划分而不按 WTO 协定划分的话，这些争端则揭示了一些有趣的趋势，同时也显示了专家组和 WTO 秘书处的专业水平。争端最多的领域是在补贴和投资措施中的"本地成分"要求，这样的例子有："欧盟和某些成员国-大型民用飞机"，"美国-大型民用飞机"，"美国-碳钢（印度）"，"美国-虾案Ⅱ（越南）"，当然也包括贸易救济措施，如反倾销和反补贴关税，如"美国-反补贴措施（中国）"，"中国-汽车（美国）"，"美国-反补贴和反倾销措施（中国）"，"中国-高性能不锈钢管"，这些案件总共多达 8 起。

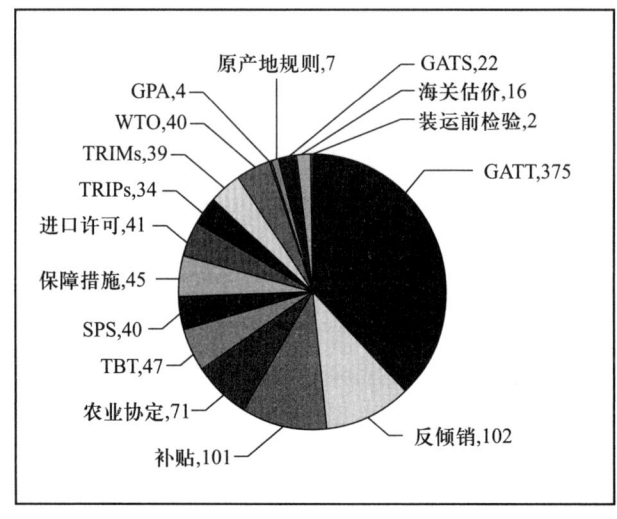

图7.4 1995—2013年WTO协定所涉及的磋商请求案件数

资料来源：WTO. WTO Annual Report 2014. http://www.wto.org/english/res_e/booksp_e/anrep_e/anrep14_e.pdf.

"秘鲁-农产品"和"哥伦比亚-纺织品"两个争端案件都涉及关税问题。同时"中国-稀土"也包括关税问题，但该案件主要涉及《中国加入议定书》的内容。"印度-农产品"和"美国-动物"两个案件涉及《实施卫生与植物卫生措施协议》。"美国原产地标签案"和"欧盟-海豹产品"两个案件涉及《技术性贸易壁垒协议》，《进口许可程序协议》仅涉及"阿根廷-进口措施"这一案件，而《服务贸易总协定》仅涉及"阿根廷-商品和服务"这一案件。详细信息见图7.5。

四、WTO人员配置的影响

活跃的专家组数量在不断增多，这对WTO秘书处的人员配置有重要影响。这些专家组成员逐渐成为上诉机构和专家小组的法律人士，并协助其工作。大多数小组成员都有全职工作，因此能在专家组中做一些兼职。WTO秘书处争端解决律师能够基于以前案例的研究为专家组成员和上诉机构成员提供法律建议和援助。此外，争端解决律师还会研究一些实证论文和与争端相关的法律问题，帮助上诉机构提供更好的法律服务。关于补贴大型民用飞机厂商（空客和波音）的两起案件正在磋商中，争端解决合规审查专家组也在仔细考虑这两起案件，这两起案件也需要WTO秘书处大型律师团队（共12位律师）提供持续的法律援助。

此外，2013年还发生了两起卫生与植物卫生（食品安全和动植物健康）案

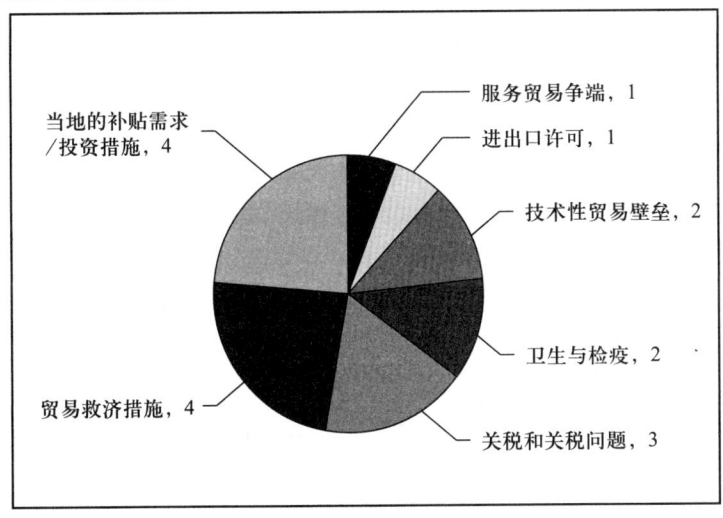

图 7.5 2013 年 WTO 争端主题案件数

资料来源：WTO. WTO Annual Report 2014. http://www.wto.org/english/res_e/booksp_e/anrep_e/anrep14_e.pdf.

件。这两起争端案件都异常复杂，通常来说都需要寻求外部专家的帮助，比如禽流感或手足口病的控制就通常需要科学家的参与。不同的是，这两起案件处理的官方语言都是西班牙语。虽然根据规定，WTO 的官方语言是英文、法文和西班牙文，但多数情况都是用英文处理争端案件。

争端解决机构还需要 WTO 秘书处雇用临时或固定律师。协助 WTO 专家组和上诉机构工作的律师的专业性要求非常高，承担这项工作的律师必须熟知 WTO 各项法律和争端解决诉讼程序。此外，律师团队的领导必须具有丰富的实际操作经验。而且随着争端解决案件的激增，处理人力资源问题不仅仅是雇用法律专业人员或重新分配秘书处其他部门人员那么简单。截止到 2013 年 12 月，上诉机构共有 30 位全职律师和 17 位兼职律师，这些律师在法律事务部门和合规部门共同协调处理争端解决案件。

争端解决活动不断活跃的高涨热情延伸到 WTO 秘书处及其他工作人员那里，大家都开始支持律师的工作，包括经济学家、翻译人员（翻译了大量专家组报告和上诉机构报告，通常是翻译成法文和西班牙文，因为专家组报告一般都是英文）、口译和秘书人员等。显然，这影响了争端解决案件的登记。WTO 通常要求每起案件都需要在专家组阶段向官方提交相应的文件并做维护，这也影响了 WTO 为每个成员打印专家组和上诉机构报告的工作。

近期聘请的律师有助于缓解短期人员需求，但是挑战和困难仍然存在，比如怎么留下员工，特别是那些资深职员；谁来指导、培训、监督那些初级职员。如果

WTO 想在审理机构提供持续的高质量法律服务,这一点显得尤为重要。WTO 争端解决机制被誉为世界上最活跃和最快速的裁决机制。相对于世界上数以百计的区域贸易协定,WTO 争端解决机制在一定程度上有其优越性。

五、上诉机构报告

如果国内产业受到进口的冲击,政府可以采取一些贸易救济措施,国际监管部门也可以针对此类案件进行调查。2013 年这类贸易救济措施案件依旧呈上升趋势。其中 4 份专家组和上诉机构报告中就有 2 份涉及《与贸易有关的投资措施协议》,另外 2 份报告涉及《反倾销协议》和《补贴与反补贴措施协议》。

2013 年,欧盟和日本就加拿大可再生能源提起了 2 起争端案件,上诉机构就此发布了两份报告(见表 7.2)。申诉方甚至一度针对安大略省提出"强制光伏上网电价"这一具有挑战性的措施,这种措施下,发电厂如果要使用合格的可再生能源技术(比如风能和太阳能光伏),则规定它们必须在一定条件下接受 20 年的合约电价,这些条件包括在安大略省可再生能源开发和建设的项目中使用一小部分生产设备和服务。

上诉中的一个关键问题就是《1994 年关税与贸易总协定》中第 3 条的国民待遇义务减损的实用性规则。根据第 3 条的减损规则:允许 WTO 成员在某些政府采购活动中采取有利于国内产品的措施。但是,无论专家组还是上诉机构都发现这种措施不属于减损规则的范围,并且与《1994 年关税与贸易总协定》和《与贸易有关的投资措施协议》中有关的国民待遇义务条款不相符。然而,上诉机构得出的结论和专家组得出的结论不尽相同。上诉机构认为,有资格获此减损补偿必须是涉嫌受到歧视的国外产品,并且这些产品与政府购买的产品相竞争。但在这些减损纠纷案件中,安大略省政府部门购买的是电力,但对其歧视的却是发电设备,这两种产品并不存在直接的竞争关系。因此,上诉机构坚持认为该种歧视不包含在《1994 年关税与贸易总协定》第 3.8 条的规则中,这也是上诉机构第一次解释政府采购减损的相关规则和条例。

另一个上诉的关键问题就是有关补贴的定义。根据《补贴与反补贴措施协议》中第 1.1 条规定:补贴是指一成员方政府或任何公共机构向某些企业提供的财政捐助以及对其价格或收入的支持。为了确认在政府购买商品形式下的财政补贴是否会带来好处,协议第 1.1(b)条要求在接受者获得的实际报酬与相关的市场基准之间进行对比。在这些争端案件中,专家组得出的结论是,欧盟和日本没能建立有关补贴的措施,但上诉机构推翻了这一结论。

上诉机构宣称,专家组对能源发电市场的效益比较方法不是很恰当。在上诉机构看来,它们不得不进行需求和供给的因素分析。这让它们发现,风能和太阳能光伏的生产商不与其他电力生产商之间竞争,这是因为不同的成本竞争结构所导致的运营成本不同。专家组由此得出结论认为,相关市场的收益比较即是对风能和太阳能光伏发电市场的比较。上诉机构不能确定这些挑战性的措施在《补贴与反补贴措施协议》第1.1(b)条下还能否赋予其利益,因为在专家组报告或记录中没有足够的案例来完成这项分析。其结果是,无论这些挑战性措施是否赋予其利益,抑或是禁止采取补贴措施,都几乎没有什么新的发现。

六、已散发尚未通过的报告

在"欧盟-海豹产品"这一案件中,专家组成立的目的主要是考察欧盟禁止海豹产品的进口和销售事项。欧盟关于禁止海豹产品的进口和销售机制规定了符合条件的几种例外情形,包括对因纽特人或土著人猎杀海豹的例外(IC 例外)以及对以海洋资源管理为目的而猎杀的海豹的例外(MRM 例外)。专家组认为,欧盟关于禁止海豹产品的进口和销售的措施是一项技术法规,而其项下的 IC 例外和 MRM 例外规定违反了《技术性贸易壁垒协议》第2.1条,因为这些例外条款并未给予进口海豹产品不低于国内同类产品或来自任何其他国家同类产品的待遇。但专家组并不认为欧盟的该项措施违反了《技术性贸易壁垒协议》第2.2条,因为该技术法规并未超过为实现欧盟关于海豹福利这一公共道德的合法目标所必需的限度。此外,专家组认为欧盟关于禁止海豹产品的进口和销售措施中关于IC例外的规定违反了《1994年关税与贸易总协定》第1.1条,而关于MRM例外的规定则违反了《1994年关税与贸易总协定》第3.4条,因为欧盟给予来自格陵兰岛(尤其是因纽特人)海豹产品的利益并未立即无条件地给予来自加拿大和挪威的同类产品,而且进口海豹产品所享受的待遇也较同类国内产品所享受的待遇低。专家组还认为,IC例外和MRM例外规定与《1994年关税与贸易总协定》第20(a)条关于"为保护公共道德所必需"的规定不一致。此外,专家组还认为,欧盟的该项措施违反了《技术性贸易壁垒协议》第5.1.2条,同时驳回了加拿大基于《1994年关税与贸易总协定》第11.1条以及挪威基于《1994年关税与贸易总协定》和《农业协议》第4.2条提出的主张。

专家组的报告已经在2013年11月散发给各WTO成员。专家组认为,动物福利是公共道德问题,并且受到全球的认可。海豹制品交易法规并没有完全通过WTO的考验。禁令中的一些例外情况,包括允许原著居民猎杀海豹,以及对出于海洋管理目的而进行捕杀所获得的制品的销售,这些仍需获得批准。

尽管欧盟具备其他动物福利相关的贸易限制,如对动物实验的化妆品的销售禁令,或是猫狗皮贸易禁令。欧盟大多数动物福利法规将这些标准强加在欧盟商品上,但却允许从那些没有动物福利法规的国家进口商品。因此尽管欧盟

已经禁止了箱式铁笼养殖蛋鸡、母猪隔栏以及小牛木条隔栏,消费者还能在货架上发现以上来源的产品,原因就在于监管者对 WTO 在动物福利问题上的争端存有疑虑和担心。

七、合规审查小组和仲裁工作

自 2009 年以来,争端解决机构遇到了一些关于合规审查小组和仲裁员的争议。"美国原产地标签案"的合规审查小组正考虑加拿大和墨西哥的申诉,控诉美国并没有完全遵循上诉机构和专家组关于肉食产品的原产地规则,这与《技术性贸易壁垒协议》规定下美国的义务不一致。另外两个合规审查小组,分别为"欧盟和某些成员国-大型民用飞机"案件和"美国-大型民用飞机(第 2 起诉讼案件)"案件的小组,他们正考虑是否采取措施,以使其符合 WTO 规定下美国和欧盟有关飞机的补贴义务。继中国发起磋商请求之后,争端解决机构在"欧盟-紧固件(中国)"这一案件中也提及了合规审查小组的各方。此案件的争论点主要在欧盟对某些进口自中国的钢铁紧固件采取的反倾销措施,比如螺母和螺栓。

"美国-丁香烟"一案的仲裁员已于 2013 年开始对该案进行调查。印度尼西亚认为涉案措施使美国从印度尼西亚进口的丁香烟相比美国的同类产品即薄荷烟受到了更低的待遇,因而违反了《技术性贸易壁垒协议》的第 2.1 条国民待遇原则。印度尼西亚期许得到争端解决机构的许可,以对美国施以报复性的贸易措施,并指控美国在早期拒不遵守争端解决机构的建议和裁决。但美国并不认为自己没有遵守 WTO 规则,也不承认印度尼西亚关于此案的说法,最终,该案被提交至仲裁机构。

另一争端案件则是一起关于美国影响跨境提供赌博和博彩服务的措施案,简称"美国赌博案"。该案中,安提瓜和巴布达请求争端解决机构对美国采取相关措施,并投诉美国未能遵守争端机构的建议——禁止在加勒比岛国提供在线赌博服务。此外,安提瓜和巴布达有权对美国采取相应的贸易报复措施,因为仲裁机构已于 2007 年对其进行裁决。因此,争端解决机构最终同意了安提瓜和巴布达的请求。

第二节 2013 年争端解决案件的最新进展

以下是 2013 年争端解决机构(DSB)审理案件的最新进展情况。

1. DS455:印度尼西亚-关于园艺产品和动物产品的进口限制

申诉方：美国

被诉方：印度尼西亚

第三方：澳大利亚、中国、加拿大、欧盟、日本、韩国、中国台湾、巴拉圭、泰国、阿根廷、新西兰

2013年1月10日，美国向世界贸易组织争端解决机构提出与印度尼西亚就其关于园艺产品和动物产品进口限制措施的磋商申请。美国称，印度尼西亚对进口的园艺产品和动物产品适用了非自动进口许可规定，违反了其在世界贸易组织项下所做的承诺。美国指出，印度尼西亚实施的该项限制措施意味着要进口食品或园艺产品的一方必须获得印度尼西亚相关机构颁发的许可证。此外，对于动物和动物产品的进口，印度尼西亚一年要设置两次进口配额。而根据美国贸易代表办公室的数据，印度尼西亚于近期剧减了牛肉及其他动物产品的进口配额。美国称，印度尼西亚适用的这种不透明的和复杂的进口许可机制对许多美国农产品出口造成了影响，也对美国农产品进入印度尼西亚市场制造了很大障碍。

该案涉及的争议条款包括：《1994年关税与贸易总协定》第10.3(a)条和第11.1条，《农业协定》第4.2条，以及《进口许可程序协定》第1.2条、第3.2条和第3.3条。这也是2013年诉诸世界贸易组织争端解决机制的第一起争端投诉。

2. DS456：印度-某些涉及太阳能电池和电池组件的措施

申诉方：美国

被诉方：印度

第三方：巴西、加拿大、中国、欧盟、日本、韩国、马来西亚、挪威、俄罗斯、土耳其、厄瓜多尔、沙特阿拉伯、中国台湾

2013年2月6日，美国针对印度的太阳能计划提起WTO争端解决下的磋商，表明可再生能源正在成为全球贸易的新战场。这起申诉突出表明，由于获得了大量的政府支持，可再生能源，尤其是太阳能行业，正日益成为滋生贸易纠纷的重灾区。

美国贸易代表罗恩·科克表示："美国大力支持全球各地太阳能的迅速发展，包括印度。""但不幸的是，印度国家太阳能计划的歧视性政策，影响了双方的成功合作，提高了清洁能源的成本，并妨碍双方向共同目标迈进。"

美国表示，印度正提议将此类国产含量要求扩大至太阳能薄膜技术，而美国对印度的太阳能出口主要集中在该领域。美国申诉称，参与印度计划的能源开发商得益于有保障的政府采购。这损害了国外竞争对手的利益。美国认为，这些政策不符合全球贸易规则，之前与印度官员的交涉也无果而终。

该案涉及的争议条款包括：《1994年关税与贸易总协定》第3.4条，《与贸易有关的投资措施协议》第2.1条，《补贴与反补贴措施协议》第3.1(b)条、第3.2

条、第 5(c) 条、第 6.3(a) 条、第 6.3(c) 条和第 25 条。

3. DS457:秘鲁-对某些农产品进口征收附加税

申诉方:危地马拉

被诉方:秘鲁

第三方:阿根廷、中国、萨尔瓦多、欧盟、印度、美国、巴西、厄瓜多尔、韩国、洪都拉斯、哥伦比亚

2013 年 4 月 12 日,危地马拉就秘鲁对部分进口农产品征收额外关税的做法向世界贸易组织秘书处提交了一份与秘鲁的磋商申请。该磋商申请在世界贸易组织的文件号为 WT/DS457/1。在危地马拉的磋商申请中,涉及的农产品包括大米、糖、玉米、牛奶及牛奶产品。

该案涉及的争议条款包括:《农业协定》第 4.2 条,《1994 年关税与贸易总协定》第 2.1(a) 条、第 2.1(b) 条、第 10.1 条、第 10.3(a) 条、第 11 条、第 11.1 条,《海关估价协议》(《1994 年关税与贸易总协定》第七条)的第 1 条、第 2 条、第 3 条、第 4 条、第 5 条、第 6 条、第 7 条。

4. DS458:澳大利亚-对烟草产品的商标、地理标志及其他包装要求

申诉方:古巴

被诉方:澳大利亚

第三方:阿根廷、巴西、加拿大、智利、多米尼加、欧盟、危地马拉、洪都拉斯、印度、日本、韩国、马来西亚、墨西哥、新西兰、尼加拉瓜、挪威、菲律宾、俄罗斯、新加坡、中国台湾、泰国、乌克兰、土耳其、美国、中国、尼日利亚、印度尼西亚、秘鲁、沙特阿拉伯、南非、乌拉圭、津巴布韦

2013 年 5 月 3 日,古巴就澳大利亚《2011 年香烟简易包装法案》向世界贸易组织秘书处提出与澳大利亚的磋商申请,该法案对零售雪茄、香烟及其他烟草产品包装的外观及样式均作出了统一规定。该案进一步的诉求信息已公布在世界贸易组织 WT/DS458/1 号文件中。

2012 年 3 月 13 日、4 月 4 日、7 月 18 日,乌克兰(DS434)、洪都拉斯(DS435)及多米尼加(DS441)已就澳大利亚的该项规定向世界贸易组织争端解决机构提出了与澳大利亚的磋商申请。目前,DS434 案已成立专家组,但专家组成员尚未组成;DS435 和 DS441 案尚处于磋商阶段。此次古巴提出的该项投诉是针对澳大利亚《2011 年香烟简易包装法案》的第 4 起 WTO 争端,亦是古巴在 WTO 争端解决机构提起的首例争端案件。

该案涉及的争议条款包括:《1994 年关税与贸易总协定》第 3.4 条和第 9 条,《技术性贸易壁垒协议》第 2.1 条和第 2.2 条,《与贸易有关的知识产权协定》第 3.1 条、第 15.4 条、第 16.1 条、第 20 条、第 22.2(b) 条和第 24.3 条。

5. DS459:欧盟和某些成员国-某些生物柴油市场及其进口措施以及支持生

物柴油工业的措施

申诉方：阿根廷

被诉方：欧盟

第三方：无

2013年5月15日，阿根廷就欧盟或其成员国影响生物柴油进口、销售以及支持其生物柴油产业的相关措施向世界贸易组织提出与欧盟的磋商申请。受争议的措施包括欧盟为推广对可再生能源的利用、引进控制和减少温室气体排放机制的相关措施，以及确保这些措施在欧盟成员国得以实施的相关措施。争议还涉及欧盟对其生物柴油产业出台的一系列支持计划。

阿根廷认为，欧盟的这些措施违反了《1994年关税与贸易总协定》有关条款中关于非歧视性的规定，以及《补贴与反补贴措施协议》《与贸易有关的投资措施协议》《技术性贸易壁垒协议》的相关规定。阿根廷该磋商申请的详细信息公布在世界贸易组织 WT/DS459/1 号文件中。

该案涉及的争议条款包括：《1994年关税与贸易总协定》第 1.1 条、第 3 条、第 3.1 条、第 3.2 条、第 3.4 条和第 3.5 条，《技术性贸易壁垒协议》第 2.1 条、第 2.2 条、第 5.1 条和第 5.2 条，《马拉喀什建立世界贸易组织协定》第 16.4 条，《与贸易有关的投资措施协议》第 2.1 条和第 2.2 条，《补贴与反补贴措施协议》第 3.1(b) 条、第 3.2 条、第 5(b) 条、第 5(c) 条、第 2.3 条和第 1.1 条。

6. DS460：中国-对源自欧盟的高压不锈钢无缝钢管的反倾销措施

申诉方：欧盟

被诉方：中国

第三方：日本、韩国、印度、土耳其、美国

2013年6月13日，欧盟就中国对自欧盟进口的不锈钢无缝钢管征收反倾销税的决定向世界贸易组织争端解决机构提出投诉。该案涉及的不锈钢产品为高性能钢铁产品，是建立新电站、升级和清洁电力基础设施的关键产品。欧盟在向世界贸易组织争端解决机构提交的磋商申请文件中称，中国对该产品征收反倾销税的决定"在程序和事实层面均违反了世界贸易组织规则"。根据世界贸易组织规则，中国和欧盟双方将就该事项展开磋商，磋商未果的，欧盟可向世界贸易组织提出成立专家组的申请。同时，欧盟也注意到，2012年12月20日，日本曾就类似事项向世界贸易组织争端解决机构提出了针对中国的投诉——中国对自日本进口的高性能不锈钢无缝钢管（HP-SSST）征收反倾销税的措施案（DS454），目前 DS454 案的专家组成立决定已作出，但尚未组成。而根据惯例，世界贸易组织通常会将多项同类诉讼合并为一个案件进行处理。

2012年11月8日，中国对自欧盟和日本进口的部分高性能不锈钢无缝钢管作出征收最终反倾销税的决定。涉案的高性能不锈钢无缝钢管主要用于电站超临界或超超临界锅炉的过热器和再热器中。在 2012 年 12 月 20 日日本针对该事项提出投诉后,欧盟亦提出申请加入该案的磋商程序。

对于此次投诉,欧盟称,中国对自欧盟进口的不锈钢无缝钢管确定的9.7%~11.1%的反倾销税率"明显阻碍了欧盟该产品进入中国市场"。对此,中国有官员表示,"钢铁产品反倾销税并不是一个新出现的问题,且中国的做法符合世界贸易组织规则。欧盟此举试图传递的信息是,欧盟正密切关注中国出台的各项措施"。欧盟官员则表示,双方应尽快就太阳能电池板争议展开谈判。需要指出的是,该案亦是进入 2013 年以来,中国在世界贸易组织争端解决机构遭遇的首次投诉。

该案涉及的争议条款包括:《反倾销协议》第 1 条、第 2.2 条、第 2.4 条、第 2.4.2 条、第 3.1 条、第 3.2 条、第 3.4 条、第 3.5 条、第 6.4 条、第 6.5 条、第 6.5.1 条、第 6.7 条、第 6.9 条、第 7.4 条、第 12.2 条、第 12.2.2 条以及其中的附件一和附件二和《1994 年关税与贸易总协定》第 6 条。

7. DS461:哥伦比亚-与纺织品、服装、鞋类相关的措施

申诉方:巴拿马

被诉方:哥伦比亚

第三方:厄瓜多尔、萨尔瓦多、欧盟、中国、美国、危地马拉、洪都拉斯、菲律宾

2013 年 6 月 18 日,巴拿马通知 WTO 秘书处,就哥伦比亚关于进口纺织品、服装、鞋类产品的相关措施申请与其展开磋商。巴拿马就该案提出的进一步的磋商申请信息已经刊登在世界贸易组织 WT/DS461/1 号文件中。这也是迄今巴拿马在世界贸易组织提起的第 6 起争端案件,也是自 2007 年 6 月提起欧盟关于香蕉进口的措施案(DS364)和 7 月提起哥伦比亚实施海关指导价和进口限制措施案(DS366)以来时隔 5 年再次在 WTO 争端解决机构提起的案件。

该案涉及的争议条款包括:《1994 年关税与贸易总协定》第 2.1 条、第 2.1(b)条、第 8.1 条和第 10.3(a)条。

8. DS462:俄罗斯-机动车辆的回收费用

申诉方:欧盟

被诉方:俄罗斯

第三方:巴西、中国、印度、日本、韩国、土耳其、挪威、乌克兰、美国

2013 年 7 月 9 日,欧盟就俄罗斯关于汽车的所谓"回收费用"问题在世界贸易组织框架下提出了与俄罗斯的磋商申请。此前,欧盟曾多次就该项费用问题与俄罗斯进行双边磋商,但未达成任何实质性成果。对此,欧盟称,其只能诉诸世界贸易组织争端解决机制。

欧盟贸易委员德古赫特称,"欧盟委员会已经通过各种外交途径与俄罗斯就该事项展开了近 1 年的斡旋,希望就解决该项争议达成共识。俄罗斯关于汽

车'回收费用'的规定违反了世界贸易组织'非歧视性'的基本原则","对欧盟主要产业的贸易造成了严重阻碍",欧盟"希望在WTO框架下展开与俄罗斯的磋商,并希望尽快解决该项争议"。

涉案的俄罗斯汽车回收费用规定于2012年9月1日发布,也是其于8月22日正式成为世界贸易组织成员之后的10天之内。该回收费用征收的对象为小轿车、卡车、公交车及其他机动车辆。对于小轿车而言,"新"车的回收费用为420欧元~2 700欧元不等,车龄超过3年的回收费用为2 600欧元~17 200欧元不等;而对于部分大型车辆(如矿用卡车),征收的回收费用则高达147 700欧元。而且,该规定适用于所有自欧盟进口的汽车,而不适用于俄罗斯及其关税同盟国哈萨克斯坦和白俄罗斯制造的汽车。

欧盟指出,欧盟每年对俄罗斯的汽车出口额达100亿欧元,该项回收费用的规定会对欧盟汽车出口造成严重影响。欧盟认为,俄罗斯的该项措施是专门针对进口汽车的歧视性规定,且根据俄罗斯的统计,该项措施能够额外为政府带来13亿欧元的年度收入。欧盟称,尽管俄罗斯曾在2012年的欧盟—俄罗斯峰会上承诺要取消该项规定,但却没有采取进一步行动。

该案涉及的争议条款包括:《1994年关税与贸易总协定》第1.1条、第2.1(a)条、第2.1(b)条、第3.2条和第3.4条,《与贸易有关的投资措施协议》第2.1条和第2.2条。

9. DS463:俄罗斯-机动车辆的回收费用

申诉方:日本

被诉方:俄罗斯

第三方:无

2013年7月24日,日本就俄罗斯联邦关于机动车辆的"回收费用"措施向世界贸易组织提出与俄罗斯的磋商申请。日本认为,俄罗斯的"回收费用"措施违反了《1994年关税与贸易总协定》、《与贸易有关的投资措施协议》以及《技术性贸易壁垒协议》的部分条款。此外,日本认为,俄罗斯的该项措施对除俄罗斯、白俄罗斯、哈萨克斯坦之外国家(地区)的进口零部件/组件造成了歧视(包括日本)。

2013年7月9日,欧盟已就俄罗斯关于机动车辆的"回收费用"措施向世界贸易组织争端解决机构提出了与俄罗斯的磋商申请(DS462)。7月18日,美国表示,拟加入欧盟诉俄罗斯机动车辆"回收费用"争端。7月19日,中国和日本根据《关于争端解决规则与程序的谅解》第4.11条向世界贸易组织提出加入欧盟诉俄罗斯机动车辆"回收费用"争端磋商程序。中国在申请中表示,中国是汽车和汽车零部件的主要出口国。2012年,中国的汽车和汽车零部件出口额达480亿美元,在该争端中有实质性贸易利益。日本亦在申请中表示,在该争端中存在实质性利益。

该案涉及的争议条款包括:《1994 年关税与贸易总协定》第 1.1 条、第 3.2 条和第 3.4 条,《与贸易有关的投资措施协议》第 2.1 条和第 2.2 条,《技术性贸易壁垒协议》第 2.1 条和第 2.2 条。

10. DS464:美国-对源自韩国洗衣机的反倾销反补贴措施

申诉方:韩国

被诉方:美国

第三方:巴西、加拿大、中国、欧盟、印度、日本、挪威、泰国、土耳其、沙特阿拉伯、越南

2013 年 8 月 29 日,韩国通知世界贸易组织秘书处,就美国对自韩国进口的大型洗衣机采取的反倾销和反补贴措施提出与美国的磋商。

韩国认为,美国商务部在终裁中采取的"归零法"认定自韩国进口的家用洗衣机在美国市场的销售价格低于正常价值的做法不符合《反倾销协议》以及其他 WTO 相关协定的规定。韩国就该争端提出的具体磋商请求发布在 WTO 的 WT/DS464/1 号文件中。

该案涉及的争议条款包括:《反倾销协议》第 1 条、第 2 条、第 2.1 条、第 2.4 条、第 2.4.2 条、第 5.8 条、第 9.3 条、第 9.4 条、第 9.5 条、第 11 条、第 11.2 条、第 11.3 条和第 18.4 条,《1994 年关税与贸易总协定》第 6.1 条、第 6.2 条、第 6 条和第 6.3 条,《马拉喀什建立世界贸易组织协定》第 16.4 条,《补贴与反补贴措施协议》第 1.1 条、第 1.2 条、第 2.1 条、第 2.2 条、第 10 条、第 14 条和第 19.4 条。

11. DS465:印度尼西亚-园艺产品、动物及动植物产品的进口措施

申诉方:美国

被诉方:印度尼西亚

第三方:无

2013 年 8 月 30 日,美国向世界贸易组织提交了与印度尼西亚就其关于园艺产品、动物和动物产品的进口措施进行磋商的申请。美国表示,印度尼西亚关于园艺产品、动物和动物产品的进口措施对其出口造成了限制,违反了《1994 年关税与贸易总协定》、《农业协定》、《进口许可程序协议》以及《装运前检验协议》的相关条款。该案的具体磋商请求发布在 WTO 的 WT/DS465/1 号文件中。

实际上,2013 年 1 月 10 日,美国曾就印度尼西亚关于园艺产品、动物和动物产品的进口措施向 WTO 提起了投诉(DS454),但目前该案处于专家组已设立,但一直未组成的状态。

该案涉及的争议条款包括:《1994 年关税与贸易总协定》第 3.4 条、第 10.1 条、第 10.3(a)条、第 11.1 条和第 13.2 条,《农业协议》第 4.2 条,《进口许可程序协议》第 1.3 条、第 3.2 条、第 3.3 条、第 3.5(a)条、第 3.5(b)条、第 3.5(c)条和第

3.5(k)条,《装运前检验协议》第2.1条和第2.15条。

12. DS466:印度尼西亚-园艺产品、动物及动植物产品的进口

申诉方:新西兰

被诉方:印度尼西亚

第三方:无

2013年8月30日,新西兰向世界贸易组织秘书处提交了与印度尼西亚就其关于园艺产品、动物和动物产品的进口措施进行磋商的申请。新西兰表示,印度尼西亚关于园艺产品、动物和动物产品的进口措施对其出口造成了限制,违反了《1994年关税与贸易总协定》、《农业协定》、《进口许可程序协定》以及《装运前检验协定》的相关条款。该案的具体磋商请求发布在WTO的WT/DS466/1号文件中。

该案涉及的争议条款包括:《农业协议》第4.2条,《1994年关税与贸易总协定》第3.4条、第10.1条、第10.3(a)条和第13.2条,《进口许可程序协议》第1.3条、第3.2条、第3.3条、第3.5(a)条、第3.5(b)条、第3.5(c)条和第3.5(k)条。

13. DS467:澳大利亚-对烟草产品的商标、地理标志及其他包装要求

申诉方:印度尼西亚

被诉方:澳大利亚

第三方:巴西、加拿大、古巴、欧盟、危地马拉、洪都拉斯、印度、日本、韩国、马来西亚、墨西哥、新西兰、尼加拉瓜、挪威、阿曼、菲律宾、俄罗斯、中国台湾、泰国、土耳其、乌克兰、美国、乌拉圭、津巴布韦、多米尼加、秘鲁、新加坡、智利、阿根廷、马拉维、尼日利亚

2013年9月20日,印度尼西亚就澳大利亚关于烟草产品及包装的商标、地理标志及其他简易包装要求的相关措施向世界贸易组织提出与澳大利亚的磋商申请,这也使得其成为继乌克兰、洪都拉斯、多米尼加和古巴之后第五个对澳大利亚烟草产品简易包装规定向WTO提出磋商申请的成员。

2012年3月13日,乌克兰首次就澳大利亚关于烟草产品及包装的商标及其他简易包装要求的相关措施向世界贸易组织提出磋商申请(DS434),该案目前已设立专家组,但成员尚未确定。同年4月4日、7月18日、2013年5月3日,洪都拉斯、多米尼加、古巴亦相继就该事项提出磋商申请(DS435、DS441、DS458),目前这3起争端均处于磋商阶段。

该案涉及的争议条款包括:《技术性贸易壁垒协议》第2.1条和第2.2条,《与贸易有关的知识产权协定》第2.1条、第3.1条、第15.4条、第16.1条、第16.3条、第20条、第22.2(b)条和第24.3条,《1994年关税与贸易总协定》第3.4条。

14. DS468:乌克兰-对某些乘用车采取的保护性措施

申诉方:日本

被诉方:乌克兰

第三方:欧盟、印度、韩国、俄罗斯、土耳其、澳大利亚、美国

2013年10月30日,日本就乌克兰对某些乘用车采取保护性措施而诉诸世界贸易组织,日本政府官员称乌克兰对进口自日本的某些汽车征收进口税。

该案涉及的争议条款包括:《保障协议》第2.1条、第3.1条、第4.1(a)条、第4.1(b)条、第4.2(b)条、第4.2(c)条、第5.1条、第7.1条、第7.4条、第8.1条、第11.1(a)条、第12.1条、第12.2条和第12.3条,《1994年关税与贸易总协定》第2.1(b)条和第19.1条。

15. DS469:欧盟-对法罗群岛鲱鱼采取的措施

申诉方:丹麦

被诉方:欧盟

第三方:危地马拉、澳大利亚、中国、洪都拉斯、冰岛、印度、日本、新西兰、巴拿马、俄罗斯、中国台湾、土耳其、美国、阿根廷、巴西、墨西哥、挪威、秘鲁、泰国

2013年11月4日,丹麦在世界贸易组织就欧盟限制捕鱼政策提起磋商要求。

法罗群岛位于挪威和冰岛之间,受丹麦主权管辖,但是独立的自治区域。其因丹麦的成员国地位而与世界贸易组织产生关系,但其并不是欧盟成员国。欧盟指责法罗群岛大规模过渡捕捞,并在今年8月采取了一揽子贸易制裁措施,同时禁止悬挂法罗群岛旗的船只进入欧盟港口。法罗群岛认为,欧盟的歧视和拒绝过境自由措施违反了国际贸易规则。

该案涉及的争议条款包括《1994年关税与贸易总协定》第1.1条、第5.2条和第11.1条。

16. DS470:巴基斯坦-对来自印度尼西亚的某些纸质产品发起反倾销和反补贴调查

申诉方:印度尼西亚

被诉方:巴基斯坦

第三方:无

2013年11月27日,印度尼西亚通知世界贸易组织秘书处,就巴基斯坦针对部分进口纸产品的反倾销和反补贴调查提出与其进行WTO争端解决机制项下磋商的申请。

2011年11月10日和23日,巴基斯坦对自印度尼西亚进口的书写纸和印刷纸分别启动反倾销和反补贴调查。随后,巴基斯坦国内法院作出中止调查的裁决。目前,相关当事方正就巴基斯坦伊斯兰堡高等法院中止反倾销调查的裁决提出上诉。印度尼西亚在磋商申请中称,截至2013年11月27日,巴基斯坦仍未终止调查,违反了WTO《反倾销协议》和《补贴与反补贴措施协议》中关于18

个月的期限规定。巴基斯坦的做法违反了《反倾销协议》、《补贴与反补贴措施协议》以及《1994年关税与贸易总协定》的相关规定。

该案也是印度尼西亚在2013年诉诸WTO争端解决机制的第二起案件,也是在WTO争端解决机制项下针对巴基斯坦的首例投诉。

该案涉及的争议条款包括:《1994年关税与贸易总协定》第10.3(a)条、第11.1条、第6.1条、第6.2条和第6.3条,《补贴与反补贴措施协议》第10条、第11.11条、第32.1条、第32.5条和第18.4条,《反倾销协议》第1条、第18.1条和第5.10条。

17. DS471:美国-对某些涉及中国的产品采取反倾销措施

申诉方:中国

被诉方:美国

第三方:巴西、加拿大、欧盟、印度、日本、韩国、挪威、俄罗斯、沙特阿拉伯、乌克兰、越南、土耳其、中国台湾

2013年12月3日,中国就美国对华油井管等产品采取的13起反倾销措施中的错误做法,提出与美国在世界贸易组织争端解决机制下进行磋商,正式启动世贸争端解决程序。中国坚决反对滥用贸易救济规则,反对贸易保护主义,维护国内产业合法权益。

本次争端涉案金额巨大,以13起措施中各项产品反倾销调查终裁前一年的出口美元计算,涉及中国企业年出口金额达84亿美元。中国政府表示,美国在有关反倾销调查和复审的过程中,存在不当适用目标倾销方法、拒绝给予企业单独税率、不当适用不利事实推定等一系列与WTO规则不符的做法,错误认定中国产品存在倾销,严重夸大中国产品倾销幅度。中方希望,通过WTO争端解决机制下的磋商,美方能够改正错误做法,妥善解决中方关注。

该案涉及的争议条款包括:《1994年关税与贸易总协定》第6.2条、《反倾销协议》第2.4.2条、第6.1条、第6.8条、第6.10条、第9.2条、第9.3条、第9.4条及附件二。

18. DS472:巴西-对某些税收和收费的若干措施

申诉方:欧盟

被诉方:巴西

第三方:无

2013年12月19日,欧盟就巴西对汽车行业、电子技术行业的某些产品以及自由贸易园区生产的某些产品征收额外的出口税等若干措施发起磋商请求。

该案涉及的争议条款包括:《1994年关税与贸易总协定》第1.1条、第2.1(b)条、第3.2条、第3.4条和第3.5条,《补贴与反补贴措施协议》第3.1(b)条,《与贸易有关的投资措施协议》第2.1条和第2.2条。

19. DS473:欧盟-对来自阿根廷的生物柴油采取反倾销措施

申诉方:阿根廷

被诉方:欧盟

第三方:澳大利亚、中国、马来西亚、挪威、俄罗斯、沙特阿拉伯、土耳其、美国、哥伦比亚、印度尼西亚、墨西哥

2013年12月20日,阿根廷就与此有关的反倾销措施向世界贸易组织提出与欧盟的磋商请求,阿根廷认为,欧盟对涉案产品施加的反倾销措施以及对生产和销售成本的计算有违WTO反倾销调查程序。

据了解,这是自2012年以来阿根廷第三次就生物柴油向WTO提出与欧盟进行磋商,前两次磋商分别于2012年8月以及2013年5月提出。

该案涉及的争议条款包括:《反倾销协议》第2.1条、第2.2条、第2.1.1条、第2.1.2条、第2.2.2条、第2.4条、第3.1条、第3.2条、第3.4条、第3.5条、第6.2条、第6.4条、第6.5条、第6.5.1条、第9.3条和第18.4条,《1994年关税与贸易总协定》第6.2条,《马拉喀什建立世界贸易组织协定》第16.4条。

20. DS474:欧盟-对进口自俄罗斯的部分产品采取反倾销措施和成本调整方法

申诉方:俄罗斯

被诉方:欧盟

第三方:阿根廷、澳大利亚、加拿大、中国、印度尼西亚、挪威、土耳其、乌克兰、美国、沙特阿拉伯

2013年12月23日,俄罗斯经济发展部就欧盟对俄冶金和化工企业进行反倾销调查的不公平做法向欧盟提起在世界贸易组织争端解决机制下进行磋商。俄罗斯在磋商申请中指出,欧盟对自俄罗斯进口的硝酸铵、部分焊接钢管或非合金钢管、部分无缝钢管的反倾销调查中关于倾销幅度的计算方法违反了WTO协定的规定。俄罗斯是全球最大的硝酸铵出口国。

对此,俄经济发展部贸易谈判司司长梅德韦德科夫表示,欧盟的这一反倾销调查将俄罗斯企业的能源采购费用与欧盟标准挂钩,而忽略了俄罗斯能源价格远低于其他国家的事实。据俄方估计,欧盟若对俄冶金和化工企业征收反倾销税,俄罗斯相关生产企业每年将遭受5亿美元的损失。

根据WTO规则,俄欧双方应在俄方提起磋商请求60日内举行磋商。如果双方未能在此期限内解决争端,俄罗斯将进一步向WTO争端解决机构提出申请成立专家组解决该案。2012年8月22日,俄罗斯正式成为WTO第156个成员。2013年7月9日,欧盟就俄罗斯的汽车回收费用问题提出磋商申请,欧盟认为俄罗斯对进口汽车征收回收费用的做法违反了世界贸易组织规则,该案目前已成立专家组。

这是俄罗斯加入 WTO 一年多来首次启动世贸争端解决程序。此前,欧盟和日本已经将俄罗斯的汽车回收费用问题诉至 WTO 争端解决机构(DS462、DS463)。

该案涉及的争议条款包括:《反倾销协议》第 2.1 条、第 2.2 条、第 2.2.1 条、第 2.2.1.1 条、第 2.2.2 条、第 2.4 条、第 3.1 条、第 3.2 条、第 3.4 条、第 3.5 条、第 5.8 条、第 6.8 条、第 9.2 条、第 9.3 条、第 11.1 条、第 11.2 条、第 11.3 条、第 18.1 条、第 18.4 条以及附件二,《补贴与反补贴措施协议》第 10 条和第 32.1 条,《1994 年关税与贸易总协定》第 1 条和第 6 条,《马拉喀什建立世界贸易组织协定》第 16.4 条。

第三节 上诉机构概况

一、上诉机构报告发布概况

2013 年,上诉机构在两起争端解决案件中散发了报告,主要涉及加拿大可再生能源领域的措施,如表 7.4 所示。加拿大在 2013 年早些时候已对专家组报告中的结论提出上诉。2013 年争端解决机构颁布了新的争端裁决程序及其合理期限。

表 7.4 2013 年上诉案件情况

争端名称	上诉日期	上诉方	报告编号	其他上诉方	报告编号	报告发布日期
加拿大-影响可再生能源发电环节的某些措施	2013.2.5	加拿大	WT/DS412/10	日本	WT/DS412/11	2013.5.6
加拿大-上网电价计划有关措施	2013.2.5	加拿大	WT/DS426/9	欧盟	WT/DS426/10	2013.5.6

资料来源:WTO. WTO Annual Report 2014. http://www.wto.org/english/res_e/booksp_e/anrep_e/anrep14_e.pdf.

二、上诉机构成员

上诉机构由争端解决机构设立,上诉机构 7 人成员均由争端解决机构任命,任期4年,可连任一次。其成员资格与专家组成员的资格基本相同,但应更具有专业上的权威性、工作上的独立性和广泛的代表性。

上诉机构成员埃尔南德斯(Ricardo Ramírez-Hernández)在2013年6月底结束了其第一个四年任期,并获得连任,新任期于2013年7月1日开始。同样的,彼得·范登(Peter Van den Bossche)完成了首届履职任务,并于2013年12月1日开始连任。

争端解决机构于2013年5月24日召开会议,决定推选一名新成员取代乌特霍特(David Unterhalter)的职位,乌特霍特已圆满完成两届履职任务。上诉机构将在2014年任命新成员。

2013年11月,争端解决机构主席已通知各代表团,由于2013年12月在巴厘岛召开部长级会议的密集议程,遴选委员会未能完成审议关于上诉机构新成员的建议。遴选委员会建议于2014年继续审议,以期得到切实可行的建议。

截至2013年年底,7名上诉机构成员分别为:

Ujal Singh Bhatia(印度)(任期为2011—2015年)

Seung Wha Chang(韩国)(任期为2012—2016年)

Thomas R. Graham(美国)(任期为2011—2015年)

Ricardo Ramírez-Hernández(墨西哥)(任期为2009—2017年)

David Unterhalter(南非)(任期为2006—2013年)

Peter Van den Bossche(比利时)(任期为2009—2017年)

Yuejiao Zhang(中国)(任期为2008—2016年)

其中,埃尔南德斯为2013年(1月1日—12月31日)上诉机构主席。

第四节　关于DSU谈判的新进展

2013年,WTO成员就《关于争端解决规则与程序的谅解》的一些关键议题进行了谈判。虽然没有达成实质性的结果,但许多谈判参与成员就一些问题提出了很好的建议,让各成员看到了希望。

2013年6月,争端解决机构举行特别会议,不同的利益主体就共同关心或感兴趣的问题进行磋商,这次会议上,DSU谈判主席(来自哥斯达黎加的Ronald Saborio Soto大使)概括总结了谈判活动的总体进展状况,并指出,对一些悬而未决的关键问题正在加大谈判力度。他鼓励一些支持者和感兴趣的成员同争端解决机构一起探索关键议题的解决方案。这项工作持续到2013年下半年,DSU谈判主席负责该项工作,并确保所有谈判代表团的谈判透明度。此外,争端解决机构分别于7月、10月和11月举行了盘点会议,与会各成员就多个领域的谈判提出了可行性建议。虽然直到2013年年底都没有达成实质性结果,但是在一些谈判领域已取得进展,特别是在一些关键领域已取得实质性进展。

许多发展中成员特别是弱小成员在讨论中特别强调加强第三方权益的重要性,其原因在于在很多情况下,发展中成员无力成为争端方,在利益受到侵犯时,可通过成为第三方来争得自己的权益。另外,很多成员强调专家组的建议在合理期限内未得到执行,应尽量通过补偿,而不是贸易报复来解决问题,其原因是部分成员无力承受贸易报复所带来的后果。争端解决机构还指出,要加强规范磋商程序的实际价值和可操作性,并适当简化其过程,确保所有的WTO成员都有充足的时间提出磋商请求,包括对那些受资源约束的发展中成员也要一视同仁。

在合规有效性方面,最需要解决的问题则是《关于争端解决规则与程序的谅解》应怎样改善以让所有WTO成员尽快获得救济方案。发展中成员利益的支持者非常认同第三方权利,法律合规的时限和有效性则是它们非常关注的领域。争端解决机构指出,若在这些领域取得实质性进展,则有助于解决发展中成员所关切的问题。

参考文献

[1] Worle Trade Organization. Annual Report 2014[EB/OL].世界贸易组织官网. http://www.wto.org/english/res_e/booksp_e/anrep_e/anrep14_e.pdf. 2013.12.

[2] 齐飞.WTO争端解决机构的造法[J].中国社会科学,2012(2):147~163.

[3] 中国贸易救济信息网[EB/OL]. http://www.cacs.gov.cn.

第八章 贸易政策审议

第一节 2013年贸易政策审议概况

WTO 于 2013 年进行了 15 次贸易政策审议会议,共审议了 20 个 WTO 成员的贸易政策和做法。自世界贸易组织成立以来到 2013 年年底,世界贸易组织的贸易政策审议机构已经进行了 384 次贸易政策审议。[①] 其中,越南和前南斯拉夫马其顿共和国在 2013 年首次进行贸易政策审议。2013 年被贸易政策审议覆盖的国家及审议日期见表 8.1。

表 8.1 2013 年贸易政策审议日程表

序号	时间	内容
1	2013 年 2 月 19—21 日	贸易政策审议机构对日本的贸易政策进行审议
2	2013 年 3 月 20—22 日	贸易政策审议机构对阿根廷的贸易政策进行审议
3	2013 年 4 月 10—12 日	贸易政策审议机构对印度尼西亚的贸易政策进行审议
4	2013 年 4 月 17—19 日	贸易政策审议机构对墨西哥的贸易政策进行审议
5	2013 年 4 月 23—25 日	贸易政策审议机构对瑞士和列支敦士登的贸易政策进行审议
6	2013 年 5 月 13—15 日	贸易政策审议机构对中国澳门的贸易政策进行审议
7	2013 年 6 月 10—12 日	贸易政策审议机构对苏里南的贸易政策进行审议
8	2013 年 6 月 24—26 日	贸易政策审议机构对巴西的贸易政策进行审议
9	2013 年 7 月 16—18 日	贸易政策审议机构对欧盟的贸易政策进行审议
10	2013 年 7 月 29—31 日	贸易政策审议机构对喀麦隆、刚果、加蓬、中非共和国、乍得的贸易政策进行审议

---

① World Trade Organization Annual Report 2014. http://www.wto.org/english/res_e/publications_e/anrep14_e.htm.

续表

序号	时间	内容
11	2013年9月17—19日	贸易政策审议机构对越南的贸易政策进行审议
12	2013年9月24—26日	贸易政策审议机构对哥斯达黎加的贸易政策进行审议
13	2013年11月13—15日	贸易政策审议机构对秘鲁的贸易政策进行审议
14	2013年11月19—21日	贸易政策审议机构对吉尔吉斯斯坦共和国的贸易政策进行审议
15	2013年11月27—29日	贸易政策审议机构对前南斯拉夫马其顿共和国的贸易政策进行审议

资料来源：World Trade Organization.Annual Report 2014. http://www.wto.org/english/res_e/publications_e/anrep14_e.htm.

到2013年年底，已经进行的384次贸易政策审议覆盖了159个世界贸易组织成员中的147个成员。根据贸易政策审议规定，四大经济体（目前是欧盟、美国、中国和日本）每两年进行一次审议。接下来的16个最大成员每四年接受一次审议，其余成员每六年接受一次审议，最不发达国家有更长的审议周期。这些周期可能会延长六个月。在世界贸易组织成员中，美国、日本和欧盟已经被审议了11次；加拿大被审议了9次；澳大利亚、中国香港、韩国、挪威、新加坡、泰国、印度尼西亚、瑞士和巴西被审议了6次；印度、马来西亚、土耳其和墨西哥被审议了5次；21个成员被审议4次；还有32个成员被审议3次。

在贸易政策审议机制方面，世界贸易组织在2013年7月启动了第五次贸易政策审议机制的评估，该报告于2013年10月被贸易政策审议机构采用，并于2013年12月被世界贸易组织第九届部长级会议采用。贸易政策审议机制的用途是作为一种工具来实现在贸易政策和世界贸易组织成员的实践中更大的透明度和相互的理解。而在之前2011年第四次贸易政策审议机制的评估中，用来表达变化结果的满意度指标被引入贸易政策审议机制。

第五次贸易政策审议机制评估得出的结论是，有必要继续进行贸易政策审议会议，并尽可能使其增强互动性和富有成果。它邀请世界贸易组织秘书处继续探索改善和简化其报告，以及要求秘书处重视边境措施或非关税壁垒，适用于对世界贸易组织成员的中央政府和次中央政府级别的审议。它还要求秘书处通过运用适当的信息系统为成员提供便利化。这份报告呼吁从2014年起任命副主席协助主席并邀请秘书处做关于研讨会的报告，并提供评估。这些研讨会的价值，特别是对于最不发达国家而言，是需要被强调的。同时，世界贸易组织指出下一次的贸易政策审议机制评估将会在未来5年内举行。

同时,2013年世界贸易组织有两个后续贸易政策审议的研讨会,一个是根据布隆迪国家活动的需求,另一个是根据西非经济和货币联盟区域性活动的需求。更多后续研讨会,包括东非共同体、中部非洲经济与货币共同体和东加勒比组织,将在2014年成立。后续研讨会审议了贸易政策审议实践对发展中国家带来的利益,尤其是对最不发达国家。贸易政策审议构成了对成员贸易的外部审计,以帮助发展中国家确定其技术援助需求,包括能力建设;与此同时,还帮助发展中国家讨论和传播它们的审议结果,并说服国家利益相关者解决现存缺陷的需求。

除上述重要审议情况外,值得关注的还包括2013年6月17日的WTO警告:G20成员贸易限制持续增加,而取消限制的速度缓慢。WTO总干事Pascal Lamy在发表于2013年6月17日的有关G20贸易措施的报告中说,"在过去7个月,G20成员经济体共实施了超过100项贸易限制措施,约涵盖了G20成员商品进口的0.5%。"他呼吁G20成员采取积极对策,激发贸易增长的潜力,以确保下一次在巴厘岛的部长会议能够取得积极的成果。在此之前,2013年5月3日,WTO建成了一个新的贸易检测数据库,这个数据库将提供自2008年开始WTO成员和观察员实施的贸易措施的具体细节。从WTO官方网站就可以进入此数据库中,便于成员对贸易措施的细节和检测数据进行查阅。

此外,在即将到来的2014年,将有涵盖24个成员的16个贸易政策审议会议。它们分别是巴林、阿曼、卡塔尔、中国、中国台北、吉布提和毛里求斯、加纳、中国香港、马来西亚、蒙古、缅甸、东加勒比国家组织(安提瓜和巴布达、多米尼加、格林纳达、圣基茨和尼维斯、圣卢西亚、圣文森特和格林纳丁斯群岛)、巴拿马、塞拉利昂、汤加、突尼斯、乌克兰和美国。其中汤加、缅甸和乌克兰属于首次被审议的成员。

第二节 2013年代表性国家贸易政策审议情况

在2013年,WTO成员中较具代表性的发达国家、组织中的日本和欧盟已经被审议了11次;发展中国家的巴西和墨西哥被分别审议了6次和5次;本节将重点介绍这四个成员的年度审议情况。

一、2013年欧盟贸易政策审议

从国际舞台的贸易角色看,欧盟仍保持着全球最大贸易集团的地位。其贸易政策发生变化较多的领域包括金融危机的应对、国有或国有控股企业的数量增多等,而在贸易政策和法律、关税或市场准入、农业政策等方面则鲜有变化。除此之外,欧盟在海关手续、知识产权现代化全面战略、统一渔业政策、金融领域的 4 项改革和航空市场的"可行性测试"方面正在积极推动。①

(一) 在应付金融危机的同时,推进各项领域的政策变化

(1) 欧盟作为一个独立经济体,保持着全球最大贸易集团的地位。在 2011—2012 年间,进出口总量持续增长,但由于其他国家和地区的经济增长速度更快,欧盟在世界贸易总量中占的份额有所下降。欧盟是一个开放的经济体,2011 年欧盟与非欧盟成员之间的商品与服务贸易占到了欧盟 GDP 的 33%。欧盟有着公开透明的规则和程序,虽然各成员在经济制度、法律系统和社会体系等方面存在着广泛的多样性,其仍然不失为一个高度一体化的经济体,拥有统一的贸易政策和在绝大多数贸易领域普遍适用的规则。

(2) 过去两年欧盟政策的注意力集中在金融危机上,贸易政策、法律或其他方面的变化相对较少。值得注意的是欧盟并没有因此重返贸易保护主义。金融危机发生的原因之一是在公私信贷低门槛低成本、高利润回报的背景下,缺乏适当的财政改革,导致公私负债率保持在难以持续的高水平线上,一些银行因此垮台。导致危机进一步加深的原因包括一些成员快速增长的单位劳动成本及实际有效汇率降低了它们的竞争力。

(3) 欧盟及其各成员都在采取措施减缓公共赤字和改善经济管理。欧盟及其内部采取的这些积极措施的全面执行被普遍期待将会在 2013 年和 2014 年支持欧盟整体经济的复苏。

(4) 海关手续方面:欧盟正在推进一项海关手续集中清算系统,预计于 2020 年完成。统一授权以简化程序的手段将在海关手续中得到更广泛的应用,现在来自欧盟以外的商品,可以在到达的港口完成海关手续,而不必是在另一个成员的目的地;可以在目的地提交"入境摘要报关单",而不必是在第一个入境点。预计 2014 年将产生第一个"统一窗口"项目。

(5) 关税或市场准入方面:关税与市场准入总体上没有重大变化。虽然有大量的免税额度和最惠国待遇使平均关税低至 6.5%,但一些行业尤其是农业仍然通过综合性或季节性税收等手段受到保护。欧盟与其他国家大量的贸易协定以及 GSP、GSP+和 EBA 计划也使最惠国待遇作用大打折扣。

(6) 税收制度方面:不同成员的增值税、消费税税率不同,公私税收制度相差很大,税收收支制度的复杂性给经营者带来额外的合规成本,而对部分商品降低增值税的政策,对那些一般不上市交易的行业起到了明显的收入转移作用。如果所有减税政策被移除,某些成员的标准增值税税率理论上将最多下降

---

① http://www.wto.org/english/tratop_e/tpr_e/tp384_e.htm.

7.5%,而对整体收入没有任何影响。

（7）国有或国有控股企业方面：非官方数据表明在成员中这样的企业大概有几百个，过去几年由于多家银行被接管，这个数字可能已经增长了好几倍。在这些国有或国有控股企业中，有许多其实只是国有企业。

（8）政府采购方面：大部分采购符合欧盟法律和政府采购规定，但仍有相当比例的公共采购没有遵从这些规定，包括地方各级主管部门和国有企业所进行的采购，其细节无从知晓。政府采购在欧盟 GDP 中占比很大，一些成员在亚联邦层面的采购比例之大甚至使其具有了一定的联邦结构。

（9）技术要求方面：SPS 措施作为欧盟层次的技术要求立法，发挥着总体协调作用。然而在一些领域不同成员之间仍然存在着显著差异，商品自由流动的技术障碍普遍存在。目前欧盟关于合格评定和验收的协议已经正式生效，既完善了技术要求方面的法律，也使未来合法的特定商品在合作伙伴市场之间自由流动成为可能。

（10）知识产权方面：欧盟正在对现有的法律结构进行审查和制定，2011年5月欧盟委员会的"蓝图"计划提出了知识产权制度现代化全面战略。目前已建立了具有整体影响性的欧洲专利制度，将允许未来专利持有者的专利权能在25个成员中自动生效并得到统一的保护。统一的专利诉讼制度将落实到位。商标制度和版权制度正在进行审查。包括集体管理和多领土许可版权在内的立法建议被提出，一般立法框架正在审查。在地理标志这一块，包括原产地和地理标志的名称在内，与非农产品的地理标志保护等效的旨在促进优质农产品和食品贸易的统一框架已经建立。修订后的海关法律即将通过，欧盟外部边界的知识产权执法将得到加强。为此其范围将扩大，海关程序将简化，涉及欧盟过境商品的海关方面的行动将提供进一步的声明。对于欧盟内部市场现有的知识产权民事执行的法律框架，是否需要更新，需要什么样的更新，还在商议之中。

（11）农业政策方面：整体上没有大的变化，欧盟在继续执行上一套改革计划。更多的改革预计将在 2013 年确定，2014 年实施。由于过去的改革和国际农产品价格的上涨，欧盟过去几年对农业的整体扶持力度有所下降，欧盟大多数产品价格和国际价差别不大。不过欧盟的改革并没有影响到市场准入条件，关税仍然比非农产品高，某些情况下这些关税是综合性或季节性的。

（12）渔业方面：渔业存在过度捕捞的严重问题，允许捕捞量经常超过可承受的范围。欧盟已经越来越重视长期规划，更多的统一渔业政策今年应该会出台。

（13）金融领域：欧盟确立了 4 项改革目标，一是通过一套单一的监管机制、欧洲存款保障系统和欧洲银行破产问题解决框架，来建立一个欧洲银行业联盟；二是通过金融机构和市场进行改革提高其稳定性，包括建立欧洲监管当局，对于银行和保险公司提出更高的资本要求,对信用评级机构、审计师、证券市场和衍生产品以及可能会导致市场过度波动的投机性交易做出具体规定;三是加强面向消费者的金融系统问责制;四是建立针对一些成员的金融服务税制度。这些改革都保留了第三方准入的可能性,并在这些方面发展了等价概念等新监管手段。

(14)(贸易)环境服务方面:为了确保更高的透明度和更强的竞争性,欧盟正在进行贸易优惠方面的法律框架改革。

(15)运输领域:空运方面,单一航空市场规则正在进行可行性测试,地面处理、插槽和噪音等问题的改革尚在考虑之中,统一的长期航空政策范畴由于"社区条款"的泛化还在不断延伸。海运方面,国家援助和反托拉斯准则正在修订之中。管道运输方面,正在进行能源方面的一系列改革,包括强化分拆和第三方准入规则等,从2011年开始全面实施,到2013年完成。

(二)在统一的经济体内部,各权力政策的分与合

欧盟是一个高度集权的经济体,在许多贸易相关的领域有统一的政策和规则,在很多领域集权程度还在进一步提高,包括外国投资政策,《里斯本条约》目前已经是欧盟的一项独享的权力。在欧盟发展和实施其投资政策的过程中,成员与第三国在《里斯本条约》生效前签订的投资协议,可以继续保持生效。

然而,虽然在欧盟权力范围的众多领域,成员只是规则的执行者,但在其他一些领域,成员却是权力的拥有者或共享者。这些领域包括对欧元区以外国家的货币政策,公司和私人税收制度,以及(至少在某种程度上)科技法规、财政政策、政府采购、增值税和消费税制度。此外,国有企业的数量和重要性在不同成员之间也存在着很大的差别。因此,总的来说,有多个原因都决定着未来对欧盟贸易政策的审查应该更加密切关注成员的贸易实践,而不仅仅是由于它们本身的世界贸易组织成员地位。

二、2013年日本贸易政策审议

作为发达国家的日本,在贸易及相关政策上几乎没有变化。整体经济情况萎缩,为应对海啸带来的负面经济影响,日本启用补充预算并施行宽松货币政策,最惠国待遇国家范围广阔,并与印度和秘鲁成为经济伙伴。在税收政策上,日本继续依托关税作为贸易限制手段,并配合进口限制和进口配额作为壁垒,同时保持出口控制。在专利和知识产权、反垄断、邮政服务私有化、国际航空交通政策方面存在积极表现。[1]

---

[1] http://www.wto.org/english/tratop_e/tpr_e/tp376_e.htm.

(一) 地震后恢复经济发展,推进各项领域的政策变化

(1) 与 2011 年发布的贸易政策审议相比,日本在贸易及相关政策上几乎没有变化。但是,平均最惠国税率还是有所增加,一部分的原因是由于非从价税的平均从价上升。同时,也由于日本采用了更加国际化的标准。

(2) 2011 年日本经济萎缩,这是从 1980 年以来第一次贸易赤字,其经常账户盈余从 2009 年占 GDP 的 2.9% 下降至 2%。

(3) 为了应对地震和海啸,国家和地方政府启用了约占 GDP 3.6% 的补充预算。重建将会占到 GDP 的 4%,且重建将会持续到 2016 年 3 月底。因此,2011 年财政赤字超过 10%,政府负债上升到 GDP 的 230%。

(4) 与补充预算一同实行的还有宽松的货币政策,这其中包括在长期的通货紧缩环境下采取的走向"通货膨胀"目标。此外,日元相对其他主要货币继续升值。如果持续下去,除非日本出口商的生产力大大提高,否则这将进一步降低日本出口商品的国际竞争力。

(5) 更加扩张性的宏观经济政策支持着日本经济。日本 GDP 在 2012 年有望反弹,主要是由于建筑方面的支出、消费者支出和供应链中断之后的库存建设。然而,这些政策并不能解决日本长期存在的结构性问题(包括人口老龄化),这也是导致日本过去十年经济增长乏力的原因。这些问题可以通过结构改革得到解决,其中包括贸易自由化(以及贸易自由化带来的竞争加剧)。

(6) 日本当局已经认识到结构改革的必要性并做出了一些改变。比如,2012 年 4 月,政府减少了法定公司税率刺激投资,包括外国直接投资。与其他大型 OECD 经济体相比,日本外国直接投资占 GDP 的比例要小得多。

(7) 日本对除了安道尔、赤道几内亚共和国、厄立特里亚、黎巴嫩、朝鲜、南苏丹共和国、东帝汶外的所有国家和经济体实行最惠国待遇。

(8) 自 2011 年以来,日本已经加入了两个经济伙伴关系协定,分别是与印度和秘鲁,目前日本有 12 个双边协议和一个区域协议。虽然加入这些协议加大了贸易的复杂性,但区域和双边贸易协议对多边贸易协议体系起到了补充作用。日本采用的经济伙伴关系协定还涉及贸易便利化、投资、自然人流动和竞争政策。然而,协议中主要的农产品出口国家排除了许多产品,也排除了像皮革和鞋类等政府特别敏感的工业物品。这些产品在很大程度上也被排除在普惠制之外。在普惠制下,日本给予某些发展中国家和最不发达国家的产品优惠待遇。2011 年,日本废除 GSP 中所有的限制性方案。与之前的审议相比,日本对最不发达国家的免税和免配额待遇没有任何变化。

(9) 关税仍然是日本主要的限制手段。2012 年财年,平均最惠国关税税率为 6.3%,比 2010 年的 5.8% 有轻微的上升,同时非从量税的平均从价等量有了增加。非从量税占日本 6.6% 的关税,一般涉及高平均从价等量,这是日本关税

的一个重要特性,尤其是农业产品。根据GSP,简单的平均关税税率从2010财年的4.6%上升至5.3%,对最不发达国家为0.5%,与2010财年持平。在区域贸易协定下,日本的简单平均关税在2.3%至3.9%这个范围。

(10)日本的非关税壁垒包括进口配制以及进口配额(例如某些鱼有进口配额)。国有贸易产品包括烟叶、鸦片、大米、小麦、大麦和奶制品(自2011年以来没有变化)。

(11)2011年10月,政府修订了优质企业项目,以便这些企业的报关行宣布的进口货物或者由这些企业生产的物品可以在提交报关单之前获得放行。

(12)日本很少使用贸易救济措施。它持续对来自南非、澳大利亚、中国和西班牙的电解二氧化锰进行反倾销。2012年6月,日本终止对从韩国和中国台北进口的聚酯短纤维征收反倾销税。从上次贸易政策审议开始,日本已停止使用反补贴或其他保障措施。

(13)日本出于对国家安全、公共安全和保护自然资源的考虑,保持对出口进行控制。对于某些制造业进口货物有退税方案,但不一定100%退税。

(14)2011年,大约54%的日本工业标准(JIS)与国际标准一致,高于2009年的46%。尽管日本坚持其SPS措施是基于科学风险评估,但它显然在这个方面没有做过成本效益分析。

(15)为了提高专利和设计的方便和效率,上次审议以来,各种有关知识产权的法律已经被修改。日本仍然积极参与多边和区域性针对保护知识产权制度国际统一性的洽谈。

(16)日本政府打算继续加强竞争政策。在这方面,一项修订反垄断行为的法案已经提交。从上一次日本的贸易政策审议以来,关于金融服务主要的改革是2012年4月通过的邮政服务私有化法案。根据修改后的法案,日本邮政集团将不得不对日本全国的储蓄和保险服务提供公平的万国邮政服务。同时,日本邮政控股公司的销售也会尽快进行,而不是按原计划的在"2007年和2017年之间"。在保险方面,主要变化与放松对银行保险招揽的监管有关。

(17)2011年6月,日本宣布继续实施海事交通法中的海事反垄断豁免,范围保持不变,将在2015财年评审该法案。

(18)日本的国际航空交通政策已经明显趋向自由化和开放,尤其是在最近达成的双边协议中,在满足互惠和拥堵资质的条件下,对定价条款有所放松,航空公司可以自行决定载客能力。

(二)持续支持和优化关系民生的农、渔、电、气政策

(1)在农业方面,政府更倾向于使用收入支持,而不是价格支持。然而,变化比较小,农业仍然得到大力的政府支持。

(2)日本是一个较大的渔业产品净进口国,在年度预算中,政府也历来提供

一系列渔业部门的支持。在其对WTO申报的补贴中,为确保稳定、安全、高效的食物供应,日本提供了对渔业及相关部门的先进设备和现代化管理,以及对非政府组织综合项目的补贴。

(3)电力和天然气业务法在2012年进行了修订,放松了对关税的监管,尤其是对某些可再生能源。在2011年3月日本东北部发生严重核电站事故的情况下,政府正在评估是否在能源与公共事业领域推行一些监管改革。

三、2013年巴西贸易政策审议

从全球宏观经济角度看,巴西良好地度过了全球经济危机,但需要解决影响其经济竞争力的结构性缺陷,包括基础设施缺乏等问题。巴西一直追求多边贸易体系并加强多边贸易体制、区域经济一体化;在政策领域,巴西简化和现代化了其海关手续,实施农业最低限价政策,增加石油和天然气勘探的国家参与度,并促进其国内汽车工业从全球危机中复苏,这一系列政策都使得巴西能够较好地度过经济危机,实现经济稳定增长。①

(一)宏观经济形势良好发展,但结构性问题突出

(1)在农业方面,政府更倾向于使用收入支持,受强劲的国内外需求和稳健的宏观经济政策的支持,巴西良好地度过了全球经济危机。与此同时,巴西不断增加的国内进口也对全球经济的复苏做出了巨大贡献。稳健的经济增长和积极的收入政策已经帮助巴西逐渐实现减少贫困、失业和收入分配不均衡。

(2)巴西需要采取进一步行动解决长期存在并影响巴西经济竞争力的结构性缺陷,例如基础设施不足、信贷不足以及高税收。政府已经采取措施来解决这些问题,但在帮助竞争力受损部门的同时还采取了一些可能对贸易产生限制的措施。鉴于巴西经济的规模和重要性,继续开放贸易和投资流动对巴西未来的经济增长具有重大意义。

(3)2007—2012年期间(以下简称观测期间)巴西经济表现强劲,尽管也伴随较大的波动,但GDP平均保持3.6%的增长。巴西经济增长得益于强健的国内需求和良好的外部经济环境,包括需求较强并有良好国际定价的巴西商品。

(4)自2011年下半年以来,巴西经济增长大幅减速,2012年平均实际增长率仅为0.9%。这种活力损失可能部分归因于巴西和全国经济下滑,但它同样反映了巴西自身长期结构性问题导致的经济竞争力不足,例如之前提到的基础设施缺乏等。

(5)在观测期间巴西的对外贸易波动较大。出口年平均增长8.6%,反映了

---

① http://www.wto.org/english/tratop_e/tpr_e/tp383_e.htm.

国外对巴西产品较强的需求。矿产和农产品出口为主要增长来源,年平均增长分别达15.4%和12.3%。产成品出口每年增长仅有1.8%,其占出口总额比重从2007年的46.6%大幅下降到2012年的33.8%。初级产品份额则从50.1%上升至62.7%,主要因为矿产品强劲的需求拉动。

(6) 在观测期间巴西的进口增长超过出口,并以每年13.1%的速度扩大,直接导致贸易顺差减少。巴西贸易赤字主要发生在制造业部门,产成品的进口保持年平均16.2%的增长,并占据73.1%的总进口份额。与此同时,巴西服务贸易(services trade balance)的结构性赤字同样也在扩大,主要是因为高额的租赁资本设备、旅游和交通运输费用。在连续多年盈余的背景下,巴西在2008年经常性账户陷入赤字,到2012年赤字水平仍占GDP的2.4%左右。然而,大量的资本流入,特别是外国直接投资(FDI)已超过经常性账户赤字。2012年中期,巴西是世界上第六大的外商投资国。

(7) 在观测期间巴西与亚洲贸易关系逐渐强化,特别是与中国。然而,欧盟仍然是巴西的主要贸易伙伴、主要的出口目的地和进口来源地。

(二) 贸易和投资政策丰富,"大巴西计划"推动工农业发展

(1) 考虑实现其发展目标的基础和社会经济增长,巴西十分重视参与多边贸易体系。巴西总统罗赛夫所提出的"大巴西计划"(The Plano Brasil Maior)阐明和明确了大量的工业、科技和对外贸易政策来支撑其发展的目标。

(2) 巴西是世界贸易组织最活跃的参与者之一,同时也是金砖四国主要的新兴经济体。巴西一直致力于加强多边贸易体制,成功促成了多哈发展议程(DDA)。

(3) 巴西的政策目标之一是加强区域经济一体化。巴西作为南方共同市场(MERCOSUR)的创始国,它已经与玻利维亚、智利、哥伦比亚、古巴、厄瓜多尔、秘鲁、墨西哥等国签订优惠贸易协定。与南方共同市场伙伴一样,巴西也与印度和以色列签订了相关优惠贸易协定。此外,巴西也与拉丁美洲一体化协会(LAIA)的成员圭亚那和苏里南签订优惠贸易协议。

(4) 根据1995年通过的宪法修正案,在大多数经济部门中外国投资者与巴西当地投资者享有相同的法律待遇。然而,在医疗健康、大数据、通信、航天、农村财产保险、海上和空中运输等领域外商投资者受到限制。联邦政府为了克服生产瓶颈、促进竞争力和维护经济增长,积极引导私人投资,特别是在基础设施、能源、航空和其他技术密集型行业。

(5) 在观测期间,巴西采取了进一步的措施简化和现代化其海关手续。进口报单将根据风险评估方法进行处理,该风险评估方法将提供4个不同的通道。超过85%的进口报单通过绿色通道,这一比例从上次评估后持续上升。

(6) 巴西自2012年实施最惠国关税(从价税),税率范围从0到55%。2011

年简单平均关税为11.7%,高于2008年的11.5%。2012年8%是免税线,与2008年同期相同。制造业的平均关税是12%,高于农业。巴西在乌拉圭回合谈判中绑定其整体关税税率,农产品税率在0%和55%之间(按照WTO定义),非农产品从0%提高到35%。除了海关关税,进口受制于一系列的内部税收。这些依据产品的种类不同而有所变化。

(7)巴西实施了几个基于最低限价的措施,为了支持大量的大宗商品生产,包括玉米、水稻、棉花和小麦。这些计划覆盖超过一半的巴西农民。其中,最低限价政策(PGPM)是巴西农业政策的重要支柱。最低限价旨在保护生产者收入水平稳定,防止产品市场价格过度下滑所造成的损失。

(8)巴西运用于石油和天然气勘探和生产的监管框架于2010年进行修订,允许增加国家的参与度。国有石油公司在指定的地理范围内被赋予专有权。石油和天然气的勘探和生产活动仍受到当地条件的限制。

(9)在"大巴西计划"的指引下,巴西政府采取了积极的财政政策刺激国内汽车工业从全球危机中复苏。在2011年12月到2012年12月期间,对超过65%的区域汽车生产企业进行了减税。2013年1月,汽车行业的财政体制取代了Inovar-Auto计划。有资格参与这一项目的汽车公司将获得高达30%的减税优惠。为了获得税收优惠,汽车制造商必须符合节能要求和投资条件等要求。

四、2013年墨西哥贸易政策审议

根据贸易政策审议规则,目前墨西哥每六年接受一次审议,即2013年对墨西哥的贸易政策审议的内容主要覆盖墨西哥在2007—2012年的贸易政策和做法。在审议期内,墨西哥成功度过了全球金融危机,其单边自由化方案降低了工业制成品关税,简化了海关流程,减少了进口成本,促进了出口并严防倾销,保证了国内经济稳定。整体经济环境方面,墨西哥仍然存在失业率较高、政府财政状况恶化、账户赤字波动严重、贸易增长减速等问题。以上提及的问题都需要墨西哥提高劳动生产率和经济的整体竞争力,从而保持经济持续稳定增长。在审议期内,墨西哥贸易政策及其基本法律框架并无重大改变。墨西哥依然对其所有的贸易伙伴给予最惠国待遇,并积极促进和增加外国直接投资。①

(一)应对经济危机冲击,经济环境亟须改善

(1)2008年至2009年的国际金融危机导致墨西哥2009年GDP的缩减,当前墨西哥已成功克服了金融危机的影响。通过实施合理的财政和货币政策,墨

---

① http://www.wto.org/english/tratop_e/tpi_e/tp379_e.htm.

西哥在2010年从经济衰退中走出来并从此保持了强劲的经济增长率(2010年为5.6%、2011年为3.9%、2012年前三季度为4.2%)。墨西哥居民人均收入也受金融危机影响有所下降,但自2010年开始恢复增长,2012年9月达到人均约一万美元的水平,其国家经济的增长得益于国内需求增加及出口复苏。

(2)尽管墨西哥的经济已恢复到危机前的水平,但失业率在2012年年底仍为5%左右,高于危机前的水平。至2012年9月,墨西哥的通货膨胀已得到有效控制,消费者价格在过去的12个月中上涨了4.8%,这使银行能够保持低利率以促进经济增长。

(3)在审议期内,墨西哥的财政状况略有恶化。墨西哥近期已重新开始调整财政政策的道路,但公共财政对石油收入的依赖性依然很高。

(4)在审议期间,墨西哥经常账户赤字波动严重,尽管与同期GDP波动相比仍显温和。墨西哥2011年的赤字水平达到91.5亿美元,占同年GDP总值的0.8%,几乎是2008年赤字总值的一半。

(5)在审议期内,墨西哥的贸易增长开始减速,货物出口和进口分别增长了28.6%和24.4%,而上一个审议期内墨西哥货物出口及进口增长均超过50%。制造业产品是墨西哥主要的贸易产品,分别占出口量的72.9%和进口量的78.1%。墨西哥出口产品高度集中在美国市场,其平均80.4%的产品出口至美国市场。墨西哥进口产品则相对多元,平均49%的产品进口自美国,其他重要的进口国是中国(13.1%)、日本(5.1%),其中墨西哥与中国之间的贸易额在近年增长迅速。

(6)墨西哥面临的挑战之一是全球经济竞争力加剧,保持经济持续增长的压力变大。在审议期间,墨西哥实际GDP增长率每年只有1%左右,这意味着在此期间经济增长相对停滞。同时,墨西哥虽然是一个人均GDP超过一万美元的中等收入国家,但仍面临着收入分配不公及贫困等问题的挑战,亟须通过改革来加速经济增长。因此,墨西哥推行了一系列旨在改善商业环境的政策,改革的主要目的是促进市场内的竞争。另外,墨西哥还采取了大幅减少制造业产品关税、确立改革流程、促进竞争政策实施等措施。然而,为提高国家竞争力和保证经济持续增长,墨西哥仍需进一步深化改革。

(二)贸易与投资政策稳定,多项措施改善投资环境

在本次审议期内,墨西哥贸易政策及其基本的法律框架并无重大改变。墨西哥贸易政策目标仍然是通过多边贸易体系和优惠贸易协定来加强墨西哥在国际贸易中的参与程序。

(1)墨西哥作为WTO成员,对包括非WTO成员在内的其所有贸易伙伴给予最惠国待遇。墨西哥承认多哈回合谈判成果,并认可世界贸易组织规则对保证多边贸易体系有效性的重要作用。

(2)墨西哥是拉美国家中签署贸易协定最多的国家之一。在本次审议期

内,墨西哥签署了三个新的贸易协定以扩大优惠贸易协定的范围。截至2012年9月,墨西哥已签署了12项自由贸易协定及在拉美一体化协会框架下签署了8项局部协定。墨西哥主要是和与其签订自由贸易协定的伙伴国进行国际贸易,其中最主要的贸易伙伴是同属北美自由贸易协定成员的美国。

(3)墨西哥允许外国资本持有墨西哥公司100%的股权,除一些声明仅允许国家运营或有资本限制的项目。同时,外国资本投资墨西哥公司仍需通过注册。自上次审议以来,墨西哥在外国投资立法方面发生了一些变化。为促进和增加外国直接投资,墨西哥持续签署关于促进和相互保护投资的协定。截至2012年6月,墨西哥共签署了28项投资协定。

(4)在本次审议期内,墨西哥采取了不同的措施以提高贸易竞争力、减少企业交易成本,这其中包括简化通关手续、推行贸易便利化法令等。墨西哥在2008年取消了一些进口要求,并建立了外贸业务单一窗口,这些变化在2012年9月开始全面执行。

(5)墨西哥在2009年实施了单边自由化方案,该方案仅涉及制成品并计划于2013年完成。在该方案的影响下,截至2012年1月,墨西哥58.3%的税目实行零关税,平均最惠国关税税率自2007年的11.2%下降至6.2%。制成品的平均关税税率自2007年的9.9%下降至4.6%,而农产品的平均关税税率仅从23%下降至20.9%。随着这些关税税率的削减,最惠国税率与优惠关税之间的差额也有所下降。但是,少数的高关税仍然存在,墨西哥2012年整体的关税水平为3%到254%。

(6)除关税以外,墨西哥的进口仍征收海关处理费、仓储费、增值税及特别产品服务税,并对新车进行特别征税。其中,海关处理费是商品海关完税价格的千分之八。

(7)墨西哥在WTO框架下对农产品采用关税配额制度,并对农产品及工业产品采取单边优惠配额。在审议期内,墨西哥需通过进口许可的产品类别发生了变化,例如特定种类的二手车自2009年将不再需要通过进口许可。

(8)相较上次审议期,墨西哥减少了反倾销措施的使用,但其依然是世界市场上反倾销措施的积极实践者。本次审议期内,墨西哥共发起了15次反倾销调查(上次审议期内为42次),并最终实施5次反倾销措施(上次审议期内为31次)。截至2012年6月,墨西哥共实施了38次反倾销措施,未使用过反补贴措施。

(9)2008年,墨西哥逐步取消了对进口药物卫生许可的注册要求,因而外国制造者仅需出示本国机构出具的药物生产资质许可。2011年1月,墨西哥还修订了食品和软饮料的标签所示信息规则。

(10)在卫生和植物检疫方面,进口所需证书因进口产品和检疫手段不同而有所区别。为使信息更公开透明,墨西哥在 2010 年至 2012 年间建立了网上数据库,其中包含植物检疫、动物健康和水产养殖等相关内容。

（11）墨西哥通过财政资金、税收优惠及培训项目大力促进其制造业出口。主要的税收优惠包括:进口退税和 2010 年修订的工业、制造业、出口加工业和出口服务业促进项目等。

（12）为促进生产,墨西哥在 2012 年将食品和化肥行业纳入 24 项生产促进计划。同时,墨西哥还在企业及行业层面,实施不同的财政支持、税收优惠和技术援助。

（13）墨西哥进一步强化了竞争委员会作用,并加大了处罚力度。然而,墨西哥仍然对油气、电力、专利药品实行价格控制。

（14）在本次审议期内,墨西哥更改了有关申请专利、商标注册及许可证的法律规定。

（三）积极鼓励自然资源开发,服务业尚未完全开放

（1）墨西哥对农业及渔业继续实施激励计划,并对计划的实施采取年度修订。虽然墨西哥尽量避免干预而引起的市场扭曲,但仍有一半以上的生产者补助是以市场价格支持和依产量支付的方式实现的。

（2）墨西哥仍然是世界上主要的石油生产国之一,但在石油领域投资增多的情况下,其原油生产量在本次审议期间仍下降了 17%。同时,墨西哥还是精炼石油产品的净进口国。

（3）2008 年墨西哥颁布了新的石油法,确立国有石油公司 PEMEX 在某些战略领域作为本国唯一的石油运营商。墨西哥拥有对油气资源的所有权和控制权,PEMEX 可与私营机构合作勘探及生产油气资源。墨西哥的电力供应处于一个准垄断地位,大部分传输网络和发电工厂均由国有公司 CFE 运营。

（4）墨西哥的服务业已在实质上实现了自由化,但并未纳入《服务贸易总协定》。墨西哥在实践中的市场准入超前于墨西哥在《服务贸易总协定》中的 77 项相关承诺。日益激烈的竞争和外资的引入带来了某些领域的市场结构调整。

（5）墨西哥规定,外国在其国内设立金融服务机构或组织应在墨西哥注册成立,且必须来自于与墨西哥订立金融服务贸易协定的国家。公司一经成立即享有国民待遇,外国投资者也可享有高达 100% 的公司资本。

（6）通信领域仍高度集中,主要运营商控制了 80% 的固定电话和 70% 的移动电话市场。墨西哥法律并未要求对服务进行分类定价,但其运营成本依然高于国际标准。

（7）航空运输服务的特许经营权仅授予墨西哥本国资本占 75% 以上的公司。

参考文献

[1] 陈良运、巢宏.WTO贸易政策审议机制的运行状况及其存在问题探讨[J].国际商务研究,2002(3).

[2] 陈永梅.贸易政策审议机制法律问题研究[M].北京:中国检察出版社,2009:220.

[3] 欧蓉蓉.世界贸易组织贸易政策审议机制研究[D].西南政法大学硕士学位论文,2007(4).

[4] 司杨.世界贸易组织贸易政策审议机制研究[D].中国政法大学硕士学位论文,2005(4).

[5] 宋玉华、徐坤.WTO贸易政策审议机制的运行及中国面临的挑战[J].财贸经济,2003(11).

第九章 政府采购

截至2013年年底,加拿大、亚美尼亚、欧盟及其28个成员国、中国香港、冰岛、以色列、日本、韩国、列支敦士登、荷属阿鲁巴、挪威、新加坡、瑞士、中国台北和美国等WTO成员加入了WTO《政府采购协议》(以下简称GPA)。

27个WTO成员具有GPA的观察员地位,包括:阿尔巴尼亚、阿根廷、澳大利亚、巴林、喀麦隆、智利、中国、哥伦比亚、格鲁吉亚、印度、印度尼西亚、约旦、吉尔吉斯斯坦、马来西亚、摩尔多瓦、蒙古、黑山、新西兰、阿曼、巴拿马、俄罗斯、沙特阿拉伯、斯里兰卡、马其顿、土耳其、乌克兰、越南。4个政府间组织,即国际货币基金(IMF)、联合国国际贸易中心(ITC)、经济合作与发展组织(OECD)和联合国贸易和发展会议(贸发会议)也具有观察员地位。

此外,GPA修订文本在WTO第九届部长级会议的推动下,经有关成员国批准通过,将于2014年正式生效。

第一节 GPA修订文本

2013年2月27日、5月29日和10月9日分别进行了关于推进GPA修订文本生效的非正式讨论。WTO政府采购委员会主席要求各方尽一切努力,提交关于GPA修订文本的接受函,以推动修订文本尽快生效。

2013年12月,WTO第九届部长级会议在印尼巴厘岛召开。会议期间,GPA参加方代表经磋商承诺共同努力促进GPA在全球经济中发挥更加积极的作用,并就尽快推动GPA修订文本生效达成了共识。

WTO总干事罗伯托·阿泽维多在第九届部长级会议上阐述了在新的全球经济形势下,政府采购在国际贸易以及各国国民经济中的重要地位,以及GPA修订文本能够发挥的积极作用,指出政府采购占据了世界GDP总量的15%到20%。随着基础设施和公共服务领域建设比重的提高(如医疗和教育),政府采购不仅对各国财政有直接影响,还对提升全民福利有重要作用。鉴于GPA在一定程度上会影响双边和区域协议,政府采购在国际贸易中的重要性也在不断攀升。GPA修订文本要求成员在政府采购领域承诺遵守有关透明化、竞争性和有效监管之核心规则,其范围涵盖了公共机构采购的货物、工程和服务。GPA旨在尽可能地推动各成员开放其政府采购市场,参与国际竞争;促使政府采购更加透明化;对成员国的产品、服务或供应商提供无歧视性司法保障。同时,发展中国家成员可利用 GPA 修订文本的过渡性条款,促进自身向建立健全更具国际竞争力的政府采购过渡机制。

GPA 修订文本在条款上更具时代感,放宽了对相关市场的准入承诺,大大扩展了 GPA 的涵盖范围,据 WTO 秘书处估计,每年成员间的市场收益规模将高达 800 亿至 1 000 亿美元。GPA 修订文本采用了改进的过渡性措施,以便推动发展中国家和最不发达国家的加入。这将促进其在未来全球贸易框架中发挥更重要的作用,并有利于进一步推动有关参加方的市场开放和腐败治理。此外,GPA 修订文本中与时俱进的条款和关于市场准入承诺的增加,将促进 WTO 成员方看到加入 GPA 的潜在优势。

第二节 GPA 加入谈判

2013 年,10 个 WTO 成员正在进行加入 GPA 谈判,包括:阿尔巴尼亚、中国、格鲁吉亚、约旦、吉尔吉斯斯坦、摩尔多瓦、黑山、新西兰、阿曼和乌克兰。此外,还有 5 个成员根据其加入世界贸易组织时做出的承诺,正就加入 GPA 作准备,包括:马其顿、蒙古、俄罗斯、塔吉克斯坦和沙特阿拉伯。随着 GPA 成员队伍的不断壮大,其国际影响力日益深远,许多非 GPA 成员国家和地区对 GPA 的关注程度不断提高。

WTO 政府采购委员会把目前和未来的各国加入 GPA 的有关工作列为其重点工作,并认为有关工作对进一步推动扩大市场准入承诺的范围,加强协议系统性相关的条款等方面具有重要意义。此外,值得关注的进展包括:作为欧盟成员国的克罗地亚加入 GPA;新西兰进一步修改其出价;进一步讨论关于中国加入GPA 的有关事宜;黑山就加入 GPA 提出了新的申请,以表明其迅速完成加入GPA 有关工作的期望;正在进行关于乌克兰和摩尔多瓦加入 GPA 的讨论。

一、克罗地亚

历经 12 年的入盟申请,克罗地亚自 2013 年 7 月 1 日起正式成为欧盟第 28个成员国,WTO 委员会通过了欧盟向 GPA 提交的最新修改清单,随着克罗地亚加入欧盟,其成为 GPA 第 43 个成员方。

为迎合 WTO 政府采购委员会决议,克罗地亚政府保证维护其在协议中的报价,并承诺在公共采购中继续坚持无歧视、透明及公平等原则。欧盟委员会在其公布的备忘录中称,欧盟单一市场会为其成员方提供更多新的合作机会,成员方也能共享欧盟的商业网络。作为欧盟的新成员方,克罗地亚将在公共采购方面获得更多的市场机会。

二、俄罗斯

2013年5月29日,WTO政府采购委员会同意授予俄罗斯GPA观察员地位。这是俄罗斯朝着正式加入GPA迈进的第一步。2012年8月,俄罗斯正式成为世贸组织成员,并承诺在4年内启动加入GPA的谈判,其后在WTO政府采购委员会的支持下,获得了GPA观察国地位。同时,俄罗斯已经制定了政府采购新的法律程序,并于2014年1月1日正式生效。这都被视为GPA在发展中国家得到认可的重要体现。

三、马其顿

WTO政府采购委员会于2013年6月27日授予马其顿共和国GPA观察员身份。该国政府正在对本国公共采购系统进行改革,以更好地适应GPA的规则。

四、新西兰

2013年2月27日、5月29日分别进行了新西兰加入GPA的有关实质性讨论。各方对新西兰的出价表示了积极态度,并指出其出价还存在可改进的地方。

2013年9月24日,新西兰提交了其修改后的出价承诺范围,并在委员会对其出价进行了解释。新西兰增加了附件2和附件3中实体的数量,其修订后的出价所覆盖的市场准入额相比其最初的出价提高了约90%。在10月9日举行的委员会非正式会议上新西兰对修订后出价的介绍中,新西兰还提请注意有关其采购系统的结构,特别是在中央政府层面的采购活动占比很高等问题。

在2013年10月9日进行的新西兰加入GPA的后续讨论中,WTO政府采购委员会主席认为新西兰加入工作进展顺利。他强调及时完成对新西兰加入GPA的谈判工作对其他未加入GPA的WTO成员加入GPA产生了积极的影响,并鼓励新西兰和所有利益相关方,努力推进新西兰加入GPA的有关工作,采取灵活和务实的态度,通过谈判取得满意的结果。

五、乌克兰

乌克兰于 2011 年 2 月 8 日提交了加入 GPA 的申请,并于 2012 年 12 月 13 日提交了最初的出价清单。在 2013 年 10 月 9 日进行的委员会讨论中,乌克兰接受了各缔约方就其出价提出的意见,并表示其考虑各方意见,并争取在 2013 年 12 月中旬提交一份修订后的出价,同时乌克兰还指出其正在参照欧盟的有关立法和采购体系,对本国的相关领域进行改革。

六、黑山

2013 年 10 月 4 日,黑山提交了加入 GPA 的申请、有关问题清单的答复,以及有关其立法框架的其他文件。在 10 月 9 日举行的 WTO 政府采购委员会会议上,各方就黑山加入 GPA 有关问题进行了第一次讨论,黑山根据欧盟有关指令和 GPA 对国内采购体系和制度方面进行了改革,并就有关改革取得的实质性进展在会议上进行了说明,提出争取在 2013 年年底完成加入 GPA 的有关谈判工作。

七、中国

2012 年 11 月 29 日,中国提交了第三份修订后的出价。2012 年 12 月 5 日、2013 年 2 月 27 日、5 月 29 日和 10 月 9 日,WTO 政府采购委员会分别对中国修改后的出价进行了实质性的讨论。其中,在 2013 年 2 月 27 日的讨论过程中,中国对韩国和日本提出的有关问题进行了回复,各缔约方对中国的出价及其覆盖范围承诺的改进表示了赞赏,部分缔约方同时提出曾在中国第二次提交出价时提出的有关要求,并没有反映在出价的第三次修订中。

美国、欧盟、日本、瑞士、挪威和加拿大认为大多数缔约方在中国提交第二个修改后的出价时提出的修改要求虽然尚未体现在中国对出价的第三次修订中,但是仍然有效,因此敦促中国再提交一份修改后的出价,并希望在 2013 年 12 月的巴厘岛部长级会议前取得实质性进展,强调其希望达成协议的路线图,以确保中国加入 GPA 进程的稳步推进。

在 2013 年 10 月 9 日举行的讨论中,中国承诺在 2013 年 7 月进行的中美战略与经济对话的背景下,争取于 2013 年年底,在委员会的最后一次会议上提交一份新的修订后的 GPA 出价。修订后的出价将降低门槛,增加次中央实体的覆盖范围,并应有关缔约方的要求对其他方面进行改进。会议还提及了中国与立法框架有关工作的必要性。

第三节 区域贸易中的政府采购

在WTO多边贸易谈判进程缓慢的背景下,区域贸易协议成为推进贸易自由化的新选择。近十年来,美国、欧盟引领的区域贸易和投资自由化迅速发展,形成了一股新的区域主义风潮,区域贸易协定的数量一直稳步增加。继蒙古决定加入亚太贸易协定(APTA)之后,所有WTO成员将很快成为一个或多个区域贸易协定的成员。区域贸易协定的一个重要特点是在许多情况下区域贸易协定正在扩大其范围,深化其覆盖面。虽然有些协议仅限于减少货物贸易壁垒,但在服务和其他领域市场开放的有关规定则变得越来越全面,如投资、竞争、贸易便利化、知识产权、电子商务等。政府采购亦是其中的重要领域。区域贸易协定中政府采购有关条款对政府采购市场的国际化发展具有推动作用,同时对于区域贸易协定的成员方来说亦十分重要。

首先,区域贸易协定中有关政府采购的规定,对协定成员方维护其自身的权益具有重要性。部分国家或地区在建立公共采购市场贸易和竞争的主要条件方面还有很长的路要走,协定中政府采购有关条款将影响各国采购程序的规范、采购行为规则的制定,以及采购市场的国际竞争力。因此,在区域贸易协议中的政府采购规定,对成员方关键经济部门的发展,乃至整个经济体的经济发展也有着直接影响。

其次,区域贸易协定的政府采购规定提供了GPA之外的,又一政府采购相关问题的替代解决方法。从广义上讲,区域贸易协定中政府采购的规定与GPA具有相同的目标,即非歧视原则的应用、采购行为的规范等。因此,区域贸易协定中有关政府采购的规定可能成为解决政府采购相关问题的替代方法,当然也可以用GPA有关规定加以解决。

再次,GPA成员之间签订的区域贸易协定占了很大比例。大多数情况下,GPA成员间签订的区域贸易协定中政府采购条款的制定是基于GPA的有关规定的,并在此基础上有所延伸和发展。在GPA成员方之间签订区域贸易协定的谈判中,有关政府采购条款的谈判目的是在十分有限的领域获取比GPA出价更大的政府采购市场开放承诺的覆盖范围,即使并没有通过谈判取得更多的政府采购市场开放承诺,也为未来谈判埋下了伏笔。部分近年来签订的区域贸易协定(特别是2005年后的协议)中的关于政府采购的条款在基于GPA文本的同时,也对GPA的部分条款进行了重组,并在此基础上加以补充和发展。因此,在区域贸易协定,尤其是GPA成员方之间签订的协定中,政府采购条款覆盖的范

围更为广泛,约束更加细致严格,也是政府采购国际化、规范化在区域贸易协议成员中的新的尝试,在进一步推动政府采购市场国际化快速发展的同时,也体现了未来政府采购国际化的发展方向。

一、日欧 EPA 谈判

2013年4月,日本与欧盟启动了经济合作协定(EPA)谈判。谈判开始一年后,欧洲委员会2013年发布报告,对欧盟与日本历时一年的 EPA 谈判过程进行总结概括,并对日本在非关税壁垒方面的改革进行评估,欧盟要求日本在汽车和医疗器械等30个项目上推进非关税壁垒改革,其中就包括政府采购领域的改革。如东日本旅客铁道(JR 东日本)等3家铁路公司(以下简称 JR)在2006年就已实现私有化,日本要将 JR 从政府采购协议实体名单中排除,但欧盟指责日本铁路市场封闭,拒绝将 JR 从政府采购协议对象中排除,日本要将 JR 从 GPA 中排除,必须征得欧盟同意。GPA 规定,超过门槛金额的采购都必须实施国际化招标。欧盟此前批评 JR 以"安全注释"为由,将众多涉及安全系统货物的采购排除在国际招标外,因此欧洲生产的铁路车辆和零部件难以进入日本市场。日本通过 EPA 谈判向欧盟承诺,明确"安全注释"适用范围,将采购信息详细公布在网上。欧盟同意将 JR 从 GPA 中排除,以期通过铁路领域争端的解决,推动日欧经济合作协定谈判的继续进行。

二、政府采购是 TPP 谈判中"特别关注的领域"

2013年美国《跨太平洋伙伴关系协定》(TPP)首席谈判官会议继简化商务人士入国手续的"短期入国"等之后,TPP 各成员国将就把公共工程项目得标方扩展至海外的"政府采购"达成协议。TPP 谈判中,政府采购领域是为保护本国企业而对外资开放持慎重态度的越南和马来西亚进展困难的谈判领域,而两国态度正在趋于软化。马来西亚同意在政府采购方面对国内相关立法进行修订,从而满足 TPP 成员的相关要求。由此可以判断,TPP 成员将在政府采购领域逐步放松管制,允许协定其他成员方企业进入其政府采购市场。

三、中国在进行 GPA 加入谈判的同时,也正在积极实施区域贸易自由化战略

与中国正在谈判或即将开始谈判的国家和地区都已经加入 GPA,如日本、韩国、中国台湾等,这些国家或地区在自由贸易协议谈判过程中很有可能提出政

府采购方面的要价。同时,由于中国处于加入 GPA 的谈判阶段,因此,在 GPA 与区域贸易协议之间的协调,也是中国要面对的一个问题。

参考文献

[1] Anderson, R. The Conclusion of the Renegotiation of the WTO Agreement on Government Procurement: What it Means for the Agreement and for the World Economy[J]. Public Procurement Law Review,(2012) 21 P.P.L.R. 83.

[2] Ping Wang, Christopher H. Bovis, Xinquan Tu. A Comparative Analysis of Utilities Procurement in the EU and China[R]. Report prepared for EU-China Trade Project(II), October 2013.

[3] USITC. Digital Trade in the U.S. and Gloal Economies[EB/OL]. USITC 网站. http://www.usitc.gov/publications/332/pub4415.htm.

[4] WTO. Annual Report 2014 [EB/OL]. WTO 网站. http://www.wto.org/english/res_e/publications_e/anrep14_e.htm, 2014.

[5] Yukins, Christopher R. and Schooner, Steven L., Incrementalism: Eroding the Impediments to a Global Public Procurement Market[R], GEO. J. INT'L L., Vol. 38, No. 529, 2007; GWU Legal Studies Research Paper No. 320; GWU Law School Public Law Research Paper No. 320. Available at http://ssrn.com/ab-stract=1002446.

[6] 屠新泉. 新 GPA:政府采购市场国际化的新指针[J]. 中国政府采购,2012(2):13.

第十章 区域贸易协定

第一节 2013年以来区域贸易安排的新进展

一、区域贸易安排的蓬勃发展

据WTO统计,截止到2014年6月15日,GATT/WTO收到的各种类型的区域贸易安排通报共585个,其中,《1994年关税与贸易总协定》(GATT 1994)第24条项下的通报有412个,其授权条款项下的通报有38个,《服务贸易总协定》(GATS)第5条项下的通报有134个。这585个区域贸易安排中,已生效的共有379个,自由贸易安排(FTA)和局部自由贸易协定(PSA)占90%,而关税同盟(CU)仅占10%,历年累计的区域贸易安排数量情况见图10.1。

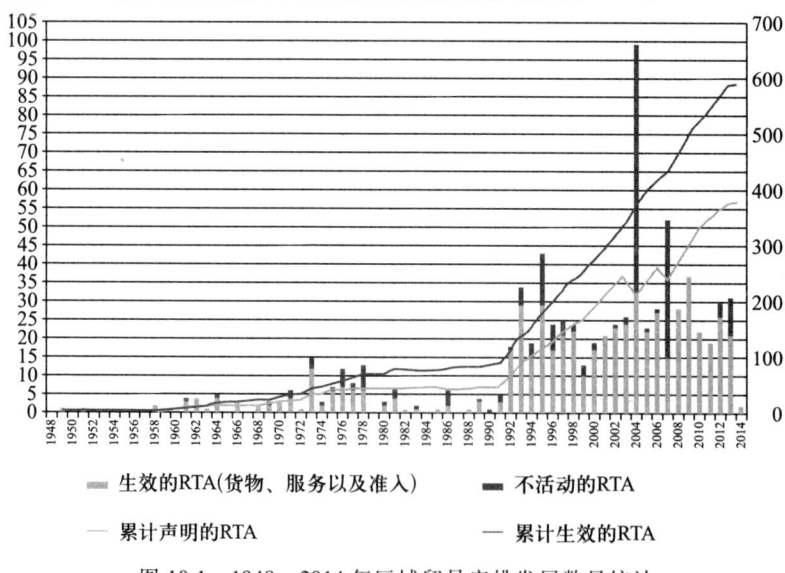

图10.1 1948—2014年区域贸易安排发展数量统计

注:纵轴左侧为每年数量,右侧为累计数量。

资料来源:WTO秘书处。

根据 WTO 网站 RTA 数据库中《关于向 GATT/WTO 通报并生效的 RTA 相关数据总结》显示,截至 2014 年 6 月 15 日,已有生效协定 387 个,如表 10.1 所示。下面的表 10.1 至表 10.4 分别按照通知、协定类型、WTO 考察进程中的状态以及涵盖领域进行分类。

表 10.1　按照通知类型分类的 RTA 统计量

类别	加入通知	新 RTA	合计
GATT 第 24 条（FTA）	1	210	211
GATT 第 24 条（CU）	7	10	17
授权条款	2	35	37
GATS 第 5 条	4	118	122
合计	14	373	387

资料来源:世界贸易组织 RTA 数据库。

如表 10.1 所示,GATT 第 24 条项下的 RTA 通知共有 228 个,占 58.9%;根据授权条款的通知有 37 项,占 9.6%;GATS 第 5 条项下的有 122 条,占 31.5%。

如表 10.2 所示,按照区域贸易安排的类型分类,关税同盟共有 26 个,占 6.7%,经济一体化协定有 122 个,占 31.5%,自由贸易协定有 224 个,占 57.9%,局部自由贸易协定有 15 个,占 3.9%。区域贸易安排的发展以自由贸易协定和经济一体化协定为主,辅之以少量的关税同盟和局部自由贸易协定。

表 10.2　按照协定类型分类的 RTA 统计量

类别	授权条款	GATS 第 5 条	GATT 第 24 条	合计
关税同盟	8	—	10	18
关税同盟-加入	1	—	7	8
经济一体化协定	—	118	—	118
经济一体化协定-加入	—	4	—	4
自由贸易协定	13	—	210	223
自由贸易协定-加入	0	—	1	1
局部自由贸易协定	14	—	—	14
局部自由贸易协定-加入	1	—	—	1
合计	37	122	228	387

资料来源:世界贸易组织 RTA 数据库。

如表 10.3 所示,按照 RTA 在 WTO 考察进程中的状态分类,未发布事实陈述的共有 99 个,占 25.6%,较上年同期减少 6.7 个百分点;搁置事实陈述的有 4 个,占 1%；发布事实陈述的有 186 个，占 48.1%，较之上年同期增加 7.4 个百分点；发布事实概要的有 72 个，占 18.6%；已发布并采纳报告的有 18 个，占 4.7%；未发布报告的有 8 个，占 2.1%。

表 10.3 按照在 WTO 考察进程中的状态分类的 RTA 统计量

类别	授权条款	GATS 第 5 条	GATT 第 24 条	合计
未发布事实陈述	12	20	67	99
搁置事实陈述	0	4	0	4
发布事实陈述	5	77	104	186
未发布事实概要	0	0	0	0
发布事实概要	11	21	40	72
已发布并采纳报告	1	0	17	18
未发布报告	8	0	0	8
合计	37	122	228	387

资料来源：世界贸易组织 RTA 数据库。

由表 10.4 可以清晰地看出，区域贸易安排以货物贸易协定为主，货物贸易协定占据了 53.4% 的比例，然而近些年区域贸易安排开始注重向服务贸易领域的延伸，目前涵盖货物和服务双领域的 RTA 也已占到 46.2% 的比例。与上年相比，2014 年新增 3 个 RTA，全部为货物和服务领域。

表 10.4 按照 RTA 涵盖领域分类的 RTA 统计量

货物领域	135
服务领域	1
货物和服务领域	117
合计	253

注：WTO 有关 RTA 的统计数据是基于通知要求而非其统计量。因此，对于数量上计为一个的 RTA，若同时涵盖货物和服务领域，则分别计为货物贸易协定和服务贸易协定两个通知。

资料来源：世界贸易组织 RTA 数据库。

二、2013 年新通知的区域贸易安排

2014 年 8 月 RTA 数据库的最新资料显示，自 2013 年 1 月至 2014 年 8 月新增了 27 项事实陈述（FP），共囊括了 46 项 RTA 通知，汇总如表 10.5。

表 10.5 2013.1—2014.8 通知 RTA 的类型

序号	RTA 名称	领域	类型	通知时间	参照条款
1	俄罗斯-土库曼斯坦	G	FTA	2013年1月18日	GATT 第 24 条
2	俄罗斯-乌兹别克斯坦	G	FTA	2013年1月18日	GATT 第 24 条
3	智利-马来西亚	G	FTA	2013年2月12日	GATT 第 24 条
4	巴拿马-尼加拉瓜（巴拿马-中美洲）	G&S	FTA&EIA	2013年2月25日	GATT 第 24 条 & GATS 第 5 条
5	欧盟-哥伦比亚和秘鲁	G&S	FTA&EIA	2013年2月26日	GATT 第 24 条 & GATS 第 5 条
6	欧盟-中美洲	G&S	FTA&EIA	2013年2月26日	GATT 第 24 条 & GATS 第 5 条
7	加拿大-巴拿马	G&S	FTA&EIA	2013年4月10日	GATT 第 24 条 & GATS 第 5 条
8	加拿大-约旦	G	FTA	2013年4月10日	GATT 第 24 条
9	巴拿马-危地马拉（巴拿马-中美洲）	G&S	FTA&EIA	2013年4月22日	GATT 第 24 条 & GATS 第 5 条
10	欧盟（28国）东扩	G&S	CU&EIA	2013年4月25日	GATT 第 24 条 & GATS 第 5 条
11	乌克兰-黑山	G&S	FTA&EIA	2013年4月25日	GATT 第 24 条 & GATS 第 5 条
12	韩国-土耳其	G	FTA	2013年4月30日	GATT 第 24 条
13	马来西亚-澳大利亚	G&S	FTA&EIA	2013年5月13日	GATT 第 24 条 & GATS 第 5 条
14	土耳其-毛里求斯	G	FTA	2013年5月30日	GATT 第 24 条
15	哥斯达黎加-秘鲁	G&S	FTA&EIA	2013年6月5日	GATT 第 24 条 & GATS 第 5 条
16	独联体成员自贸区条约	G	FTA	2013年6月6日	GATT 第 24 条
17	智利-尼加拉瓜（智利-中美洲）	G&S	FTA&EIA	2013年6月14日	GATT 第 24 条 & GATS 第 5 条
18	墨西哥-乌拉圭	G&S	FTA&EIA	2013年6月28日	GATT 第 24 条 & GATS 第 5 条
19	哥斯达黎加-新加坡	G&S	FTA&EIA	2013年9月16日	GATT 第 24 条 & GATS 第 5 条

续表

序号	RTA 名称	领域	类型	通知时间	参照条款
20	新西兰-中国台北	G&S	FTA&EIA	2013年11月25日	GATT 第24条 & GATS 第5条
21	萨尔瓦多-古巴	G	PSA	2013年11月27日	授权条款
22	墨西哥-中美洲	G&S	FTA&EIA	2014年1月20日	GATT 第24条 & GATS 第5条
23	新加坡-中国台北	G&S	FTA&EIA	2014年4月22日	GATT 第24条 & GATS 第5条
24	欧盟-摩尔多瓦	G&S	FTA&EIA	2014年6月30日	GATT 第24条 & GATS 第5条
25	瑞士-中国	G&S	FTA&EIA	2014年6月30日	GATT 第24条 & GATS 第5条
26	欧盟-乌克兰	G&S	FTA&EIA	2014年7月1日	GATT 第24条 & GATS 第5条
27	欧盟-格鲁吉亚	G&S	FTA&EIA	2014年7月2日	GATT 第24条 & GATS 第5条

资料来源:世界贸易组织 RTA 数据库。

由表 10.5 可以看出,这一期间全球区域贸易安排稳步增长,区域贸易安排委员会共收到 RTA 通知 46 项,其中货物贸易领域(G)的 RTA 有 8 项,货物和服务贸易领域(G&S)的 RTA 有 19 项。自由贸易协定(FTA)类型的 RTA 有 7 项,自由贸易协定与经济一体化协定(FTA&EIA)类型的有 19 项。单独看 2013 年的 RTA 数据,该时期共收到 RTA 通知 34 项,比 2012 年同期减少 2 项,略有下降。其中货物贸易协定 8 项,比 2012 年同期减少 2 项,货物和服务贸易协定 13 项,与 2012 年同期数量持平。货物和服务贸易协定所占比重略有上升,约上升 5.4 个百分点。

同时,表 10.5 也显示,自由贸易安排(FTA)占据主导,其数量要远高于优惠贸易安排(PTA)和关税同盟(CU)。出现这一特点的原因:一方面是地理位置、特殊的政治、经济、国际关系等因素,另一方面是因为自由贸易协定比较适中,而且相对灵活;优惠贸易安排仅限于关税领域,且产品范围受到限制,优惠幅度也相对有限;关税同盟虽然一体化程度相对比较高,但统一内部和外部的谈判需时较长,难度较大;共同市场和经济货币联盟等高级一体化类型更受到经济发展水平差异化程度小等要求的制约。综合来看,自由贸易协定在未来的发展中仍将占据主导地位。另外,同前几年一样,RTA 仍然延续了南北型的发展趋势,同时也延续着跨区域、跨洲的发展势头。大国与小国之间的区域贸易协议是目前跨区域双边区域贸易协议的主要类型,与已处于轮轴国地位的中小国家签订跨区域自由贸易协定已经成为一种趋势。

三、2013 年区域贸易安排委员会报告摘录

根据区域贸易安排委员会(CRTA)向总理事会提交的报告(2013),自 2013 年 1 月 1 日至 2013 年 10 月 1 日,CRTA 共收到新的 RTA 通知 31 个,其中,GATT 第 24 条项下的货物贸易领域(Goods,以下用 G 代替)的协定 19 个,GATS 第 5 条项下的服务贸易领域(Services,以下用 S 代替)的协定 12 个,见表 10.6。

表 10.6　2013 年 1 月 1 日至 2013 年 10 月 1 日 CRTA 收到的 RTA 通知

序号	RTA 名称	涵盖领域
1	俄罗斯-乌兹别克斯坦	G
2	俄罗斯-土库曼斯坦	G
3	智利-马来西亚	G
4	巴拿马-尼加拉瓜	G&S
5	欧盟-中美洲	G&S
6	欧盟-哥伦比亚和秘鲁	G&S
7	加拿大-巴拿马	G&S
8	加拿大-约旦	G
9	巴拿马-危地马拉	G&S
10	欧盟(28)东扩	G&S
11	乌克兰-黑山	G&S
12	韩国-土耳其	G
13	马来西亚-澳大利亚	G&S
14	土耳其-毛里求斯	G
15	哥斯达黎加-秘鲁	G&S
16	独联体成员自由贸易区条约	G
17	智利-尼加拉瓜	G&S
18	墨西哥-乌拉圭	G&S
19	哥斯达黎加-新加坡	G&S

资料来源:CRTA 向总理事会提交的报告(2013),Report of Committee on Regional Trade Agreements to the General Council(2013),WT/REG/23,2013.10.22。

2013年,在13项事实陈述分布(Factual Presentation Distributed)中共反映了23个通知(同时涵盖货物和服务领域的分别计为货物贸易协定和服务贸易协定两个通知),所有这些将作为区域贸易安排委员会对RTA进行审议的基础,见表10.7。

表10.7 2013年13项RTA事实陈述(FP)

序号	RTA名称	涵盖领域
1	中国-哥斯达黎加	G&S
2	危地马拉-中国台北	G&S
3	智利-洪都拉斯	G&S
4	智利-危地马拉	G&S
5	日本-秘鲁	G&S
6	萨尔瓦多-洪都拉斯-中国台北	G&S
7	欧洲自由贸易联盟-黑山	G
8	欧洲自由贸易联盟-秘鲁	G
9	秘鲁-巴拿马	G&S
10	印度-马来西亚	S
11	印度-日本	G&S
12	欧洲自由贸易联盟-乌克兰	G&S
13	欧洲自由贸易联盟-中国香港	G&S

资料来源:CRTA向总理事会提交的报告(2013),Report of Committee on Regional Trade Agreements to the General Council(2013),WT/REG/23,2013.10.22。

按照透明度机制的第22条(b)款,在2013年10月1日,区域贸易安排委员会已经结束了对GATT第24条和GATS第5条项下所有RTA事实概要(Factual Abstract)的审查,并已提交至RTA数据库。

2013年,共收到来自成员方的预通知8项,其中欧盟-新加坡、欧盟-摩洛哥、欧盟-越南、欧盟-马来西亚、欧盟-美国(TTIP)和欧盟-日本6项正在谈判,瑞士-中国、新西兰-中国台北2项为新签订。

2013年1月1日至2013年10月1日,区域贸易安排委员会共收到RTA变更通知5项,即欧洲自由贸易联盟-埃及、欧洲自由贸易联盟-约旦、欧洲自由贸易联盟-黎巴嫩、欧洲自由贸易联盟-墨西哥、欧洲自由贸易联盟-摩洛哥,并已更新至RTA数据库。

四、2013年以来区域贸易安排委员会大事记

1996年,WTO总理事会成立了区域贸易安排委员会(the Committee on Regional Trade Agreements,CRTA),CRTA的两项主要职责是审议区域贸易安排和考察这些安排对多边贸易体制的系统性影响以及它们之间的关系。但根据2006年12月14日总理事会关于"RTA透明度机制"的决议,CRTA的职能已经有了大幅修改:在协定审议方面,CRTA负责审议协定,考虑如何执行协议操作报告,改善程序以使审查进程便捷化。在报告方面,CRTA针对已采纳审议报告的RTA制定了固定的两年期报告提交时间表。在审议程序方面,委员会已制定了提交货物贸易协定和服务贸易协定的标准格式。在系统性问题方面,委员会采取三管齐下的处理方式,即对WTO相关规定进行法律分析,对RTA进行水平比较,对RTA的背景和经济方面进行讨论。如表10.8所示,2013年以来,CRTA共召开了6次大会,其中2013年4次,2014年2次。

表10.8 2013年以来区域贸易安排委员会大事记

会议名称	时间	会议议程
CRTA第68次会议	2013.4.9/10	委员会作了关于未通知的RTA的现状报告,通报RTA透明度机制的实施;会议通过了RTA透明度机制15条项下的实施报告;考察了1项RTA:中国-哥斯达黎加(G&S);应澳大利亚的要求关注了WTO网站公布的工作文件在区域贸易协定中的服务规则;进行了官员选举
CRTA第69次会议	2013.7.3	委员会作了关于未通知的RTA的现状报告,通报了RTA透明度机制的实施;考察了4项RTA:智利-洪都拉斯(G&S),智利-危地马拉(G&S),危地马拉-中国台北(G&S),萨尔瓦多和洪都拉斯-中国台北(G&S)。
CRTA第70次会议	2013.9.17/18	委员会作了关于未通知的RTA的现状报告,通报了RTA透明度机制的实施;考察了8项RTA:中国香港-EFTA(G&S),黑山-EFTA(G),乌克兰-EFTA(G&S),秘鲁-EFTA(G),秘鲁-巴拿马(G&S),日本-秘鲁(G&S),日本-印度(G&S),印度-马拉西亚(S)
CRTA第71次会议	2013.10.21	通过了会议议程,并作了RTA透明度机制15条项下的实施报告,通过CRTA向总理事提交的报告(2013)

续表

会议名称	时间	会议议程
CRTA第72次会议	2014.4.8	委员会作了关于未通知的RTA的现状报告,通报了RTA的透明度机制的实施;考察了6项成员间的RTA:智利-马来西亚(G),加拿大-约旦(G),加拿大-巴拿马(G&S),韩国-土耳其(G),中美洲-巴拿马(G&S),欧盟(28)东扩-克罗地亚加入(G&S)。审议囊括了非WTO成员方的FTA,欧盟-波斯尼亚和黑塞哥维那(G)
CRTA第73次会议	2014.6.23	委员会作了关于未通知的RTA的现状报告,通报了RTA透明度机制的实施;考察了8项RTA:哥斯达黎加-新加坡(G&S),哥斯达黎加-秘鲁(G&S),秘鲁-墨西哥(G&S),萨尔瓦多、危地马拉、洪都拉斯-哥伦比亚(G&S),乌克兰-黑山(G&S),美国-阿曼(G&S),东非共同体共同市场(S),土耳其-毛里求斯(G)

资料来源:世界贸易组织资料库。

五、区域贸易安排的发展趋势

第一,区域贸易安排向大洲贸易协定圈发展。目前,全球各区域贸易安排继续发展并向整个地区扩展,国家之间的竞争正在发展为国家集团的竞争,并向大洲贸易安排之间的竞争转变。如果将一个区域贸易安排比喻为一个自由贸易圈的话,已经形成的区域贸易安排在不断扩张,区域贸易安排的发展呈现"新圈不断产生、旧圈不断扩张、圈内套圈、圈圈相扣"特征的同时,逐步形成了以欧盟为核心扩展的欧洲圈、以东盟为中心发展的亚洲圈和以北美自由贸易安排为基础联合发展的美洲圈的三个大洲贸易安排圈的格局。

第二,大洲贸易安排向跨洲的合作发展。在大洲贸易安排圈迅速发展,并产生欧洲圈、亚洲圈、美洲圈三足鼎立状态的同时,欧洲、亚洲、美洲已经开始建立跨洲"区域贸易安排+区域贸易安排"的联络机制或合作设想。例如,东盟与欧盟已经提议谈判建立自由贸易区协议,并定期举行东盟-欧盟部长级会议;亚太经合组织也正在进一步向自由贸易区发展;欧洲圈与非洲圈的合作也在进行中;另外,近期的《跨太平洋伙伴关系协定》(The Trans-Pacific Partnership, TPP)和《跨大西洋贸易与投资伙伴协定》(Transatlantic Trade and Investment Partnership, TTIP)更是成为世界的热点。

第三,区域贸易安排圈不断深化。区域贸易安排圈发展的另一层面是要素或内涵的深化。目前,全球各区域贸易安排的短期目标还是由局部区域合作推动形成共同货物市场。但在局部货物市场单圈格局的基础上,正呈现以下四种运动进程的深化:一是局部货物市场单圈之间的边界在消解和扩张;二是在这些局部货物市场单圈的基础上或同时形成货币市场、投资市场、服务市场单圈;三是局部要素市场单圈、货币单圈、政治单圈的形成;四是局部要素市场单圈、货币单圈、政治单圈之间的边界消解和扩张。①

第四,区域贸易安排圈的结构发生变化。近年来,区域贸易安排的合作结构逐渐由以南南型为主向南北型倾斜。基于发达国家和发展中国家在政治经济上的互补关系,发达国家和发展中国家缔结区域贸易安排,进行南北合作,对发达国家而言,有助于进口资源、出口先进的技术和进行产业转移,同时增强其在区域经济规则上的主导权,扩大自身利益;对发展中国家而言,发达国家则是主要的出口市场、外商直接投资和先进技术的来源。因而,南北型区域经济合作将成为今后世界各国发展区域经济合作的主要形式。

第二节 WTO框架下区域贸易安排亟待解决的问题

一、WTO关于区域贸易安排的多边审议

目前对RTA的监督主要通过WTO成员对RTA的多边审议进行。多边审议进展缓慢,导致WTO成员签订的大多数RTA的法律地位并不明确。关于RTA的法律地位,成员有两种不同观点。一些成员认为在未发表RTA符合规则的审议报告前,每个RTA的法律地位是不明确的。另外一些成员认为,即使CRTA的审议未得出明确结论,但只要已经进行审议且准备的报告中未包括任何调整RTA的建议,即可视作该RTA符合WTO规则。而且,如果一个RTA的设立未被提起争端解决,就说明未产生贸易转移的影响。

以多边审议为主要手段的多边监督体制陷入困境的原因有很多,有些是国际组织或国际条约在约束成员行为中常见的困难。一方面是在规则方面,国际条约的规定经常是含糊不清的,因为这些规定往往是缔约方反复谈判后达到的妥协。有时,缔约方有意达成含糊不清的条文,以便日后给予不同的解释。另一方面是因为国际法缺乏强制执行机制。当然,这一点在WTO争端解决机制得到加强后有所改进,但仍存在一些问题。

造成目前CRTA审议困难的现实问题也很多,如RTA协议内容越来越复

---

① 刘德标,张秀娥. 区域贸易协定概论[M]. 北京:中国商务印书馆,2009。

杂,涉及面广;多边审议中作出明确决定存在政治上的困难;现有 RTA 规则有不同的解释;有关成员提供的信息不充分等。但关键问题是成员之间对 RTA 规则的解释不能形成一致意见。

二、对现有规则达成的谅解

长期以来,由于现有 RTA 规则,特别是 GATT 第 24 条存在不同解释,这些规则不被认为构成行之有效的约束。成员间关于如何解释规则的辩论从 GATT 至 WTO 从未停止。

首先,是关于 GATT 第 24 条的解释。由于其中一些重要概念和条款之间的关系需要澄清,所以 GATT 第 24 条存在不同的解释,主要存在以下三个主要问题:一是"绝大多数贸易"(substantially all trade)的定义。第 24 条第 8 款中没有"绝大多数贸易"的定义,尽管有 1994 年谅解前言第 4 段的阐述,成员仍有不同意见。一种观点是"定量方法"(quantitative),要求定义一个统计标准,如成员之间贸易量的一定比例。另一种观点是"定性标准"(qualitative),要求至少没有一个主要部门被排除在外。由于没有一个相对明确的标准,多边审议中成员往往各执一词。二是其他限制贸易法规(other restrictive regulations of commerce)的范围。第 24 条第 8 款中列出了应取消的限制性贸易法规的例外,这一列举是否穷尽了所有允许的例外?由于 GATT 第 6 条(反倾销和反补贴)和第 19 条(保障措施)都未列入其中,反倾销和保障措施是否是允许的例外? RTA 成员在实施反倾销、保障措施时,是否可以排除对其 RTA 伙伴的适用?这是 WTO 成员长期争执的一个问题。三是第 4 款是否包含第 5~8 款以外的要求?支持这一观点的成员认为,RTA 扩大国际贸易的作用不是自动的,第 4 款包括一个创造贸易或转移贸易的测试。另一些成员认为第 4 款仅是介绍性语言,说明成员背离最惠国待遇时应遵守的一般原则。

其次,是 RTA 规则与 WTO 其他规则之间的关系——第 24 条与其他货物贸易规则的关系。在乌拉圭回合谈判中,成员曾试图澄清 1947 年起草的第 24 条的规定,特别是有关"其他贸易法规"的澄清。但谈判未达成一致。因此,GATT 第 24 条与其他非关税措施的关系仍未有定论。成员对此也持不同观点。一些成员认为第 24 条只允许成员背离 GATT 第一条最惠国待遇。另一些成员认为第 24 条允许成员背离所有 GATT 条款,不限于第一条。土耳其纺织品案中,专家组曾裁定成员只能背离 GATT 第一条。但上诉机构推翻了专家组的裁定,认为以 GATT 第 24 条为理由抗辩,需要满足两个条件,一是抗辩方必须证明形成的关税同盟满足第 24 条第 8 款(a)项和第 24 条第 5 款(a)项的条件,二是证明如果不采取该措施就不能形成关税同盟。

另外一个重要问题是,RTA 协议有关原产地规则的规定与第 24 条中"其他贸易法规"的关系,以及与原产地规则协定附件 2《关于优惠原产地规则的共同宣言》的关系。一些成员认为优惠原产地规则因不影响对第三方的贸易而不属于"其他贸易法规"。另一些成员则认为"其他贸易法规"应包括除关税外的所有措施,需要评估 RTA 中优惠原产地规则是否对第三方贸易有限制性影响。

参考文献

[1] Claude Chase, Alan Yanovich, Jo-Ann Crawford, and Pamela Ugaz. Mapping of Dispute Settlement Mechanisms in Regional Trade Agreements — Innovative or Variations on a Theme?[R]. WTO staff working papers, ERSD-2013-07.

[2] Jo-Ann Crawford, Jo McKeagg, and Julia Tolstova. Mapping of Safeguard Provisions in Regional Trade Agreements[R]. WTO staff working papers, ERSD-2013-10.

[3] Jo-Ann Crawford. Market access provisions on trade in goods in regional trade agreements[R]. WTO staff working papers, ERSD-2012-20.

[4] WTO. Report of Committee on Regional Trade Agreements to the General Council(2013)[R]. WT/REG/23, 22 October 2013.

[5] WTO.NOTE ON THE MEETING OF 9-10 APRIL 2013[R]. WT/REG/M/68, 3 May 2013.

[6] WTO.NOTE ON THE MEETING OF 3 JULY 2013[R]. WT/REG/M/69, 15 July 2013.

[7] WTO.NOTE ON THE MEETING OF 17-18 SEPTEMBER 2013[R]. WT/REG/M/70, 4 October 2013.

[8] WTO.NOTE ON THE MEETING OF 21 OCTOBER 2013[R]. WT/REG/M/71, 1 November 2013.

[9] WTO.NOTE ON THE MEETING OF 8 APRIL 2013[R]. WT/REG/M/72, 16 April 2014.

[10] WTO.NOTE ON THE MEETING OF 23 JUNE 2013[R]. WT/REG/M/73, 28 July 2014.

[11] WTO. Regional trade agreements. [EB/OL].WTO 网站. http://wto.org/english/tratop_e/region_e/region_e.htm, 2014.

[12] WTO. Annual Report 2014[EB/OL]. WTO 网站. http://www.wto.org/english/res_e/publications_e/anrep13_e.htm, 2014.

[13] WTO. RTA database. [EB/OL]. WTO 网站. http://rtais.wto.org/UI/PublicMaintainRTAHome.aspx, 2014.

［14］陈军亚.西方区域经济一体化理论的起源及发展［J］.华中师范大学学报（人文社会科学版），2008(6).

［15］刘德标,张秀娥.区域贸易协定概论［M］.北京：中国商务印书馆,2009.

［16］丘东晓.自由贸易协定理论与实证研究综述［J］.经济研究,2011(9).

［17］孙玉红.跨区域双边自由贸易协定的政治经济动机分析［J］.世界经济与政治,2008(7).

［18］徐光春.战略抉择：多边贸易体制还是区域经济一体化［J］.国际贸易,2011(10).

［19］姚永军,张相文,程倩.区域经济一体化经验研究述评［J］.经济评论,2009(4).

第三篇 2013年WTO主要成员经贸政策回顾与展望

第十一章 美 国

第一节 2013年美国贸易投资发展形势

一、2013年美国贸易发展回顾

(一)贸易赤字缩小,货物出口稳定增长,服务贸易作用突出

美国贸易增长情况在近两年保持稳定。出口倍增计划(National Export Initiative,NEI)以及一系列鼓励美国贸易的计划起到了一定作用。如图11.1所示,美国贸易赤字在持续缩小。

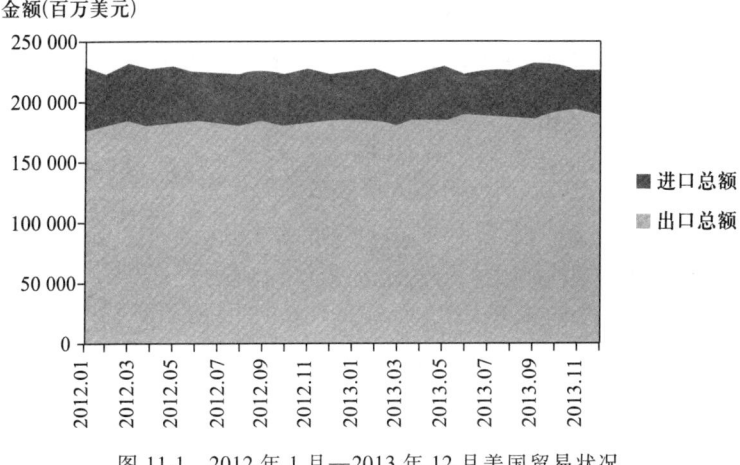

图11.1 2012年1月—2013年12月美国贸易状况

资料来源:U.S.Bureau of Economic Analysis.U.S.International Trade in Goods and Services.,2014.01. 14,网址:http://www.bea.gov/international/index.htm.

其中,出口基本保持从2010年以来的增速,2012年1月为1 795亿美元,2013年1月则上升至1 868亿美元,11月达到近3年来出口最高值1 912亿美元。进口总额在同一时期则保持相对稳定,增长波动低于50亿美元。2013年

12月进口为2 303亿美元,与2012年1月基本持平。因此,贸易赤字稳定缩小,从2012年1月的514亿美元下降至2013年12月的390亿美元。

具体来看,2013年货物贸易出口与进口有升有降,服务贸易出口与进口均保持小幅稳定增长。因此,美国货物贸易逆差逐渐缩小,服务贸易顺差持平。如图11.2所示,货物贸易赤字从2012年年初的671亿美元下降至2013年6月的最低值538亿美元,而后略有上升到2013年12月的587亿美元。服务贸易顺差则由2012年1月的157亿美元持续上升至2013年12月的197亿美元。近两年,美国货物贸易及服务贸易出口均表现可观,服务贸易尤为突出。

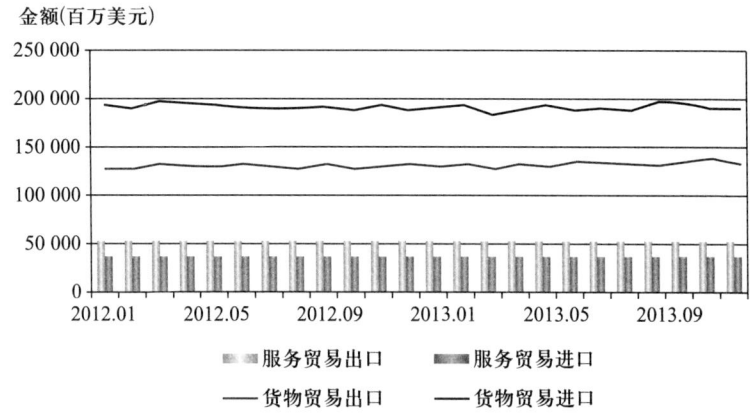

图11.2　2012年1月—2013年12月美国货物贸易及服务贸易状况

资料来源:根据美国商务部经济分析局数据绘制。

(二)进出口结构中制造业与私人服务占绝对比重

1. 货物贸易出口结构不变,矿产品出口表现突出

在美国货物贸易出口中,机电产品、运输设备、化工产品、矿产品4大门类总和占比60.6%,远超过一半,较2012年的63%略有下降,如图11.3。各类产品占比变化较小,运输设备出口同比增长率由2012年的14.6%放缓至4.3%。矿产品出口同比增长7.8%。由此可见,2013年美国出口增长中矿产品表现较为突出。

2. 货物贸易进口结构与出口类似,矿产品进口有所减少

货物贸易进口结构类似出口结构,种类比较集中,占比最高的依旧是机电产品、运输设备、矿产品以及化工厂品。其占比总和为63.7%,略高于同类别产品的出口,详见图11.4。2013年美国货物进口中矿产品同比跌幅最大,增速为-10.4%,与矿产品出口的增加相对应。

3. 其他私人服务进出口占比下降,旅行服务占比上升

美国经济分析局将服务贸易分为旅行、乘客服务、其他运输服务、版税和许

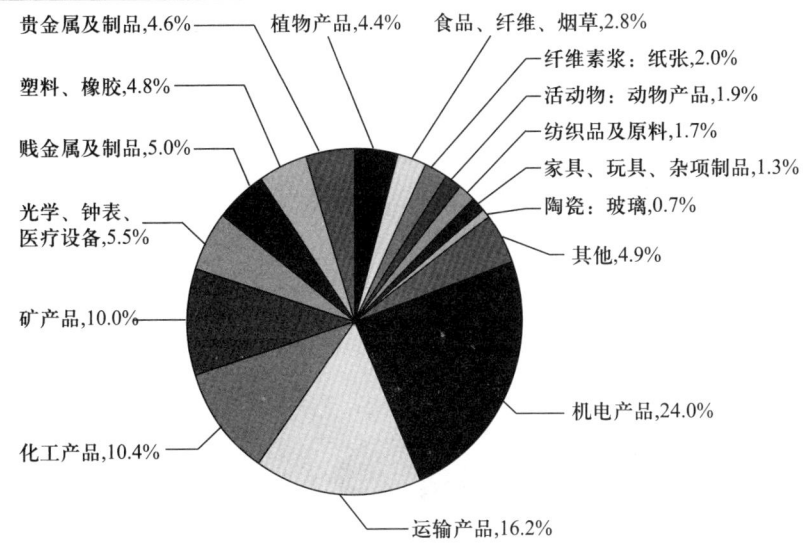

图 11.3　2013 年美国货物贸易出口结构

资料来源:根据中华人民共和国商务部国别数据整理,http://countryreport.mofcom.gov.cn。

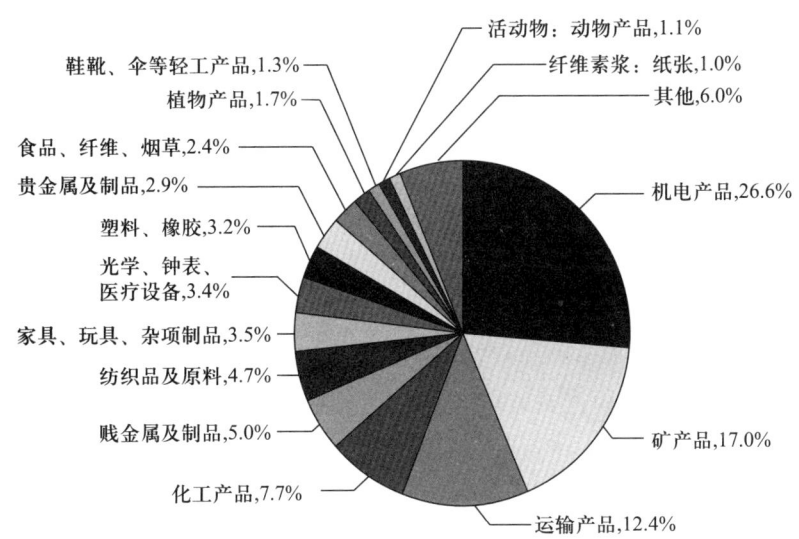

图 11.4　2013 年美国货物贸易进口结构

资料来源:根据中华人民共和国商务部国别数据整理,http://countryreport.mofcom.gov.cn。

可费、其他私人服务、直接防务支出、美国政府杂项服务 7 大类。2013 年美国私人服务出口接近 7 000 亿美元,大约四分之三的就业来自服务部门。私人服务出口以及进口占比分别下降了 0.7 个以及 0.4 个百分比,但其进出口占 45% 左右的比例,依旧为服务贸易中的最主要部分,包括商业、专业和项目服务,例如技术服务、保险服务、金融服务等。其次,旅行服务出口占比 20.5%,进口占比 19.1%,为进出口第二大项,较 2012 年上升 1.1 个和 0.2 个百分点。

(三)欧盟以及北美为主要出口对象,从中国的进口继续增长

1. 欧盟以及北美地区仍旧为最重要出口对象

在美国出口国家排名前五位中,加拿大占比 16.1%,墨西哥占比 11.3%,中国 7%,日本 5%,英国 4.8%。总体出口集中度较低,出口流向遍布欧洲发达经济体、东亚地区及北美地区,如图 11.5 所示。

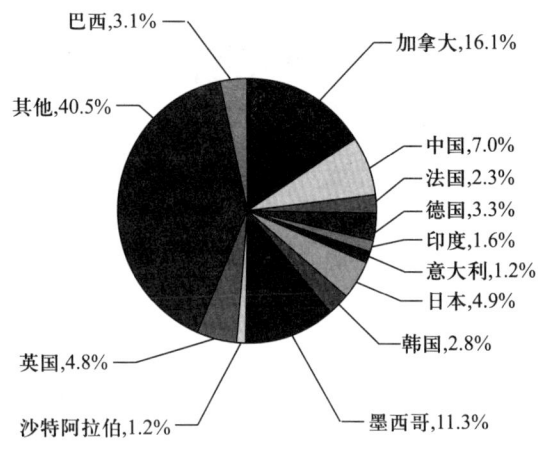

图 11.5　2013 年美国出口主要对象国情况

资料来源:根据美国商务部经济分析局数据绘制,http://www.bea.gov/newsreleases/international/trade/trad_geo_time_series.xls。

2. 中国在美国进口产品中的比例略有上升

美国从中国进口的总额一直处于增加的状态。2005 年,中国向美国的出口总额为 2 516 亿美元,在美国贸易总额中占比 12.6%。2013 年,中国向美国出口总额上升至 4 559 亿美元,在美国贸易总额中占比 16.5%,高于 2012 年的 16%。其他国家占比变动均在 0.5 个百分点以下,详见图 11.6。

二、2013 年美国外资发展回顾

美国 FDI 在 2008 年经历了第 6 年的连续增长,2009 年则由于金融危机的爆发开始下跌,后随着经济复苏有所恢复,吸收外资增加,但仍旧低于金融危机前的水平。具体而言,美国 2008 年吸引外资 3 101 亿美元,2009 年下降至 1 504 亿美元,达到低谷。之后,美国吸引的外资从 2010 年开始上升,2011 年外资流入

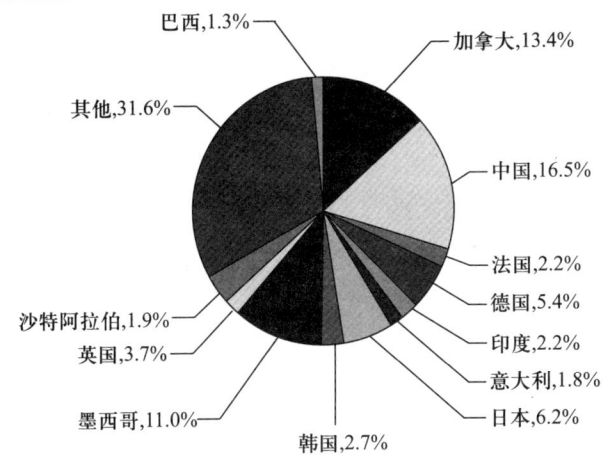

图 11.6　2013 年美国进口主要来源国情况

资料来源:根据美国商务部经济分析局数据绘制,http://www.bea.gov/newsreleases/international/trade/trad_geo_time_series.xls.

上升至 2 302 亿美元。但 2012 年吸收的外资则明显下滑,仅 1 664 亿美元。2013 年美国对外国直接投资的吸引力迅速回升,FDI 上升至 1 934 亿美元,如图 11.7 所示。

图 11.7　美国 2008—2013 年外国直接投资(流入)

资料来源:根据 OECD FDI 数据整理,http://www.oecd.org/statistics.

2012 年美国经历的总统大选以及众多的经济政治环境的不确定性使得企业采取了可能的观望态度,或者转向中国等新兴经济体,使得 2012 年 FDI 流入下滑。但是,美国仍旧是全球 FDI 资金流入最高的国家。2013 年第一季度 FDI 流入虽然没有突然上升,但依然无法阻挡美国时隔 12 年重新成为 FDI 最青睐的国家。根据科尔尼公司2013年6月26日公布的全球高管FDI信心指数,美国由2012年的第四位超过中国跃升至首位。

美国FDI的流入模式正在随着美国页岩气革命的不断发展而产生变化。特别是在美国的石油以及天然气工业领域,美国国内规模较小的生产商在市场不断整合的情况下,需要更多资金的流入来降低开发与生产成本,外资的流入以及作用因此逐年增加。2013年,美国页岩气的跨国并购占石油和天然气行业的比重超过了80%。除了石油以及天然气,制造业的绿地投资也受到外资的广泛欢迎,特别是化工以及化工制品。

第二节 2013年美国贸易政策回顾与展望

一、贸易政策回顾

美国贸易代表办公室在《2013年贸易年度报告》中①指出,美国要通过贸易政策来支持就业以及经济增长,并巩固中产阶级。2013年美国加强了同贸易伙伴之间的友好合作关系,通过开放市场以及营造公平竞争的环境,在消除贸易壁垒上做出了努力。具体而言,2013年,每10亿美元货物贸易出口提供大约5 400个美国就业,与2012年持平;每10亿美元服务贸易出口可提供大约5 900个就业,高于2012年的4 000个。

2013年,美国启动了两项具有突破性的贸易谈判:《跨大西洋贸易与投资伙伴协议》(Transatlantic Trade and Investment Partnership,TTIP)以及服务贸易协定诸边TISA谈判。

(一)货物贸易政策

1.《农业协定》

2013年美国参加了货物贸易理事会在3月、7月、9月以及10月召开的会议。

美国2013年在WTO有关农业的谈判中,主要起到的是推动作用,鼓励参加谈判的各国实事求是地共同推动多哈回合的谈判进程。2013年,农业谈判的主要关注点在发展中国家提出的提案上。一方面,继续完成已经提出的提案:巴西带头的20国发展中国家团体提出的关税配额(TRQ)以及印度为主的33国发展

---

① USTR.2014 Trade Policy Agenda and 2013 Annual Report.USTR网站:http://www.ustr.gov/sites/default/files/AnnualReport%20Final2014.pdf.

中国家团体提出的公共持股。另一方面,则是20国集团在2013年提出的有关出口竞争的新提案。而美国的参与更多是考察这些方案是否会扭曲贸易,又是否会满足一定的透明度要求。美国谈判代表进行了技术与政治等多层次的讨论,以符合美国利益和优先为条件,来寻求推动谈判的方法。

同往常一样,美国积极参与贸易审议的过程,对其他成员的农业政策提出质疑。例如,美国质疑巴西、智利、中国、欧盟、印尼以及泰国等国家或经济体的国内支持。并且,鼓励中国、印度、越南等国家及时更新国内支持政策的变动、修改信息。

2013年1月10日,美国向WTO争端解决机构提交了编号为DS 465的案件:美国申诉印度尼西亚对美国出口的园艺产品以及动物类产品施加了不正当的进口限制,并且违反了《农业协定》中第4.2条的规定。

2. 市场准入

在总理事会指定的最后期限2012年3月31日,美国向WTO秘书处提交了贸易编号为HS 2007的草案文件。该草案在2012年12月的非正式会议上经过第一次多边传阅,在2013年进行进一步处理,审查过程将会持续至2014年。

3. 卫生与动植物检疫措施协议(SPS)

卫生与动植物检疫措施协议委员会在2013年3月、6月以及10月进行三次会面,美国仍以对其他国家政策提出异议为主,焦点仍在于透明度、区域化以及病虫害保护。例如,质疑越南对内脏类制品的限制;法国对含有双酚A的食品包装的禁令以及标签要求;中国对酒精饮料中甲醇含量的限制。

美国在2013年向WTO总秘书处提交了183份有关卫生和动植物检疫措施的声明,并对119份其他成员的通报表达了意见。

2013年期间,美国既没有作为申诉方也没有作为被诉方的SPS争端解决案件。

4. 技术性贸易壁垒

TBT委员会于2012年的3月、6月以及11月进行了会面。在WTO的会面上并未提及美国的一些问题,而是讨论澳大利亚、巴西、中国、韩国、越南技术相关的标准、条例、评定程序是否满足WTO协定的要求。

美国在2013年对其技术贸易法例进行了修订,出台了新的贸易措施以及技术要求,并对之前的一些要求进行了豁免。修订主要集中在测试程序以及节能标准、监管程序、技术标准等方面。主要涉及的领域有能源产品及节能产品、玩具及儿童用品、医疗器械产品等。其中,节能产品在2013年继续得到了美国的重视。

具体而言,2013年,美国能源部宣布多项联邦能效立法行动,而其主要焦点则在为各类主要消耗能源的家用电器制订测试程序及节能标准。例如,2013年7月10日,美国能源部正式宣布住宅用锅炉和火炉联邦测试程序的最终规则,并于8月30日对第10条进行了技术修正。①

5. 贸易救济

美国国内部门对贸易救济部分有详细分工。美国商务部国际贸易署进口管理局负责倾销和补贴的调查以及倾销补贴幅度的测算,美国国际贸易委员会负责产业损害的调查。

如表11.1所示,2013年全年,美国涉及的反倾销与反补贴案件总计两起,两起案件同时提出违反了反倾销以及反补贴的申诉。相比于2012年的5起和6起,数目有所下降。并且,在美国涉及的反倾销与反补贴案件中有4起是在同一案件中提及的。

表11.1 2013年涉及美国的反倾销与反补贴争端解决案件

案件编号	标题	申诉方	提出时间
DS 456	印度-对来自美国的太阳能电池的反倾销和反补贴措施	美国	2013.02.06
DS 464	美国-对来自韩国的大型家用洗衣机的反倾销和反补贴措施	韩国	2013.08.29

资料来源:根据WTO数据整理.http://www.wto.org/english/tratop_e/dispu_e/dispu_e.htm.

美国2013年期间涉及的贸易救济措施主要为反倾销与反补贴的争端解决,并未有任何与保障措施有关的案件。2013年美国作为反倾销与反补贴争端案件的被诉方1起,申诉方1起,明显低于2012年。近5年来,美国向WTO提起或者被申诉的争端解决案件一般在1次至3次间波动,而2012年则少见地发生了5起。可见,美国2013年从贸易救济层面上观察到的贸易摩擦相比2012年温和。

从产生的区域看,美国2013年所提出的贸易救济争端解决案件的主要对象均为亚洲国家,且其中一例为发展中国家,没有案件涉及欧盟,可以看出美国贸易中心向亚太地区转移的步伐。2013年虽然中美之间并未就反倾销与反补贴问题向WTO提出申诉,但并不代表中美之间的贸易摩擦有所减缓。美国同欧盟间TTIP的逐步推动有助于美国同欧盟间的贸易伙伴关系,一定程度上缓解了美欧之间的贸易摩擦。

美国2013年向反倾销与反补贴委员会所提出的相关关注以及质疑也主要

---

① 中华人民共和国商务部.国别贸易投资环境报告2014-美国.中国商务部网站:http://images.mofcom.gov.cn/www/201404/20140418103856222.pdf.

是针对发展中国家。例如,针对中国以及印度的未申报补贴计划发布"反通知";就中国是否违反《补贴与反补贴措施协定》第25条第8款进行质疑;对提升补贴有关通知的时效性以及完整性的方案进行检测;质疑印度纺织与服装部门的"出口竞争力"政策;对特定小型发展中国家成员出口补贴计划扩展机制进行审议;推荐常设专家组成员;更新《补贴与反补贴措施协定》附件七第b条下有关发展中国家出口补贴的资格门槛规定。

上述反倾销与反补贴案件是美国在世界贸易组织多边体制运作下的相关事件。众所周知,美国是世界上最频繁运用反倾销措施的国家,美国商务部会自行发起反倾销与反补贴调查。2013年,美国商务部发起的反倾销与反补贴调查总计36起,其中初审14起,终审7起,日落复审15起。

美国在2013年针对贸易救济出台了系列措施,例如进一步落实"贸易执法倡议"的相关规则制定,并且修改反倾销与反补贴调查中有关事实信息定义、使用市场经济国家原料价格、复审调查强制应诉企业的选择方法等的制度规定。具体而言,为支持美国的国家出口倍增计划,美国商务部于2010年宣布了"贸易执法倡议",提出14项对反倾销和反补贴法实施的建议并陆续实施。2013年,美国商务部出台了落实这14项措施建议的部分规则。

6. 与贸易有关的投资措施

TRIMS委员会于2013年4月及10月进行了两次正式会面。在此期间,美国提出议案讨论那些会造成贸易扭曲的不正当当地成分要求。

美国在2013年的前几年就开始重点关注该问题。例如,在2009年,美国、日本以及欧盟就对印度尼西亚涉及煤炭开采、石油天然气勘探的措施提出了质疑,并提交了编号为G/TRIMS/W/108的议案。除此之外,美国还同日本以及欧盟对印度的太阳能发电项目以及尼日利亚的有关当地成分要求的措施提出了疑问。2013年,美国重点提出了新的有关当地含量的问题,具体如表11.2。

表11.2 2013年与美国相关的TRIMS议案

案件编号	质疑国家	被质疑国家	投资领域	主要内容
G/TRIMS/W/117、G/TRIMS/W/129	印度	美国	可再生能源	印度提出质疑有关当地成分要求的规定;美国对印度的质疑进行回复

续表

案件编号	质疑国家	被质疑国家	投资领域	主要内容
G/TRIMS/W/125、G/TRIMS/W/132	美国	乌拉圭	可再生能源（风电场）	美国提出质疑，认为"国内投资必须达到总投资的20%以上，无论是否为基础设施建设的必要工作。超出20%的部分将能获得奖励"违反了相关条例；乌拉圭对美国的质疑进行回复
G/TRIMS/W/123、G/TRIMS/W/128	美国	印度尼西亚	能源（矿业、石油和天然气）	印度尼西亚对美国的质疑进行回复；G/TRIMS/W/128后续的新问题
G/TRIMS/W/116、G/TRIMS/W/130	美国、欧盟	俄罗斯	农业设备	美国、欧盟质疑俄罗斯有关的当地成分要求规定。俄罗斯对美国、欧盟的质疑进行回复
G/TRIMS/W/118、G/TRIMS/W/124	美国、日本	巴西	税收优惠	美国、日本提出质疑；巴西对美国、日本的质疑进行回复
G/TRIMS/W/122	美国	中国	钢铁行业	中国对美国的质疑进行回复
G/TRIMS/W/119	美国、日本	乌克兰	电力行业	有关当地成分要求的法律修改
G/TRIMS/W/120	美国、欧盟、日本	俄罗斯	汽车	美国、欧盟、日本质疑有关当地成分要求的规定
G/TRIMS/W/121	印度	美国	水供应	印度质疑供水公司采购的当地成分要求规定

资料来源：根据WTO网站信息整理。

2012年美国与贸易有关的投资措施几乎全部聚焦于电子产品以及电信领域。然而2013年,与美国在该问题上产生贸易摩擦的领域则分布较广,但主要体现在能源问题,并且主要来源于有关"当地成分要求"的规则、政策或者法律上。从中可以发现,美国2013年在投资问题上从电信行业转向了能源行业,不仅包括水资源、矿业、石油和天然气等,还非常关注可再生能源等新兴能源问题。这与环境产品问题被APEC以及WTO重新重视是分不开的。继APEC在2012年给出了包含54项的"环境产品清单"后,2014年7月14个国家正式在WTO体制下开始了环境产品诸边谈判。

2013年,美国在与贸易有关的贸易措施领域向争端解决机构上诉的贸易争端总计1起。2008年至2011年的四年期间美国并未有任何与此相关的争端解决,而2012年总计1起。

2013年2月6日,美国请求与印度就其根据"JNNSN"(贾瓦哈拉尔·尼赫鲁国家太阳能计划)对美国出口的太阳能电池与太阳能电池组件施加了当地成分要求进行磋商,案件编号为DS 456。美国从2011年10月开始便对印度的国家太阳能计划表示了密切的关注。美国认为印度应该解释该措施中的当地成分要求并不是用来获得某种优势或需要购买当地产品的强制性措施。

美国在与贸易有关的投资措施问题上,对本国国内政策也进行了适当修改。美国根据《双边投资保护协定》的范本要求在投资的全过程给予外国投资和投资者国民待遇,包括设立、获取、扩大、管理、经营、运营、出售等过程。同时,也重点强调了对环境和劳工标准的关注以及长期以来的透明度要求。

(二)服务贸易政策

美国在服务贸易协议领域仍起到带头作用。在2013年,讨论的主要内容是美国在2011年提出的有关信息通信技术(Information, Communication and Technology, ICT)以及电子商务的议案,并且相关的后续讨论会在2014年持续进行。ICT为美国近1~2年重点关注的领域。在2012年的会议中,美国同欧盟以及澳大利亚等国家就云计算以及移动应用程序的原则和文件进行了激烈的讨论。

在金融服务方面,美国2013年并未在WTO体制下提出新的议案,也未能对其服务贸易存在的壁垒有所改变。例如,美国对外籍银行虽然基本实行了国民待遇,但是仍存在对资产担保、保险等业务领域的差别待遇。在国内法规方面,美国在WTO国内规制工作组(Working Party on Domestic Regulation, WPDR)2012年工作显著放缓的情况下,仍旧聚焦于提供服务贸易透明度,尤其是授予服务贸易各项程序的监管透明度。在卫星服务方面,美国则一直对中国有高度的贸易壁垒。美国仍以国家安全为由,不允许中国发射由美国制造的根据美国《2013财政年度国防授权法》规定的美国商务部《出口管理条例》项下涉及的卫星。

（三）与贸易有关的知识产权政策

TRIPS 理事会在 2013 年总计召开三次正式的会议，其重点在知识产权与创新、知识产权与体育的关系上。此外，TRIPS 理事会还侧重讨论了知识产权对促进环境友好型技术转让的贡献，延续了 TRIPS 协定中有关生物多样性公约的一致性。这些议题均在美国的赞助下进行。

在知识产权与创新方面，美国在 2013 年同美国、智利、中国台北、韩国等 WTO 成员共同发起了一项议程来讨论。该议程中，各国就中小企业创新知识产权保护的重要性交换了彼此的意见。美国认为中小企业知识产权应该是企业的核心，是企业价值的主要元素，也是未来成功之源。2013 年 6 月，美国、加拿大、智利、中国台北、欧盟、韩国以及瑞士共同发起了一项议程来讨论低成本创新问题。该议程重点讨论了知识产权以低廉的价格带来高影响力的解决方案的重要性。特别是企业家如何在服务缺乏的社区解决提供婴幼儿医疗设备、饮用纯净水、炉灶、光源照明等生活必需品的挑战。

可以说，美国对于 WTO 框架下的知识产权问题一直非常关注，每年的贸易年度报告中就各领域都会进行详细的描述。除上述美国支持的议题之外，在有关执法趋势、对发展中国家 TRIPS 实施的审议、药品准入①等领域的讨论都不乏美国代表团的身影。美国还持续关注其他国家 TRIPS 协定义务的履行情况，并表示不排除使用争端解决机制的可能。

同时，美国对国内有关知识产权的政策进行了修改。2013 年 1 月 18 日，美国专利和商标办公室根据《美国发明法》的授权进行申请专利的费用调整，调整后，申请一个专利的费用将下降 23%，尤其是小型实体申请专利的费用将比原来降低 87%。这次调整的目的主要是确保调整后的费用能够保证专利办公室的运转成本和保证其战略目标的实现。此外，美国为加入国际知识产权相关条约，修改了国内的相关法律规定。2013 年 10 月 21 日，美国专利和商标办公室通过了专利申请实务规则的最终决定：对申请日相关规定有所修改；对申请人延迟的规定；被弃置的申请以及逾期未缴纳维持费等情况可以以非故意延迟事由提请恢复原状。此外，美国专利和商标办公室于 2013 年 11 月 29 日公布了工业设计权利的实务规则修改草案，并征集公众意见。②

（四）政府采购政策

政府采购在 WTO 诸边协定中最受关注。2013 年，美国所关注的 GPA 中的相关部分正式生效。

---

① 多哈回合在 2005 年对协定内容进行了修改，美国是第一个提交同意修改意见的 WTO 成员。截至 2012 年 12 月，已经有 45 个成员同意了该修订，较 2011 年多 4 个国家。

② 中华人民共和国商务部.国别贸易投资环境报告 2014-美国.中国商务部网站：http://images.mofcom.gov.cn/www/201404/20140418103856222.pdf

2012年3月30日，WTO政府采购委员会正式采纳了修改后的GPA。此次修订，将扩大美国货物、服务以及供应商的采购机会。一方面，美国承诺的中央政府实体进行政府采购的最低门槛不变，但增加了12个属于中央政府实体类别下的机构。另一方面，地方政府实体以及其他实体的最低门槛和数量基本不发生变化，但增加了列入清单的部分州行政机构实体的透明度。为了使协定生效，15个签署国的三分之二及以上需上交同意书。因此，2013年，包括美国在内的7个国家提交了它们对政府采购协定修订的同意书。该修订也会于2014年3月31日正式生效。

但另一方面，美国却加大了其政府采购的准入壁垒，尤其针对中国。2013年3月26日，《2013财年综合继续拨款法案》经美国总统签署后生效。该法第516条规定，美国商务部、司法部、国家航空航天局和国家科学基金会不得利用任何拨款采购由中国政府拥有、管理或资助的一个或多个机构生产或组装的信息技术系统。该法内容直接影响了中国企业与美国商业伙伴开展正常的贸易、投资合作，不符合两国互利合作伙伴关系的定位。该条款有效期为2013年3月28日至9月30日。

（五）诸边协议谈判

2011年12月，在服务贸易方面存在共识的WTO成员集团，开始非正式地在WTO外秘密地进行关于服务贸易诸边协议谈判的讨论。随后，由美国和澳大利亚驻WTO大使共同主持的RGF开始将TISA谈判的会议逐步正式化。在2012年年初，诸边谈判暂被命名为《国际服务协议》（ISA），但是并未正式适用。目前TISA谈判在一些重要问题上已经达成了一致。2013年11月的TISA谈判会议讨论了美国关于快递服务业的提议。据悉美国提出了超出美韩FTA市场准入范围的提议。美韩FTA中仅仅包含了快递服务，而美国在TISA谈判中的提案包含快递和其他"竞争性递送服务"。美国作为世界上最大和最有竞争力的服务提供国，服务贸易自由化能够为其带来巨大利益。

（六）区域贸易政策及双边贸易协议

1. TPP谈判进程继续推进

截至2013年年底，进行TPP谈判的共有12个国家，包括初期的文莱、智利、新西兰和新加坡，以及之后分别加入的澳大利亚、秘鲁、马来西亚、美国、越南、加拿大、墨西哥和日本。

2013年，TPP谈判共举行了三轮正式谈判以及三次首脑协商见面会。美国希望同其他TPP成员国最终达成一个能够体现新兴贸易议题以及21世纪贸易新挑战的协定。其中包括市场准入、非关税壁垒、知识产权保护、跨境服务、投资、竞争政策、环境以及劳工问题。每轮谈判过后，尽管成员国都在声明中表示在一些领域取得了重大进展，但在知识产权、政府采购、环境、国有企业等议题上却始终未能取得共识,这些分歧也直接导致了2013年完成谈判的目标未能实现。据TPP谈判成员高官透露,谈判目前大概只完成了65%。被迫拖至2014年谈判的内容包括关税、知识产权、竞争、政府采购及环境等至少5个领域。

并且,TPP的谈判内容还将涵盖之前未被纳入的一系列横向议题。① 例如,促进美国企业参与亚太地区的动态生产与分销网络的能力;增加TPP监管成员制度间的兼容性,使美国企业可以在TPP市场上能够做到无缝合作;帮助提供创新与创造就业来源的中小企业,使之更积极地参与国际贸易。美国新提出的"版权例外与限制条款"议题也值得关注。

对于美国来讲,TPP的未来目标是长期的,并且要吸纳更多的国家参与,将其扩大到横跨亚太范围。美国声明同其他TPP成员国一样,对有兴趣加入TPP的国家表示欢迎,但同样重点强调了TPP的高标准以及基于美国的优先条件。以下为美国TPP谈判进展状况:

(1) 第16轮:2013.03.04—2013.03.13,新加坡

11个TPP成员国参与了谈判,并指出在2012年中,TPP成员已经在众多问题上达成一致,尤其是有关工业产品、农产品、纺织品的关税一揽子计划。

(2) 第17轮:2013.05.15—2013.05.24,秘鲁-利马

本轮围绕不符措施、电子商务、原产地规则、卫生与植物卫生、金融服务、知识产权以及法律议题进行了短期讨论。本轮期间谈判暂停以举办面对全球300多个国家的公开活动。

(3) 第18轮:2013.07.15—2013.07.24,马来西亚-哥打京那巴鲁

7月15日就投资、竞争政策、市场准入、金融服务和知识产权进行磋商。17日,美国等10个国家围绕市场准入、金融服务、知识产权、原产地规则、不符合要求的措施以及环境问题进行进一步讨论。在该轮谈判中,各成员表达了对日本加入TPP谈判的欢迎。

2. 美国正式开始同欧盟之间的TTIP谈判

美国经过和欧盟之间的磋商,最终达成协议,双方在2013年7月8日展开为期一周的TTIP第一轮谈判。

美国非常重视与欧盟之间的贸易关系,美欧经济关系已经是世界第一,双方总体产出接近全球经济产出的一半,并且来往贸易也是全球货物贸易及服务贸易总和的三分之一。美国将同欧盟进一步合作,将TTIP打造成为高标准的贸易与投资协议,为支持了双方13万就业的跨大西洋贸易再增加更多的经济增长机

---

① 横向议题:是相对纵向议题存在的。横向议题是从横平面方向对纵向议题的部分或者全部议题产生影响的议题或问题。目前,TPP谈判中主要的横向议题为规则一致、国有企业、电子商务、竞争与供应链、中小企业五大问题。

会,提升美国的国际竞争力,促进就业及经济复苏。

美国同欧盟进行 TTIP 的谈判,是希望进一步为自己打开欧盟市场。欧盟目前仍旧是美国最大的出口市场。而 TTIP 的主要目标包括,但不限于:

(1)加强以规则为基础的世界上最大的投资关系的投资增长。美国和欧盟保持对对方经济体近3.7万亿美元的总投资。

(2)清除或减少传统壁垒。消除所有的货物贸易关税及关税配额。

(3)消除、减少或防止不必要的境内非关税壁垒。境内非关税壁垒会阻碍农产品等货物流动,会带来昂贵成本。

(4)改善服务贸易的市场准入。

(5)通过促进更大的制度兼容、透明度和合作来显著降低规章制度和标准差异带来的成本,并同时保持高要求的健康、安全以及环境保护水平。

(6)为全球关注问题制定相应的规则或者原则以及新的合作模式。其中包括知识产权以及基于市场的规则,例如国有企业问题以及具有歧视性的本地化贸易壁垒。

(7)加强中小型企业的全球竞争力。

美国与欧盟就业与增长高级别工作组(High Level Working Group on Jobs and Growth,HLWG)则在报告中指出了美欧合作的三大潜在领域,见表11.3。

表11.3 美国欧盟 TTIP 潜在合作内容

合作领域	主要内容
市场准入	消除关税;尽可能开放服务贸易;投资应采取最高自由化水平及保护标准;政府采购以国民待遇为基础,扩大各级别政府采购的市场准入
监管问题与非关税贸易壁垒	贸易壁垒监管、国际监管合作以及监管实践;超 SPS 以及超 TBT;更兼容的货物与服务监管法制;增强交叉监管的一致性和透明度
规则和解决共享全球贸易挑战与机遇的新合作模式	知识产权保护;环境与劳工问题;海关与贸易便利化、竞争政策、国有企业、贸易本土化壁垒、中小企业等

资料来源:根据美国代表办公室(USTR)公布的信息整理。

总体来讲,美国同欧盟缔结 TTIP,有经济与政治多方面考虑。某种意义上,美国也希望重塑全球贸易规则,继续引领新兴贸易问题。并且,美国也希望因此带动国内就业与经济增长,继续增加美国出口,享受自由化福利效应。

3.通过自由贸易协定积极发展双边及区域经贸关系

美国目前主要的 FTA 缔约对象分布在美洲、亚洲、中东及非洲等地区。

2013年美国进一步推进了已经签订的双边及区域关系,并且增加了新的缔约对象。美国主要缔结的 FTA 对象为澳大利亚、巴林、多米尼加、智利、阿曼、新加坡等。除常规的贸易议题,美国非常看重所签订的 FTA 涉及的劳工与环境保护问题。

美国于 2013 年在促进双边及区域贸易关系的建立上依然很活跃,主要活动如下:

(1) 推进已签署的 FTA 的进一步合作。

首先,美国同澳大利亚、智利、以色列、摩洛哥等国之间的贸易在 FTA 的合作推动下,发展良好。美国同澳大利亚的 FTA 于 2005 年 1 月 1 日正式生效后,双边贸易实现了快速发展,两国 2013 年双向货物贸易总额为 870 亿美元,相对于 2004 年上升了 64%。其中,美国货物出口 260 亿美元,相比 2004 年上升 87%;货物进口 93 亿美元,相比 2004 年上升 23%。2013 年美国与澳大利亚之间的贸易盈余为 168 亿美元。2013 年,美国对智利出口 176 亿美元,相比 2012 年下降 6.3%;美国从智利进口 104 亿美元,相比 2012 年上升 10.6%。2013 年美国出口以色列的货物产品为 137 亿美元,下降了 3.7 个百分点。美国与摩洛哥的双向贸易总额从 FTA 生效前一年的 2005 年的 9.3 亿美元上升至 2013 年的 33 亿美元。

其次,通过会面与磋商,进而修订政策与法规的内容来推动贸易的便利化进程。2013 年澳大利亚与美国农业贸易发展形势依旧良好,双方密切关注自由贸易协定在农业、卫生与植物卫生措施以及政府采购领域的实施情况。此外,中澳在 TPP、WTO 以及 APEC 框架下的合作加深了 FTA 的紧密联系。美国与智利在 2013 年致力于双边以及区域问题的讨论,并为美国-智利自由贸易委员会 2014 年的会见进行准备。届时会对 2013 年双边经贸关系发展进行回顾,并讨论如何进一步加强 FTA 合作。美国应智利要求,对《美国信息自由法》作出了解释。智利仍旧保留在美国的优先观察名单上。尽管智利在 2013 年就知识产权问题提出了一些立法举措,但美国继续敦促智利尽快解决市场医药产品的专利应用问题。同时,美国还要求智利加大对技术保护措施违法规避行为的打击力度,并保护加密卫星信号。通过美国与以色列的协商,ATAP 协定[①]在 2012 年 11 月再次被修订,适用期延长至 2013 年 12 月 31 日。2013 年 10 月,以色列颁布了修订的新标准体系,以寻求美国等国家标准的更大程度认可。若新标准被广泛实施,将对美国产品出口以色列产生积极影响。美国与以色列也在努力推动个别产品的免税待遇索赔问题。

此外,美国同日本在 2013 年讨论了贸易相关问题,以消除贸易壁垒,达到扩

---

① ATAP:Agreement Concerning Certain Aspects of Trade in Agricultural Products.

大日本市场准入的目标。例如,日本与美国在美国牛肉以及牛肉制品上达成了新的条款和条件。该条款于 2013 年 2 月 1 日正式生效,将进口牛肉的年龄限制从原来的 20 个月放宽至 30 个月。美国同秘鲁之间通过会谈深化美国秘鲁贸易促进协议(PTPA),加强环境方面合作,例如保护野生动物以及加强林业部门治理。美国还和东非共同体(EAC)、东部和南部非洲共同市场(COMESA)的代表进行了会面,以此来推动区域经济一体化。美国与约旦 FTA 共同成立了联合委员会(JC),重点讨论了知识产权保护、合格工业区、农产品贸易、约旦加入 GPA、劳工协议以及与标准相关的措施。CAFTA-DR 协议①规定,美国所有消费及工业产品在 2015 年可以以零关税进入这五个国家的市场。施加在绝大部分美国农产品上的关税也将于 2020 年全部取消,除了部分非常敏感的产品可以有更长的缓冲期。目前,美国绝大部分纺织品及服装产品对该地区出口已经实现了零关税。2013 年,美国专注于该五国劳动法的有效实施,重点强调了加强该五国的劳工部的现代化进程,并进一步促进美国同五个国家之间劳工法律文化的相互契合。美国政府将持续提供技术援助。例如,美国工会 2013 年提出了一项资助项目,以加强工会组织的核心代表只能,更多吸纳被边缘化的员工,加强工会与雇主与公共机构协商谈判的能力。NAFTA 则是通过加拿大与墨西哥正式参与 TPP 第 15 轮谈判而深化。

相反,美国同巴林的双边 FTA 进展较为缓慢。美国劳工局 2012 年 12 月公布的报告显示,虽然巴林方面声称其在许多问题上取得了显著的进展,但事实上,有关结社自由以及就业歧视的问题仍然存在。2013 年 7 月,在美国的强烈要求下,美国政府代表团就该问题正式与巴林进行磋商。美国向巴林施压,希望巴林政府能够采取实质性的行动,以确保在巴员工能够行使基本劳动权利。

(2) 2012 年新生效的自由贸易协定进展迅速。

美国在 2012 年同韩国、哥伦比亚、巴拿马等三个国家之间的自由贸易协定正式生效,生效时间分别为 2012 年 3 月 15 日、2012 年 5 月 15 日以及 2012 年 10 月 22 日。协定正式生效后,双边贸易合作发展迅速。

美国与韩国 FTA 于 2012 年 3 月 15 日正式生效。在农产品方面,自生效日起韩国立即消除并逐步取消了有关的关税及关税配额,韩国进口美国的将近三分之二的农产品可以享受免税待遇。在服务业领域,协议涵盖了几乎所有主要的服务行业。韩国承诺加大金融市场的准入,并确保透明度来保证对美国金融供应商的公平。非关税壁垒领域则包含了知识产权、竞争政策、劳工与环境、透明度以及监管流程。美国与韩国于 2013 年 10 月 5 日进一步就双方关注的实质

---

① CAFTA-DR:全称为美国-多米尼加-中美洲自由贸易协定,包括中美洲的哥斯达黎加、萨尔瓦多、危地马拉、洪都拉斯和尼加拉瓜五个国家,2004 年 8 月 5 日签订。

性问题进行了讨论,包括产地认证、金融服务以及汽车等。

美国-哥伦比亚贸易促进协定(CTPA)在2012年5月15日正式生效。生效后,哥伦比亚取消了超过八成的对美国消费品和工业出口产品的关税,其余部分则将利用10年以上的时间逐渐减免。其中,超过一半的农产品直接零关税。这也让美国服务提供商获得了每年将近2 000亿美元的服务市场。哥伦比亚还同意了投资、政府采购、知识产权、劳工以及环保等问题的新提案,并在WTO的ITA谈判中遵守CTPA的协议承诺。

(七) 其他贸易政策

1. 大力促进出口

美国出口的重点政策为"国家出口倡议"或者"出口倍增计划"(NEI)。NEI是美国政府在2010年推出的政策,其目的是在2014年年底将出口总额翻一番,达3.14万亿美元。2012年,美国货物贸易以及服务贸易的总额相对于2009年的总额增长了39%,在2011年的基础上又上升5.6个百分点,2013年进出口总额较2012年增长1.25个百分点。从目前的速度来看,NEI表现良好,虽然增长速度有所减缓,但增长的趋势仍旧持续。根据NEI,要达到2014年年底完成出口倍增的目标,平均每年出口增长率应当达到15%,而无论是在制造业、服务业还是农业等范畴,其相对于2009年的增长值均高于预期目标的要求,总体增长率为15.6%,略高于15%。当然,这个增长同2011年以来美国经济整体持续复苏的状态以及全球市场潜在的逆势增长是分不开的。贸易促进协调委员会在2013年为实施国家出口倡议进一步加强了政府各部门间的协调工作,以促进出口融资和支持信贷等活动的顺利开展,并制定和实施政府的战略规划。其次,该机构还强化出口融资项目支持,加大出口融资力度,提高融资便利化。例如,2013年,美国进出口银行批准了总额为273亿美元的融资申请以扶持高达374亿美元的产品出口到世界各地。进出口银行批准了3 842家企业的融资申请,创历史新高。

2. 加强能源环保,严格控制进口

同与贸易有关的投资措施类似,美国对于进口的管理措施在2013年也重点关注了能源领域,并侧重于节能环保。美国海关和边境保护局、国土安全部和财政部在联邦公报上发布公告,宣布自2013年8月5日起拒绝不符合节约能源和标签标准的消费品和工业设备产品进入美国。另规定,若美国海关与边境保护局接到美国能源部或美国联邦贸易委员会的书面通知,指出某些进口货物不符合《能源政策与节约法》的有关规定,该局将拒绝该货物入境。在接到能源部或联邦贸易委员会的书面或电子通知后,海关及边境保护局可在获得保证的情况下,将不符合规格的产品或设备有条件地发放给进口商,以便其重新调整、加上标签或采取其他行动,使有关产品或设备符合使用的节约能源及标签的标准。

此外,美国还对食品以及钻石原石进口设置了新的规定和限制。美国要求有关人员在递交进口食品(包括供动物食用食品)预先通知时,必须提供曾拒绝有关食品进口的国家名称。①

3. 为中小企业创造条件,增强其在经济复苏中的作用

无论是美国的出口倍增计划或者是TPP、TTIP等双边及区域协定,美国政府都非常重视中小企业参与国际贸易。美国相关研究指出,美国中小企业(SMEs)作为美国经济发展、就业以及创新的重要引擎之一,每年直接或者间接出口为美国提供了将近400万的就业机会。虽然每年货物及服务贸易出口占美国总出口的40%以上,但是美国的2800万中小企业只有很小的一部分出口,或者仅对单一国家出口单一产品。

因此,美国在2013年采取了一系列措施促进中小企业的出口。其中包括提升贸易便利化,加强和实施知识产权保护,应对对中小企业影响较大的服务贸易壁垒等。而采取的主要方式则是将中小企业问题加入到美国的区域及双边贸易协议中,例如TTIP、APEC、美韩FTA、跨大西洋经济理事会、美国同中东北非贸易与投资伙伴关系。

二、贸易发展展望

(一) 贸易逆差将以低速继续减小,服务贸易作用可能增强

美国目前最为重要的发展目标是经济复苏。在经历了2008年的金融危机之后,影响美国最主要的经济问题就是如何提升经济的增长速度,使美国经济走出低迷。因此美国希望依赖出口的增长带动整体经济增长。

美国的货物贸易逆差将缓慢缩小,而服务贸易的顺差将会继续扩大,服务贸易对贸易的贡献作用可能会继续增加,虽然其占比较小。发展中国家的经济崛起使得美国的贸易(货物贸易为主)比较优势相对下降,特别是在劳动密集型产品的贸易方面。因此美国未来会降低劳动力成本,进一步发挥其在创新型商品上的优势,并采用各种贸易手段来改善其贸易状况。而后者更多体现在服务贸易部分。

美国的贸易政策在这几年也有明显的经济导向。只要美国经济低迷的问题未能有实质性的进展,美国的贸易政策将会持续推动美国的贸易出口,进一步来增加国内的就业。因此,这种贸易逆差减小的趋势在未来应该是持续的。

(二) 出口倍增计划(NEI)可能实现,但依旧面临较大挑战

按照美国方面对于出口增长速度的测算,若能保持当前的趋势,则在2015

---

① 中华人民共和国商务部.国别贸易投资环境报告2014-美国.中国商务部网站:http://images.mofcom.gov.cn/www/201404/20140418103856222.pdf.

年上半年就有希望完成计划的目标。考虑到美国目前经济贸易复苏虽然较为温和,但总体趋势比较平稳,预计不会发生较大的波动或者反弹,NEI 因此是可能实现的。

另一方面,前文提到,经济周期等长期的因素仍然对美国经济的增长起到了作用。其中一个作用方面就在贸易,特别是美国的出口。世界银行预计全球经济的贸易不平衡在未来会保持稳定,随着国内需求的增长,美国的经常账户赤字预计将会扩张,到 2014 年将上升到占 GDP 的 3.6%。

全球经济在欧债危机的影响下处于一个相对悲观的发展状态,特别是一些高收入国家。所以美国未来的贸易发展形势仍将面临许多的挑战。

(三) FDI 将会逐渐恢复,也存在一定小幅波动的可能性

从第一部分数据分析中可以看出 FDI 在 2010—2011 年是逐渐增加的。但 2012 年的表现不如 2011 年,呈现下滑趋势,2013 年 FDI 较 2012 年有所上升,但依旧不及 2010 年的水平,这可能是美国国内经济不确定性增加的影响。但美国在 2013 年吸引外资形势良好。因此在 2014 年,美国 FDI 流入应高于 2013 年的水平,是否能够超过 2010 年或者 2011 年的数值存在不确定性。根据 UNCTAD 的调查,跨国公司和投资促进机构一样,对全球 2014 年投资保持谨慎态度。

另一方面,以美国为首的北美地区依然是跨国公司最重要的 FDI 目的地。在 2012—2014 年最具发展前景东道经济体(受访者选择经济体作为首要目的地的比例)的调查中,美国排名第二,占比 35% 左右,略低于中国,遥遥领先于其他发达经济体[1]。这说明美国未来的 FDI 形势还是比较乐观的。美国经济形势的利好会大幅度提升美国 FDI 流入。

三、贸易政策展望及影响

美国贸易政策发展的目的性十分明确。未来美国贸易发展的主题仍旧是支持就业与经济发展。美国首先要保证其在全球贸易中的领先以及领导地位。其次是大力促进出口,以增加国内就业,加快 GDP 增长速度。从区域看,亚太地区以及欧盟为美国的主要关注焦点。主要方式是利用 WTO 等已存在的多边关系,积极发展 TPP,推动 TTIP,增加 FTA、TISA 缔约对象,增强贸易合作,减少美国出口面临的贸易壁垒。关注重点可能是服务贸易、农业、小型企业、知识产权等。美国服务业、农业在国际贸易中优势较为突出,这也关系到大量工人、农场主、企业家的利益。此外美国中小企业有 2 500 多万家,占公司总数的 99%,吸收了美国一半以上的就业人口,多方位促进作用将大力增加美国国内就业。维护知识

---

[1] UNCTAD 根据 174 家经验证的公司的回答做的调查。

产权有利于最大限度地发挥美国创新能力与科技开发方面的优势,提高美国贸易在全球产业链中的附加值。

美国未来在 WTO 体制下的多边贸易关系中会进一步加强其领导作用,督促各国严格遵守 WTO 协定的各项规定,因为这对美国的贸易是有促进作用的,特别是对于以中国为首的一些发展中国家。主要的措施应该是进一步在既有的有关知识产权的协定基础之上,增加对于货物贸易以及服务贸易,特别是服务贸易的知识产权要求。美国的货物贸易优势在于其具有较高的科技含量和创新性,所以美国会充分利用 WTO 的各项措施来维护其贸易利益。同时,美国也会增加其对 WTO 体制内各成员的反倾销与反补贴调查。此外,美国对俄罗斯加入 WTO 表示十分欢迎,未来也会加强同俄罗斯之间的贸易合作。

在区域方面,美国会在近几年积极促进 TPP 的发展。在 2009 年,东西方研究中心估计,亚洲已经占到了美国的总出口额的 27%。IMF 预测,到 2014 年,亚太地区经济增长速度将超过世界平均水平。扩大美国对亚太地区的出口将显著促进美国就业增长和经济复苏。美国也希望通过 TPP 的构建来塑造新的全球贸易规则,在未来,横向新议题的关注度会继续提升。

此外,TPP 也可能成为美国参与多哈回合谈判的重要筹码。虽然 WTO 所代表的多边贸易体制仍然是美国贸易政策的优先选择,但是考虑到多哈回合谈判久拖不决,美国正在做两手准备,开始尝试通过加快区域一体化进程,抵消多边贸易体制停滞带来的问题。而且,从美国贸易政策的变化和经贸战略的调整来看,美国想把多哈回合谈判的现有成果推倒重来,TPP 是美国改变多哈回合谈判路线,进而掌控多哈谈判进程的重要一环。多哈回合谈判将会再添波澜。TPP 为其策略的实施提供了可能,因为,多哈回合内无法达成的协议,无法达到的目的、无法加入的议题可以通过 TPP 实现。TPP 在一定程度上也就成为美国在 WTO 多哈回合谈判中获取利益的重要战略工具。因此,美国在 WTO 体制中的活动积极性很大程度上受到其在 WTO 谈判中的作用力和 TPP 发展的综合影响。

TTIP 从 2013 年下半年开始正式进入谈判的进程,美国同欧盟间对此给予了厚望。假如 TTIP 能够有效促进美国同欧盟间的贸易伙伴关系,则美国贸易发展可能会更快,对经济拉动作用也会增加。因此,美国未来会积极开展 TTIP 谈判。

奥巴马政府在 2014 年对于发展双边自由贸易应该会表现积极,因为促进例如哥伦比亚、韩国、巴拿马等自由贸易区的发展可以增加美国的就业[①]。美国将扩大自由贸易的发展,从中获得贸易的好处。

---

① 双边自由贸易以及投资与贸易协定对美国经济的促进作用见前文区域与双边贸易部分。

未来,美国还将致力于同国会进行合作,重新申请贸易调整援助计划(Trade Adjustment Assistance,TAA)。该计划已于2013年12月31日到期,但其对于保证美国中产阶级家庭的经济收入以及生活水平有着至关重要的作用。因为,它在美国公民面临短期与贸易相关的过渡时能获得有力的支持。TAA能够给合格的工人提供学习新技能的资源,以应对不断发展变化的行业需求。

美国未来会继续推动服务以及信息技术谈判,使其尽快达成协议。ITA谈判的参与国家从2012年5月启动时的5个国家,增加至2013年的28个。

前文提到,美国希望利用贸易政策大力促进出口,以解决国内的就业问题,特别是制造业的就业问题。因此,美国的NEI可能在未来进一步扩大。

第三节　中美经贸关系发展与展望

一、中美经济贸易发展现状

据美国商务部统计,2013年美国与中国的双边贸易额为5 624.5亿美元,增长4.9%。其中,美国对中国出口1 220.2亿美元,增长10.4%;自中国进口4 404.3亿美元,增长3.5%。美方贸易逆差3 184.1亿美元,增长1.1%。中国为美国第二大贸易伙伴、第三大出口目的地和首要进口来源地。可以看出,美国对中国出口增速激增,超过上年的增速4个百分点,而美国自中国进口增速放缓,详见图11.8。因此,中美之间的贸易逆差扩张速度在减缓,这是美国一直希望看到的。

美国对中国出口的主要商品为机电产品、运输设备和植物产品,2012年出口235.7亿美元、230.4亿美元和171.0亿美元,占美国对中国出口总额的19.3%、18.9%和14.0%,其中机电产品出口上升11.1%,植物产品出口下降1.4%。考虑到2012年植物产品增速为43%,一个百分点的下降并不影响其在出口中的占比。在机电产品中,机械设备出口2 131.1亿美元,下降1.0%;电机和电气产品出口1 656.0亿美元,增长2.0%。值得注意的是,运输设备出口增速较快,同比增长48.2%,主要原因是其中的航空航天器出口126.2亿美元,增长50.9%;车辆及零附件出口102.9亿美元,增长46.4%。

美国自中国的进口商品以机电产品为主,2013年进口额2 179.8亿美元,占其自中国进口总额的49.5%,增长3.9%。其中,电机和电气产品进口1 175.3亿美元,增长6.2%;机械设备进口1 004.5亿美元,增长1.3%。在自中国的进口商品中,家具玩具、纺织品及原料和贱金属及制品分别居第二、第三和第四位,进口

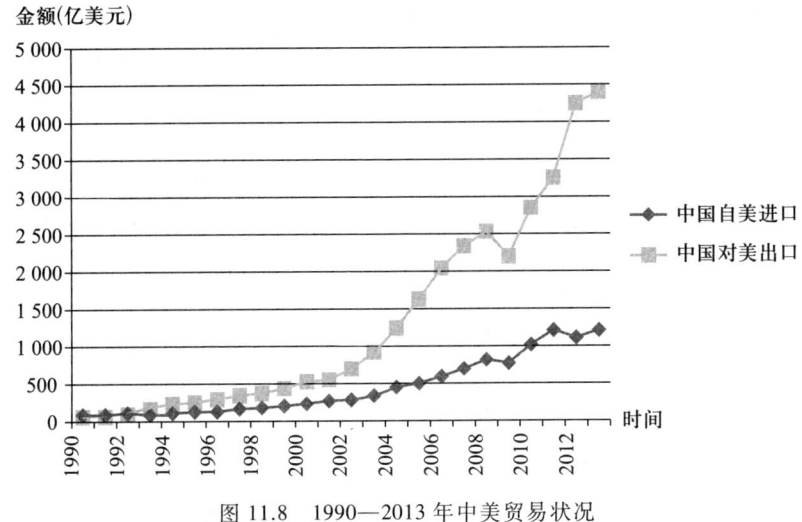

图 11.8 1990—2013 年中美贸易状况

资料来源:根据中国商务部数据整理,http://data.mofcom.gov.cn/channel/trade/trade.shtml.

额分别为 482.9 亿美元、406.7 亿美元和 217.0 亿美元,占自中国进口总额的 11.0%、9.2%和 4.9%,增长 3.2%、3.5%和 2.7%。中国的家具玩具、鞋靴伞等轻工产品和皮革制品箱包占美国同类商品进口总额的 60.7%、69.7%和 62.6%,具有绝对竞争优势,中国产品的竞争者主要来自墨西哥、越南和意大利等国家。中国是美国纺织品及原料的首要来源地,所占比重为 37.8%,而来自其他国家的进口占比均不超过 10%。在机电产品进口中,中国也居美国进口来源的首位,占其机电产品进口市场总额的 36.2%,居第二位的墨西哥占比为 16.6%。

据商务部统计,2013 年,中美新签承包工程合同额 8.5 亿美元,完成营业额 8.9 亿美元;中国公司累计派出各类劳务人员 1 338 人。2013 年经中国商务部批准或备案,中国在美国的非金融类对外直接投资额为 42.3 亿美元。2013 年,美国对华投资项目 1 061 个,实际使用金额 28.2 亿美元。中美双边投资保护协定进入实质性文本谈判阶段,如双方能达成协定,将对两国投资者提供一个相对稳定透明和有预期的投资环境。

二、中美经贸关系存在的主要问题

中美之间的经贸关系十分密切,同时也存在着较大的摩擦。中国同美国互为最重要的贸易伙伴,中国同美国的摩擦也较多,中美长期存在贸易顺差的关系在美国试图利用 NEI 来拉动出口增长增加就业的过程中受到更大程度的关注。美国想要缩小其总贸易逆差,则必定会采取策略来缩小同中国的贸易逆差。因此,美国也会从增加美国对中国出口以及限制中国对美国出口上采取相应措施。美国国内认为,中国采取了一些不正当贸易手段保持了这种贸易顺差,因此,中美产生较多的贸易摩擦,未来也可能持续。

另一方面,美国在2013年间对于中国的反倾销以及反补贴调查或向WTO提起争端解决的数量在增加,如表11.4以及表11.5所示。这说明美国在中美贸易中对于中国的一种担忧心态。美国认为中国正是通过倾销以及补贴等方式促进出口,并在拥有较低的劳动力成本的情况下对美国贸易造成一定的冲击,因此对美国的就业产生了负面作用。此外,美国对于中国的知识产权保护也存在不信任和质疑。所以,美国就知识产权方面同中国之间也发生了冲突。

表11.4 2013年美国对中国产品发起的反倾销与反补贴调查

编号	类型	主要内容	立案时间
1	反补贴	冷冻暖水虾	2013.01.17
2	反倾销	预应力混凝土轨枕钢丝	2013.05.20
3	反补贴	三氯异氰尿酸	2013.09.25
4	反倾销、反补贴	谷氨酸钠(味精)	2013.10.31
5	反倾销、反补贴	取向电工钢	2013.10.31
6	反补贴	无取向电工钢	2013.11.14
7	反倾销	无取向电工钢	2013.11.18
8	反倾销、反补贴	1,1,1,2-四氟乙烷	2013.12.09

资料来源:根据美国United States International Trade Commission(美国国际贸易委员会)资料整理。

表11.5 2013年美国对中国产品采取反倾销反补贴措施情况

编号	类型	主要内容	立案时间	状态
1	反倾销、反补贴	应用级风电塔	2012.01.24	2012.02.13 做出肯定性产业损害初裁 2012.08.02 做出反倾销初裁 2013.02.07 公布双反税令,中国涉案企业倾销幅度为44.99%~70.63%,补贴率为21.86%~34.81%

续表

编号	类型	主要内容	立案时间	状态
2	反倾销、反补贴	不锈钢冲压水槽	2012.03.27	2012.04.16 做出肯定性产业损害初裁 2012.10.04 做出反倾销初裁 2013.02.20 双反调查案终裁结果，中国涉案企业倾销幅度为27.14%~76.53%，补贴率为4.80%~12.26%
3	反倾销	黄原胶	2012.07.02	2012.07.20 做出肯定性产业损害初裁 2013.07.19 美国商务部发布公告，修改6月4日做出的对原产于中国的黄原胶产品反倾销调查终裁结果。修改后，中国涉案企业倾销幅度由15.09%~154.07%调整为12.90%~154.07%
4	反倾销、反补贴	硬木装饰胶合板	2012.10.25	2012.11.13 做出肯定性产业损害初裁 2013.11.05 美国国际贸易委员会做出无损害终裁，无措施结案
5	反倾销	特异型硅砖	2012.12.12	2013.12.12 美国国际贸易委员会做出无损害终裁，无措施结案

资料来源：根据美国 United States International Trade Commission（美国国际贸易委员会）资料整理。

中国在连续18年成为遭反倾销调查最多的国家之后，逐渐开始进行反抗。2013年12月3日，我国正式向世界贸易组织提交磋商请求，打包起诉美国几年来对我国钢铁、光伏等产品发起的13起反倾销措施案件，涉案金额高达84亿美元。起诉涉及的中国产品主要包括油井管、铝挤压材、金刚石锯片等工业品、太阳能电池等新能源产品以及暖水虾等农产品。起诉主要针对的是美国商务部在反倾销调查中的一系列体制性错误。如错误使用目标倾销方法、拒绝给予出口企业单独税率、错误使用不利事实等，夸大倾销幅度，做出产品出口不符合WTO反倾销与反补贴相关规则的结论，从而征收高额反倾销税。

总体来讲，中美关系日渐密切的同时又摩擦不断，双方需要进一步深化贸易往来与合作，而这背后需要依赖中美之间更深程度的彼此信任。

三、中美经贸发展展望

(一) 中美贸易逆差继续缩小

中国对美国出口缓慢增长,美国同中国之间的贸易逆差逐渐缩小。美国经济增长较慢,需求下降导致中国对美国出口增长缓慢。2013年中国对美国出口增长3.5%,相比上年的增速下降3.1个百分点。另一方面,中国从美国的进口则可能逐渐增加,除农产品进口外,中国还需要在高科技领域扩大进口与技术引进。虽然贸易逆差减少的速度较慢,但整体趋势会继续。

(二) 双边投资关系发展

美国对华直接投资状态低迷,中国对美投资走势良好,上升速度较快。2013年,中国对美直接投资总计140亿元左右,强势增长,投资总额增加了一倍。投资的主要行业集中于非常规油气资源,食品和房地产成为新兴投资热点,食品行业投资额高居榜首。目前,中国对美投资在传统行业形势较好,而在通信等行业较多遭遇美国以国家安全等理由进行的限制。未来美国可能会出台相关法案,利用技术贸易壁垒等手段对中国投资进行限制。此外,无论是从多边、双边还是单边角度考虑,美国在未来都可能进一步加强知识产权保护的力度,这是中国投资商需面临的挑战。当然,从另一方面来看,中国对美国的直接投资可以促进美国国内就业情况的改善。因此,中国对美国投资虽然在未来可能遇到诸多的困难以及挑战,但是机遇也较多,总体看中国对美国的直接投资应会继续增长。值得注意的是,2013年的中国对美国直接投资中,超过7成的投资额和将近9成的投资项目均来自私人企业。

美国对华投资的减少反映了美国近几年来的制造业回流现象。美国的"投资美国"计划鼓励美国在外投资的企业重新回到美国,以增加就业机会,增加美国的对外出口。

(三) 美国财政政策与货币政策对中美经贸关系的影响

美国的财政政策和税收政策可能会因为美国大选及国会等原因产生不确定性,这样就会对金融市场,特别是股票市场造成一定程度的冲击。再加上美国在未来是否能够采取良好的措施解决其财政悬崖问题,也会对美国国债评级产生影响。IMF认为,2013—2014年,如果美国不能有效解决其财政问题,则可能会增加美国债券的风险溢价。美国国债的价值变动将会直接影响到中国外汇储备资产的价值。所以美国的财政问题会因为对国债产生影响而波及中国。

(四) 双边摩擦增多,合作进一步深化

美国政府通过成立跨部门贸易执法中心强化对华贸易执法,并通过修订法律允许对非市场经济国家进行反补贴调查,在反补贴调查中对涉案企业管理人

员的政治身份和企业中基层党组织信息进行调查。2013年,美国以"国家安全"等非经济因素为由阻碍中国企业赴美投资的案例明显增多。伴随着美国国内经济复苏的迫切需求,中美关系的逐步深入,双边摩擦会逐渐增加。

但是,合作与共赢仍是中美关系发展的主要基调。2012年,时任副主席的习近平访美,深化了建设中美互利共赢合作伙伴关系的重要共识。2012年3月,时任主席胡锦涛与奥巴马总统在首尔核安全峰会期间会晤,再次提出中美两国应在贸易、投资、金融、基础设施等领域开展大规模一揽子合作,化解矛盾和分歧。第五轮中美战略与经济对话于2013年7月在华盛顿顺利举行。未来中美双方将在农业、旅游业、科技研发、清洁能源以及全球气候变化等领域拥有较大的合作空间与发展机会。

四、中国应采取的策略

美国是中国重要的贸易伙伴,在美国经济对全球经济有着重要作用和影响的现状下,中国必须良好应对,妥善处理好中美经贸关系。总体而言,中国应深化同美国的贸易合作来增加两国间的信任,并能积极应对不利的冲击。

(一)应对美国财政赤字及 QE3 的影响

在全球经济特别是发达国家经济复苏乏力、主权债务危机不断深化、新兴经济体经济增速明显放缓的背景下,中国外贸出口增长面临外需不足的严重制约,同时,中国面临着经济结构调整和发展方式转变的重大压力,保持经济平稳较快发展和实现全面经济社会发展目标需要付出更大的努力。从长期看,QE3可能会加大全球资本流动性,对全球经济带来不稳定因素。因此,中国应加强跨境资本流动监管,防范金融风险。另一方面,中国也要控制人民币汇率水平。在人民币受到升值压力时需避免人民币短期大幅升值对出口的冲击,以及对整体经济的不利影响。同时,从长远角度考虑,中国仍需要"扩内需、稳外需",促进经济向好回升。

(二)在 WTO 多边贸易体制下保护自己,加入 TISA 谈判寻求合作

中国要能够有效地利用 WTO 体制内的协定来保护自己在多边贸易中的利益。目前,中国在贸易过程中,在极大程度上受到了反倾销以及反补贴的负面影响,从某种程度上来说,美国等国家存在有关反倾销以及反补贴的协定的滥用情况。中国应当学会如何在遭到反倾销以及反补贴起诉时降低带来的损失,同时制定相应的法律来规范贸易的进出口,从政策层面上减少美国在反倾销与反补贴问题上做文章的可能性,进而保护中国的企业。对于知识产权方面同样是如此。中国必须加强法律以及规章制度的制定,规范市场,加大对于知识产权保护的重视程度,营造良好的市场氛围,以在国际贸易市场上取得良好的信誉度,进

而加强中美贸易之间的信任程度。

中国有望同美国在 TISA 谈判中进行合作。TISA 是美国 2012 年主导发起的,旨在为 1995 年 GATS 制定一份更新协定,以适应新的服务贸易环境。2013 年中国正式申请加入 TISA。对于美国,一方面希望中国加入,因为中国的加入才使得该协定更完整,能使美国发挥其服务业的影响力;另一方面,中国服务业贸易虽起步较晚,但增长很快,美国担心中国服务贸易会对其造成冲击。中国需要在机遇与挑战中同美国增强互利互信,增加 WTO 多边体制下的合作。

(三) 增加双边经贸合作,密切关注 TPP 动向

中国应充分利用中美战略与经济对话等平台,加深双边经贸合作。中国应强化国内经济政策,推动与美国的贸易和投资实质性谈判,加强在国际经济体系中的合作。中国应当处理好中美之间的博弈,构建中美新型大国关系。

美国积极运作 TPP 反映了其对亚太市场的重视,而这个多边协定极大程度上是排除中国的。中国需对美国在亚太市场的主导权保持谨慎的态度。TPP 是高标准的贸易协议,包括所有货物、服务和农产品贸易,可以作为推动 APEC 区域一体化的重要动力,有可能成为亚太自由贸易区的重要基础。当然,中国在看待 TPP 问题上并不需要过分关注是否被排挤,而是中国是否已经准备好加入 TPP,接受 TPP 的各项高标准要求。中国可以在必要的时候取得加入 TPP 谈判的机会,来深化同亚太地区经济体实质性的经贸合作。

(四) 适当扩大进口,减少贸易摩擦,加强双方互信

美国希望通过促进出口来增加国内就业并拉动经济增长,因此美国同中国间的贸易逆差便会受到美国关注。因为中国对美国的大量出口造成双边许多贸易摩擦,中国也因为美国反倾销与反补贴调查遭受许多损失。中国正处于经济转型的重要时期,随着中国同美国间的贸易伙伴关系越来越紧密,中国在贸易问题上也需要转变观念。增加进口,特别是增加高新技术产品、医药、矿产品、原材料等领域的进口,不仅可以有效利用外汇储备,配合国内转型升级,同时也能减少贸易逆差,减少一定的贸易摩擦,通过加强中美双方间的贸易互信来实现共赢。

(五) 努力达成中美双边投资协定

2013 年 7 月进行的第五轮中美战略与经济对话确立了中美两国以"准入前国民待遇"和"负面清单"为基础正式进入双边投资协定谈判的实质性阶段。中美双边投资协定将对未来中美双方贸易发展产生重大的影响。以此为基础开展谈判并最终取得成果,意味着中国政府对外资管辖权及宏观调控的方式将会产生重大变革。这将有利于中国制造业的升级以及服务业的快速发展,并可能获得更多高精尖的技术以及产品。中国努力同美国达成一个高标准的双边投资协定不仅有利于中美之间减少贸易摩擦,互助互利,同时也将为中国与其他发达国

家和地区双边投资提供良好的经验与借鉴。

参考文献

[1] Department of The Treasury.FSOC 2014 Annual Report[EB/OL].美国财政部网站.http://www.treasury.gov/initiatives/fsoc/Documents/FSOC%202014%20Annual%20Report.pdf,2014.

[2] Federal Reserve System.Monetary Policy Report[EB/OL].美联储网站.http://www.federalreserve.gov/monetarypolicy/files/20130717_mprfullreport.pdf,2013.07.17

[3] OECD.FDI in Figures[EB/OL].OECD 网站 http://www.oecd.org/daf/inv/FDI-in-Figures.xls.

[4] UNCTAD.世界投资报告 2012[M].北京:经济管理出版社,2012.

[5] UNCTAD.World Investment Report 2014:Investing in the SDGs:An Action Plan[EB/OL].UNCTAD 网站.http://unctad.org/en/PublicationsLibrary/wir2014_en.pdf,2014.06.24.

[6] U.S.Bureau of Economic Analysis.Gross Domestic Products[EB/OL].美国经济分析局网站.http://www.bea.gov/newsreleases/national/gdp/2014/pdf/gdp4q13_3rd.pdf.

[7] U.S.Bureau of Economic Analysis.U.S.International Trade in Goods and Services[EB/OL].美国经济分析局网站.http://www.bea.gov/newsreleases/international/trade/2014/pdf/trad0114.pdf,2014.01.14.

[8] U.S.Bureau of Economic Analysis.Trade in Services[EB/OL].美国经济分析局网站.http://www.bea.gov/international/xls/Trade%20in%20Services.xls.

[9] USTR.2014 Trade Policy Agenda and 2013 Annual Report[EB/OL].USTR 网站.http://www.ustr.gov/sites/default/files/2014%20Trade%20Policy%20Agenda%20and%202013%20Annual%20Report.pdf,2014.

[10] USTR.High Level Working Group on Jobs and Grows[EB/OL].USTR 网站.http://www.ustr.gov/sites/default/files/02132013%20FINAL%20HLWG%20REPORT.pdf,2013.02.11.

[11] United States International Trade Commission.AD&CVD Investigation[DB].2014.

[12] WTO.争端解决报告[EB/OL].WTO 网站.https://docs.wto.org/dol2fe/Pages/FE_Search/DDFDocuments/113749/q/WT/DS/447.pdf,2013

[13] WTO.International Trade Statistics2013[EB/OL].WTO 网站.http://www.wto.org/English/res_e/statis_e/its2012_e/its12_toc_e.htm,2012.10.

[14] WTO.the TISA Initiative:an Overview of Market Access Issues.WTO 网站.http://www.wto.org/english/res_e/reser_e/ersd201311_e.pdf.

[15] 屠新泉,莫慧萍.服务贸易自由化的新选项:TISA 谈判的现状及其与中国的关系[J].国际贸易,2014 年(4).

[16] 中华人民共和国商务部.国别贸易报告——2013 年美国货物贸易及中美双边贸易概况[EB/OL]. http://countryreport.mofcom.gov.cn/record/qikan110209.asp?id=5958,2014.

[17] 中华人民共和国商务部.国别贸易投资环境报告[EB/OL].http://images.mofcom.gov.cn/tga/201404/20140417092951027.pdf,2014.04.17.

第十二章 欧 盟

第一节 2013年欧盟贸易投资发展形势

一、2013年欧盟贸易发展回顾

（一）货物贸易

1. 进出口增速放缓，出口下滑幅度明显

欧盟在2013年的货物出口总额为17 380亿欧元，同比增长3.3%，低于2012年8.5%的增长速度；进口总额为16 826亿欧元，同比下滑6.2%，2012年同比增长4%。2013年全年欧盟出口增速放缓，进口明显下降。2014年1—6月欧盟货物出口总额为8 311亿欧元，同比下滑4.5%，2013年同比增加5.5%；货物进口总额为8 320亿欧元，同比下滑0.95%，2013年同比下滑6.25%。2014年1—6月份，出口下降明显，进口下滑速度放缓。①

欧元区2013年货物出口总额为18 955亿欧元，同比增长1.1%，2012年同比增长7.8%；进口总额为17 401亿欧元，同比下降3%，2012年同比增长1.8%。2013年全年欧元区出口增速放缓，进口呈现下降趋势。2014年1—6月份，欧元区货物出口总额为9 484亿欧元，同比下滑3.0%，2013年1—6月份同比增长1.6%；欧元区货物进口总额为8 694亿欧元，同比增长0.1%，2013年同期下滑4%。2014年1—6月份，欧元区出口下降，进口呈增长趋势。

总的来看，2013年欧盟和欧元区的出口增速放缓，进口下滑；2014年1—6月份，欧盟和欧元区出口都呈下降趋势，这与整个欧盟地区缓慢复苏的宏观经济形势有关。

2. 其他制造产品进出口增长快，机电、矿产品进出口比重较大

如图12.1所示，在货物贸易出口方面，欧盟2013年出口商品分类中其他制

---

① 欧盟数据库数据，http://epp.eurostat.ec.europa.eu/portal/page/portal/international_trade/data/database。

造产品占第一位,共为 7 088.8 亿美元,占 30.67%,较 2012 年下降 4.6%;机电产品占第二位,总计 5 935.44 亿美元,占比 25.69%,较 2012 年增长 2.53%;第三位的运输设备总计 3 499.29 亿美元,占比 15.15%,较 2012 年增长 6.28%。制造产品的出口比重非常大,说明欧盟制造业比较发达。①

欧盟 2013 年货物贸易进口商品分类中,排第一位的其他制造品占 24.37%,同比下滑 3.4%;矿产品排第二位,共计 6 988.92 亿美元,占比 31.25%,同比增长 2.3%;机电产品排第三位,共计 4 591 亿美元,占比 20.53%,同比增长 1.4%。②

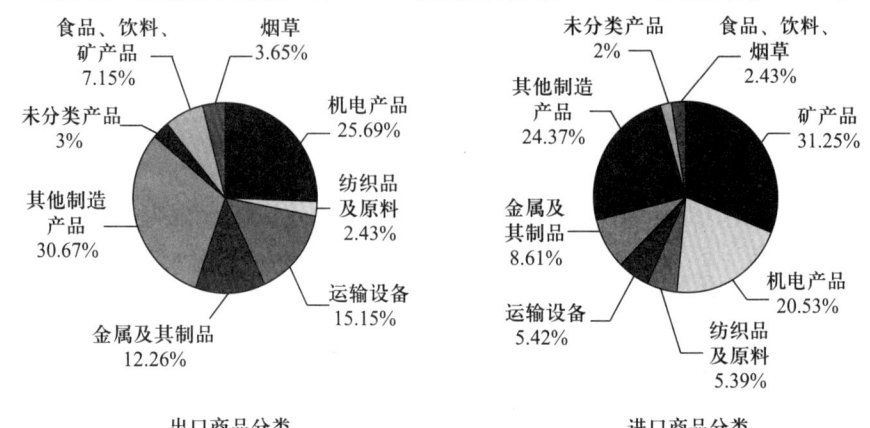

图 12.1　2013 年欧盟货物贸易分类产品

资料来源:根据欧盟数据库数据整理,http://epp.eurostat.ec.europa.eu.

3. 贸易伙伴

如图 12.2 所示,2013 年欧盟对美国、瑞士、中国、俄罗斯和土耳其的出口额分别占欧盟出口总额的 16.5%、9.7%、8.5%、6.9% 和 4.5%,分别为 3 777.6 亿美元、2 228.0 亿美元、1 957.2 亿美元、1 578.6 亿美元和 1 023.0 亿美元,分别增长了 1.7%、31.4%、6.2%、0.3% 和 6.5%;自中国、美国、俄罗斯、瑞士和挪威的进口额分别占欧盟进口总额的 16.6%、11.6%、12.2%、5.6% 和 5.3%,为 3 702.7 亿美元、2 582.3 亿美元、2 513.7 亿美元、1 246.4 亿美元和 957.1 亿美元,分别减少了 0.6%、1.9%、1.1%、7.9% 和 4.7%。③ 欧盟前五大逆差来源地依次是中国、俄罗斯、挪威、尼日利亚和越南,逆差分别为 1 745.5 亿美元、935.1 亿美元、298.9 亿美

---

① 欧盟委员会提案,http://europa.eu/rapid/press-release_IP-13-674_en.htm? locale=en.
② 欧盟数据库数据,http://epp.eurostat.ec.europa.eu/portal/page/portal/international_trade/data/database.
③ 欧盟数据库数据,http://epp.eurostat.ec.europa.eu/portal/page/portal/employment_unemployment_lfs/data/database.

元、225.0亿美元和205.7亿美元;顺差主要来自美国、瑞士和阿联酋,分别为1 195.3亿美元、981.7亿美元和458.3亿美元。2013年欧盟对非洲出口额为1 530亿欧元,进口额为1 680亿欧元,贸易逆差为150亿欧元。对非贸易额占欧盟贸易总额的9%。

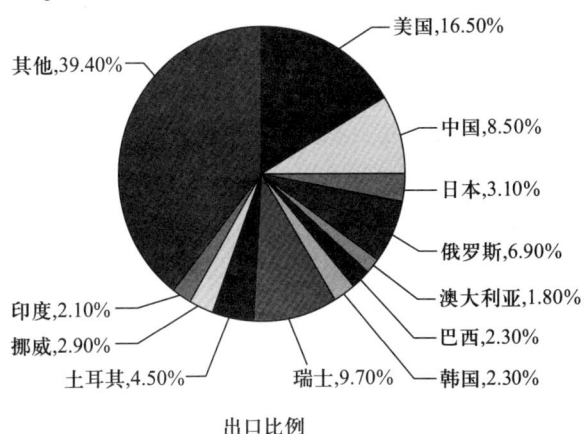

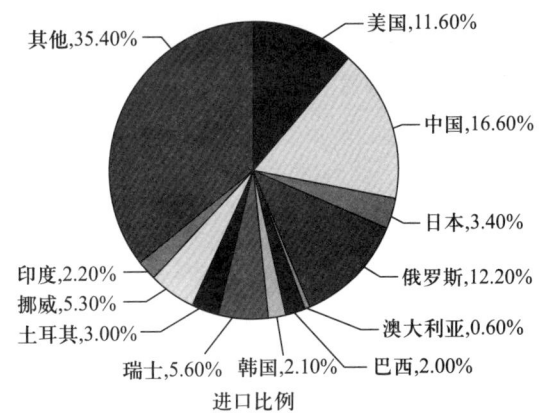

图12.2　2013年欧盟货物贸易进口和出口主要贸易伙伴

资料来源:根据欧盟数据库数据整理,http://epp.eurostat.ec.europa.eu。

根据欧盟统计局数据,美国仍然是欧盟2013年最大的货物贸易伙伴,也是欧盟第一大出口国和第二大进口国。2013年美国占欧盟总出口和总进口的份额,分别为16.7%和12%。2013年欧盟与美国货物贸易总额为2 880亿欧元,较2012年下降1.7%。2013年欧盟对美国的出口产品中,机械和运输设备占42.6%,化学品及有关产品占21.6%,杂项制品占12.4%,如表12.1所示。从中也可以看出欧盟具有发达的制造业。2013年欧盟对美国的进口总金额为3 475.74亿欧元,同比下降1.3%。机电产品、运输设备、化工产品和矿产品是主要的进口产品。①

表 12.1 2013 年欧盟向美国出口产品分类统计

SITC 编码	SITC 产品目录	金额（亿欧元）	占欧盟对美国出口比重(%)	占欧盟该类产品出口总量比重(%)
	总额	2 882.4	100	16.6
SITC7	机械和运输设备	1 227.5	42.6	17.3
SITC5	化学品及有关产品	621.1	21.6	22.7
SITC8	杂项制品	357.5	12.4	19.6
SITC6	主要以材料分类的制成品	274.3	9.5	13.7
SITC3	矿物燃料、润滑剂及相关原料	173.3	6.0	14.3
SITC1	饮料和烟草	79.3	2.8	27.4
SITC0	食品和活畜	58.7	2.0	7.8
SITC2	粗材料,不能食用,非燃料	25.6	0.9	6.3
SITC9	分类商品,而不是其他地方的贸易标准分类交易	24.3	0.8	2.4
SITC4	动物和植物油,油脂和蜡	7.5	0.3	15.7

资料来源：欧盟贸易委员会贸易统计数据。http://trade.ec.europa.eu/doclib/docs/2006/september/tradoc_113465.pdf.

据欧盟统计局统计,2013 年中欧双边贸易额为 5 659.9 亿美元,增长 1.6%。其中,欧盟对中国出口 1 957.2 亿美元,增长 6.2%;自中国进口 3 702.7 亿美元,减少 0.6%;欧盟贸易逆差 1 745.5 亿美元,减少 7.3%,中国是欧盟第三大出口贸易伙伴和第一大进口来源地。机电产品、运输设备和化工产品是欧盟对中国出口的主要产品,2013 年三类产品出口额合计占欧盟对中国出口总额的 66.9%,分别为 650.2 亿美元、476.5 亿美元和 181.9 亿美元,分别增长 4.6%、4.9% 和 6.8%。另外,皮革制品和动物产品的出口额增长突出,分别增长 25.0% 和 24.4%。欧盟自中国进口的主要商品为机电产品、纺织品及原料和家具玩具等,2013 年进口额合计占欧盟自中国进口总额的 68.8%,进口额分别为 1 768.5 亿美元、454.0 亿美元和 320.4 亿美元,分别减少 1.0%、增加 1.4% 和减少 1.8%,这些产品在欧盟进口市场中分别占有 20.5%、5.4% 和 2.1% 的份额。另外,欧盟自中国进口的运输设备和陶瓷玻璃的进口额减少最为明显,分别减少 10.5% 和 9.1%。

---

① EU Commission.European Economic Forecast.2014 年春,http://ec.europa.eu/economy_finance/publications/european_economy/2014/pdf/ee2_en.pdf.

随着俄罗斯加入WTO,欧盟与俄罗斯贸易合作越来越密切。欧盟成为俄罗斯最主要的贸易伙伴,2013年欧盟在俄罗斯外贸总额中占比49.4%。2013年欧盟与俄罗斯贸易总额为1 578.6亿美元,同比增长0.3%。2014年1—6月份,俄对外贸易额为3 963亿美元,同比下降2%。欧盟在俄对外贸易总额中的比重由2013年同期的50.4%降至49.5%。①

在欧盟内部,2013年德国仍然是最大的贸易国,货物进出口额为26 408.8亿美元,比上年同期增长2.7%。其中,出口14 529.9亿美元,增长3.3%;进口11 878.9亿美元,增长2.0%。贸易顺差2 651.0亿美元,增长9.6%。2013年,法国货物贸易进出口额为12 605.9亿美元,比上年同期增长1.3%。其中,出口5 797.8亿美元,增加1.8%;进口6 808.1亿美元,增长0.8%。贸易逆差1 010.3亿美元,减少4.6%。出口方面表现比较突出的国家有塞浦路斯、保加利亚、罗马尼亚,分别增长12.4%、10.5%、10%。进口增速较快的国家有奥地利、拉脱维亚,分别增长10.1%、9.2%。②

(二)服务贸易

2013年欧盟服务出口额为6 840亿欧元,进口额为5 110亿欧元,服务贸易顺差增长至1 730欧元。由于出口增速快于进口增速,2014年欧盟服务贸易盈余(1 730亿欧元)约为2004年(450亿欧元)的4倍。2013年欧盟服务贸易的主要出口市场为美国(1 610亿欧元,占比23%)、瑞士(830亿欧元,占比12%)、中国(320亿欧元,占比5%)、俄罗斯(290亿欧元,占比4%)和日本(230亿欧元,占比3%),主要进口来源地同样是美国(1 480亿欧元,占比29%)、瑞士(620亿欧元,占比12%)、中国(210亿欧元,占比4%)、俄罗斯(140亿欧元,占比3%)和日本(140亿欧元,占比3%)。

2013年欧盟服务贸易中,运输类服务进口额为1 648亿美元,占全部服务贸易进口的24.4%;旅游类进口1 310亿美元,占比21.6%;除运输和旅游外的其他商业服务类进口3 921亿美元,占比约48%。出口增长主要来自旅游,全年旅游类服务贸易出口1 447亿美元,增长了5.4%;运输类服务贸易出口1 932亿美元,除运输和旅游以外的其他商业服务类出口5 701亿美元,均小幅下降。运输类、旅游类和其他类服务贸易出口所占比重分别为21.2%、16%和60.7%。根据UNCTAD的统计,2014年第一季度欧盟服务贸易进口和出口增速均有所上升,同比增长分别为1.8%、2%。③

2013年中国是欧盟第三大服务贸易伙伴,欧盟对华出口320亿欧元,同比

---

① 欧盟数据库数据,http://epp.eurostat.ec.europa.eu/portal/page/portal/international_trade/data/database.
② WTO数据库数据,http://stat.wto.org/StatisticalProgram/WSDBViewData.aspx? Language=E.
③ WTO数据库数据,http://stat.wto.org/StatisticalProgram/WSDBViewData.aspx? Language=E.

增长10.2%;欧盟自华进口210亿欧元,增长305%。欧盟对华顺差117亿欧元,增长23.2%。①

二、投资形势

欧盟统计局公布的欧盟对外投资数据显示,2013年欧盟对外投资额为3 410亿欧元,吸引外资3 270亿欧元;欧元区对外投资3 240亿欧元,吸引外资2 990亿欧元。欧盟最大的投资目的地是美国,2013年投资额为1 590亿欧元;其次是巴西,为360亿欧元;瑞士为240亿欧元;中国香港为100亿欧元,中国为80亿欧元。其中,对俄罗斯净撤资110亿欧元,对加拿大净撤资20亿欧元。欧盟最大的外资来源地依次是美国(3 130亿欧元)、巴西(210亿欧元)、瑞士(180亿欧元)、日本(100亿欧元)、中国香港和俄罗斯(80亿欧元)。②

2013年,全球外国直接投资增长11%至大约1.46万亿美元,基本回升至国际金融危机爆发前的水平。欧盟国家吸引的外国直接投资从2012年的2 070亿美元上升到2013年的2 860亿美元,同比增长37.7%。根据《金融时报》统计,2013年英国吸引的外国直接投资占欧盟国家总量的19%,位居第一。2013年英国外国直接投资存量增加1 606亿美元,同比增长8.3%,金额在全球仅次于美国,在欧盟国家中位居首位。英国新增外国投资存量占GDP比重高达63.3%,远远高于欧盟平均水平(49.4%)、德国(23.4%)和法国(39.5%)。③

2014年7月8日,欧盟委员会宣布,向18个创新型可再生能源项目和一个碳捕捉与储存项目投资10亿欧元,以期掌握更多应对气候变化的新手段。该项目是欧盟"NER300"融资项目的第二批投资计划,这些投资项目覆盖了生物能源、太阳能、地热、风能、海洋能源、智能电网以及碳捕捉与储存等技术。其中,碳捕捉与储存项目是首次入选。据欧盟机构预测,这些项目实施以后,将使欧盟的年度可再生能源产能增加近8太瓦时(1太瓦时等于10亿千瓦时),相当于塞浦路斯和马耳他的年度用电量总和。新投入的这10亿欧元预计还将带动约9亿欧元的私人投资,使投资总额达到近20亿欧元。

---

① UNCTAD 数据库,http://unctadstat.unctad.org/TableViewer/tableView.aspx.
② UNCTAD.World Investment Report 2013, UNCTAD 网站:http://unctad.org/en/PublicationsLibrary/wir2013_en.pdf.
③ UNCTAD 数据库,http://unctadstat.unctad.org/TableViewer/tableView.aspx.

第二节 2013年欧盟贸易政策回顾与展望

贸易一直是欧盟经济发展最重要的依靠力量,正如欧盟委员会主席巴罗佐提到的那样,"贸易是经济增长和就业增加必不可少的手段……未来全球90%的增长将发生在欧洲以外,而抓住这一机会对保持并提升欧盟的活力至关重要……"。[①]2010年,欧盟出台《欧盟2020战略》,并将其作为未来十年欧盟经济与社会发展的指南。作为《欧盟2020战略》的重要组成部分,欧盟发布了《贸易、增长与全球事务》,描绘了欧盟未来五年贸易政策的基础,并提出了一系列促进欧盟贸易发展的战略。对于欧盟来说,贸易政策的目标不仅是贸易增长,而是包含着增长、环境以及社会目标,贸易的发展是欧盟协议中设定的目标的一部分,不仅仅是增长,还包括对民主、法治和人权的尊重。

欧盟自成立后,一体化就成为其始终坚持的目标,如今欧盟已经成为全球一体化程度最高的区域组织,欧盟也越来越多地以整体的姿态出现在各种国际事务中。虽然自金融危机以来,欧盟遭遇重创,但一体化的进程并未止步。经济陷入衰退后,欧盟各大机构和各成员国纷纷出台各种贸易政策,努力解决经济发展中的困难,从而支撑欧盟经济不断向前发展。各国在竞争力和生产率方面不同,在经济波动中受影响的程度也各不相同。欧盟不断出台新的贸易政策,一方面巩固其在世界经济贸易中的地位,另一方面不断整合欧盟各国间市场,在促进经济发展的同时,不断提高其在国际经济贸易格局中的地位。

一、欧盟贸易政策新发展

贸易提高了效率,培育了创新,推动了欧洲经济增长,并增加了国外市场对欧洲货物和服务的需求。开放的贸易也为消费者提供了丰富的低价商品。欧盟是世界最大的经济体,也是全球最大的出口方。2013年,欧盟货物和服务出口总额达5.47万亿美元,占当年GDP的13%。[②]

(一)贸易政策制度

《里斯本条约》对欧盟与成员国在各领域的政策制定权限上做出了明确的分配。协议内容要求欧盟在贸易与投资政策上具有专属权限,各成员国必须在

---

① 欧盟贸易委员会网站,http://ec.europa.eu/trade/policy.
② 欧盟委员会网站,http://ec.europa.eu/economy_finance/assistance_eu_ms/intergovernmental_support/index_en.htm.

欧盟的授权下才能制定相应的政策。这种共同的政策范围包括：货物贸易政策、服务贸易政策、与贸易有关的知识产权政策、外国直接投资政策以及贸易防御政策。

欧盟的贸易政策制度通过两种形式的立法来形成和实施。第一种是条约或者协议类的基本立法，欧盟及成员国根据这些基本立法执行共同的商业政策；第二种是二级立法，主要包括法规、指引、决定以及提议，法规直接对成员国产生法律约束，指引需要由成员国转化为本国的法律实施，决定针对决定中提及的内容具有法律效力，而建议根据基本立法但不具有强制的法律约束力。在贸易政策的实施上，欧盟委员会主要通过两种形式，一种是"授权行动"，一种是"实施行动"，前者由欧盟理事会或欧洲议会授权欧盟委员会制定非立法性的法规，后者则在必要时根据基本法中的规定直接实施相关法规或政策。

针对新的贸易协议谈判，欧盟委员会需要得到欧盟理事会的授权，在谈判过程中也需要遵守欧盟理事会相关指引的规定并与欧盟理事会的指定机构进行协商，谈判进程还应向欧盟理事会以及欧洲议会及时通报。在贸易协议的批准上，欧盟委员会和欧洲议会都需要对整个协议予以投票批准，欧盟委员会可以单独批准协议中的个别条款，但欧洲议会如果否决整个协议，这些个别条款也不会生效。欧洲议会在对贸易协议或政策投票时采取简单多数原则，而欧盟理事会则采取特定多数规则，其中对服务贸易协议、与贸易有关的知识产权协议、外国直接投资在内部实施时需要全体一致的条款、威胁欧盟语言与文化多样性的文化与视听服务、严重威胁对应国家组织或歧视成员国提供能力的社会、教育与健康服务这些协议的批准采取全体一致的原则。

（二）直接影响进口的措施

1. 海关程序

《欧共体海关法典》是欧盟的基础海关法律，2012年2月20日欧盟委员会提交了一项提议将《欧共体海关法典》重新改造为《欧盟海关法典》，以取代2008年6月份更改的《现代海关法典》。2013年10月，欧洲议会和欧洲理事会共同通过了当年第952号条例，《欧盟海关法典》宣告生效，但该法典的大多数条款要等到2016年6月方才生效。关于授权和执行法令的条款也自法典生效之日起即行适用，这些条款允许欧盟委员会在2016年6月1日前对其进行完善。《欧盟海关法典》生效后，即行取代《现代海关法典》。

《欧盟海关法典》下欧盟的海关程序变得更为精简，海关报关变得更为高效，在现代化海关程序下货物存放也将更为便利。由于欧盟在海关政策和立法上有专属权力，在国家层面上各成员国只能根据欧盟立法和政策来实施欧盟相关政策或法律,2012年12月,欧盟通过一项交流,①对关税联盟的治理进行检查,从而提高欧盟海关服务的效率、有效性以及统一性。

欧盟海关程序一般包括自由流通放行、过境、海关仓储、入境程序、海关控制下的程序、临时许可、出境程序以及出口。这些程序分别由多个官方机构掌握,为促进海关程序的便利化,欧盟允许进口商在成员国申请简化程序的授权,从而在一个统一的机构完成海关通报以及清算的程序。此外,欧盟还提供了官方认证优质企业身份的服务,从而让获得该身份的企业能够在海关程序中拥有更多的便利性,而且这一身份具有通用性,在任何一个成员国获得的该身份均适用于其他成员国。截至2013年1月31日,已经有12 464家企业或机构获得该身份。

欧盟海关简易执法程序是欧盟理事会2003年第1383号条例,即《关于海关就涉嫌侵犯和侵犯知识产权的产品采取行动和措施的条例》,所规定的一种海关知识产权执法程序,适用于所有欧盟成员国。该条例核心内容如下:海关已扣留或者中止放行具有侵权嫌疑的货物后,在权利人同意的情况下,成员国可以根据其国内法适用规定的简易程序,将涉嫌侵权的货物放弃给海关,在海关监管下销毁,无须根据国内法判定这些货物是否侵权。

2. 海关估价和原产地规则

欧盟海关估价遵守WTO《海关估价协议》的规定,并在《欧共体海关法典》中以立法的形式确定下来。2013年到2014年间,欧盟海关估价政策和制度没有变化。交易金额仍然是欧盟海关估价的依据,95%的进口通报都遵从交易金额法。

欧盟原产地规则主要分为优惠原产地规则和非优惠原产地规则。优惠原产地规则最重要的仍是确定产品是否符合"最低加工"要求,具体要求通常会被写进特定的单边优惠贸易安排或互惠贸易安排中。非优惠原产地规则没有发生特殊的变化,如果一个产品的生产过程涉及多个国家,产品转化过程最后一个环节所在的国家被认为是原产地。

普遍优惠制(GSP)是优惠贸易安排中最重要的部分,2013年到2014年间欧盟GSP下的原产地规则没有发生改变。在GSP的原产地规则中,欧盟要求那些使用非本地原材料的制造业产品中,非本地原材料的使用不超过出厂价格的15%才符合原产地规则要求;欧盟对最不发达国家提供更大的优惠,最不发达国家的大多数工业和加工农业出口产品只要符合足够的加工条件,可以允许使用最高达70%的非本地原材料;其他的GSP受益国则根据产品的不同享受最高达70%或最高达50%的非本地原材料宽限。

---

① 详情参见 http://ec.europa.eu/taxation_customs/resources/documents/common/publications/com_reports/customs/com(2012)791_en.pdf.

其他的优惠原产地规则因欧盟与该国或该国所在组织签署的贸易协议不同而有所区别。2013 年 8 月欧盟委员会发布新的通知,①对不同国家的原产地规则安排做了一些修订。修订的内容将 2011 年 7 月 1 日开始生效的《欧盟-韩国互惠贸易协定》纳入其中,任何发票金额或档案金额不高于 6 000 欧元的产品在出口时均可以进行优惠原产地报关,经过有关官方机构认证的出口商可以就任何金额的装运货物进行发票报关。在通报中,欧盟将加勒比与太平洋国家集团(CARIFORUM)和韩国列入了最低加工要求的清单。在"完整生产"要求清单中也做出相应更改,加入韩国的相应内容,同时随着欧盟与 CARIFORUM 间经济合作协议以及欧盟与特定 ACP 国家②间临时市场准入协议的签署,在"完整生产"清单中也纳入了针对这些国家的内容。

3. 关税

2014 年欧盟使用的最惠国税率实质上没有变化。平均税率数字上的变化只是反映欧盟在关税目录上的调整以及基于产品价格变化造成的那些非从价计税商品税率的变化。欧盟 2012 年发布的《关于修改第(EEC)2658/87 号规则附件一的第(EC)1326/2013 号欧委会规则》列示了 2014 年海关关税表,于 2014 年 1 月 1 日起正式生效实施。③

2014 年欧盟最惠国关税在 8 位数字下有 9 100 个条目,简单平均最惠国税率为 6.3%,略低于 2008 年的 6.7%,如表 12.2 所示。WTO 定义下的农产品平均税率为 10.4%,比 2008 年的 17.8%下降 7.4%,这一变化反映了非从价计税的农产品价格上升造成其在从价等量计算下的税率下降;而非农产品的税率为 3.8%,略有下降。④

表 12.2 欧盟 2008 年、2013 年、2014 年最惠国税率结构表

	最惠国关税		
	2008 年	2013 年	2014 年
简单平均税率	6.7	6.5	6.3
农产品(WTO 定义)	17.8	14.8	10.4
非农产品(WTO 定义)	4.0	4.4	3.8
农、林、牧、渔(ISIC1)	9.3	8.6	8.6

---

① 参见 HMRC Notice 828 Tariff Preferences:Rules of origin for various countries,文档网址 http://customs.hmrc.gov.uk/channelsPortalWebApp/downloadFile? contentID=HMCE_CL_000193.
② ACP 是指与欧盟订有优惠关税协议的非洲、加勒比及太平洋发展中国家。
③ 欧盟委员会网站,http://ec.europa.eu/economy_finance/assistance_eu_ms/intergovernmental_support/index_en.htm.
④ WTO 技术性贸易壁垒信息管理系统,http://tbtims.wto.org/web/pages/search/stc/Search.aspx.

续表

	最惠国关税		
	2008年	2013年	2014年
采掘业(ISIC2)	0.2	0.2	0.2
制造业(ISIC3)	6.7	6.4	6.2
免税商品条目(占总条目数百分比)	25.3	24.7	23.7
应税条目的简单平均税率	9.05	8.7	8.8
关税配额(占总条目数的百分比)	4.8	5.0	5.1
非从价关税(占总条目数的百分比)	10.1	10.7	10.2
无从价等量的非从价关税(占总条目数的百分比)	2.7	2.9	2.8
微量税率(占总条目数百分比)	9.6	7.0	7.0

注：微量税率指的是税率大于0%而小于或等于2%的条目。
资料来源：WTO秘书处.Trade Policy Review of EU,2014.5,http://www.wto.org/english/tratop_e/tpr_e/tpr_e.htm.

对于欧盟无法生产的商品或者欧盟生产能力不足的商品，欧盟在关税上分别实行关税缓征和关税配额。各成员国可以根据自身的情况向欧盟委员会提出申请。根据欧盟委员会的说明，最近的经济衰退导致成员国申请关税缓征和关税配额数量有所上升。2013年一共约有1 680项关税缓征和780项关税配额生效。

4. 进口管理和限制

根据欧盟的相关法规，欧盟对WTO成员或签署了双边协议的贸易伙伴不施加进口数量限制。自俄罗斯正式加入WTO后，原先欧盟对来自俄罗斯的进口钢铁产品数量的限制失效。2005年欧盟与塞尔维亚签署《纺织品贸易协议》，欧盟未来可能会对来自塞尔维亚的纺织品进口施加数量限制，但随着欧盟与塞尔维亚完成了《稳定与联系协议》的技术谈判，只要该协议生效，《纺织品贸易协议》也将失效，不可能再出现进口数量限制。

欧盟进口许可制度规定进口许可只在实施进口数量限制、保障措施或者进口监测时使用。数量限制和保障措施中进口许可制度的存在是必要的，进口监测中欧盟使用的是自动进口许可，即在进口监测中加入进口许可的目的并不是限制市场准入，而是出于统计的目的，是一种透明性的操作。2013年1月1日开始，欧盟不再有新的进口监测产生。

5. 应急措施

作为欧盟的"贸易防御工具"，应急措施是欧盟共同商业政策的一部分，欧盟在应急措施的制定上具有专属权。欧盟的贸易防御工具主要包括反倾销、反补贴和贸易保障措施。自2005年到2014年,欧盟没有实施新的贸易保障措施。

欧盟反倾销措施的法律依据是2009年第1225号法规(反倾销法规),反补贴措施的法律依据是2009年第597号法规(反补贴法规)。基本的法律在2013年到2014年间没有改变。2013年欧盟一共发起9项反倾销和反补贴调查,2014年截至6月30日发起的反倾销和反补贴调查一共4起;2013年结束的调查一共28起,其中17起以确定最终反倾销、反补贴税或接受承诺告终,另外11起因为撤回申诉等原因终止调查,2014年截至6月30日终止的反倾销和反补贴调查一共1起,结果是终止调查;2013年实行的临时反倾销或反补贴措施的案件6起,2014年前6个月则为0起。①

在政策复审方面,欧盟2013年发起的复审为36起,2014年截至6月份则为6起;日落复审2013年一共完成了13起,其中5起确定了反倾销或反补贴措施,另外8起措施则终止或撤销,2014年前6个月完成4起,3起确定措施,另外1起终止或撤销;此外,以确定措施和终止措施结束的其他类型复审2013年分别为19起和7起,2014年前6个月则分别为4起和5起。②

截至2014年6月30日,欧盟共有45项反倾销措施和4项反补贴措施正在施行,同时有15项调查正在进行,具体见表12.3。③

表12.3 截至2014年6月30日欧盟正在进行的反倾销、反补贴调查

案件号	产品	国家	类型	发起时间
R569	硝酸铵	俄罗斯	日落复审	2013年7月12日
R576	不锈钢螺丝紧固件	中国	期中复审	2013年6月6日
R597	蜡烛等	中国	日落复审	2014年5月14日
R586	瓷砖	中国	期中复审	2014年1月31日
R584	柠檬酸	中国	日落复审	2013年11月30日
R583	柑橘类水果	中国	日落复审	2013年10月25日
R591	铁或钢的紧固件	中国	日落复审	2014年1月30日
R593	纤维玻璃产品	中国	期中复审	2013年12月18日
R590	手托盘卡车	中国	新出口商复审	2014年1月15日

---

① 欧盟委员会.Trade Defence Statistics covering the first six months of 2014,2014年7月。
② 欧盟委员会.Trade Defence Statistics covering the first six months of 2014,2014年7月。
③ 欧盟委员会网站, http://trade.ec.europa.eu/tdi/index.cfm? sta = l&en = 20&page = 1&c _ order = date&c_order_dir=Down.

续表

案件号	产品	国家	类型	发起时间
R592	味精	中国	日落复审	2013年11月29日
R598	聚对苯二甲酸乙二醇酯(PET)	印度	期中复审	2014年6月6日
R596	钢纹线	中国	日落复审	2014年5月8日
R582	磺胺酸	印度	日落复审	2013年10月16日
R580	管和管件	韩国	日落复审	2013年10月15日
AD605	虹鳟鱼	土耳其	初次调查	2014年2月15日

资料来源：欧盟委员会网站，http://trade.ec.europa.eu/tdi/index.cfm? sta=1&en=20&page=1&c_order=date&c_order_dir=Down.

6. 技术性法规和标准

欧盟层面和成员国层面都有欧盟技术性法规和合格评定程序，许多程序均在欧盟层面实现了统一协调，根据WTO的TBT协议，欧盟有义务向WTO提交TBT通报。2013年欧盟一共向WTO递交了78条TBT通报，高于2011年的63条，2013年欧盟一共提交了73条TBT通报。在成员国层面上，2012年一共有41起TBT通报（表12.4），其中法国最多，为10起；2013年一共有30起TBT通报，法国仍然最多，为12起；德国在2012年到2013年之间没有TBT通报。

表12.4 2012年和2013年欧盟成员国TBT通报情况

国家	2012年TBT通报数量	2013年TBT通报数量
法国	10	12
捷克	8	2
瑞典	4	5
立陶宛	3	3
意大利	3	2
丹麦	4	1
匈牙利	4	0
斯洛文尼亚	2	2
爱沙尼亚	2	1
芬兰	1	2

资料来源：欧盟企业与工业总司TBT数据库，http://ec.europa.eu/enterprise/tbt/index.cfm? fuseaction=Search.viewBasic&dspLang=EN.

欧盟及各成员国均设有技术法规和合格评定程序的通报机构，各成员国的通报机构需要获得该国认可机构的授信。在欧盟或欧洲自由贸易联盟内，认可机构根据欧洲认可合作组织的相关政策展开工作，同时欧洲认可机构在国际认可论坛(IAF)多边认可协议(MLA)下与非欧洲自由贸易联盟的国家以及欧盟邻国展开合作。在共同认可制度下，欧盟建立了市场监测制度，2013年2月，欧盟委员提交建议修订现行的市场监测法律制度，以便更高效更简便地进行市场监测，从而保证消费者的健康和安全。欧盟的市场监测都是建立在成员国层面上的，同时成员国需要通过非食品消费品快速预警系统(RAPEX)向欧盟通报对严重危险的产品采取的限制性措施。2013年，RAPEX一共通报了1 978条措施，其中1 489条针对被认为产生严重危险的产品。①

7. 卫生与植物卫生措施

2013年，欧盟向WTO卫生与植物卫生措施委员会通报了37条常规措施和6条紧急措施。成员国方面只有荷兰和法国单独向WTO通报SPS措施，2013年1月11日法国发布了关于某些食品中加工助剂问题的常规通报附录。针对欧盟的SPS措施，其他WTO成员向WTO相关委员会提交的特定贸易关注(STC)在2013年1月1日到2014年6月30日期间共有7个，具体见表12.5。

表12.5 2013—2014年针对欧盟的特定贸易关注

STC内容	STC发起国	STC支持国	措施实施国	发起时间	解决方案
欧盟针对某些松树和其他产品的检疫措施	俄罗斯		欧盟	2013年3月21日	未报道
欧盟禁止使用和销售经处理的种子	美国		欧盟	2013年3月21日	未报道
欧盟对进口肉制品的温度处理要求	俄罗斯		欧盟	2013年6月27日	未报道
欧盟更新GMO(转基因作物)认证	阿根廷		欧盟	2014年2月27日	未报道
欧盟对瓶装兰花组培苗的进口要求	中国台湾	塞内加尔	欧盟	2014年3月2日	未报道
欧盟对柑橘黑点的检疫措施	南非	阿根廷	欧盟	2014年3月27日	未报道

资料来源：WTO卫生与植物卫生措施信息管理系统，http://spsims.wto.org/web/pages/search/stc/Search.aspx.

---

① 欧盟健康与消费者保护总司RAPEX系统，http://ec.europa.eu/consumers/safety/rapex/index_en.htm.

为促进成员国间就针对食物和饲料安全采取的措施进行信息沟通,欧盟建立了食品和饲料快速预警系统(RASFF)。该系统的标准操作程序于2013年发布,[①]标准操作程序的发布能帮助成员国在使用RASFF系统时更加规范和协调统一。欧盟将RASFF通报分成两类:警报类针对那些被发现有危险的在市食品和饲料;禁止入境类是指那些被测试出有危险而已被欧盟拒绝入境的食品和饲料,该类信息发布的目的在于加强对相关产品的监控以防其再次试图入境。此外,RASFF还通过注意信息类通报分享那些只在通报国出现的有威胁的产品,或者该产品尚未进入市场或已经不在市场上流通;而跟踪信息类则指该产品已经或者可能出现在其他成员国的市场上。此外,信息类是指某种食品或饲料已经被通报国发现存在危险,但其他成员国尚无必要采取快速行动。2012—2013年的RASFF系统分类通报数情况见表12.6。

表12.6 欧盟2012—2013年RASFF系统分类通报数

分类	2012年	2013年
警告	523	565
禁止入境	1 713	1 507
信息	0	0
注意信息	679	684
跟踪信息	507	475

资料来源:欧盟RASFF数据库,https://webgate.ec.europa.eu/rasff-window/portal.

(三) 直接影响出口的措施

2013年到2014年间欧盟基本出口法律和制度没有发生新的变化,欧盟对产品出口仍然不征税,对产品出口欧盟也没有特别限制,仍然以国际出口控制制度为依据,主要包括澳大利亚的禁止化学武器和生物武器条约、《核不扩散条约》、《瓦圣那协议》关于传统武器和耐用商品和技术的出口控制内容以及导弹及其技术控制制度。

(四) 影响生产和贸易的措施

1. 政府采购

欧盟所有高于特定阈值的政府采购都需要符合欧盟颁布的相关指引的规定,对于这些超出额度以外部分的政府采购,都必须在欧盟范围内进行公告,同时要符合统一程序要求。2012年1月1日开始,欧盟委员会新法规生效,[①]规定了用品、服务以及建筑工程三种采购的阈值,不同指引下的阈值均有所提高,具

[①] 欧盟委员会,《RASFF年度报告2013》,文档地址 http://ec.europa.eu/food/food/rapidalert/docs/rasff_annual_report_2013_en.pdf.

体见表12.7。

表 12.7　2010—2013 年欧盟最低公共采购阈值　　　　　　　　单位:欧元

	用品		服务		建筑工程	
	2012—2013年	2013—2014年	2012—2013年	2013—2014年	2012—2013年	2013—2014年
欧盟GPA缔约机关	130 000	120 000	130 000	140 000	5 000 000	4 000 000
其他公共部门缔约机关	200 000	210 000	200 000	200 000	5 000 000	5 000 000
补贴高于50%的缔约机关	无	无	200 000	190 000	4 845 000	4 600 000
服务定制竞标(中央政府机构)	无	无	130 000	140 000	无	无
服务定制竞标(其他机构)	无	无	200 000	220 000	无	无
服务定制竞标(特定部门)	无	无	200 000	180 000	无	无
公共事业(除服务定制竞标)	400 000	380 000	400 000	420 000	5 000 000	4 000 000
公共事业(服务定制竞标)	无	无	400 000	390 000	无	无

资料来源:WTO 秘书处.Trade Policy Review of EU,2014 年 5 月,http://www.wto.org/english/tratop_e/tpr_e/tpr_e.htm.

2013 年到 2014 年,欧盟继续在多边和双边领域推进政府采购谈判进程。在已经完成的 WTO 的 GPA 谈判中,欧盟承诺在政府采购上给予更多的市场准入机会,一些新的部门和缔约机构都被纳入欧盟的减让表中。在双边领域,欧盟已经与 CARIFORUM、中美洲国家、智利、哥伦比亚、伊拉克、墨西哥、秘鲁、韩国和瑞士等国在签署的双边协议中包含了政府采购。

2. 知识产权

欧盟继续推进知识产权方面法律制度和框架的完善,同时加强了知识产权的执法工作。版权方面,欧盟强调了在推进版权制度现代化并促进授权便利化上的重要性,同时确保在保护文化多样性前提下对知识产权的高水平保护。为了促进知识产权保护的统一与协调,欧盟理事会和欧洲议会达成了关于单一专利政策的一致意见。法规"单一专利保护创新领域加强合作"(No.1257/2012)和"考虑适于转化的单一专利保护创新领域加强合作"(No.1260/2012)在 2012年 12 月 17 日通过并于 2014 年 1 月 1 日开始生效。

欧盟知识产权体系由欧盟层面法律和成员国层面法律两部分组成。其中,成员国法律以相关欧盟法(包括《欧洲专利公约》)及其在相关国际协定中的承诺为基础。欧共体或其成员国为世界知识产权组织(WIPO)成员,是《商标法条约》、《海牙协定》、《马德里议定书》、《伯尔尼公约》、《与贸易(包括假冒商品贸易在内的)有关的知识产权协定》等国际条约和协定的签署方。欧盟知识产权立法工作不断以确保内部市场运行为目的进行相关修订。

在地理标志保护上,欧盟颁布了关于农产品和食品材料地理标志的法规(No.1151/2012),为三种不同的质量控制体系①建立了统一的法律框架。根据欧盟的说法,该法规的实施将有助于欧盟实施更大力度、更透明的质量控制体系和更简便的申请程序。为防止贸易过程中出现对欧盟知识产权的侵犯,欧盟在边境区域加强执法,禁止任何涉嫌侵犯欧盟知识产权的产品入境。根据欧盟委员会的提议,欧盟理事会签署了一项新的"欧盟海关行动计划",②为2013—2017年打击知识产权侵犯的措施设定了目标。此外,欧盟还积极与其他国家的知识产权机构展开合作。在双边领域,欧盟积极与中国、俄罗斯、泰国、乌克兰等国展开合作,打击仿冒产品和盗版产品,在诸边领域,欧盟加入了ACTA。

3. 逐步取消太阳能等可再生能源补贴

2014年4月9日,欧盟委员会发布新规,宣布逐步取消对太阳能、风能、生物能等可再生能源产业的国家补贴。新规7月1日正式生效,且自2017年起,所有的欧盟成员国都将被强制限制对可再生能源产业进行补贴。欧盟的新规中也设定了一些特例,例如,欧盟范围内一些小型的可再生能源产业,如生产在屋顶安装的太阳能电池板的产业,就不受缩减及取消补贴的限制。此外,一些能源密集型产业也不受新规限制,欧委会指出,这是为了保证这些产业的国际竞争力。根据新规,欧盟所有28个成员国都需要逐步取消对可再生能源产业的特别补贴政策,以确保"更具成本效益的"可再生能源发展。欧盟对可再生能源的扶持时间很久了,早在2001年,欧盟就通过立法,推广可再生能源发电。此后,欧盟还于2009年4月通过了新的可再生能源立法,把扩大可再生能源使用的总目标分配到各成员国头上。但是,近年来可再生能源产业的成本已经大幅下降,欧盟范围内对可再生能源普遍实施补贴的制度,造成了市场的乱象,增加了消费者的支出。新规则更倾向于让市场占据主导地位,以试图降低电价,增强可再生能源产业本身的竞争力。

(五)共同农业政策和共同渔业政策

欧盟2013年农业增加值达1 481.25亿欧元,占GDP的1.6%;农产品进出口总额为1 239亿欧元,位居世界第一,在全球农产品贸易中具有举足轻重的地位。③ 欧盟农业取得的巨大成绩,离不开欧盟共同农业政策(CAP,Common Agriculture Policy)。欧盟总产值中农业仅占1.3%,就业人口占5%,但欧盟一直是全

---

① 分别指地理标志保护(PGIs),原产地名称(PDOs),传统产品(TSGs)。
② 欧盟理事会关于2013年到2017年打击知识产权侵犯的欧盟海关行动计划,http://ec.europa.eu/taxation_customs/resources/documents/customs/action_plan_en.pdf.
③ 欧盟数据库数据,http://epp.eurostat.ec.europa.eu/portal/page/portal/international_trade/data/database.

球最大的农产品进口国和出口国,农业对欧盟有着重要的意义,尤其是农业共同政策(CAP)在欧盟一体化进程中扮演着重要的角色。近年来,欧盟 CAP 一直在改革,欧盟理事会、欧洲议会和欧盟委员会在 2013 年 6 月 26 日达成了关于 2013 年后共同农业政策改革的一致决议。① 根据欧盟委员会的介绍,CAP 的改革仍然朝着市场化方向进行,但被分离开的直接支付仍然是 CAP 支出的核心,与之前的改革不同的是,2013 年之后的改革将不再直接去除欧盟农业的市场准入条件,关税、关税配额以及特定农业保护将不会受影响。在 CAP 预算方面,欧盟 2013 年的直接援助金额达到 409.3 亿欧元,略高于 2012 年的 405.1 亿欧元。其中,被分离出来的直接援助 2013 年约为 380.8 亿欧元,而 2012 年则为 371.9 亿欧元。②

欧盟通过共同渔业政策(CFP)来保护渔业资源并实施可持续性开发。在双边领域,欧盟通过两类协议来协调欧盟与第三国的渔业伙伴关系。第一类是与挪威、冰岛以及法罗群岛签署的《北部协议》,在共同管理的渔业资源上分享机会;第二类是与其他国家的《渔业伙伴协议》,到 2013 年年底,欧盟已经与 16 个国家签署了《渔业伙伴协议》。欧委会官方网站称,欧委会海洋事务与渔业总司最新通过的一份咨询文件显示,与 2009 年仅有 5 个鱼类品种没有存在过度捕捞的状况相比,2013 年欧洲海域渔业资源状况明显改善,不存在过度捕捞的鱼类品种已增加到 30 多个,欧洲捕捞业为此可获得 1.85 亿欧元的额外收入。

(六) 多边贸易谈判

欧盟是 WTO 中最重要的成员之一,尽管多哈回合谈判目前步履维艰,但欧盟仍希望在多边谈判舞台上取得阶段性突破。WTO 第九届部长级会议于 2013 年 12 月在印度尼西亚巴厘岛召开,欧盟关注的焦点仍然在贸易便利化上。同时,在对最不发达国家(LDCs)的贸易援助上,欧盟 2013 年 3 月发表联合声明,表示欧盟将根据自己的承诺予以支持。

在诸边协议的谈判上,欧盟参与的 GAP 再谈判已于 2013 年 3 月完成,新的 GPA 确保了 GPA 国在更高水平和透明度上实施政府采购行为。欧盟还在推动更高水平的服务贸易协定谈判,但欧盟表示诸边协议要在多边协议的基础上推进,并最终实现多边化,从而推动多边贸易体系的发展。

(七) 双边贸易谈判

欧盟在双边领域积极展开贸易谈判,争取与更多的贸易伙伴建立更深的贸易伙伴关系。2013 年,欧盟与一系列国家签署的双边协议开始生效,与乌克兰等国的谈判已经完成,而与美国等国的双边协议也正在谈判中。此外,欧盟还积

---

① http://europa.eu/rapid/press-release_IP-13-613_en.htm.
② 欧盟委员会预算表,http://eur-lex.europa.eu/budget/data/D2013/EN/SEC03.pdf.

极展望与中国等国开展双边协议的谈判。2013年以来欧盟双边协议谈判情况如表12.8所示。

表12.8 欧盟双边协议谈判进展

已经生效的协议及生效时间	已经完成但尚未生效的谈判	正在进行的谈判
秘鲁（2013年3月1日生效）；哥伦比亚（2013年8月1日生效）；中美洲国家，包括哥斯达黎加、萨尔瓦多（2013年10月1日生效）；洪都拉斯、尼加拉瓜和巴拿马（2013年8月1日生效）	摩尔多瓦、亚美尼亚和格鲁吉亚；乌克兰；新加坡；危地马拉；科特迪瓦、喀麦隆、加纳、南部非洲发展共同体、东非共同体（临时协议）	美国；日本；东盟；南地中海国家；加拿大；印度；南方共同市场；海湾合作委员会；非洲、加勒比和太平洋国家集团

资料来源：欧盟委员会.The EU's bilateral trade and investment agreements-where are we?,http://trade.ec.europa.eu/doclib/docs/2013/november/tradoc_150129.pdf.

二、欧盟贸易发展及政策展望

（一）欧盟贸易发展展望

1. 外部需求仍然是欧盟复苏的关键因素

欧盟各成员国面临财政巩固的压力，这使得欧盟的公共财政形势依旧严峻；劳动力市场及房地产市场的低迷让个人和家庭财政状况也不容乐观，内需不能很好地拉动经济增长，外需仍然是欧盟经济复苏的关键因素。2012年出口对欧盟经济增长的贡献达到1.0%，净出口的贡献为1.1%，而欧盟GDP增速为-0.3%。[①]尽管增速在下滑，但2013年欧盟货物贸易和服务贸易出口总额仍能保持2%左右的增长，对经济增长贡献为0.9%，进口增加使得净出口对GDP增长的贡献仍能达到0.6%。随着全球贸易进一步复苏，到2014年欧盟出口对GDP增长贡献可达到2.2%，净出口对经济增长的贡献随着进口的增加而下降为0.3%。[②]

2. 双边贸易协议促进经济增长

欧盟广泛参加双边经济合作，积极对外商签双边贸易协定。近年来欧盟与一系列国家或国家集团达成双边贸易协议，展开双边贸易协议谈判，未来欧盟与这些国家的贸易联系会进一步增强。2013年欧盟与非洲的贸易额高达4 200多

[①] Joseph Francois.Reducing Transatlantic Barriers to Trade and Investment—an economic assessment,伦敦经济政策研究中心,2013(3).

[②] 欧盟委员会.European economic forecast, 2013年, http://ec.europa.eu/economy_finance/publications/european_economy/forecasts_en.htm.

亿美元,欧盟从非洲的货物贸易进口和向非洲的出口分别增长了21.8%和10.9%,是欧盟对外贸易中增长最快的部分,欧盟已经与南部非洲发展共同体以及东非共同体完成贸易协议的谈判,同时正在与非洲、加勒比和太平洋国家集团进行双边协议的谈判,双边协议一旦达成,将促进未来欧盟与非洲的贸易继续稳定增长。此外,欧盟对非洲的优惠贸易安排也将继续推动欧盟与非洲的贸易发展。在亚洲,欧盟对韩国的货物贸易出口是双边协议的最大受益者,自欧盟与韩国的自由贸易协定生效后,2013年欧盟对韩国的出口增长了15.3%,[①]预计未来随着双边贸易协定在更多领域得到落实和发挥效应,韩国市场对欧盟出口的贡献将进一步增强。

虽然双边贸易协议促进了经济的增长,但是欧盟与新兴经济体的贸易关系有待加强。欧盟经济的衰退对欧盟和巴西、印度以及中国的双边贸易影响较大,欧盟从三国的进口2013年均出现了下降;对中国的出口增速放缓,占欧盟出口的比重下降;对巴西的出口所占比重有所下降,而印度所占比重也呈现下降趋势。目前,欧盟与印度正在进行双边贸易协议的谈判,而与中国、巴西以及俄罗斯尚无双边贸易谈判安排,短期内欧盟与新兴经济体的贸易将不会有大的突破。

3. 单边政策

虽然在多边和双边谈判上欧盟取得了较大的成绩,但是仍然致力于单一市场的整合、不断提升欧盟竞争力。例如欧盟《欧盟服务业指令》如果能在欧盟完全实施,会给商业服务业带来45%的增长,直接投资会增长25%,为GDP增长贡献率达1%~2%。根据《欧盟2020战略》的相关内容,欧盟会进一步推进单一市场的形成和发展,不断促进劳动力市场的自由流动,促进内部能源市场的统一。

(二) 欧盟贸易政策展望

多哈回合谈判仍然步履维艰,诸多议题中农产品和非农产品的市场准入谈判很难在成员国之间达成一致,主要问题仍集中在农产品关税、农产品补贴和工业品市场准入上。在工业品市场准入上,欧盟一直要求降低工业产品的关税,既包括发达国家,也包括新兴经济体国家,对于中国、巴西和印度这些发展中大国,欧盟一直坚持完全互惠的原则,而全然不顾在之前的回合谈判中发展中国家做出的巨大让步。在短期内欧盟不会放弃自己在多哈回合谈判中的主张,即要求这些发展中大国以完全对等的条件互相开放市场,这也使得多哈回合在工业品市场准入上的谈判前景不容乐观。

欧盟在促进多边谈判的同时不断加快双边谈判的步伐,美国、日本、加拿大等欧盟重要的贸易伙伴都被欧盟纳入双边谈判的日程中,双方正在就双边贸易协议展开谈判。在多边贸易体系已经不能再为欧盟提供太多的利益空间的背景

---

① 欧盟统计局数据库, http://appsso.eurostat.ec.europa.eu/nui/submitViewTableAction.do。

下,加上欧盟在多边贸易谈判中可能会做出的让步,有理由认为欧盟会越来越重视双边领域的贸易谈判。在所有谈判中,最引人关注的是欧盟和美国间的 TTIP 谈判,在欧盟发布的姿态书中,表达了希望与美国在贸易管制议题、公共采购领域、原材料和能源、贸易与可持续发展等内容上展开磋商。另根据伦敦经济政策研究中心的一项研究表明,①如果 TTIP 协议最终能完成关税、服务、采购等协议谈判并顺利实施,最终将能为欧盟带来最高达 1 192 亿欧元的收益。除了美国之外,欧盟与日本的贸易谈判也在进行,欧盟希望通过一系列的双边贸易谈判,扭转双边贸易近年来持续下滑的趋势。

第三节 中欧经贸关系发展与展望

一、中欧贸易关系现状

欧盟已经成为中国第二大的贸易伙伴,最大的进口来源地、技术引进来源地,中国则是欧盟第二大贸易伙伴,第一大进口来源地和第三大出口市场。2013 年欧盟和中国的 GDP 总量分别达到 17.4 万亿美元和 9.2 万亿美元,分别是全球第一大和第三大经济体,双方在全球经济及国际贸易中占据着重要的地位,同时双边经贸关系联系紧密。双方贸易在 2012 年以来仍保持较高的水平,但贸易增长明显放缓。据欧盟统计局统计,2013 年中欧双边贸易额为 5 659.9 亿美元,增长 1.6%。② 其中,欧盟对中国出口 1 957.2 亿美元,增长 6.2%;自中国进口 3 702.7 亿美元,减少 0.6%;欧盟逆差 1 745.5 亿美元,减少 7.3%。中国与欧盟的服务贸易近年来增长较快,但总量仍比较小,根据欧盟的统计,2013 年中国从欧盟进口服务贸易 320 亿欧元(占比 5%),对欧盟服务贸易出口额为 210 亿欧元(占比 4%),中国对欧盟服务贸易逆差 110 亿欧元。欧盟贸易委员会发布的文件表明,中国对欧盟的 FDI 流量呈上升趋势,但从总量上看,中国仅占欧盟 FDI 流出量的 2.0%,中国流向欧盟的 FDI 仅占欧盟全部 FDI 流入的 1.5%。③

中国与欧盟的贸易往来会进一步加深,合作关系也会继续加强。中国对外贸易的增长提高了中国在全球贸易中的地位,欧盟实施新贸易战略时一定会考虑与中国的贸易关系。在受到欧债危机影响的情况下,来自中国的进口需求对

---

① Joseph Francois.Reducing Transatlantic Barriers to Trade and Investment—an economic assessment,伦敦经济政策研究中心,2013(3).
② 欧盟统计局数据库,http://appsso.eurostat.ec.europa.eu/nui/submitViewTableAction.do.
③ 欧洲央行网站,http://www.ecb.europa.eu/press/key/date/2014/html/sp131010.en.html.

欧盟经济复苏非常有益。据欧盟委员会评估，截至 2015 年，全球 90% 的增长来自欧盟以外，有三分之一来自中国。尽管中国对欧盟的出口增速有所下滑，但中国仍然是欧盟的第一大进口来源国，中国仍然是欧盟未来最重要的市场之一。

二、中欧贸易关系中的问题

中国和欧盟作为全球经济和国际贸易中的重要成员，双方经贸联系日益密切，但双方近年来在贸易上的对立和冲突一直不断，双方贸易摩擦不断。2013年欧盟新发起的 9 起反倾销和反补贴调查中，有 3 起针对中国，2014 年截至 6 月 30 日，欧盟发起的 4 起双反调查有 2 起来自中国的产品。2013 年欧盟一共完成 5 起反倾销调查并最终确定征收反倾销税，其中 3 起涉及中国产品。① 2014 年 1 月 30 日，应欧洲工业紧固件协会的申请，欧盟对原产于中国的钢铁制紧固件进行反倾销日落复审立案调查。2014 年 2 月 4 日中国卫浴遭到欧盟反倾销调查。2014 年 3 月中国与欧盟就对欧葡萄酒和多晶硅反倾销和反补贴案达成和解。2014 年 3 月 30 日欧盟停止对从中国进口的移动电信通信产品与关键设备展开反倾销调查，这是今年以来中欧第三项达成和解的贸易摩擦。虽然中欧贸易摩擦有的达成了和解，但是贸易摩擦仍然有很多。截至 2014 年 6 月 30 日，欧盟正在实施的 37 项反倾销措施中有 19 项涉及中国，而 6 项反补贴措施也有 2 项涉及中国，给中国的企业造成了巨大的损失，同时也损害了中欧经贸关系的发展。

目前正在调查的反倾销反补贴案中，光伏产品案尤为引人关注。2013 年中欧之间光伏产品的贸易摩擦是引起中欧之间乃至全球光伏产业关注的一个重大的贸易摩擦，因为它是有史以来涉及一个领域金额最高的一项贸易争端，金额高达 200 多亿美元，涉及中国 40 多万人的就业。2013 年 6 月，欧盟做出初裁，决定从 6 月 6 日起对中国的太阳能电池板征收 11.8% 的临时反倾销税，并从 8 月 6 日起增加至 47.6%。2013 年 7 月，中欧就太阳能电池板反倾销案达成价格承诺，加入价格承诺协议的中国光伏企业以每瓦 55~57 欧分向欧盟出口，并受到配额限制，未加入的企业则面临平均 47.6% 的惩罚性关税。但事情并未就此结束，欧盟继续就中国太阳能电池板展开双反调查。据商务部消息称欧盟光伏制造业拟于 2014 年秋对中国光伏产品提起反规避调查申请，这将是继美国对华光伏产品启动"双反"调查后，中国光伏业 2014 年在海外遭遇的第二次阻击，预计将对该产业发展造成深远影响。以光伏产品案为代表的一系列欧盟针对中国的反倾销和反补贴案件反映了中国由于未取得欧盟承认的市场经济国家地位而带来的问

---

① 欧盟健康和消费者保护委员会，《2012 Annual Report on the operation of the Rapid Alert System for non-food dangerous products》，http://ec.europa.eu/consumers/safety/rapex/docs/2012_rapex_report_en.pdf.

题。由于未取得市场经济国家地位，欧盟往往选取第三国产品作为参考，而参考国的价格往往高于中国产品价格，最终使得中国在反倾销反补贴案件中处于不利的地位。出于对安全和健康等因素的考虑，近些年欧盟越来越重视在对外贸易中技术性标准的实施。中国虽然已经成为全球最大的货物贸易出口国，在经济和贸易上取得快速增长，但在技术性标准的建设和完善上仍与发达国家有一定的差距，这就造成越来越多的中国出口产品受到欧盟越来越严格的技术性标准的限制。以 RAPEX 系统和 RASFF 系统为例，在 RAPEX 系统中，2013 年 1 783 条严重级别的通报中，有 1 024 条是针对中国，占 54%；①在 RASFF 系统中，涉及中国的通报为 536 条，也位居第一位。中国产品生产能力和出口能力的增加已经和欧盟技术性标准的不断提高形成了矛盾。

三、中欧贸易关系展望

（一）中国与欧盟的进出口贸易出现回暖

2014 年 1—6 月份，中国对发达国家的进出口回暖。其中，对欧盟进出口总额为 2 914.4 亿美元，增长 11.9%，较 2013 年同期大幅提升了 14.9 个百分点，欧盟为中国第一大贸易伙伴。中国与欧盟双边贸易总值为 1.79 万亿元，增长 9.6%，占进出口总值的 14.4%。2014 年 1—6 月份，欧盟经济体经济数据普遍向好，消费回升、失业率下降和工业增长强劲，表明了欧盟以"再工业化"为特征的产业结构调整取得进展，内生增长动力增强。

（二）欧盟双边贸易谈判威胁中欧贸易发展

目前欧盟已经完成了一系列双边贸易协议的签署，并正在进行一系列双边贸易协议的谈判，包括欧盟与美国的 TTIP 谈判。中国作为欧盟的第二大贸易伙伴，双方仍未展开双边贸易谈判，未来一段时间的中欧贸易仍然面临巨大的压力。欧盟与美国一旦完成双边贸易协议的谈判，将改变全球贸易规则和格局，对包括中国在内的新兴经济体的贸易形成巨大挑战，同时，由于欧盟和美国占到中国货物贸易出口总量的 32.6% 及进口总量的 17.9%，欧盟与美国自由贸易协议带来的贸易流量增长必将产生贸易转移效应，从而冲击中国与欧盟及美国的贸易。2014 年 8 月 6 日欧盟和加拿大完成自贸协定谈判，该协定旨在消除两个经济体间 98% 的关税，并为双方在服务和投资领域创造大量市场准入机会。预计相关协定将使欧加双边贸易额提升 20%。此次欧加双方达成的协议会在金融、电信、能源和投资等敏感领域产生广泛影响。在经历了 2013 年 1—6 月份的太

---

① 欧盟健康和消费者保护委员会，《2012 Annual Report on the operation of the Rapid Alert System for non-food dangerous products》，http://ec.europa.eu/consumers/safety/rapex/docs/2012_rapex_report_en.pdf.

阳能光伏贸易战之后,中欧两个举足轻重的贸易体决定重修旧好。欧美和欧加自贸协定威胁着中国与欧盟的贸易关系。2013 年 11 月 21 日中欧双边投资协定正式启动,为中欧双边贸易协议铺路。①

(三) 中欧双边投资协议谈判

中国和欧盟在全球经济和贸易中的地位决定着中国和欧盟具有不可分离的相关性,双方在贸易领域具有极大的提升空间。虽然中国和欧盟短期内不会展开全面的双边贸易协议谈判,但局部领域的突破仍值得期待。2013 年 11 月 21 日中欧双边投资协定谈判正式启动。双边投资协议一旦完成谈判,将有利地保护双方在对方各领域的投资,并为双方投资的进一步发展注入活力。中欧投资协定会加强双方经贸合作,对于中国来说是一个重要的机会,可以更好地进行改革,同时对欧洲企业来说也是更好的机会。

四、中国的对策

首先,从短期看,为应对中欧贸易摩擦,中国应积极使用法律手段应对欧盟的贸易措施。中国加入 WTO 已经超过十年,以成员身份参与了多哈回合谈判的全部进程,随着对多边贸易体系规则的不断熟悉,中国应积极使用多边贸易体系中的相关法律法规,维护在国际贸易中的地位。充分熟悉和了解欧盟的相关法律法规,并运用欧盟的法律法规维护中国在贸易摩擦中的利益诉求。以中国在 WTO 争端解决机制下诉讼欧盟的案件为例,尽管中欧鞋产品争端在终裁中只获得了部分支持,但中国企业运用欧盟内部司法程序就欧盟在贸易救济调查中不公平和不合理的行为向欧洲高等法院提起诉讼,并最终获得了意想不到的胜利,欧洲高等法院裁定欧盟委员会未给予中国企业公平待遇,并要求欧盟退还在实施 6 年反倾销措施过程中征收的反倾销税以及承担全部诉讼费用。

其次,中国的贸易发展仍然离不开自身的发展,需要立足自我,促进产业结构升级,转变贸易增长方式。在中国当前的贸易中,加工贸易所占比例较大,在出口产品中,仍以劳动密集型产品为主,附加值相对较低,这也是由中国当前生产力发展水平所决定的,另外在技术标准上中国目前也与国际标准存在一定的出入。欧盟已经进入后工业化时代,在环境保护、劳工条件、消费者安全上都设置了一系列更为严格的标准和要求,这往往成为中国产品在出口欧盟市场时最大的阻碍因素。中国首先应加快技术标准和法规与国际的接轨,同时,相关企业尤其是出口企业应充分认识到欧盟在执行技术标准等问题上的严格性,改进生

---

① 欧盟理事会关于 2013 年到 2017 年打击知识产权侵犯的欧盟海关行动计划,http://ec.europa.eu/taxation_customs/resources/documents/customs/action_plan_en.pdf.

产技术，提高产品标准和质量，避免在出口时因技术标准问题产生不必要的损失。

再次，面对当前国际贸易体系中的一系列新形势和新情况，中国应及时调整和改进参与国际贸易体系的战略。欧盟目前在双边领域积极展开双边贸易协议的谈判，与美国的谈判将直接对国际贸易格局产生重大影响，尤其会对经济和贸易处于快速增长期的新兴经济体国家产生一定的冲击，给中国带来巨大的压力，中国作为新兴经济体国家的代表，应及早对未来的国际贸易格局做出预判。中国可以加紧和新兴经济体国家构建贸易联盟，在世界贸易规则和格局的改变中主动出击。在亚洲范围内，欧盟与韩国的双边贸易协议已经生效，与日本和东盟部分国家的谈判正在进行中，这势必会对中国在区域内的贸易地位产生影响，中国应加快和日本、韩国的自由贸易协定谈判，消除因欧盟与日本、韩国双边贸易协定带来的负面影响，同时在中国－东盟自由贸易区框架内进一步加强与东盟国家的经济贸易对话和联系。

最后，从长期看，中国应积极考虑并推动与欧盟的双边贸易谈判。目前，中国已经与欧盟开启双边投资协议的谈判，就投资领域双边关切的问题展开磋商。在当前中国和欧盟的双边贸易关系中，中国的利益诉求主要是市场经济地位、欧盟对华军售以及一些高科技产品的出口管制问题，欧盟的利益关切为政府采购市场开放、政府补贴以及市场准入等问题，中国可以主动谋求与欧盟的全方位贸易谈判，在相互尊重和理解的基础上缓和眼前矛盾，着眼长远利益，为中国和欧盟的经济贸易关系发展做出努力。

参考文献

[1] European Central Bank.Annual Reports[R].http://www.ecb.europa.eu/pub/annual/html/index.en.html.

[2] European Central Bank.Financial Stability Reviews[R].http://www.ecb.europa.eu/pub/fsr/html/index.en.html.

[3] European Commission.European Economic Forecasts[EB/OL].http://ec.europa.eu/economy_finance/publications/european_economy/forecasts/index_en.htm.

[4] European Commission.European Business Cycle indicators[EB/OL].http://ec.europa.eu/economy_finance/publications/cycle_indicators/index_en.htm.

[5] European Commission.Quarterly Reports On The Euro Area[EB/OL].http://ec.europa.eu/economy_finance/publications/qr_euro_area/index_en.htm.

[6] European Commission.Report on Public finance in EMU 2014[EB/OL].http://ec.europa.eu/economy_finance/publications/european_economy/2014/pdf/ee-

2014-4.pdf.

[7] European Commission.Tax reforms in EU Member States 2014[EB/OL].http://ec.europa.eu/economy_finance/publications/european_economy/2014/pdf/ee5_en.pdf.

[8] IMF.Spain:Safety Net,Bank Resolution,and Crisis Management Framework-Technical Note[R].IMF 国别报告 No.12/145,2013.06.http://www.imf.org/external/pubs/ft/scr/2013/cr12145.pdf

[9] IMF.World Economic Outlooks[EB/OL].http://www.imf.org/external/ns/cs.aspx?id=29.

[10] IMF.World Economic Outlook updates[EB/OL].http://www.imf.org/external/ns/cs.aspx?id=231

[11] Markit.Markit Eurozone Composite PMI[EB/OL].http://www.markiteconomics.com/Survey/PressRelease.mvc/3b716a4e0c704f48bb0f305a9f4720a3.

[12] OECD.OECD Economic Outlook[R].http://www.oecd.org/economy/economicoutlook.htm

[13] OECD.Economic Policy Reforms 2013-Going for Growth[EB/OL].www.oecd.org/economy/going-for-growth-2013.htm.

[14] The World Bank.Global Economic Prospects[EB/OL].http://www.worldbank.org/en/publication/global-economic-prospects.

[15] UNCTAD.UNCTAD Handbook of Statistics[EB/OL].http://unctad.org/en/Pages/Statistics.aspx.

[16] UNCTAD.World Economic Situation and Prospects[EB/OL].http://unctad.org/en/Pages/Publications/World-Economic-Situation-and-Prospects-(Series).aspx.

[17] UNCTAD.World Investment Reports[EB/OL].http://unctad.org/en/pages/DIAE/World%20Investment%20Report/WIR-Series.aspx.

[18] UNCTAD.Global Investment Trends Monitors[EB/OL].http://unctad.org/en/pages/publications/Global-Investment-Trends-Monitor-(Series).aspx.

[19] WTO.Trade Policy Review report by the European Union[EB/OL].WT/TPR/G/284,2014.5.18,http://www.wto.org/english/tratop_e/tpr_e/tpr_e.htm.

[20] WTO.Trade Policy Review reported by secretariat[EB/OL].2014.5.28.http://www.wto.org/english/tratop_e/tpr_e/tpr_e.htm.

[21] 姚铃.欧盟经济和中欧经贸合作:回顾与展望[J].国际经济合作,2013(1):10~14.

[22] 袁文.2013—2014 年欧盟经济和钢铁市场展望[J].冶金管理,2013

(10):30~33,42.

[23] 胡鞍钢,黄瑜.全面追赶,局部超越——从中欧长期发展绩效比较看中国前景[J].人民论坛·学术前沿,2013(21):62~77.

[24] 陈志敏,戴炳然,潘忠岐,丁纯,罗湘衡.中国在中欧关系中的重点及战略[J].太平洋学报,2013(3):28~39.

[25] 杨荣海,陆志平,苏娅.论债务危机背景下欧盟与"金砖四国"的双边经济关系[J].昆明学院学报,2012(2):59~63.

第十三章　日　　本

第一节　2013年日本贸易投资发展形势

一、2013年日本贸易发展形势

（一）连续三年出现贸易逆差

2013年，日本进出口贸易呈现了不同程度的下降，继2011年以来连续第三年出现贸易逆差。赤字较上年进一步拉大，达1 178.9亿美元，较2012年增长34.9%。据日本海关统计，2013年日本货物进出口15 478.8亿美元，较2012年下降8.1%。其中，出口7 149.9亿美元，下降10.5%；进口8 328.9亿美元，下降6.0%，见表14.1。日本贸易逆差主要来源国是中国、产油国和澳大利亚，2013年与中国的逆差额增长16.6%。美国、中国香港和韩国是日本前三大顺差来源地，2013年顺差额分别为626.4亿美元、357.6亿美元和206.9亿美元。受贸易逆差的影响，2013年日本经常账户的盈余余额已经下降至317亿美元。2013年的贸易逆差主要是由机电产品和运输设备的出口大幅下降引起的。在服务贸易方面，因运输和旅游带来的服务收入有所提升，服务贸易逆差缺口有所减小。

表13.1　日本2001—2013年贸易情况统计

年度	总额（百万美元）	同比（%）	出口（百万美元）	同比（%）	进口（百万美元）	同比（%）	差额（百万美元）	同比（%）
2001	752 482	-12.4	403 247	-15.8	349 235	-8.0	54 012	-45.7
2002	755 121	0.4	417 165	3.5	337 957	-3.2	79 208	46.6
2003	85 527	13.3	471 913	13.1	383 361	13.4	88 551	11.8
2004	1 021 853	19.5	566 191	20.0	455 661	18.9	110 530	24.8
2005	1 111 471	8.8	595 269	5.1	516 202	13.3	79 068	-28.5
2006	1 225 224	10.2	646 441	8.6	578 783	12.1	67 658	-14.4

续表

年度	总额 (百万美元)	同比 (%)	出口 (百万美元)	同比 (%)	进口 (百万美元)	同比 (%)	差额 (百万美元)	同比 (%)
2007	1 336 199	9.1	714 126	10.5	622 072	7.5	92 054	36.1
2008	1 544 440	15.6	781 952	9.5	762 488	22.6	19 465	-78.9
2009	1 132 253	-26.7	580 465	-25.8	551 788	-27.6	28 678	47.3
2010	1 464 343	29.3	770 046	32.7	694 297	25.8	75 749	164.1
2011	1 679 590	14.7	823 544	6.9	856 046	23.3	-32 502	-142.9
2012	1 684 285	0.3	798 447	-3.0	885 838	3.5	-87 391	168.9
2013	1 547 880	-8.1	714 993	-10.5	832 887	-6.0	-117 893	34.9

资料来源：商务部.国别报告.2013年日本货物贸易及中日双边贸易概况.http://countryreport.mofcom.gov.cn/record/qikan110209.asp? id=5992.

（二）日元贬值致使进口连续第二年下降

受日元大幅贬值的影响，2013年日本全年进口8 328.9亿美元，同比下降6.0%。按国别看，如表13.2所示，在日本前15大进口来源国中，2013年只有来自主要石油生产国卡塔尔和俄罗斯的进口额保持增长，进口额分别达到370亿美元和235.93亿美元，较2012年同期增长3.2%和13.6%。日本进口排名前三的国家依次是中国、美国和澳大利亚，2013年进口额为1 807.6亿美元、697.9亿美元和509.9亿美元，分别下降4.1%、8.5%和9.7%，占日本进口总额的21.7%、8.4%和6.1%。

表13.2 2013年日本对主要贸易伙伴进口额

国家和地区	金额(百万美元)	增长率(%)	占比(%)
总值	832 887	-6	100
中国	180 762	-4.1	21.7
美国	69 792	-8.5	8.4
澳大利亚	50 992	-9.7	6.1
沙特阿拉伯	49 885	-8.9	6
阿联酋	42 525	-3.3	5.1
卡塔尔	36 999	3.2	4.4
韩国	35 863	-11.5	4.3
马来西亚	29 780	-9.4	3.6

续表

国家和地区	金额(百万美元)	增长率(%)	占比(%)
印度尼西亚	28 893	-10.5	3.5
德国	23 783	-3.8	2.9
中国台湾	23 721	-1.5	2.9
俄罗斯	23 593	13.6	2.8
泰国	22 026	-6.8	2.7
越南	14 207	-5.9	1.7
科威特	13 444	-11.7	1.6

资料来源:商务部.国别报告.2013年日本货物贸易及中日双边贸易概况.http://countryreport.mofcom.gov.cn/record/qikan110209.asp?id=5992.

按商品类别看,各类产品出口额全面下跌。其中,矿产品、机电产品和化工产品是日本的前三大类进口商品,2013年进口额为3 151.6亿美元、1 589.0亿美元和569.6亿美元,下降7.1%、1.3%和11.3%,占日本进口总额的37.8%、19.1%和6.8%。贱金属及制品和活动物及动物产品的进口出现较大降幅,分别为10.2%和13.1%,见表13.3。

另外,日本为弥补福岛核电站停工的发电损失,满足国内居民和企业的能源使用需求,对国外的能源供应需求居高不下。在日元贬值的背景之下,火力发电原料、原油等进口额大幅膨胀,相较2012年增长约15%,创下有史以来最高纪录。

表13.3 2013年日本主要进口产品情况对比

商品类别	2013年(百万美元)	2012年同期(百万美元)	增长率(%)	占比(%)
总值	832 887	885 838	-6.0	100.0
机电产品	158 898	161 035	-1.3	19.1
化工产品	56 956	64 232	-11.3	6.8
纺织品及原料	40 975	41 529	-1.3	4.9
贱金属及制品	31 595	35 173	-10.2	3.8
运输设备	28 904	29 316	-1.4	3.5
光学、钟表、医疗设备	27 999	30 227	-7.4	3.4
食品、饮料、烟草	26 326	29 238	-10.0	3.2

续表

商品类别	2013年（百万美元）	2012年同期（百万美元）	增长率(%)	占比(%)
植物产品	23 563	24 408	-3.5	2.8
活动物；动物产品	23 093	26 571	-13.1	2.8
塑料、橡胶	20 479	22 093	-7.3	2.5
家具、玩具、杂项制品	15 989	16 957	-5.7	1.9
木及制品	12 812	12 401	3.3	1.5
贵金属及制品	11 780	11 676	0.9	1.4
鞋靴、伞等轻工产品	7 075	7 069	0.1	0.9

资料来源：商务部.国别报告.2013年日本货物贸易及中日双边贸易概况.http://countryreport.mofcom.gov.cn/record/qikan110209.asp？id=5992.

（三）贸易出口连续第三年下滑

2013年日本贸易出口连续第三年下滑，全年出口7 149.9亿美元，同比下降10.5%。分国别（地区）看，美国、中国和韩国是日本前三大出口贸易伙伴，2013年日本对三国的出口额分别为1 324.3亿美元、1 291.2亿美元和565.6亿美元，下降幅度分别为5.5%、10.4%和8.0%，占日本出口总额的18.5%、18.1%和7.9%。2013年日本对前15大出口伙伴的出口都出现了不同程度的下滑，详见表13.4。

表13.4　2013年日本对主要贸易伙伴出口额

国家和地区	金额（百万美元）	增长率(%)	占比(%)
总值	714 993	-10.5	100
美国	132 429	-5.5	18.5
中国	129 124	-10.4	18.1
韩国	56 558	-8	7.9
中国台湾	41 635	-9.5	5.8
中国香港	37 364	-9	5.2
泰国	36 007	-17.6	5
新加坡	20 970	-9.9	2.9
德国	18 938	-8.9	2.7
印度尼西亚	17 041	-15.9	2.4
澳大利亚	16 964	-7.9	2.4

续表

国家和地区	金额(百万美元)	增长率(%)	占比(%)
马来西亚	15 243	-13.9	2.1
荷兰	13 911	-13.9	2
英国	11 117	-16.7	1.6
俄罗斯	11 001	-12.7	1.5
越南	10 527	-1.9	1.5

资料来源:商务部.国别报告.2013年日本货物贸易及中日双边贸易概况.http://countryreport.mofcom.gov.cn/record/qikan110209.asp?id=5992.

分商品看,日本三大主要商品机电产品、运输设备和贱金属及制品出口额全面下跌,2013年出口额为2 433.1亿美元、1 691.9亿美元和671.9亿美元,下降14.5%、10.9%和10.7%,占日本出口总额的34.0%、23.7%和9.4%,见表13.5。2013年,安倍政府推出的"日本振兴战略"之一——促进农业、林业、渔业以及粮食产品的出口战略已初见成效,农、林、渔业产品出口在2013年达到新高,同比增长22.4%,创下出口额的历史最高水平5 505亿美元。

表13.5 2013年日本主要出口产品情况对比

商品类别	2013年(百万美元)	上年同期(百万美元)	增长率(%)	占比(%)
总值	714 993	798 447	-10.5	100
机电产品	243 310	284 666	-14.5	34
运输设备	169 188	189 906	-10.9	23.7
贱金属及制品	67 189	75 253	-10.7	9.4
化工产品	57 579	58 524	-1.6	8.1
光学、钟表、医疗设备	41 784	47 671	-12.4	5.8
塑料、橡胶	39 121	43 383	-9.8	5.5
矿产品	17 399	14 016	24.1	2.4
贵金属及制品	10 792	13 235	-18.5	1.5
纺织品及原料	8 555	9 556	-10.5	1.2
陶瓷;玻璃	8 487	10 027	-15.4	1.2
家具、玩具、杂项制品	5 696	6 196	-8.1	0.8
纤维素浆;纸张	4 011	4 266	-6	0.6
食品、饮料、烟草	2 647	2 821	-6.2	0.4
活动物;动物产品	1 518	1 354	12.1	0.2
植物产品	609	595	2.4	0.1

资料来源:商务部.国别报告.2013年日本货物贸易及中日双边贸易概况.http://countryreport.mofcom.gov.cn/record/qikan110209.asp?id=5992.

日本出口全面下降原因有三：首先，新兴经济体增速放缓以及美国制造业回流使得日本出口持续萎缩。后金融危机时代并未摆脱金融危机给全球经济带来的重大负面影响，欧盟市场需求依旧萎靡、美国实施重振制造业战略引起制造业回流都不利于日本产品的出口。同时，2013年在加快经济转型发展的战略背景下中国经济增速进一步放缓也对日本贸易规模发展构成了一定的负面影响。其次，由于日本国内人力成本不断攀升、缴税负担不断加重，日本企业纷纷转移海外，以寻求更低的成本、接近更快速增长的市场，这导致日本国内制造业逐渐萎缩，出口竞争力下降。最后，日元大幅贬值对出口造成了不利的影响。尽管安倍政府期望通过超宽松货币政策使得日元大幅贬值，从而带动日本的出口增长，但实际上日本主要出口产品如汽车、电子产品等都需要进口大量中间产品或者在国外进行部分生产环节，日元贬值使得这一部分成本快速上涨，最终对压低出口产品价格的作用有限，且这样的过程进一步压缩了高附加值产品的利润空间。这些都对日本实现出口全面回升造成了诸多不稳定因素。

（四）影响日本贸易的因素分析和发展预测

贸易对日本有着至关重要的作用，而连续三年经常项目收支均呈赤字，这一现状向其一直秉承的"贸易立国"的战略提出了严峻挑战。自20世纪90年代以来，日本通过技术开发和加工制造扩大出口，从而支持本国经济发展的外向型经济模式将不可持续。一方面，受金融危机的影响，日本最主要的贸易伙伴如欧洲和美国等海外市场均一蹶不振、复苏缓慢，同时，新兴国家的经济增速放缓，这些外部因素均在一定程度上限制了日本的贸易出口。另一方面，受到大地震的影响，福岛核电站的发电能力尚未恢复，国内对能源的需求只好转向国际市场。日元的大幅贬值，无疑推高了能源产品的价格和进口额，继而影响经常账户赤字的改善。但日本贸易发展面临着比上述两方面原因更为严峻的根本性原因：随着全球价值链的逐渐建立，日本传统制造企业纷纷离开人力资本越来越高、税负越来越重的日本本土，转而寻求更低的成本、更高回报的新兴国家进行生产制造。日本传统制造企业纷纷转移海外，致使日本国内的制造业出口竞争力下降。同时，海外企业生产的产品大量返销日本，造成进口猛增。这些都对日本经常项目收支由逆转顺造成了极大的不确定性，成为影响日本未来贸易发展最主要的障碍。

二、2013年日本投资发展形势

（一）对外直接投资达历史新高

2013年，日本对外直接投资额1 350亿美元，比上年同期增长10.4%，实现连续第三年增长，创五年来最高水平。

从国别上看,美国是日本对外直接投资的最大目标国。2013年,日本对美国直接投资达437亿美元,同比增长36.7%,见图13.1。日本对亚洲新兴国家的投资额也在大幅攀升。在亚洲,日本企业的投资首选地发生了变化。近年来由于中国越来越高昂的人力成本,许多日本大型企业将基地和工厂向人力成本更低的东盟国家转移。尤其是近来掀起了一股"中国加一"、"泰国加一"的投资热潮,即在华(或在泰)设有子公司的日本企业开始在中国(或泰国)的邻国寻求新的生产基地。2013年,日本在东盟的直接投资是2012年投资额的2.2倍,创纪录地突破了236亿美元。而对华投资与上年相比,同比下降32.5%,仅91亿美元,见图13.2。

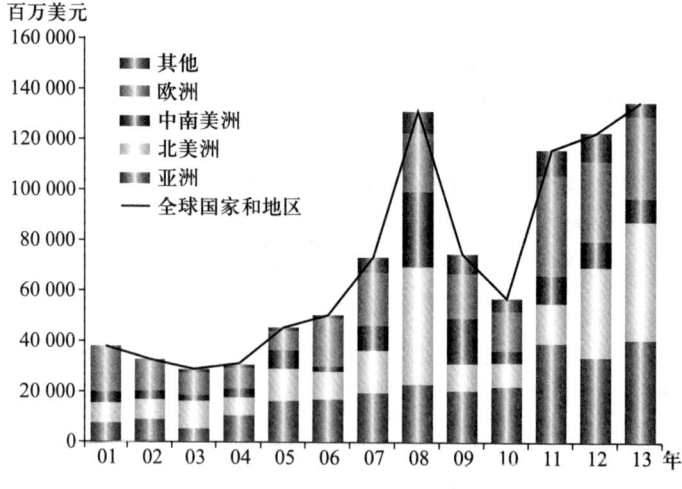

图13.1　2001—2013年日本对各国家和地区直接投资额

资料来源:JETRO,2014 Global Trade and Investment Report.http://www.jetro.go.jp/en/reports/white_paper.

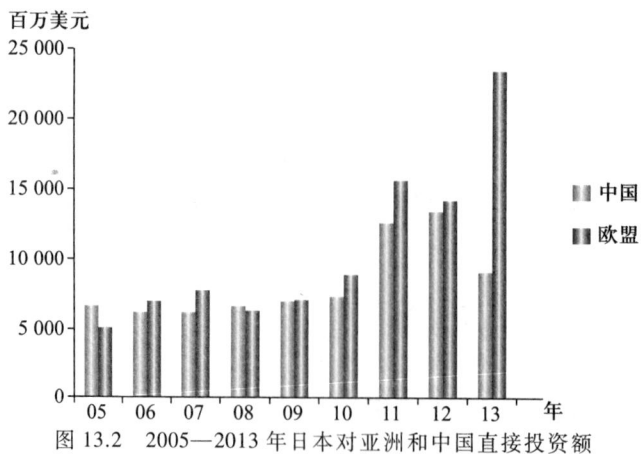

图13.2　2005—2013年日本对亚洲和中国直接投资额

资料来源:JETRO,2014 Global Trade and Investment Report.http://www.jetro.go.jp/en/reports/white_paper.

2013 年,日本海外并购延续了上年的热潮。相比 2012 年,2013 年日元下跌幅度将近 20%,这仍然未阻挡日本投资者的海外并购热情。2013 年日本海外并购总额达 639 亿美元,同比增长 24.6%。其中,日本软银收购美国三大通信运营商之一斯普林特并购案是 2013 年全球并购交易中规模最大的一笔,该笔并购交易额高达 216.4 亿美元。

2013 年,对外直接投资的收益总额共计 682 亿美元,同比增长 0.2%。从地区来看,随着日本逐渐重视在亚洲市场的投资,亚洲新兴市场消费规模、质量上双重提升。如图 13.3 所示,来自亚洲的投资回报最高,达 253 亿美元,占总投资收益的 37.1%。北美次之,投资收益为 185 亿美元,占 27.0%。欧洲排名第三,投资收益为 127 亿美元,占 18.6%。相比 2012 年,日本对美国和东盟的投资收益均有显著提升。2013 年,东盟投资收益率达 10.4%,美国为 5.6%。

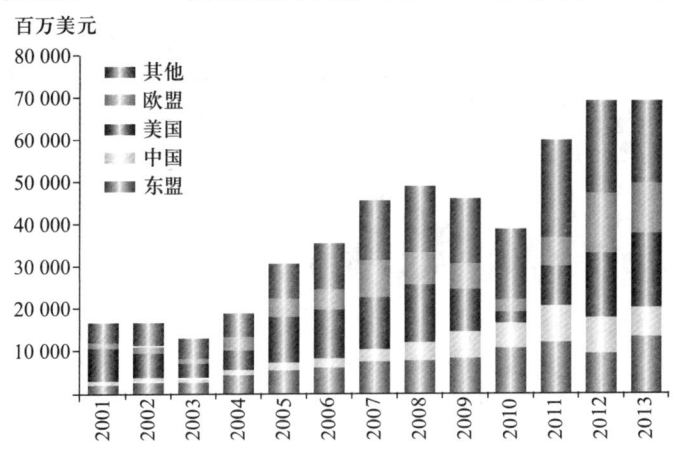

图 13.3 2001—2013 年日本对各国家和地区投资收益情况变化图

资料来源:JETRO,2014 Global Trade and Investment Report.http://www.jetro.go.jp/en/reports/white_paper.

(二) 外资连续第二年出现净流入,但仍十分有限

2013 年,外商对日投资额达 23.58 亿美元,与上年相比增长 33.9%,连续两年呈现资本净流入。从地区来看,来自北美的投资实现了资本净流出的逆转,2013 年资本净流入 14 亿美元。在亚洲,金融、保险行业的资本流入骤减产生了影响,亚洲地区资金流入显著降低,从 2012 年的 29 亿美元下跌至 2013 年 9 亿美元。

截至 2013 年年底,外国直接投资存量为 17.98 万亿日元,同比增长 0.9%,外国直接投资存量与名义 GDP 的比值仍维持在 3.8%。2013 年,外国直接投资存量收益率达 7.1%,自金融危机后呈上升趋势。

(三)影响日本外资流入流出的主要因素分析和发展预测

一方面,近年来日本企业对海外投资生产怀有极大热情,日本大型跨国企业正在全球范围内寻求更低成本、更广阔的市场;同时,日本大型企业的生产模式已经从传统的"日本制造"转变为"日本人制造",这是指从日本的海外子公司生产运往第三方国家销售,例如在南非从印度子公司进口的日本汽车总量是从日本本土进口的日本汽车总量的两倍。产业链的制造端已经从日本转移到了东盟国家。最后,日本政府出台了一系列海外贸易咨询援助服务,也有利于日本企业走出去。综上所述,尽管日元遭受了大幅贬值,但日本的外资流出仍然会保持较为迅猛的增长势头。

另一方面,由于国内人力成本和税收成本的双重上升,日本国内很难吸引来自全球的资本来日投资制造业,这也是全球价值链分工趋势所决定的。同时,日本国内对服务行业等设置了较高的投资准入门槛,国内也未设置相应的外资投资优惠政策,但日本政府逐渐意识到了外资引入对促进日本企业创新能力和竞争力的重要作用,逐渐出台了相应的投资优惠政策,因此未来日本的外商直接投资规模有望缓慢提高。

第二节　2013年日本贸易政策回顾与展望

一、日本贸易政策回顾

2013年,为拯救日本国内萎靡的经济,安倍晋三上台后便射出"三支箭":宽松的货币政策、积极的财政支出、经济增长战略。通过第一支箭——宽松的货币政策,扩大货币发行、抑制通货紧缩,直至通货膨胀率达到2%。通过第二之箭——积极的财政支出,刺激日本经济、增加日本就业率。通过第三支箭——经济增长战略,激活民营企业的发展。

其中第三支箭"经济增长战略"的目标是实现名义GDP近十年超过2%的增长率。为配合实现第三支箭的目标,日本制定了贸易长期发展战略——将日本建造成国际贸易流转中心(既包括出口、资本流出,也包括进口、资本流入),日本将尽举国之力参与全球贸易,包括地区性企业和中小企业。同时,日本将竭力引进优秀人才和技术,通过吸引先进资本进入日本以促进日本企业创新,从而提高日本企业竞争力,进一步鼓励日本企业向海外拓展业务,实现资本的良性循环。

(一) 多边贸易政策

日本在多边贸易体制中一直发挥着积极重要的角色,包括积极参与贸易便利化、扩大信息技术协定产品的范围和成员、促进服务贸易的自由化、参与政府采购协定等议题的谈判。

在2013年12月的巴厘岛第九次部长级会议上,日本为促进各国形成更简化合理的贸易报关程序和更透明一致的贸易监管政策,发挥了推动多哈回合谈判的领导性作用,促进会议成功达成包括贸易便利化、农业、发展等议题上的一揽子协议。

多哈回合后期的谈判将涉及《信息技术协定》(ITA)的完善,该协定一旦达成,将对电子和机电产品行业产生显著利好,这无疑是出口主要以机电产品为主的日本最关心的领域。同时,日本密切关注环保产业和服务贸易协定在多边框架下的谈判,这将有助于日本在新兴国家的市场拓展。

2013年11月,日本向多哈发展议题全球信托基金捐赠了368 744瑞士法郎,资助发展中国家、最不发达国家和转型期经济体的技术发展项目和培训活动。2013年10月,日本向WTO信托基金的标准和贸易发展基金(STDF)捐赠了85 000瑞士法郎用于帮助发展中国家和最不发达国家分析、执行国际动植物卫生检疫措施标准(SPS)。自2002年以来,日本共向WTO信托基金捐赠了955 000瑞士法郎。日本此举目的在于提高这些国家在多哈回合谈判的有效参与度,并且使之从谈判结果中受益,同时改善这些国家的人体、动物和植物健康状况,从而为制定和实施统一的SPS标准奠定技术基础。

日本修订了本国《知识产权保护法》,其中包括促进申请专利和设计的便利化和有效性。日本在多边贸易谈判中,仍然活跃于知识产权保护议题的讨论。

(二) 双边/区域贸易政策

在全球FTA方兴未艾的背景下,日本实现"经济增长战略"的重要手段就是依靠加入和推动各类FTA的谈判,以促进日本企业扩大出口、拓展海外业务。

2013年,日本的自由贸易协定覆盖率——一个国家与其自由贸易伙伴国的贸易额占总贸易额的比重——为18.2%,远远低于其他经合组织成员国。目前,日本正在参与《跨太平洋伙伴关系协定》(TPP)、《区域全面经济伙伴关系》(RCEP)、日本与欧盟的EPA、中日韩自由贸易协定,以及其他双边自由贸易协定的谈判。如果当前正在谈判的自由贸易协定均正式生效,日本自由贸易协定的覆盖率将达到84.2%,将成为世界上自贸协定覆盖率最高的国家之一。迄今为止,日本已经与28个国家和地区签订了投资协定并已生效,见表13.6。

表 13.6　日本已签订生效或谈判中的投资协定

投资保护协定	投资自由化协定	已达成的原则协定	开启投资协定谈判	尚在谈判中的原则协定	初步商讨中的协定
埃及（1978年1月生效）	新加坡（2002年11月生效）	哈萨克斯坦	土耳其	乌克兰	摩洛哥
斯里兰卡（1982年8月生效）	韩国（2003年1月生效）	阿曼		乌拉圭	利比亚
中国（1989年5月生效）	越南（2004年12月生效）	安哥拉		卡塔尔	坦桑尼亚
土耳其（1993年3月生效）	墨西哥（2005年4月生效）	欧盟		阿联酋	
中国香港（1997年6月生效）	马来西亚（2006年7月生效）	蒙古		肯尼亚	
孟加拉（1999年8月生效）	智利（2007年9月生效）			加纳	
俄罗斯（2000年5月生效）	泰国（2007年11月生效）			海湾合作委员会	
蒙古（2002年3月生效）	柬埔寨（2008年7月生效）			加拿大	
巴基斯坦（2002年5月生效）	文莱（2008年7月生效）			中日韩	
巴布亚新几内亚（2014年1月生效）	印度尼西亚（2008年7月生效）			欧盟	

续表

投资保护协定	投资自由化协定	已达成的原则协定	开启投资协定谈判	尚在谈判中的原则协定	初步商讨中的协定
伊朗（2014年2月生效）	老挝（2008年8月生效）			RCEP	
中国和韩国（2014年5月生效）	菲律宾（2008年12月生效）			TPP	
沙特阿拉伯（2013年4月签订）	乌兹别克斯坦（2009年12月生效）				
	瑞士（2009年12月生效）				
	秘鲁（2009年12月生效）				
	印度（2011年8月生效）				
	科威特（2014年1月生效）				
	哥伦比亚（2011年9月签订）				
	莫桑比克（2013年6月签订）				
	缅甸（2013年12月签订）				
	澳大利亚（2014年7月签订）				

资料来源：JETRO,2014 Global Trade and Investment Report.http://www.jetro.go.jp/en/reports/white_paper.

1.《跨太平洋伙伴关系协定》(TPP)

2013年3月15日,安倍晋三正式宣布加入TPP谈判。7月23日,日本正式加入TPP协定谈判。日本能参加的谈判范围除知识产权以外,还将涉及在国内生产部分零部件的原产地限制制度、开放外资进入公共建设等6个领域。此外,日本极力主张对大米和砂糖等5种农产品实行关税保护。

2013年8月7日至9日,日本与美国在东京举行与TPP谈判并行的首轮双边贸易谈判。双方将在谈判中就汽车贸易讨论安全标准及与流通相关的问题,与保险和知识产权等相关的非关税措施也是本次谈判的议题。

2013年8月,TPP第19轮谈判在文莱举行,日本自正式加入后,首次全面参与关税和其他关键问题的谈判。尽管谈判已扩展至21个领域,但本轮谈判却只与其中的10个领域有关,包括知识产权问题、国有企业问题和关税问题。

2013年12月,TPP部长级会议在新加坡举行,与会各方谈判未能达成协议,从而使会议未能实现在2013年年底之前完成谈判的目标。本次会议朝着达成协议的方向取得了实质性进展,在大多数悬而未决的议题上,为协议找到了潜在的着陆点。2014年将继续围绕取消关税、知识产权、竞争政策、政府采购及环境等至少5个领域进行谈判。

在美国宣布重返亚洲战略、主导组建了TPP自由贸易体制后,日本做出了积极融入的回应。这不仅是出于经济上重视其第一大贸易伙伴国美国,并积极融入美国主导的新型巨型自由贸易协定的考量,也有来自外交政治上的需求。美国借助TPP试图建立适应21世纪的"高质量"的自贸区协定:建立一系列与以往不同的贸易投资新规则,以此引领未来世界贸易、投资的发展方向。日本加入TPP谈判,也是希望能在贸易新规则的制定过程中先发制人,加入到制定规则的国家行列中,让新贸易规则向有利于本国经济的方向发展。

2. 中日韩自由贸易区

2013年3月中日韩自贸区第一轮谈判在韩国首尔举行,确定了提前谈判的范围和方法。2013年7月在中国上海举行第二轮谈判会议,这次谈判主要涉及货物贸易、服务贸易、海关程序、竞争政策等方面议题。

2013年11月26日至29日,第三轮谈判在日本东京举行。这轮谈判主要讨论有关撤销关税谈判的框架等问题,举行商品、服务、投资、竞争、知识产权、电子商务领域的工作小组会议和有关环境、政府采购、食品领域的专家对话。

目前中日韩三方处于谈判初级阶段,正在针对谈判的框架和重点开展工作。中韩自贸区可能优先达成,日本显得并不那么积极。原因之一是因为中日韩自由贸易区建成之后,日本获益最小,因此日本推动自贸区的动机不强。根据日本三菱综合研究的分析,自贸区建成后中韩两国GDP将分别增长1.63%和1.84%,而日本只有0.23%。第二个原因则是由于日本已经于2013年7月下旬正式加入美国主导的 TPP 谈判,日本对中日韩自贸区的关注度减弱,其推进中日韩自由贸易区谈判的意愿将受到影响。

3. 日本-欧盟自由贸易协定

日本是欧盟的第七大贸易伙伴,欧盟是日本第三大贸易伙伴。日本与欧盟的 GDP 总量占全球的三分之一以上。

2013 年 4 月 15 日到 19 日,日本-欧盟经济伙伴关系协定的第一轮谈判在比利时布鲁塞尔举行。日欧就货物贸易、服务贸易、投资、知识产权、非关税措施以及政府采购等方面的议题进行了讨论。尽管日本和欧盟一致同意尽快交换废除或降低关税品种的方案,但双方的主张分歧较大,一直未能实现。日方迫切希望欧盟废除汽车及电视机等工业产品的关税。但与此同时,日方在削减非关税壁垒问题上态度不够积极,并且在铁路市场开放问题上仍然比较保守。双方在各领域的交涉进展参差不齐。

4. 东亚《区域全面经济伙伴关系》(RCEP)

2013 年 5 月,RCEP 首轮谈判在文莱首都斯里巴加湾市举行。本轮谈判正式成立货物贸易、服务贸易和投资三个工作组,并就货物、服务和投资等议题展开磋商。各方就三个工作组的工作规划、职责范围、未来可能面临的挑战等议题深入交换了意见,还就其他领域谈判问题进行了初步探讨。

2013 年 8 月 19 日,RCEP 第一次部长级会议在文莱召开,会议就第一次谈判成果进行了报告,各国代表讨论了未来谈判的发展方向。在此次文莱会议上,各国就关税磋商达成原则性共识,即所有参加国将根据共同规则下调关税。

2013 年 9 月 24 日至 27 日,RCEP 第二轮谈判在澳大利亚布里斯班举行。本轮谈判期间,贸易谈判委员会和货物贸易、服务贸易、投资等三个工作组召开了会议。货物贸易方面,各方重点讨论了关税减让模式和章节结构及要素等问题,并就关税和贸易数据交换、原产地规则、海关程序等问题进行了交流,决定成立原产地规则分组和海关程序与贸易便利化分组。服务贸易方面,各方对协定章节结构、要素等问题展开讨论,并就部分各国感兴趣的服务部门开放问题初步交换意见。投资组重点就章节要素进行了讨论。此外,各方还就经济技术合作、知识产权、竞争政策和争端解决等议题进行了信息交流。

5. 日本-东盟

2013 年,日本逐渐重视与东盟的合作,对东盟的直接投资达到了 2012 年投资额的 2.2 倍。在日本-东盟关系逐渐升温的同时,2013 年也是日本与东盟建立友好合作关系的第 40 周年。2013 年 12 月 15 日,双方在东京举行了东盟-日本经济论坛,这次论坛双方达成共识:两国有必要消除非关税贸易壁垒和放松服务业和外资投资上的管制,诸如便利东盟内部的通关、提高制度的透明度、解除食品进口和人力资源自由流动等领域的限制。日本应建立自由竞争的商业环境,以促进外国直接投资进入日本。

2013年12月15日,老挝政府与日本贸易振兴机构签订了关于促进两国投资贸易发展的联合活动意向协定书。近年来,由于中国和泰国的投资环境发生改变,越来越多的日本企业将子公司和工厂设在了老挝,也即最近兴起的"中国加一"和"泰国加一"的投资热潮。该意向协定书中重点讨论了改善两国贸易关系、促进两国的投资,尤其是日本资本进入老挝、促进老挝工业的发展等内容。日本贸易振兴机构计划在老挝建立办事处,向日本企业提供信息、加强本土合作等。

从日本在以上双边或区域贸易协定中的表现可以发现,为实现日本企业海外扩张的愿景,日本需要通过加入和推动诸如TPP和RCEP等经济伙伴关系协定改善投资商业环境。尽管RCEP的成员国和TPP的成员国有很大程度上的重叠,但两者在贸易开放的要求上有着很大的差距:TPP谈判将围绕建立更高层次的贸易规则,RCEP则旨在创造更便利的商业环境,诸如供应链的改善。日本在积极融入美国主导的贸易体制的同时,也在自主推动地区一体化、发展与亚洲伙伴(特别是中国)的经贸关系。TPP和RCEP对于日本同样具有重要意义,TPP和RCEP相互补充,有利于实现日本周边贸易生态圈——亚太自由贸易区(FTAAP)的和谐发展。在这两者的发展上,日本将推动提高RCEP自由化水平,在TPP中引入诸如标准认证等的新规则。同时,日本期望推动包括中国在内的更多的亚洲国家参与TPP。

(三)国内贸易政策改革

1. 促进农林渔业及粮食产品的出口

在2013年6月14日举行的内阁会议中,日本政府通过了代表其财政改革基本立场的"经济与财政管理改革基本政策"以及安倍首相经济政策"三支箭"之一的"经济增长战略"。该战略将促进农业、林业、渔业以及粮食产品的出口定为日本一大长期增长战略,目标是至2020年,农业收入和出口翻一番。

在6月19日,众议院的农业、林业和渔业委员会的代表一致通过了扩大农业、林业、渔业和粮食产品出口这项决议,这也是议会通过的第一项促进农产品出口的决议。其中包括:证明日本肉类产品的安全性,加快取消出口禁令的谈判,并加强符合伙伴国健康和卫生标准的肉类加工设备的研发支持。塑造日本鱼产品品牌,建立质量管理体系通过美国和欧盟的HACCP认证,建立卫生证书授予机制,获得伊斯兰国家的清真认证,并为出口企业获得认证提供支持。

日本贸易振兴机构(JETRO)为促进日本国内农业、林业、渔业和粮食产品的出口,在以下几个方面做了努力:由于在该行业还存在很大比例的出口商缺乏经验,日本贸易振兴机构正在帮助出口商提高出口能力:收集和分析海外信息,积极地传递给国内出口商,向海外消费者、餐饮服务企业、零售商等宣传日本农林渔产品以及食品的独特价值。

2. 加快基础设施出口

"经济增长战略"提出:到 2020 年前,基础设施的海外销售要实现 30 万亿日元的销量目标(2012 年只有 10 万亿的销售量)。在基础设施领域,日本企业的主要竞争力集中在石油化工、液化天然气工厂、电力和铁路。然而近年来,日本开始面临来自中国和韩国企业的挑战,后两者在价格上更具优势。日本正通过加强公私合作以提高竞争力。

3. 开辟医疗设备出口新增长点

医学技术和设备行业是"经济增长战略"的战略重点,也是日本基础设施的前沿领域。2013 年,全球医疗设备市场的规模维持在 3283.84 亿美元左右。2018 年市场规模预期达到 4 556.6 亿美元。特别是面临着老龄化挑战的中国市场,医疗设备市场预计将从 2009 年的 73.41 亿美元扩大到 2018 年的 403.535 亿美元,增长近 5.5 倍。

2013 年 7 月,日本内阁通过了日本政府制定的"保健和医疗增长战略",至 2020 年,日本政府医疗设备出口额的目标为 1 万亿日元。日本政府成立了专门负责医疗设备国际化扩张的小组,通过公私合作推动医疗行业的国际化扩张。日本企业在亚太地区的竞争优势主要体现在诊断成像设备,如内窥镜和 CT 扫描设备、超声诊断设备等。但是,竞争者们也在不断扩大市场份额。因此,日本关注于将出口医药设备和服务整合一体,以增强总体竞争能力。企业通过参加海外展览会和交易会开拓销路,找到潜在有效的贸易伙伴。日本贸易振兴机构已经推出了新的举措,其中包括邀请外国医生到日本参观,帮助日本企业开拓新的销售渠道。比如,泰国透析领域的主要私营医院的医生被邀请到九州参观日本的展览会和交易会、医疗机构和企业。

4. 进口管理

日本的关税虽然低但是较为复杂。在发展中国家具有出口利益的商品上,尤其是农业产品、纺织品、服装、皮革制品以及鞋类等产品上,日本仍设立了较高的关税壁垒。

(1) 农业和渔业:日本对本国农业的支持从价格支持转变为收入支持。然而,这一变化收效甚微,日本国内农业继续受到来自政府的大力支持。其中包括高关税、配额、收入支持以及产量控制等等。

日本是一个渔业产品净进口大国。日本政府通过年度预算采取了一系列措施支持其国内渔业。在其提交的 2011 年补贴通知书中,日本对购进先进设备和促进渔业管理的现代化给予了大量补贴。

(2) 牛肉进口:2013 年 1 月,日本与美国签订了新的条款,为美国增加对日牛肉出口铺平了道路。2013 年 2 月 1 日起,日本允许进口 30 个月以下的幼牛牛肉,在此之前为 20 个月。这一修订将会使美国在接下来几年里新增出口上亿美元的牛肉。两国政府同时同意定期和不定期审查协议进展以及解决任何可能出现的问题。在附函中,日本确认了由其食品安全委员会发起的正在进行中的疯牛病风险评估,以检验 30 个月以上的牛肉和牛肉制品是否安全,从而将逐步放松进口牛肉的最高年龄限制。

(3) 日本对牛肉、柑橘、乳制品、加工食品和其他农产品征收高关税。日本对以下产品征收两位数的进口关税:牛肉 38.5%,冬季的橙子 32%(夏季的征收 16%),加工奶酪 40%,天然奶酪 29.8%,切丝冷冻马苏里拉奶酪 22.4%,脱水马铃薯片 20%,苹果 17%,速冻甜玉米 10.5%,饼干 20.4%,鲜食葡萄 17%,以及根据关税分类不同对酒类征收 15% 到 57.7% 的关税。这些高关税一般都适用于日本国内大量生产的食品。

(4) 日本对某些生产用木制品及建材仍设有高关税。2013 年 4 月 1 日,日本林野厅(FA)宣布推行木材使用计划(WUPP),共提供了 560 亿日元(约合 5.74 亿美元)推广使用日本本土木材,目前只有两种外国木材物种已暂时批准列入计划,还不清楚在计划到期或资金耗尽之前,是否有更多的国外森林物种将被批准。此外,已暂时批准的品种都需要经过日本的每一个都道府县的审查批准,才能获得补贴。此举将促使日本市场使用国内的木材产品取代进口木材产品,WUPP 极有可能对外资木材商造成歧视性对待。

5. 服务

(1) 保险。

日本是世界上第二大私人保险市场。除了民营和外资保险公司外,日本私人保险市场被日本国企——日本邮政寿险所垄断。2013 年 4 月 12 日,日本副首相麻生太郎表示,日本政府将暂停审批日本邮政保险公司所申请的新的或修订的癌症保险和其他医疗保险产品,直到其与民营保险公司的公平竞争环境已经建立,并且日本邮政保险公司建立企业管理制度后才予以审批考虑。此外,至关重要的是,日本审批新保险产品的流程是透明的,并将开放给所有各方参与者,包括主动征求和考虑市场上所有竞争部门的意见。

保单持有人保护公司(PPCs)是一个向破产的保险公司提供资本和管理支持,强制保护保单持有人的系统。2012 年 3 月,日本政府宣布 PPCs 的政府事前融资模式将延长五年至 2017 年 3 月。这种政府事前融资模式是指依靠 PPCs 的成员事前融资和政府的"财政承诺",以防保险公司破产时出现行业资金不足的情况。

(2) 电信通信行业。

固网互联:在 2013 年 3 月,日本总务省电信局(MIC)基于日本 2012 财年的长期增长成本原则,批准了日本电报电话公司(NTT)旗下的东日本电信电话株式会社和西日本电信电话株式会社的互联率。在 2012 年 3 月,MIC 还批准了拨款建立"下一代网络"(NGN),包括由东 NTT 和西 NTT 共同运作的以太网数据传输。这样的互联率依然维持在国际高位水平上。

移动终端:与大多数国家一样,日本使用"呼叫方付费"制度,即由呼叫方负责通话费用(移动用户能够享受接听免费)。移动互联网费率仍然很高,尤其是与日本固定互联网费率相比。在 2013 年 3 月,NTT DOCOMO 宣布决定削减跨无线服务运营商的呼叫服务费,减幅达 4.3%,一直追溯到 2012 年 4 月。日本总务省电信局鼓励所有的无线运营商均遵循新准则。而相比之下,其他移动运营商的呼叫费用仍居高不下,为降低呼叫费用所做的相关劝解也未获得成功。

移动无线许可证:2005 年开始,日本总务省电信局决定开放无线运营商市场,分配有限的频谱给除三大老牌之外的新的移动运营商。2012 年 3 月,软银获得 900MHz 的频率,2012 年 6 月,NTT DOCOMO、KDDI 和 EACCESS(2013 年 1 月收购软银)被授予了 700MHz 的频谱。虽然软银在 2013 年就推出了 900MHz 的网络,但 700MHz 的频率直到 2015 年前都不会被使用。2013 年 7 月,日本总务省电信局向 UQ 通信——KDDI 的一家子公司授予了额外的在 2625 MHz 至 2645 MHz 之间的频段,为客户提供先进的宽带无线接入系统。与大多数发达经济体所不同,日本不通过拍卖来分配频谱,而日本总务省电信局如何确定运营商已经引起了外界对于分配过程的公平性的质疑。尽管日本政府此前曾考虑制定法规,允许通过拍卖形式分配频谱,但目前尚不清楚该项立法是否会推出。

(3) 信息技术。

隐私保护:在日本各部之间相互独立和不一致的隐私规则,使得日本在个人身份信息的存储和保护上存在许多不必要的重复监管。2013 年 6 月,美国通过亚太经济合作组织(APEC)与日本协商,期望日本参与跨境隐私规则体系,同时建立商业数据隐私标准自愿制度,敦促日本政府重新审视隐私法,以促进适当的数据共享、确保充分的透明度。

对网上销售的海外商品征收消费税:2012 年日本财政部(MOF)宣布,计划对在网上销售的海外商品如音乐和书籍等征收消费税。而在日本拥有实体机构的公司,此类产品已经被征收了消费税。日本财政部建议仿照欧盟对外国企业设立强制性登记制度。2013 年 3 月 1 日,财政部向国会提交了税制改革法案,但它并没有提到针对网上销售的海外商品征收消费税。财政部已表示,它正在考虑对在线销售的海外商品实行有效的征税制度,财政部计划从 2015 年 10 月起开始征收此类税,税率大约在 10% 左右。

6. 投资壁垒

尽管是世界第三大经济体,但日本的外国投资占 GDP 的比重远远低于其他经济合作与发展组织(OECD)主要成员。根据 OECD 的统计,在 2012 年年底,外国直接投资存量占日本国内生产总值的 3.4%,而 OECD 的平均水平位于 30.6%。日本也远远落后于其他经合组织国家高达 80% 的外资并购占外国直接投资的比例。

尽管日本政府认识到外国直接投资(FDI)对振兴国内经济的重要性,但是旨在鼓励外国直接投资持续增长的国内改革力度却很薄弱。2013 年 6 月,安倍首相确立了到 2020 年日本外国直接投资存量相比 2011 年翻一番的目标。同年 7 月,该目标被纳入内阁签署的国家增长战略中,然而日本如何采取政策以实现这一目标尚不清楚。

外国直接投资存量的增加很大部分是通过并购交易的形式完成的,日本政府在引进外资并购本土企业上并没有明确的鼓励政策。即使在 2008 年金融危机之前,日本在促进外资入境并购问题上所采取的措施还远远不够。2007 年外资入境并购交易数量达到顶峰,共 309 起。至 2012 年,入境并购交易数量下降至 112 起。在日本,多方面因素共同提高了入境并购的难度,包括对外商投资者的态度不太积极,缺乏有效机制应对管理层将自身利益凌驾于股东利益之上,日本的商法制度不尽完善,以及相对缺乏财务透明度和披露等等。

7. 反竞争行为

近几年来,日本采取了一系列重大措施加强其竞争机制,包括提高罚款和处罚力度、延长诉讼时效、加强日本公平贸易委员会的执法力度。但是,反垄断法的执行力度依然不够,无法提供足够的程序保护。因此,日本还需要近一步新的政策,反对不正当竞争行为,以创造良好的商业环境、确保执法过程公平且透明。

8. 其他

动植物卫生检疫措施及标准:日本在制定动植物卫生检疫措施标准以及技术规范上缺乏透明度。尤其是食品添加剂、药品和医疗器械的审批程序过程不透明。

医疗设备和药品行业:2013 年 6 月首相安倍晋三推出的"经济增长战略"指出,要大力发展药品和医疗设备行业。该战略包括加快新医疗设备和药品的审批和奖励进程,缩短新医疗设备的申请和审批之间的"滞后"时间。日本政府已在一些领域取得了进展,包括 2013 年 11 月国会通过的药事法的修订,缩短医疗器械和药品冗长的审批期限,进一步改进监管审查过程,建立识别医疗器械和药品的机制。

食品添加剂:"经济增长战略"中提到,计划从 2015 年 3 月起对食品添加剂实施新的功能性标签制度。日本将参考和学习美国食品添加剂的标签制度。如果这一制度实现,将极大地减少日本食品市场的监管障碍,有助于其他国家企业扩大其在日本的市场份额。①

(四) 吸引外资对日直接投资

为吸引外商在日本设立地区总部和研发中心，日本贸易振兴机构开展了针对全球性公司的补贴计划，该补贴计划涵盖调查设计费、设施费用、设备开支和设施租赁费等。

同时，日本贸易振兴机构还设立了一站式的对日投资商务支援中心，协助外国企业在日本成立运营机构，包括：（1）为外国企业提供免费针对性咨询服务，咨询范围涵盖人力资源、公司位置、补贴申请、法律、成本估算、税收、市场监管等方面；（2）为企业提供临时免费办公场所——为外企在6个主要城市提供50天的免费办公场所；（3）为企业搜集商业信息，包括市场报告、业务咨询、在线数据库等等。

(五) 其他

自从受到金融危机的冲击以来，常住日本的外籍工程师数目大幅减少，至今仍未恢复到金融危机之前的水平。外资跨国企业在亚太地区的中心基地设在日本的只有152个，远远落后于亚洲其他国家或地区，这一数字在中国为350个、新加坡为343个、中国香港为286个。为了吸引优秀的人力资源和海外公司流入日本，日本将加强和利用更优惠的移民制度和国际战略综合特区制度，以营造更好的商业环境，支撑日本企业技术创新战略，早日实现日本成为"国际贸易流转中心"的战略目标。

二、日本贸易政策展望

(一) 多边贸易政策

多哈回合第九次部长级会议在贸易便利化、部分农业议题以及发展问题上取得了实质性的进展。巴厘会议之后，日本的关注重点集中在《信息技术协定》(ITA)的完善，该协定一旦达成，将对电子和机电产品行业产生显著利好，这对出口主要以机电产品为主的日本无疑是利好消息。同时，日本密切关注环保产业和服务贸易协定在多边框架下的谈判，这将影响到日本在新兴国家的市场拓展。以上均是日本的核心贸易利益所在。

同时，日本政府将在WTO框架下，就其他国家（如乌克兰、中国）对日本出口产品采取的各类贸易救济措施提起磋商请求。日本力图在WTO磋商体制下应对别国对其提起的反倾销调查，保护其出口利益。

---

① USTR.2014 NTE Report on FTB Japan.USTR 网站，http://www.ustr.gov/about-us/press-office/reports-and-publications/2013。

(二) 双边/区域贸易政策

为了促进双边贸易,同时刺激国内更深远的结构性改革,日本在双边和区域型贸易协定的谈判上投入了极大的热忱。近年来,日本所签订的FTA和EPA更加关注投资贸易协定和服务协定,这与日本跨国企业在全球范围内寻找更低廉的人力成本、更广阔的海外市场密不可分。尤其是安倍政府的第三支箭——经济增长战略,目的是通过海外投资、拓展海外业务促进中小型企业的发展。这将意味着日本今后的FTA谈判也将侧重于为国内企业在海外提供更便利的商业投资环境,以获得更为广阔的市场发展空间。

同时,日本在双边/区域贸易谈判中从各个领域追求更高层次的战略性贸易伙伴关系,这些经济合作伙伴关系协定内容包括贸易便利化、投资、人员的自由流动和公平竞争的商业环境,尤其体现在开放服务市场准入的议题上。但是,日本签订的诸多旨在促进贸易便利化的协议依然将主要贸易合作伙伴的重要出口产品排除在外,特别是农产品。日本2013年制定的"日本增长战略"中,将促进农业、林业、渔业以及粮食产品的出口定为日本一大长期增长战略。这一战略意味着日本在农业市场准入和国内支持方面将会采取更保守的态度。因此,以后的双边贸易协定也会延续日本在农业产品贸易上的保护主义。

(三) 国内贸易政策

随着日本加入更多更深层次的FTA及EPA谈判,一方面日本在服务业、医疗行业、政府采购和投资法规方面将会做出更多开放性改革。首先,譬如在电信、保险等大型国企仍占有绝对优势的行业,政府正在进行缓慢的改革,提升服务行业的竞争度,努力创造一个更为公平的竞争环境,引入更多的民营资本和外商资本的竞争,促进本国服务业的转型升级。其次,日本将推出投资优惠政策促进外国直接投资、扫清外资入境并购障碍。然而这一过程将是缓慢的。迫于国内经济及就业形势,日本政府在这些方面不会大幅度降低其对外国公司在市场准入等方面的限制。另一方面,2013年新一届的日本政府将扩大本国出口作为经济增长战略的一大重心,这也意味着日本将加大对本国农业的支持力度,同时在农产品进口上将继续采取贸易保护主义。

第三节 中日经贸关系发展与展望

一、中日经贸关系现状

(一) 中日贸易量双降,日本对中国贸易赤字创新高

2013年,中日贸易总额连续第二年下降,日本对中国贸易赤字达到新高,日本与中国的贸易逆差为516.4亿美元,增长16.6%。据日本海关统计,2013年日本与中国的双边贸易额为3 098.9亿美元,下降6.8%。2013年,日本出口总量同比下降了10.2%,其中的1.9%是由于对中国市场出口下降引起的,对中国出口的下跌成为日本出口贸易量下降最主要的影响因素。

中国依然是日本第一大贸易伙伴、最大的进口来源地。2013年,中国与日本贸易额占日本贸易总额的20%,居于首位。自中国进口额占日本总进口的21.7%,中国依然是日本最大的进口来源地。出口方面,2013年对中国出口份额下降至18.1%,低于美国(18.5%),五年来首次跌至日本出口贸易伙伴国的第二位。

(二) 日本对中国出口下跌幅度连续两年超过两位数

2013年,日本对中国出口1 291.2亿美元,下降10.4%。2013年,中国正大刀阔斧地对国内产业结构进行调整,大型机器设备的投资也几近完成,这些都直接影响了对日出口产品的需求量,尤其是通用机械类,如建筑、采矿及金属加工机器等。从出口产品类别来看,日本对中国出口的主要产品诸如机电产品、化工产品和贱金属及制品,2013年出口额分别为508.6亿美元、149.42亿美元和142.9亿美元,占日本对中国出口总额的39.4%、11.6%和11.1%,其中机电产品和贱金属及制品出口下降16.3%和12.7%,化工产品同比增长11.2%,主要由有机复合物的出口拉动增长。在所有出口商品中,食品、饮料、烟草降幅居前,为30.6%,见表13.7。

表13.7 日本对中国主要出口商品情况对比

商品类别	2013年 (百万美元)	上年同期 (百万美元)	增长率(%)	占比(%)
总值	129 124	144 174	-10.4	100
机电产品	50 855	60 728	-16.3	39.4
化工产品	14 942	13 432	11.2	11.6

续表

商品类别	2013年 (百万美元)	上年同期 (百万美元)	增长率(%)	占比(%)
贱金属及制品	14 290	16 370	-12.7	11.1
运输设备	12 727	13 837	-8	9.9
光学、钟表、医疗设备	11 521	12 267	-6.1	8.9
塑料、橡胶	8 983	9 507	-5.5	7
纺织品及原料	3 094	3 608	-14.2	2.4
陶瓷;玻璃	1 853	1 837	0.9	1.4
矿产品	1 769	2 144	-17.5	1.4
纤维素浆;纸张	1 420	1 587	-10.5	1.1
家具、玩具、杂项制品	986	1 092	-9.7	0.8
贵金属及制品	537	600	-10.5	0.4
活动物;动物产品	255	207	23.1	0.2
食品、饮料、烟草	110	159	-30.6	0.1
植物产品	73	65	13.1	0.1

资料来源:中国商务部.国别报告.2013年日本货物贸易及中日双边贸易概况.http://countryreport.mofcom.gov.cn/record/qikan110209.asp? id=5992.

汽车出口方面,受"钓鱼岛"事件影响,2013年上半年日本对中国出口仍然保持急剧下降的趋势。然而自9月起,随着日本与中国的政治关系逐渐缓和,日本企业适时在中国市场推出新的车型,日本在中国汽车销量出现缓慢复苏迹象。2013年,日本对中国汽车出口量下降幅度收窄,从上年的42.8%收窄为11.6%。

(三)日本自中国进口四年来首次下降

2013年,日本自中国进口1 807.6亿美元,下降4.1%。这是自2009年以来,日本自中国进口第一次出现下降。从进口的商品来看,各类产品的进口全线下跌。包括钢铁、服装及服装附件物和通用机械在内的进口都呈现出了不同程度的下降。

日本自中国进口的主要商品为机电产品、纺织品及原料和家具玩具,2013年进口额分别为799.9亿美元、292.4亿美元和110.7亿美元,占日本自中国进口总额的44.3%、16.2%和6.1%,其中机电产品进口增长0.3%,纺织品及原料和家具玩具进口下降4.0%和8.2%,见表13.8。

高附加值的智能手机和电子零部件等通信设备的进口增长迅猛,出现了两位数的增长,但视听产品(包括零部件)却遭遇了大幅的下降,从而影响了电子产品的大幅增长态势,使得其涨幅保持在2.6%的水平上。

表13.8 日本自中国主要进口商品情况对比

商品类别	2013年(百万美元)	上年同期(百万美元)	增长率(%)	占比(%)
总值	180 762	188 450	-4.1	100
机电产品	79 989	79 741	0.3	44.3
纺织品及原料	29 235	30 459	-4	16.2
家具、玩具、杂项制品	11 072	12 066	-8.2	6.1
贱金属及制品	8 718	9 795	-11	4.8
化工产品	7 847	8 960	-12.4	4.3
塑料、橡胶	5 943	6 041	-1.6	3.3
光学、钟表、医疗设备	5 798	6 624	-12.5	3.2
食品、饮料、烟草	5 741	6 500	-11.7	3.2
鞋靴、伞等轻工产品	4 719	4 884	-3.4	2.6
运输设备	4 178	3 994	4.6	2.3
皮革制品;箱包	3 431	3 901	-12	1.9
植物产品	2 584	2 763	-6.5	1.4
陶瓷;玻璃	2 537	2 590	-2	1.4
木及制品	2 129	2 209	-3.7	1.2
矿产品	1 779	2 137	-16.8	1

资料来源:中国商务部.国别报告.2013年日本货物贸易及中日双边贸易概况.http://countryreport.mofcom.gov.cn/record/qikan110209.asp?id=5992.

在纺织品及原料、鞋靴伞和箱包等轻工产品上,中国依然占有较大优势,这些产品在日本进口市场的占有率均在60%以上。但近年来,来自中国的服装份额正逐渐被其他亚洲国家蚕食,如2013年中国在日服装市场上的份额为71.5%,越南为8.6%。这一比例在一年前分别为74.4%和8.2%。中国企业的主要竞争对手来自亚洲国家和地区(如越南、泰国、中国台湾)以及意大利、美国等国家。

运输设备方面,日本对中国进口整体保持了较高的增长水平。2013年,日本自中国进口运输设备41.78亿美元,同比增长4.6%。其中,汽车和汽车零部件的增长高达两位数,尤其是诸如齿轮箱、离合器和驱动轴等汽车零部件的进口出现了井喷式的增长。

二、2014年中日经贸发展展望

在历经连续两年的下降后,2014年中日贸易额有望首次出现回暖增长。

(一)日本经济缓慢复苏,国内市场需求温和增长

随着日本经济的缓慢复苏,日本国内市场需求正稳定增长。国内对于智能手机、太阳能电池板、手机SD卡等高附加值的通信设备的需求平稳增长,中国对日通信设备的出口有望继续增长,增长幅度与近年相比或有所下降。同时,出于日本国内汽车企业的生产需要,自华进口的汽车零部件等运输设备中间产品将保持稳定增长。

尽管日本国内经济复苏极有可能进一步扩大自华进口,但中国对日出口增长仍存在不稳定因素:"弱日元"货币政策抬高了进口产品的价格,中国产品的竞争优势相对弱化,中国在原材料产品及中间产品上的价格优势将会由于日元的持续贬值而抵消。

(二)中国未来一年经济平稳增长,日本对华出口有望提升

2013年,中国举行了第十八届三中全会,会议明确了未来五年的经济发展方向,将全面深化经济结构改革——调整经济结构,扩大消费市场,扭转当前以投资、出口为最主要GDP增长拉动力的经济模式。这一改革意味着中国不大可能推出大规模的财政刺激政策,因此预计2014年日本对华建筑和采矿类等通用机械、钢铁出口将继续下降。

然而,得益于中国消费市场的增长和两国政治关系的改善,2014年日本对华汽车及零部件出口有望增加。同时,中国国内经济的平稳增长,也为日本恢复对华出口提供了有利契机。

三、中国的对策

(一)深化中韩更进一步的战略合作,积极推动中日韩地方经济合作示范区的成立

针对日本加入TPP,中国政府应该加快推进与东亚经济体开展区域经贸合作的进程,将更多的精力投入到区域经济合作领域中,大力推动中日韩自贸区的进一步发展。然而,近两年来日本在政治和外交上的不恰当举措,阻碍了中日韩自贸区的进一步谈判。另外,日本加入TPP谈判后,对中日韩自贸区谈判的积极性便大打折扣,因此中国应尽快推动和韩国的战略合作发展,使服务业、投资等领域的合作取得实质性进展。

通过建立中日韩地方经济合作示范城市,利用合作示范城市(诸如青岛)与

韩国地缘相近、人员往来频繁等优势,开展经贸和产业合作。改变以往青岛和韩国的合作多集中于工业领域而服务业方面合作较少的现状。建立中韩贸易合作示范区,开启以服务贸易为主的自贸区合作模式。

(二) 加强科研投入,提高产品的技术含量

近年来,中国一直是日本最大的进口来源国,主要出口产品包括电子产品、运输设备的中间产品等。中国仍以出口中间品为主,运送至日本最终组装生产成品并销售。一方面,在整条价值链中,中国出口中间品所获收益的比例较少。为转变全球生产利益分配模式,必须加大产品的技术开发力度,加快从劳动密集型向技术密集型的转变,改善对日贸易的商品结构,提高我国商品的国际竞争力。另一方面,提高产品的技术含量,也有助于缓解现阶段我国生产的许多产品达不到日本的技术要求,从而遭遇技术贸易壁垒的现状。

(三) 优化产业结构,提高应对风险能力

中日贸易在合作的同时也存在着竞争,两国在市场占有、资源获取以及知识产权保护等方面都存在着矛盾和冲突,我们在注重合作的同时也应该增强自身应对风险的能力。通过调整产业结构降低对外依赖的程度,同时改变以往高污染、高消耗的加工贸易,发展节能环保的新贸易。

(四) 加强对话,增进政治、文化的互信和了解

受制于钓鱼岛事件及日本政府内阁政要多次参拜靖国神社的影响,中日的经济关系一度降到冰点以下,这对双方的贸易、投资发展都产生了极为不利的影响。具体表现在双边贸易额下滑、在华日资企业的经营业绩下降以及双边旅游服务贸易下滑等。中日互为重要的贸易伙伴,贸易关系的恶化对两国经济的发展都不利;中日两国政府加强对话,增进政治、文化的互信和了解,改善中日关系有利于更好地发挥两国的比较优势,实现双边经贸共赢,有利于亚太及世界的和平。

参考文献

[1] Bank of Japan, BOJ time-series data search[EB/OL].日本银行网站.http://www.boj.or.jp/en/statistics/outline.

[2] Carbinet Office of Japan[EB/OL].日本内阁办公室网站.http://www.esri.cao.go.jp/en/sna/data/kakuhou/files.

[3] JETRO.2014 global trade and investment report[EB/OL].日本贸易振兴机构网站.http://www.jetro.go.jp/en/reports/white_paper.

[4] Minister of Economy,Trade and Industry.Challenges and Actions in Economic/Industry Polices[EB/OL].日本经济产业省网站.http://www.meti.go.jp/english/aboutmeti/policy.

［5］Ministry of Economy,Trade and Industry.2013 Report on Compliance by Major Trading Partners with Trade Agreements-WTO,FTA/EPA and BIT［EB/OL］.日本经济产业省网站.http://www.meti.go.jp/english/report/data/gCT13_1coe.html.

［6］Minister of Economy,Trade and Industry.WTO dispute settlement［EB/OL］.日本经济产业省网站.http://www.meti.go.jp/english/policy/external_economy/trade/wto/index.html.

［7］Minister of Internal Affairs and Communications,Statistics［EB/OL］.日本总务省统计局.http://www.stat.go.jp/english/data/index.htm.

［8］USTR.2014 National Trade Estimate Report on Foreign Trade Barrier［EB/OL］.美国贸易代表办公室网站.http://www.ustr.gov/about-us/press-office/reports-and-publications/2014/NTE-FTB.

［9］李彬.后金融危机时代的中日贸易特点、前景与对策［J］.日本问题研究,2010(2):12~18.

［10］温绍博.中日贸易对中国经济增长影响的研究［J］.经济论坛,2014(04):167~168.

［11］中国商务部.2012年日本货物贸易及中日双边贸易概况［EB/OL］.中国商务部网站.http://countryreport.mofcom.gov.cn/record/qikan110209.asp?id=5992.

第十四章 印　　度

第一节　2013年印度贸易投资发展形势

一、2013财年印度贸易形势

（一）2013财年印度贸易赤字有所下降，贸易形势有所好转

2013财年印度出口总额为3 124亿美元，相比于2012年的2 912亿美元有所上升，上升幅度为7.3%。2013财年每月出口增长率波动幅度较大，出口累计增长率为正。同期印度进口累计为4 676亿美元，稍低于上一财年的4 893亿美元，每月进口增长率波动幅度较大，进口累计增长率为负。这一时期的贸易赤字在1 951亿美元左右，比上一财年1 981亿美元的贸易赤字稍低。图14.1和图14.2显示了2013年印度进出口量、进出口增长率月度情况。

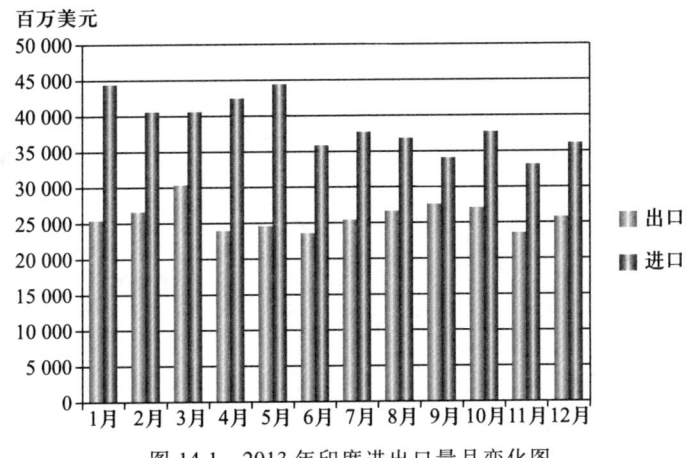

图14.1　2013年印度进出口量月变化图

资料来源：中国商务部.http://countryreport.mofcom.gov.cn/record/view110209.asp？news_id=38401.

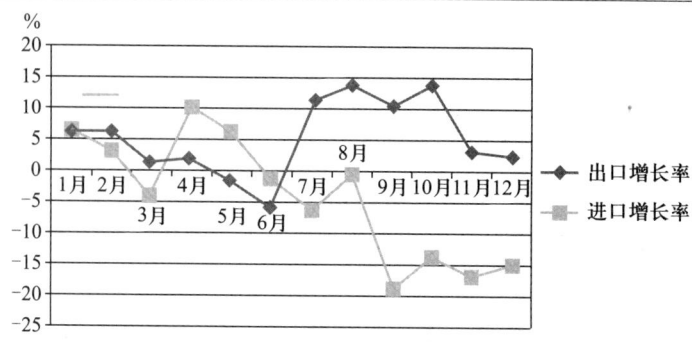

图 14.2　2013 年印度进出口增长率月变化图

资料来源：中国商务部.http://countryreport.mofcom.gov.cn/record/view110209.asp？news_id=38401。

2013 年印度的贸易赤字和 2012 年相比出现大幅度下降，2012 年印度的贸易赤字为 1 981 亿美元，2013 年贸易赤字下降为 1 551 亿美元，下降幅度为 21.7%。这是从 2009 年开始，印度贸易赤字的首次下降。2013 年印度出口额增长，增长幅度为 5.1%；进口额下降，下降幅度为 4.7%。图 14.3 显示了印度 2003 年至 2013 年贸易赤字变化情况，表 14.1 显示了 2003 年至 2013 年的贸易赤字情况以及 2013 年每月的贸易赤字情况。

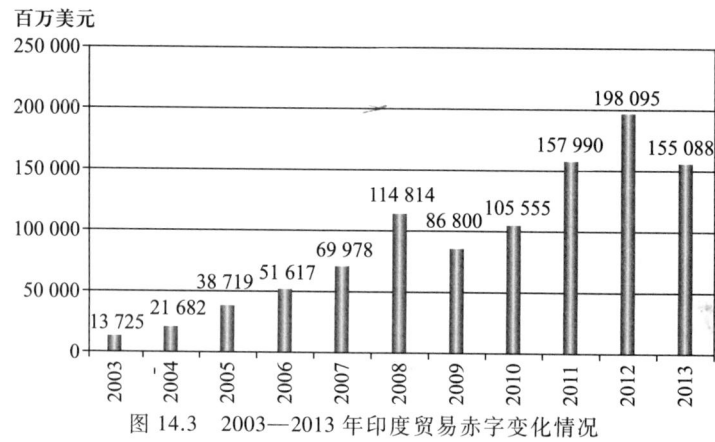

图 14.3　2003—2013 年印度贸易赤字变化情况

资料来源：中国商务部.http://countryreport.mofcom.gov.cn/record/view110209.asp？news_id=38401。

一直以来，印度将黄金和原油进口视为该国经常项目赤字不断走高的主要原因。印度央行称，印度约有 80% 的经常项目赤字是黄金进口所致。为此，印度政府把降低赤字的重点放在抑制黄金需求上。2013 年 1 月 21 日，印度政府宣布将黄金进口关税从之前的 4% 上调至 6%。印度央行 2 月初还表示，因为银行黄金进口占印度黄金总进口量的 60%，为了遏制印度处于历史高位的经常项目赤字，在极端情况下，将考虑向银行施加黄金进口价值和数量限制。除此之外，印度在基本关税之外,对进口货物征收附加关税、特别附加税和教育附加税等。除葡萄酒、烈性酒或其他酒精饮料外,所有进口货物要征收附加关税,这也导致了印度进口额的下降。

表 14.1 2003—2013 年印度对外贸易年度和月度表

时间	总额(百万美元)	同比(%)	出口(百万美元)	同比(%)	进口(百万美元)	同比(%)	差额(百万美元)	同比(%)
2003 年	128 640	21	57 457	16.5	71 183	25.4	-13 725	84
2004 年	172 943	34	75 631	31.6	97 313	36.7	-21 682	58
2005 年	238 021	38	99 651	31.8	138 370	42.2	-38 719	79
2006 年	294 136	24	121 259	21.7	172 876	24.9	-51 617	33
2007 年	365 107	24	147 564	21.7	217 543	25.8	-69 978	36
2008 年	470 882	29	178 034	20.7	292 848	34.6	-114 814	64
2009 年	413 134	-20	163 167	-16.4	249 967	-22	-86 800	-31
2010 年	551 907	31	223 176	35.1	328 731	27.6	-105 555	14
2011 年	772 162	14	307 086	14.3	465 076	14	-157 990	50
2012 年	780 469	1.1	291 187	-5.1	489 282	5.2	-198 095	5.8
2013 年	780 028	0.1	312 470	5.1	467 558	-4.7	-155 088	-22
1 月	70 644	0.2	25 817	5.8	44 827	6	-19 010	13
2 月	67 418	4.1	26 652	5.7	40 766	3.1	-14 114	-1
3 月	71 465	-0	30 531	1.1	40 934	-4.2	-10 403	-25
4 月	66 973	7.8	24 131	1.4	42 842	10.1	-18 711	26
5 月	69 422	4	24 648	-1.4	44 774	5.8	-20 126	20
6 月	59 689	-3	23 765	-4.8	35 924	-1	-12 159	11
7 月	63 625	0.3	25 572	10.5	38 053	-6.5	-12 481	-30
8 月	63 519	6.7	26 431	13.9	37 088	-0.9	-10 657	-31
9 月	62 136	-6	27 828	9.9	34 308	-19	-6 480	-62
10 月	65 186	-4	27 267	13.6	37 919	-14	-10 652	-51
11 月	57 450	-9	23 845	2.6	33 605	-17	-9 760	-50
12 月	62 501	-7.8	25 983	2.1	36 518	-15.2	-10 535	-44

资料来源:中国商务部.http://countryreport.mofcom.gov.cn/record/view110 209.asp? news_id=38 401.

（二）印度主要进出口地区仍集中在亚洲、美洲和欧洲

由中国商务部提供的数据（图14.4和表14.2）所示，2013年美国为印度的第一大出口国，出口额为387亿美元，占印度出口总额的12%，出口额同比增长5.1%。印度其他主要出口地区依次为阿联酋、中国、新加坡、中国香港、沙特阿拉伯、英国、荷兰、德国和日本，出口额分别为320亿美元、146亿美元、135亿美元、130亿美元、118亿美元、960亿美元、858亿美元、742亿美元和677亿美元。这些国家主要集中在亚洲、美洲和欧洲。

表14.2 印度十大出口地区出口额统计

国家	美国	阿联酋	中国	新加坡	中国香港	沙特阿拉伯	英国	荷兰	德国	日本
金额（百万美元）	38 696	31 964	14 557	13 480	12 958	11 796	9 594	8 578	7 421	6 771
同比（%）	5.1	7.0	-2.3	-8.3	6.7	36.8	16	-14	2.2	1.1

资料来源：中国商务部.http://countryreport.mofcom.gov.cn/record/view110209.asp? news_id=38402.

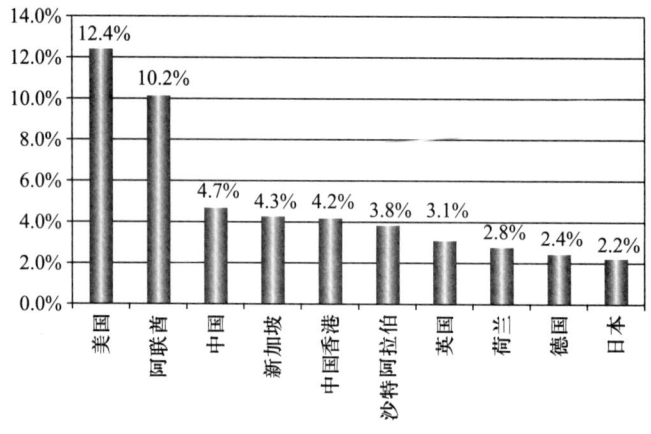

图14.4 2013年印度十大出口地区占比情况

资料来源：中国商务部.http://countryreport.mofcom.gov.cn/record/view110209.asp? news_id=38402.

从图14.5和表14.3可以看出，这一时期印度的进口也主要集中在亚洲、美洲和欧洲。2013年印度主要从中国、沙特阿拉伯、阿联酋、瑞士、美国、伊拉克、科威特、印尼、委内瑞拉和卡塔尔这十个国家进口，进口额依次为514亿美元、364亿美元、333亿美元、256亿美元、226亿美元、203亿美元、175亿美元、151亿美元、149亿美元和145亿美元。其中中国为印度第一大进口国，进口额为514亿美元，占印度进口总额的11%，同比增长11%。

表 14.3　印度十大进口地区进口额统计

国家	中国	沙特阿拉伯	阿联酋	瑞士	美国	伊拉克	科威特	印尼	委内瑞拉	卡塔尔
金额（百万美元）	51 388	36 412	33 300	25 608	22 554	20 281	17 534	15 063	14 919	14 510
同比（%）	-1.9	9.7	-13	-16.3	-10.2	7.8	-1.8	5.5	23.7	-10.4

资料来源：中国商务部.http://countryreport.mofcom.gov.cn/record/view110209.asp? news_id=38403.

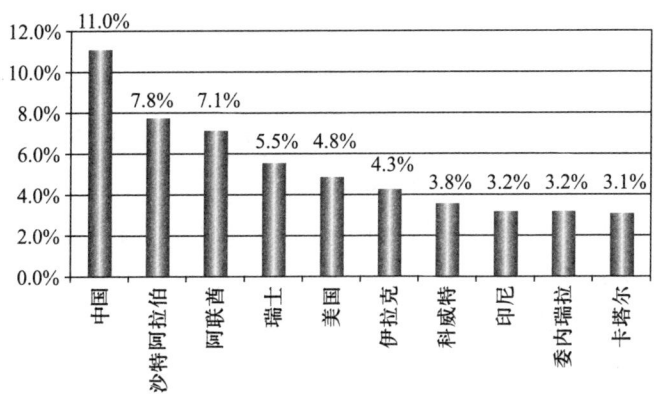

图 14.5　2013 年印度十大进口地区占比情况

资料来源：中国商务部.http://countryreport.mofcom.gov.cn/record/view110209.asp? news_id=38403.

（三）印度与主要经济体的贸易状况

1. 印度对美国仍旧是贸易顺差

2013—2014 财年，美国仍然是印度最重要的贸易伙伴和最大的出口目的地之一。据印度商务部统计，2013—2014 财年印度对美国的总贸易额为 616.5 亿美元，相比于上一财年的 613.6 亿美元增长了 0.47%，占印度总贸易额的 8.1%。其中出口贸易额达到 391.42 亿美元，增长率为 8.26%，占印度总出口贸易额的 12.45%；进口贸易额为 225.05 亿美元，增长率为 -10.71%，占印度总进口贸易额的 5.0%；实现贸易盈余 166.37 亿美元。

印度出口到美国的产品主要有化工产品、矿产品、贵金属及制品、纺织品及原料、贱金属及制品等。印度从美国进口的产品主要有机电产品、珍珠、宝石及黄金等。表 14.4 是根据印度商工部网站的数据绘制成的图表，从中大致可以看出近年来印度对美国的贸易一直处于盈余状态。

表 14.4　2009—2014 年印度与美国的贸易情况

年份(财年)	2009—2010	2010—2011	2011—2012	2012—2013	2013—2014
出口(百万美元)	19 535.49	25 291.91	34 741.60	36 155.22	39 142.10
出口增长率(%)	-7.63	29.47	37.36	4.07	8.26
占出口比重(%)	10.93	10.07	11.35	12.04	12.45
进口(百万美元)	16 973.68	20 050.72	23 454.92	25 204.73	22 505.08
进口增长率(%)	-8.55	18.13	16.98	7.46	-10.71
占进口比重(%)	5.89	5.42	4.79	5.14	5.0
贸易额(百万美元)	36 509.17	45 342.63	58 196.52	61 359.95	61 647.19
贸易额增长率(%)	-8.06	24.20	28.35	5.44	0.47
占贸易额比重(%)	7.82	7.30	7.32	7.76	8.1
贸易平衡(百万美元)	2 561.82	5 241.19	11 286.68	10 950.49	16 637.02

资料来源:印度商工部网站.http://commerce.nic.in/eidb/Default.asp.

2. 2013—2014 财年印度对欧盟处于贸易顺差,对欧洲自由贸易联盟(FETA)处于逆差

欧盟作为这个地区最大的区域经济体是印度最大的贸易伙伴。从总体上来看,印度与欧盟的贸易多数情况下处于逆差状态,但是 2013—2014 财年为顺差。2013—2014 财年,印度对欧盟的贸易总额为 1 015.32 亿美元,占印度贸易总额的 13.27%,增长率为-1.13%。其中出口额 515.81 亿美元,增长率为 2.3%;进口额 499.51 亿美元,增长率为-4.45%,出现了 16.30 亿美元的贸易盈余,见表 14.5。

表 14.5　2009—2014 年印度与欧盟的贸易情况

年份(财年)	2009—2010	2010—2011	2011—2012	2012—2013	2013—2014
出口(百万美元)	36 028.05	46 039.38	52 556.24	50 421.74	51 581.31
出口增长率(%)	-8.45	27.79	14.15	-4.06	2.3
占出口比重(%)	20.16	18.33	17.18	16.78	16.41
进口(百万美元)	38 433.12	44 539.93	56 871.50	52 274.54	49 950.94
进口增长率(%)	-10.06	15.89	27.69	-8.08	-4.45
占进口比重(%)	13.33	12.05	11.62	10.65	11.10
贸易额(百万美元)	74 461.17	90 579.31	109 427.74	102 696.28	101 532.25
贸易额增长率(%)	-9.29	21.65	20.81	-6.15	-1.13
占贸易额比重(%)	15.94	14.59	13.76	12.98	13.27
贸易平衡(百万美元)	-2 405.07	1 499.45	-4 315.26	-1 825.8	1 630.37

资料来源:印度商工部网站.http://commerce.nic.in/eidb/Default.asp.

欧洲地区是印度主要的贸易地区之一。在这一财年,印度出口到欧洲地区的产品主要是石油(原油和原油产品)、有机化学、成人服装、棉花、珠宝、交通运输工具盒机械设备等等。印度从欧洲国家进口的产品主要有黄金、珍珠宝石、非电子的机械设备、电子产品和交通运输工具等等。

印度与EFTA国家的贸易仍然为逆差状态,但是贸易赤字大幅度下降。由表14.6可以看出,在2013—2014财年,印度与EFTA国家的贸易总额为221.09亿美元,下降35.9%。其中出口额为20.46亿美元,增长率为48.48%;进口额为200.63亿美元,下降-39.41%。

表14.6 2009—2014年印度与EFTA国家的贸易情况

年份(财年)	2009—2010	2010—2011	2011—2012	2012—2013	2013—2014
出口(百万美元)	835.44	953.66	1 463.74	1 378.08	2 046.24
出口增长率(%)	-29.23	14.15	53.49	-5.85	48.48
占出口比重(%)	0.47	0.38	0.48	0.46	0.65
进口(百万美元)	15 615.79	25 768.34	35 615.26	33 114.59	20 063.24
进口增长率(%)	20.18	65.01	38.21	-7.02	-39.41
占进口比重(%)	5.42	6.97	7.28	6.75	4.46
贸易额(百万美元)	16 451.23	26 722	37 079	34 492.67	22 109.48
贸易额增长率(%)	16.06	62.43	38.76	-6.98	-35.9
占贸易额比重(%)	3.52	4.3	4.66	4.36	2.89
贸易平衡(百万美元)	-14 780.35	-24 814.68	-34 151.52	-31 736.51	-18 017.00

资料来源:印度商工部网站.http://commerce.nic.in/eidb/Default.asp.

3. 印度对日本仍处于贸易逆差

自2011年印度与日本签署全面经济伙伴协议之后,进出口贸易增长较快,贸易赤字连续两年上升,但从印度商工部统计的数据可以看出,印度对日本贸易在2013—2014财年贸易赤字大幅度下降。这一财年,印度对日本出口额为68.14亿美元,进口额为94.81亿美元,进口大幅度下降是贸易赤字下降的主要原因。印度出口到日本的产品主要有石油(原油及原油产品)、肉类、海产品、珠宝、铁矿、铁合金、机械设备、药物等。印度从日本进口的主要产品是非电子器械的机器、电气设备、钢铁、电子产品、运输设备、工程制品、车床、有机化工、橡胶及制品和塑料及制品等。

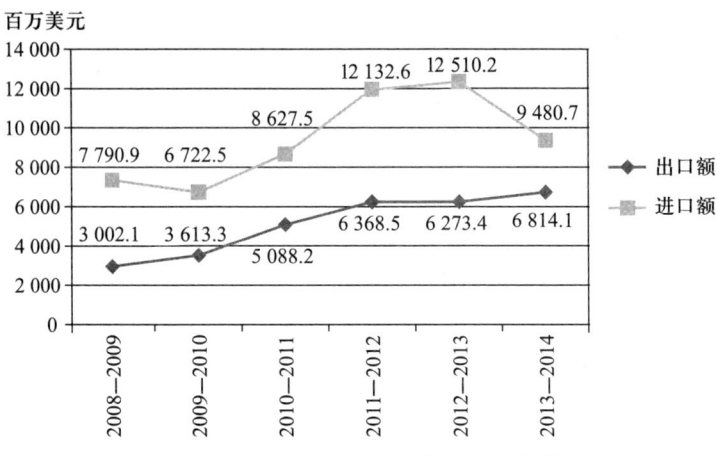

图 14.6　2008—2014 年印度与日本贸易状况

资料来源：印度商工部网站．http：//commerce.nic.in/eidb/Default.asp．

4. 印度对东盟处于贸易逆差

2013—2014 财年印度对东盟的总贸易额为 744.12 亿美元，占印度总贸易额的 9.73%，其中出口额为 331.34 亿美元，占到了进口总额的 10.54%，进口额为 412.78 亿美元，占出口总额比重为 9.17%，出现 81.44 亿美元的贸易逆差，见表 14.7。

表 14.7　2009—2013 年印度与东盟国家的贸易状况

年份（财年）	2009—2010	2010—2011	2011—2012	2012—2013	2013—2014
出口（百万美元）	18 113.71	25 627.89	36 744.35	33 008.21	33 133.55
出口增长率（%）	-5.37	41.48	43.38	-10.17	0.38
占出口比重（%）	10.13	10.20	12.01	10.99	10.54
进口（百万美元）	25 797.96	30 607.96	42 158.84	42 866.36	41 278.09
进口增长率（%）	-1.55	18.64	37.74	1.68	-3.71
占进口比重（%）	8.95	8.28	8.62	8.74	9.17
贸易额（百万美元）	43 911.67	56 235.85	78 903.19	75 874.57	74 411.64
贸易额增长率（%）	-3.16	28.07	40.31	-3.8	-1.93
占贸易额比重（%）	9.4	9.06	9.92	9.59	9.73
贸易平衡（百万美元）	-7 684.25	-4 980.07	-5 414.49	-9 858.15	-8 144.54

资料来源：印度商工部网站．http：//commerce.nic.in/eidb/Default.asp．

印度出口东盟的商品主要有石油（原油和石油产品）、交通运输设备、机械仪器、肉制品、宝石、燃料和煤焦油化学品、电子产品、花生、医药产品、海产品等。印度自东盟进口的产品主要是可食用植物油、煤炭、石油(原油和石油产品)、电子产品、有机化工产品、非电子器械的机器、金属矿产品、运输设备、木材机械以及木制品等。

(四)印度整体处于贸易逆差的原因分析

1. 产业结构不合理

印度产业结构不合理进而导致了进出口商品结构不合理,印度的进出口产品中初级产品和劳动密集型产品所占比重最大,而资本密集型产品所占比重较小。尽管近年来印度的软件产业进出口增长速度较快,但也不足以弥补较大数目的贸易赤字。高成本、高薪资以及卢比的走弱令印度本国出口商品没有竞争力。

2. 印度石油消耗不断上升,严重依赖石油进口

石油消耗的上升是导致印度赤字达到纪录高位的主要原因,汇率面临的最大风险是经常账户赤字,而这一部分赤字几乎都集中在石油进口上。2013—2014财年印度卢比继续贬值,这是1991年以来印度卢比最大幅度的贬值。使得严重依赖石油进口的印度要为此付出更大的代价来进口能源消费品。

二、2013—2014财年印度FDI流量状况

(一)印度FDI流入减少,流出增加

2013—2014财年印度的FDI流入流出量,相比于2011—2012财年,出现了较大幅度的下降。近年来印度的FDI随着国内外经济形势的变化起伏很大。2012—2013财年,由于受到印度国内改革不确定性和卢比贬值的影响,FDI流入流出量相比上一财年大幅下降。2013—2014财年印度FDI流入量进一步下降,从2012—2013财年的183亿美元下降至161亿美元,下降幅度为12%;而FDI流出量从2012—2013财年的110亿美元上升至146亿美元,上升幅度为33%,这主要是源于印度对外股权投资的增加。外商直接投资的下降反映了外商投资者对于印度经济增长前景依然忧虑。

从表14.8和表14.9可以看出近年来印度FDI主要来源于新加坡、毛里求斯、日本、荷兰和德国等。2012—2013财年,新加坡投资超越毛里求斯,首次成为该财年印度最大的FDI来源地。投资的领域主要是在服务业尤其是制造业、软件业、建筑业、电信业以及金融服务行业。印度FDI主要投向于英属维京群岛、莫桑比克、荷兰、毛里求斯、新加坡、美国、英国等,投资领域主要涉及农业、交通业、建筑业等行业。

表14.8 2011财年至2014财年印度按国家分类FDI流入流出量　　单位：十亿美元

	FDI总流入				FDI总流出		
国家	2011—2012	2012—2013	2013—2014	国家	2011—2012	2012—2013	2013—2014
新加坡	3.3	1.6	4.4	英属维京群岛	0.6	0.4	3.2
毛里求斯	8.1	8.1	3.7	莫桑比克	0.0	0.0	0.3
日本	2.1	1.3	1.8	荷兰	1.3	1.0	2.1
荷兰	1.3	1.7	1.2	毛里求斯	2.6	1.8	1.5
德国	0.4	0.5	0.7	新加坡	2.3	1.8	1.2
美国	1.0	0.5	0.6	美国	1.0	1.4	1.1
塞浦路斯	1.6	0.4	0.5	英国	0.4	0.6	0.5
卢森堡	0.1	0.0	0.5	瑞士	0.2	0.5	0.5
瑞士	0.2	0.3	0.4	阿拉伯联合酋长国	0.5	0.8	0.3
其他	5.4	3.9	2.3	其他	2.7	2.8	1.3
总计	23.5	18.3	16.1	总计	11.4	11.0	14.6

资料来源：Reverse Bank of India.Developments in India's Balance of Payments during 2013-2014.Reverse Bank of India网站.http：//rbidocs.rbi.org.in/rdocs/Bulletin/PDFs/01DPY100714FA.pdf.

表14.9 2011财年至2014财年印度按行业分类FDI流入流出量　　单位：十亿美元

	FDI总流入				FDI总流出		
产业	2011—2012	2012—2013	2013—2014	产业	2011—2012	2012—2013	2013—2014
制造业	9.3	6.5	6.4	农林牧渔以及采矿	0.6	1.1	7.3
电力及其他	1.4	1.7	1.3	制造业	3.4	3.4	3.0
建筑业	2.6	1.3	1.3	金融、保险、房地产以及商务服务	3.4	2.9	2.0
信息服务	1.5	0.1	1.3	交通、储存和电信服务	2.0	1.8	0.8

续表

FDI 总流入				FDI 总流出			
产业	2011—2012	2012—2013	2013—2014	产业	2011—2012	2012—2013	2013—2014
零售以及批发贸易	0.6	0.6	1.1	批发零售以及餐饮酒店	1.2	0.8	0.8
金融服务	2.6	2.8	1.0	社区及个人服务	0.4	0.3	0.5
其他服务	0.8	0.6	0.9	建筑业	0.4	0.3	0.2
计算机服务	0.7	0.2	0.9	水电气	0.0	0.1	0.0
其他	3.9	4.6	1.8	其他	0.0	0.0	0.1
总计	23.5	18.3	16.1	总计	11.4	11.0	14.6

资料来源：Reverse Bank of India.Developments in India's Balance of Payments during 2013-2014.Reverse Bank of India.http://rbidocs.rbi.org.in/rdocs/Bulletin/PDFs/01DPY100714FA.pdf.

（二）原因分析

首先，印度的 FDI 流入量的持续下降与印度政府的政策有很大的关联。2013 年国大党领导的印度政府对外商直接投资通信、房地产、石油精炼、多品牌零售、航空及国防产品等领域采取了限制措施，致使印度吸引的外资下降。另外，印度卢比贬值导致外国投资者从印度的债券和股票市场上撤出资金。

其次，2013—2014 财年印度 FDI 流出量出现大幅度上升，这主要是受卢比汇率贬值和印度国内投资环境恶化等因素影响。受美联储政策变化影响，卢比汇率一度急剧贬值，这促使部分印度企业选择投资海外以应对汇兑风险。同时，由于大选前的政策僵局导致投资环境难以有效改善，有资金实力的印度企业纷纷开始选择投资海外。

第二节 2013 年印度贸易政策回顾与展望

一、贸易政策回顾

（一）2013—2014 年 WTO 框架下的印度贸易政策

根据 WTO 官方公布的信息统计，2013 年 5 月中旬至 2014 年 9 月，印度在 WTO 框架下的贸易措施归纳如表 14.10 所示。

表 14.10 2013—2014 年印度在 WTO 框架下的贸易措施

	措施	来源/时间	状态
贸易及贸易相关措施	2013 年 5 月 20 日对从中国进口的所有直径的石墨电极（HS 38,83,85）进行反倾销调查	WTO 文件（2013 年 11 月）	—
	2013 年 6 月 5 日对从中国、欧盟、韩国和乌克兰进口的硝酸钠（HS 31）进行反倾销调查	WTO 文件（2013 年 11 月）	—
	2013 年 1 月 21 日，将金条和铂金的进口关税税率从 6% 提高至 8%；将用于黄金生产的黄金矿砂及黄金精矿（HS 71）的附加关税税率从 4% 提高至 6%	财政部税务局 2013 年关税第 31 号公告（2013 年 6 月 5 日）；WTO 文件（2013 年 7 月 27 日）	—
	2013 年 6 月 6 日，对乙酰乙酸甲酯（HS 29）进行保障措施调查	WTO 文件（2013 年 6 月 10 日）	—
	2013 年 6 月 21 日，对自俄罗斯进口的季戊四醇（HS 29）进行反倾销调查	WTO 文件（2013 年 9 月 11 日）	—
	2013 年 6 月 21 日，对自中国、韩国、中国台湾进口的 USB 闪存驱动器（HS 85）进行反倾销调查	WTO 文件（2013 年 9 月 11 日）	—
	对槟榔果（HS 08）征收进口关税（1 613 美元/公吨）	财政部税务局 2013 年关税第 67 号公告（2013 年 5 月 25 日）；WTO 印度永久代表团（2013 年 11 月 29 日）	2013 年 6 月 25 日生效
	2013 年 6 月 26 日，终止于 2002 年 5 月 2 日开始实施的对自中国进口的陶瓷瓷砖（HS 69）征收反倾销税	WTO 印度永久代表团（2013 年 9 月 11 日）	—
	印度储备银行设立了黄金（HS 71）进口的标准，即只允许进口能满足黄金首饰出口商需求的黄金	印度储备银行 DIR 系列第 122 号通告（2013 年 6 月 27 日）	2013 年 6 月 27 日生效

续表

	措施	来源/时间	状态
贸易及贸易相关措施	将原糖、精糖和白糖(HS 17)的进口关税税率从10%提高至15%	财政部税务局2013年关税第34号公告(2013年7月8日);WTO印度永久代表团(2013年11月29日)	2013年7月8日生效
	2013年7月12日,对自澳大利亚、欧盟和新加坡进口的软质块状多元醇(HS 39)进行反倾销调查	WTO印度永久代表团(2013年11月12日)	—
	印度储备银行设立了黄金(HS 71)进口的标准,即进口黄金的20%需存放在保税仓库里,并将这些黄金用来出口。在这一要求达到之前,无需额外的投入	印度储备银行DIR系列第15号通告(2013年7月22日)	2013年7月22日生效
	2013年7月23日对自沙特阿拉伯和中国台湾进口的丙酮(HS 29)进行反倾销调查	WTO印度永久代表团(2013年11月12日)	—
	取消米糠和米糠油蛋糕的15%的进口关税	财政部税务局2013年关税第39号公告(2013年7月8日);WTO印度永久代表团(2013年7月31日)	2013年7月31日生效
	2013年9月4日终止自2008年9月4日开始实施的对自中国、欧盟、韩国和土耳其进口的氧化氢(HS 28)征收的反倾销税	WTO印度永久代表团(2013年11月12日)	—
	2013年9月5日,对自中国进口的玻璃、陶瓷、瓷制电绝缘体进行反倾销调查	WTO印度永久代表团(2013年11月12日)	—
	将甜菜种子(HS 12)的进口关税税率从15%降至5%	WTO印度永久代表团(2013年11月12日)	2013年9月13日生效

续表

	措施	来源/时间	状态
一般经济支持措施	通过了外商贸易政策的补充文件。补充文件内容为:设立一系列措施以支持各种形式的出口,特别是对出口商给予2%至3%的利率补贴,并对出口值的部分免税。	《潜在贸易限制措施报告10》(2013年7月31日);欧盟贸易委员会总司(2013年9月2日)	—

资料来源:WTO.Report on G-20 Trade Measures,Mid-May 2013 to Mid-October 2013.

根据2013年中国商务部发布的《国别贸易投资环境报告2014》,可把印度在WTO框架下的贸易政策概括如下:

1. 货物贸易

(1)农业。

2013年12月的WTO第九届部长级会议上,印度在谈判中对本国粮食储备和粮食补贴问题持强硬立场。印度表示,除非能够通过一个平行协议以保证印度在粮食补贴和储备上享有更多灵活性,否则他们不会在"巴厘岛协议"上签字。印度坚持在达成最终的农业补贴协议前要为其预留过渡期,使其农业补贴幅度超过10%时能免于处罚。

2013年6月18日,印度商工部发布通告,对来自中国的牛奶及奶制品的进口限制延长1年至2014年6月23日。禁止从中国进口的牛奶及奶制品包括:巧克力及巧克力制品、糖果、糕点、含牛奶成分的食品配料等。

(2)进口许可证。

2013年4月18日,印度商工部发布第1号和第2号通告,对《2009—2014年外贸政策》第四章和五章进行修改,规定反倾销税、保障措施税等抵消性关税的免征不适用于获得可转让型免税进口许可的货物。

(3)《电子与信息技术产品(强制性注册要求)法令》。

2013年10月3日,印度正式开始实施电子与信息技术部发布的《电子与信息技术产品(强制性注册要求)法令》。如表14.11所示,该法令共对8类信息技术类产品、5类音视频类产品和2类家电产品进行了管制,规定法令涉及的电子产品必须在印度标准局认可的实验室进行相应标准的测试及注册,并需要加贴相关标志。法令管制的产品范围及依据的相关测试标准如表14.11所示。受管制产品如不符合规定标准以及没有在印度标准局进行注册并加贴"自我声明——符合IS国家标准"的字样,任何人不得自行或通过他人以其名义生产、储存、进口、销售或分销管制的电子产品。不符合规定标准的不合格或有缺陷的商品,生产商将不能继续使用,并将作为缺陷件进行报废处理。

表14.11 法令管制的产品范围及依据的相应测试标准

序号	产品名称	标准编号	标准名称
1	电子游戏机	IS616:2010	音频、视频以及类似电子设备安全要求
2	屏幕尺寸在32英寸及以上的等离子/LCD/LED电视机		
3	输入功率为200W及以上的内置扩音器的光盘播放器		
4	输入功率为2 000W及以上的扩音器		
5	输入功率为200W及以上的电子音乐系统		
6	便携式计算机/笔记本/平板计算机	IS13252:2010	信息技术设备安全通用要求
7	屏幕尺寸在32英寸及以上的显示器、视频监视器		
8	打印机、绘图仪		
9	扫描仪		
10	无线键盘		
11	电话答录机		
12	自动数据处理器		
13	机顶盒		
14	微波炉	IS302-2-25:1994	家用和类似用途电子设备的安全要求第2-25部分:微波炉的特殊安全要求
15	接电网电源的电子钟	IS302-2-26:1994	家用和类似电子设备的安全要求第2-26部分:时钟的特殊安全要求

资料来源:中国商务部.国别贸易投资环境报告 2014. http://images.mofcom.gov.cn/jcj/201404/20140417093100242.pdf.

（4）动植物检疫措施。

2013年6月11日,印度商工部发布第18号通告,要求进口至印度的畜产品必须附有出口国相关政府部门或经授权的检疫检验机构出具的健康证书,并在相应的文件中写明畜龄、性别和饲养状况等信息。此外,还应获得分别由印度畜牧业部、渔业和乳业部等政府机关签发的卫生许可证。

(5) 卫生与植物卫生措施。

2013年10月31日,印度食品安全标准局(FSSAI)发布了第 4/15015/30/2011 号通告,要求 FSSAI 标志和许可号的商标持有者,将 FSSAI 标志和许可号标示在包装标签上(在未发布新通告前按此要求执行)。2013年7月9日,印度食品安全标准局发布了2013年食品安全与标准法规(包装及标签)修正案通知,于官方公报发布之日起60天后生效。最新修正案规定:一是对于可食用植物油、脂肪(包括氢化植物油)、加工类包装食品,需在标签上加注总反式脂肪含量以及总饱和脂肪含量。二是在"可食用植物油、脂肪标志规定"中,新增反式脂肪含量以及饱和脂肪含量标志规定。

(6) 补贴与反补贴措施。

印度《2009—2014年外贸政策》规定了有关补贴制度。2013年,印度新公布的补贴政策主要有:

2013年1月22日,商工部发布通告,拟在印度全境开展"运费补贴计划",对在指定地区内以指定运输方式运输的原材料和制成品所产生的运费进行补贴。其中,相应产品须满足多样性条件(为实现产品多样化而开发的新产品,其上一财年的销售额高于总营业额的25%)或实质性增长条件(因追加投资而新增的产值相当于原工业设备核定登记产值的25%以上)。其中,以铁路和公路两式联运的补贴力度最大,占到运费的90%;单一运输和满足条件的空运、海运补贴力度相对较小,从75%到50%不等;跨省运输和单纯在铁路中转站之间的运输也会因运输货物(原材料或工业制成品)的不同而受到不同程度的补贴。补贴期间为相应新产品投产后的五年,中小型企业还可在此基础上获得另外五年的补贴期;一些特别地区也可在规定的限额基础上获得额外的补贴。印度国土管理部负责受补贴企业的登记、补贴申请的受理和审核。

2013年7月8日,印度商工部公布了《2011—2012财年至2013—2014财年出口倍增计划》中期审查的讨论稿,其中提到拟实施一些新的贸易政策以巩固该计划的效果,主要有:第一,为刺激出口,提升国内制造业,除市场准入计划(MAI)、资本货物(ECGC)和出口保险(NEIA)等措施外,还将对出口商提供2%的利息补贴并将该政策延长1年;第二,为刺激工程外包服务的出口,商工部决定由进出口银行对出口至南亚联盟国家的项目、工程服务提供2%的利率补贴;第三,为促进钻石珠宝的出口,对加工钻石珠宝所需原材料和工具实施关税减免优惠,同时建立专项资金,提供2%的出口信贷利率补贴;第四,对手工艺品、地毯、织机、成衣、深加工农产品、体育用品和玩具等数个门类提供2%的利率补贴。

印度补贴的形式主要有费用支持、最低限价、出口信贷贴息、关税减免和优惠等,既有直接转移也有间接转移。

(7) 关税。

印度在基本关税之外,对进口货物征收附加关税、特别附加税和教育附加税等。除葡萄酒、烈性酒或其他酒精饮料外,所有进口货物要征收附加关税。特别附加税为4%的从价税,适用于除按照海关通知免除外的所有货物。教育附加税为海关通知免除外进口货物的基本关税和附加关税总额的3%。

印度的平均实际适用关税较高,例如糖和糖果的平均适用关税是35.9%,咖啡、茶叶为56.3%,饮料和烟草为69.1%。此外,印度还对谷物和配制品、饮料和烟草最高征收150%的关税,对纺织品最高征收143%的关税,对畜产品、水果、蔬菜、植物以及油料和油脂等产品征收最高100%的关税。

(8) 技术性贸易措施。

2013年4月22日,印度商工部发布通告,将进口鱼油的不饱和脂肪酸EPA及DHA含量限制为其重量的5%以上。

(9) 贸易相关投资措施。

2013年3月,印度政府为了完善外资政策,重新界定FDI(公司外资持股比例超过10%)和FII(外资持股比例不超过10%)。2013年9月,印度商工部正式发布公告调整外资政策:① 茶叶种植取消5年内需向印度本土企业转股26%的规定,FDI可继续持股100%;② 石化冶炼维持49%的外资持股上限,但"政府审批"变为"自动生效";③ 国防工业FDI上限比例为26%,若能引进新技术,行政审批后投资比例可超过26%,但不允许外国机构投资者(FII)投资;④ 快递业务取消"政府审批"环节,外资可100%持股;⑤ 电信服务投资上限由74%上调到100%,外资比例在49%以下的"自动生效",超过49%的实行"政府审批";⑥ 单一品牌零售外资可继续100%持股,但开始放宽政府审批限制,规定不超过49%的外商投资可"自动生效",超过则实行"政府审批";⑦ 外资可持资产重组公司股权的比例由74%提高到100%,外资比例不高于49%则"自动生效",超过49%则实施"政府审批";⑧ 商品交易的外资持股上限仍是49%,这里的外资包括外商直接投资(FDI)和外国机构投资(FII),其中FDI的投资比例不能超过26%,FII不能超过23%,取消政府审批,改为"自动生效",此处的外商投资要接受相关部门监督;⑨ 提高信用资讯公司的外资比例到74%,实施"自动生效";⑩ 证券交易外商投资取消"政府审批",并维持49%的外资上限;⑪ 电力交易中,FDI投资比例不能超过26%,实施"政府审批",FII不能高于23%,实行"自动生效"。①

2. 服务贸易

（1）保险。

印度规定保险业外资持股比例不得超过26%。2008年,印度财政部提出保险法修正案,允许将外资持股比例由26%提高到49%,并允许外资进入印度再保险市场,然而印度议会财政常设委员会2011年11月发布报告反对提高26%的限额,致使修正案未能通过。

（2）银行。

外资银行进入印度仍然受到严格的限制。外国银行只能以以下三种形式在印度开展业务:直接分支机构、全资子银行或者是在印度私人银行中持股的方式。根据在印度的分行授权政策,外资银行必须按年度提交其内部的分行扩展计划,但是由于印度对分行扩展配额的不透明,导致外资分行的扩展能力严重受限。

2012年年底,印度对银行管理法做了修改,允许印度企业集团和非银行金融机构建立新的私人银行,但印度储备银行规定最初五年外资持股不得超过49%,此后则不得超过74%。

3. 争端解决

在2013—2014财年,在WTO争端解决中印度并没有作为申诉方、应诉方或作为第三方的案例。

4. 其他多边贸易活动

除WTO之外,印度还积极加强与周边国家以及有利益关系区域的联系,通过参加其他多边贸易活动,参与区域经济一体化进程。在2013年7月,印度参加了《区域全面经济伙伴关系协定》（RCEP）的第一轮谈判,其谈判方包括10个东盟成员国、印度、中国、日本、韩国、澳大利亚和新西兰。2014年1月20日至25日,《区域全面经济伙伴关系协定》（RCEP）第三轮谈判在马来西亚吉隆坡举行。为实现2015年年底前完成谈判的目标,各方在本轮谈判中围绕货物贸易、服务贸易和投资领域的技术性议题展开磋商,推动谈判取得积极进展。为进一步推动谈判在广泛领域取得进展,各方还决定成立知识产权、竞争政策、经济技术合作和争端解决四个工作组。此外,各方还就部分成员提出的新领域进行了信息交流,并分别召开了知识产权、服务与投资的关系两场研讨会。

（二）双边贸易政策

1. 印度对美国的贸易政策

---

① 此部分内容参考中华人民共和国驻印度共和国大使馆经济商务参赞处网站。http://in.mofcom.gov.cn/article/jmxw/201309/20130900312351.shtml。

2000年3月21日,印度总理和美国总统开启了"印美关系——21世纪展望"的"印美商业对话"。这是印度与美国之间的制度性安排,旨在促进贸易和跨越广泛的经济部门,比如信息技术、基础设施、生物科技和服务,使得投资机会最大化。"印美商业对话"大致分为四类:(1)标准信息交流;(2)反倾销/贸易防御机制信息交流;(3)知识产权信息交流;(4)关注中小企业。此商业对话机制每两年更新一次,最近的一次是2012年3月到2014年3月。

2005年7月,印美贸易政策论坛(TPF)成立,并作为印度与美国全面战略对话的一部分。此论坛的目标在于扩大印度与美国的贸易和投资,并围绕五个论题展开:关税和非关税壁垒、农业、投资、服务、创新和创造力。2007年4月印度成立了私营部门咨询集团(PSAG)作为印美贸易政策论坛的补充,为政府提供政策建议。2012年6月,印度在美国开展"印度展",展示印度的珠宝产品等。此外,在印度政府的经济援助下,2012年7月,印度在美国开展"夏季特色食品展"和"印度采购交易会",增强印度产品在美国的影响力。2012年8月,印度与美国联合推出了印度-美国-非洲三边农业培训项目,以此作为印度与美国全球伙伴关系的一部分,并促进非洲粮食生产的发展。

印美在2010年成功启动了相互协商机制,但随后双方均采取了强硬立场,导致这一广受欢迎的纠纷解决机制陷入停顿,涉及转移定价的税收纠纷未获任何进展。2013年9月,美国与印度税务部门在印度谈判3天,决定结束长达3年的不友好状态并重启征税解决方案相关谈判。这将有助于加快解决涉及许多在印美国跨国公司的征税纠纷,为印度塑造友好投资目的地的形象。

2013年9月印度总理辛格访问美国,在纽约就印美合作对美国商界发表了题为《当前印美合作基础广泛》的演讲。辛格演讲的主要观点有:当今世界,强劲的双向经济商业合作关系应是两国战略伙伴关系的基石。虽然全球经济动荡不安,但印美在贸易投资领域的合作仍处于较高水平。同时,印美还在能源安全、教育、研发、国防、国土安全以及网络安全等领域展开了建设性的合作。

2. 印度对欧盟的贸易政策

印度与欧盟一直保持良好的贸易关系,这是建立在以下几个协议下的:(1)1993年12月20日《印度和欧盟伙伴关系的合作协议》;(2)2001年签订的《科学技术合作协定》(2007年更新);(3)2004年签订的《关税合作协定》;(4)2008年签订的《欧盟-印度民用航空器协议》;(5)2009年签订的《原子能聚变能源协议》;(6)2010年12月签订的《文化的联合声明》。此外,印度还与单个的欧盟国家签订有双边贸易、投资和避免双重征税协定。印度已经与28个欧洲国家签署了投资促进和保护的协定,其中16个是欧盟国家成员。在与欧洲28个国家签订的避免双重征税的协议中,有20个是欧盟国家成员。

2012年1月,印度-欧盟联合委员会进行了定期的官方的双边关系审议。

这其中包括贸易、经济合作、发展合作三个分支委员会和7个联合工作小组,如农业和海洋产品、纺织品、钢铁、食品处理工业、医药和生物科技、关税合作、技术性贸易壁垒/动植物检疫。2012年2月,第十二届印度-欧盟峰会在新德里举行。印度与欧盟的贸易受到欧盟对印度的动植物检疫标准、技术性贸易壁垒、复杂的配额/关税体制、反倾销/反补贴措施的阻碍。欧盟市场有很严格的质量标准,持续的商业对话为增强双边贸易和投资流动创造了良好的环境。

为了进一步深化印度和欧盟的贸易和投资关系,印度和欧盟正在研究签订《广泛的贸易和投资协议》(BTIA)。2005年,在第六届印度-欧盟高峰论坛上双方决定建立高水平贸易小组(HLTG)来寻求方法建立贸易和投资协定。2012年12月,印度与欧盟进行第15轮谈判,双方致力于结束谈判,增加双方货物和服务市场准入的机会。

2012—2013财年,印度与单个欧盟国家的贸易政策有:2013年2月,印度与英国通过会谈取得共识,首先是2015年双方实现贸易翻番,达到341.5亿美元;其次是加快印度-欧盟自贸区谈判;再次是就网络安全开展合作,建立信息共享机制,保障双方数据的安全;接着是共同打击偷漏税和非法避税;最后是核能合作。[①]

3. 印度对日本的贸易政策

2011年2月16日,印度与日本签订《全面经济伙伴关系协定》(CEPA)。2012年12月,印度与日本签署了150亿美元的印日双边货币互换协议,约定2012年12月4日开始生效,三年有效期。2013年2月,印度为引进日本制造业资本,与日本签订协议,在"德里-孟买工业走廊"(DMIC)为日本电子制造业设立特别经济区。根据协议约定,日本在DMIC项目中拥有26%的股权,并且日本银行给予45亿元项目贷款。[②] 2013年11月印度向日本保证将改善港口尤其是诺尔和金奈港口的基础实施,以便利从日本进口小汽车及汽车零部件,并表示希望日本能对其港口项目提供援助。

4. 印度对东盟的贸易政策

印度在文莱、缅甸、泰国设有联合贸易促进会,在菲律宾设有贸易和投资联合工作小组。印度设有东盟印度商业理事会(AIBC)和联合商业理事会(JBC)。双方通过这两个理事会加强双边贸易增长问题的交流。

2009年8月,印度与东盟签署了《全面经济合作伙伴协定》(CECA)框架下的《货物贸易协定》以加强双方的贸易和投资。2012年12月,印度与东盟宣布

---

① 此部分参考中华人民共和国驻印度共和国大使馆经济商务参赞处网站.http://in.mofcom.gov.cn/article/jmxw/201302/20130200035826.shtml,2013.

② 此部分参考中华人民共和国驻印度共和国大使馆经济商务参赞处网站.http://in.mofcom.gov.cn/article/jmxw/201302/20130200035826.shtml,2013.

双方完成了服务贸易和投资领域的自由贸易协定谈判,印度内阁于 2013 年 12 月 19 日通过了印度东盟关于服务贸易与投资的自由贸易协定。

2011 年,东盟提出了《东盟地区全面经济伙伴关系框架》,并邀请中国、日本、韩国、澳大利亚、新西兰、印度共同加入谈判,即"10+6",以期通过削减关税,建立统一市场。2013 年 5 月,RCEP 开启谈判进程,并计划在 2015 年年底完成谈判。刚开始印度考虑若加入 RCEP 谈判,待谈成后大量廉价商品将进入印度国内市场,将使得国内脆弱产业如制造业等遭受严重打击,再加上印度国内的政治状况等,对 RCEP 谈判持观望怀疑态度。2013 年 7 月,印度最终决定加入 RCEP 谈判,但是从印度目前的开放水平、在 WTO 所持一贯立场和对 FTA 中原产地规则要求严格等情况判断,可能在 RCEP 谈判中会就某些问题一直达不成协定,延缓 RCEP 谈判进程。

2014 年 3 月 31 号第四轮谈判在广西南宁举行,在前三轮谈判的基础上,东盟 10 国及中国、澳大利亚、印度、日本、韩国、新西兰等 16 方在本轮谈判中继续就 RCEP 涉及的一系列议题进行了密集磋商,在货物、服务、投资及协议框架等广泛的问题上取得了积极进展。2014 年 6 月 23 日至 27 日,第五轮谈判在新加坡举行。谈判期间,16 方谈判代表就 RCEP 涉及的一系列议题进行了密集磋商。在货物方面,重点讨论了关税减让模式、贸易救济、原产地规则、海关程序与贸易便利化、标准、技术法规和合格评定程序、卫生与植物卫生措施等议题。在服务方面,各方就谈判模式、章节要素等领域进行了谈判。在投资方面,就投资模式文件和投资章节要素进行了探讨。新成立的知识产权、竞争政策、经济技术合作和法律问题工作组也讨论了相关议题。

二、贸易发展与政策展望

(一) 2013 财年印度贸易发展状况

2013—2014 财年,印度的贸易赤字呈下降的趋势。印度贸易赤字的下降主要有以下几点原因:首先,在全球经济复苏的背景之下,印度贸易形势逐渐好转。其次,印度政府和央行采取了一系列措施限制黄金进口,而且黄金的国际价格大幅下降,这共同促使了黄金进口的下降,进而减少了进口。

但是印度仍然存在贸易赤字。印度的出口产品中初级产品和劳动密集型产品占很大的比重,其次是印度较为发达的软件出口。但是印度的制造业落后,因此印度需要进口国内不能生产的机电产品,再加上印度进口大量的原油,使得印度的进出口结构不合理,导致了贸易赤字。这种因贸易结构不合理导致的贸易赤字,在短期内不可能有较大改变的可能,所以印度的贸易赤字有很大可能在 2014—2015 财年继续存在。

(二) 2014 财年印度贸易发展展望

从贸易地区来看,首先,欧美市场是印度最主要的贸易市场,在 2014—2015 财年印度预计会依然保持对欧美地区的进出口贸易增长。由于印度软件出口产业的优势,印度对美国的贸易会继续保持顺差。印度对欧盟同样可能会继续保持贸易顺差。其次,2014 年东盟主导的印度、中国、日本、韩国、澳大利亚、新西兰参加的 RCEP 进行了多轮谈判,并达成了一些共识。若印度能继续参与后续谈判,定会在将来促进印度与这些地区、国家贸易的发展,但这估计需要很长的一段时间。最后,印度将会继续实施出口市场多元化战略,集中力量扩展亚非拉市场。总的来讲,印度的进出口市场会越来越多元化。2014—2015 财年,印度会积极致力于扩展进出口市场。

从商品结构来看,印度在 2014—2015 财年,仍旧以初级产品和劳动密集型产品出口为主,进口仍以原油和制造业产品为主。但是,从长远来看,随着印度制造业的发展,印度会慢慢改变其进出口结构,缩小其经常账户赤字。

(三) 2014 年印度贸易政策展望

根据印度商工部 2012—2013 财年年报可知,印度长期的对外贸易政策目标是到 2020 年成为世界贸易主要的竞争者,成为国际贸易组织的领导者。为此,印度政府制定了"五年计划"的外贸政策。现在印度的外贸政策是《2009—2014 年印度对外贸易政策》。其政策基准是:(1) 促进劳动密集型产业就业;(2) 促进国内制造业发展以减少对外依赖;(3) 促进出口产业技术升级以增强国际竞争力;(4) 实施市场多元化战略以应对全球不确定性;(5) 鼓励东北地区出口;(6) 为环保产品制造提供激励措施,促进环境的可持续发展;(7) 通过简化程序等降低交易成本。2013—2014 财年,印度仍旧出现了较大的经常项目赤字,因此,印度在 2014—2015 财年会继续依据政策基础,制定重在缩减经常项目赤字的贸易政策。

首先,在货物贸易方面,印度会在重视粮食安全的同时继续实施农业保护政策;印度可能会为了增加出口,提供优惠出口政策;同时为了减少进口,增加关税和非关税贸易壁垒;2012—2013 财年,印度较低的经济增长速度刺激印度逐渐放开外商直接投资限制,因此,印度在 2013—2014 财年有可能进一步放松 FDI 比例限制以刺激经济恢复。

其次,在服务贸易方面,印度仍然会放宽银行业、电信业等领域的外商投资限制;在争端解决方面,由于印度面对不利的贸易逆差,可能会更多寻求使用争端解决手段如反倾销、反补贴等手段来维护自己的利益。

最后,印度在区域贸易活动方面,会继续贯彻落实市场多元化战略,在保证与主要贸易伙伴贸易稳步增长的同时,积极开拓新的贸易市场。

第三节 中印经贸关系发展与展望

一、中印经贸发展现状

(一) 中印贸易不平衡性有所缓和

根据中国商务部发布的统计数据,2013年中国与印度的贸易总额为659.5亿美元,比上年同期下降4.1%。中国对印度出口513.9亿美元,比上年同期降低1.9%,占印度进口总额的11.0%;中国自印度进口总额为145.6亿美元,同比下降2.3%,占印度出口总额的4.7%;中国对印度贸易顺差为368.3亿美元,下降5.8%。

由图14.7可以看出,2008—2011年中印贸易额大致呈逐年增长的态势,从2008年的407.4亿美元的贸易总额扩大到2011年的744.1亿美元;2011—2013年中印贸易额呈逐年下降的趋势,从2011年的744.1亿美元的贸易总额缩减至2013年的659.5亿美元。印度对中国的贸易逆差也呈逐年扩大的趋势,从2008年的208.9亿美元扩大到2012年390.9亿美元,虽然2013年下降至368.3亿美元,但是严重的贸易赤字依然引起了印度的重视。

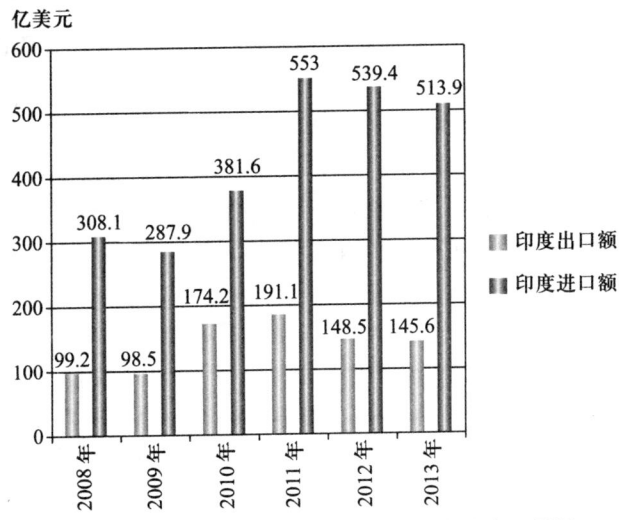

图14.7 2008—2013年中印贸易中印度进出口概况

资料来源:中国商务部.http://countryreport.mofcom.gov.cn/record/view110209.asp? news_id=38400.

(二) 中印贸易结构互补性较强,但主要进出口商品有所变化

从表14.12和表14.13中可以看出,2013年中印贸易结构互补性较强,印度

自中国进口的商品主要有机电产品、机械设备、有机化学品、文物制品和肥料,分别占进口总额的27.9%、18.9%、10.2%、4.5%和4.1%。印度进口的上述五大类商品合计337.6亿美元,占自中国进口总额的65.7%。2012年印度自中国进口的商品主要是机电产品、化工产品、贱金属及制品等工业制成品,分别占进口总额的43.3%、17.0%和8.3%,与2013年相比略有变化。

表14.12 2013年印度自中国主要进口产品

商品类别	进口金额(百万美元)	上年同期(百万美元)	同比(%)	占比(%)
机电产品	14 348	13 587	5.6	27.9
机械设备	9 732	10 162	-4.2	18.9
有机化学品	5 237	4 742	10.4	10.2
文物制品	2 327	4 323	-46.2	4.5
肥料	2 120	2 750	-22.9	4.1
钢铁制品	1 345	1 405	-4.3	2.6

资料来源:中国商务部.http://countryreport.mofcom.gov.cn/record/view110209.asp?news_id=38414.

2013年,印度对中国出口的主要产品是棉花、铜及制品、矿产品、有机化学品和矿物燃料。印度对中国棉花出口41.6亿美元,增长12.7%,占印度对中国出口总额的28.6%;铜及制品、矿产品、有机化学品和矿物燃料对中国的出口额分别为16.3亿美元、16.1亿美元、9.5亿美元和7.4亿美元,增减幅依次为-25.7%、-41.6%、-6.7%和126.2%,分别占印度对中国出口总额的11.2%、11.1%、6.5%和5.1%。印度其他对华出口商品还有动植物油、塑料制品、机械设备、树胶和钢铁制品等。2012年印度对中国出口的主要是纺织品及原料、矿产品、贱金属及制品等初级产品,出口占比分别为26.3%、17.0%和8.3%。

表14.13 2013年印度对中国主要出口产品

商品类别	出口金额(百万美元)	上年同期(百万美元)	同比(%)	占比(%)
棉花	4 155	3 686	12.7	28.6
铜及制品	1 632	2 197	-25.7	11.2
矿产品	1 609	2 754	-41.6	11.1
有机化学品	952	1 020	-6.7	6.5
矿物燃料	736	325	126.2	5.1

资料来源:中国商务部.http://countryreport.mofcom.gov.cn/record/view110209.asp?news_id=38413.

据中国商务部统计,截止到2013年12月底,中国在印度出口贸易中仅次于美国和阿联酋位居第三位,而在进口贸易中为印度第一大进口来源地。在印度的十大类进口商品中,中国生产的纺织品、机电产品、家具、金属制品、光学仪器和陶瓷等在印度进口的同类商品中占有较明显的优势地位;但中国生产的运输设备、化工品、贵金属制品、钢材等方面仍面临着来自美国、欧洲各国和日本等发达国家的竞争。

(三)中印贸易合作进一步加强

中印互为重要近邻和天然伙伴,两国关系近年来取得显著进展,政治互信不断加深,各领域合作成果丰硕,民间往来日益扩大,在重大国际和地区问题上协调与合作良好,边界谈判取得积极进展。2013年5月20日国务院总理李克强在新德里与印度总理辛格举行了深入务实的会谈,达成广泛共识,一致决定进一步加强中印面向和平与繁荣的战略合作伙伴关系,推动两国合作取得新成果。双方在谈判的基础上发表联合声明,力争2015年双边贸易达1000亿美元,并达成如下共识:一是加强战略沟通,增进政治互信;充分发挥两国领导人定期互访和会晤对双边关系的引领作用,用好政府、政党、议会间的磋商交流机制,深化战略对话,保持各层次交往。二是推进务实合作,深化利益交融。促进贸易自由化、便利化和动态平衡,扩大双向投资,启动两国区域贸易安排谈判,开展在产业园区、基础设施等领域的大项目合作,共同倡议建设孟中印缅经济走廊,推动中印两个大市场更紧密连接。三是加强防务合作,增进安全互信。通过防务与安全磋商、联合训练演习等,加强两国军事交流。就海洋事务保持战略沟通,共同维护和平与安全。四是扩大人文交流,增进相互了解。将2014年确定为"中印友好交流年",共同纪念和平共处五项原则发表60周年。扩大教育交流合作,促进两国新闻媒体加强沟通,继续办好青年互访活动,推动地方交往。五是照顾彼此关切,妥处敏感问题。就边界问题加强沟通协商,提高现有机制效率,在找到双方都能接受的解决方案之前,维护边境地区的和平与安宁。利用好现有机制,加强在跨境河流问题上的合作。

二、中印经贸发展中存在的问题

(一)贸易不平衡加剧引起印度不满

印度自20世纪90年代初实施对外开放政策以来,对外贸易呈加速发展趋势,中印双边贸易自此也获得了较快发展。起初中印双边贸易基本保持平衡,但随着中国贸易结构的改善,印度逐渐在中印贸易中处于逆差地位,特别是在2006年之后,印度贸易赤字逐渐变大。印度政府日益不满于贸易赤字逐渐扩大的现状,积极寻求解决措施,如加速国内制造业发展以减少对中国制造业产品的进口,建设经济特区促进对中国的产品出口等。

(二) 贸易摩擦仍然剧烈

贸易不平衡的加剧导致了贸易摩擦的愈演愈烈,目前印度仍然是对中国产品发起反倾销案件调查最多的发展中国家。根据中国商务部的调查统计,印度自1992年以来,截止到2013年年底,共对中国产品发起反倾销调查164起,反补贴调查1起,特保措施调查9起,保障措施调查17起。表14.14、表14.15是2013年印度对中国发起的反倾销(7起)、特保措施(3起)的调查,主要涉及的是我国生产能力较强的化工、钢铁、机械器具等制造业产品。在对中国发起的反倾销调查的过程中,由于印度一直不承认中国的市场经济地位,所以印度在裁定反倾销调查时,往往采取与中国经济发展水平不相当的第三国的生产价格或内销价格作为中国产品正常价格,严重损害了相关中国企业的正当利益。

表14.14 2013年印度对中国发起的反倾销调查统计表

编号	立案时间	涉案产品	案件进展
1	5月20日	石墨电极	调查中
2	6月5日	硝酸钠	调查中
3	6月21日	USB闪存驱动器	调查中
4	9月5日	绝缘子	调查中
5	10月8日	精对苯二酸钾	调查中
6	10月18日	计算机	调查中
7	12月20日	平板玻璃	调查中

资料来源:中国商务部.国别贸易投资环境报告2014. http://images.mofcom.gov.cn/jcj/201404/20140417093100242.pdf.

表14.15 2013年印度对中国产品发起的特别保障措施调查统计表

编号	立案时间	涉案产品	案件进展
1	4月17日	亚硝酸钠	2013年9月17日,印度对进口亚硝酸钠做出保障措施终裁:建议采取1年零3个月的保障措施,其中第一年的保障措施税率为30%(从价税),第二年(仅3个月)为28%(从价税)。涉案产品海关编码为28341010
2	4月22日	铁、合金或非合金钢制(非铸铁和不锈钢制)无缝管和空心异型材	调查中

续表

编号	立案时间	涉案产品	案件进展
3	6月6日	乙酰乙酸甲酯	2013年10月10日,印度对进口乙酰乙酸甲酯作出保障措施终裁:不建议对进口涉案产品征收保障措施税。涉案产品海关编码为29183040

资料来源:中国商务部.国别贸易投资环境报告 2014. http://images.mofcom.gov.cn/jcj/201404/20140417093100242.pdf。

(三)双方的互信不足以及国家文化差异影响投资

由于中印双方的政治分歧、印度贸易赤字等方面的问题,中印双方的互信度较低,这在一定程度上影响了中印贸易中的相互投资。虽然中国和印度都作为世界上的两个发展中大国,但是相互的投资规模较小,波动大,贸易依存度较低。如由于印度政府对中国企业的信任度不够,印度以中国的电信设备日益严重威胁印度国家安全为由,限制中国电信企业在印度的投资。

中国企业在印度投资艰难还有其他原因。印度文化的特殊性导致中国企业与其政府和业主很难打交道。比如,印度对于中国投资的电厂在排放标准上要求十分苛刻,必须达到行业优良的标准才允许其投产,而对于当地企业则睁一只眼闭一只眼。另外,在税收政策上也并不优惠。另一种困难是,工作签证难办是当前中国企业在印度面临的最大障碍。一些在印公司的中方员工由于得不到工作签证,只能工作一段时间回到国内,然后再办签证继续飞赴印度。如此循环,耗费了大量的时间和物力。

鉴于上述情况,同时着眼于在印度的长远发展,中国企业目前只是小心翼翼地进行摸索和尝试,没敢大步向前。

三、中印经贸关系展望

(一)中印贸易发展趋势将继续加强

在2013年5月李克强总理访印期间,中印双方共同倡议建立孟中印缅经济走廊,加强在相互投资、贸易、基础设施建设等领域合作,加强产业园区和铁路合作,启动地区贸易安排谈判等,推动中印两大市场实现优势互补、互利共赢。这一构想不仅有利于实现中国的向西开放与印度的东向战略的对接,把东亚和南亚连为一体,推进互联互通,而且有利于加强四国基础设施建设、促进经贸往来和区域一体化进程,为亚洲经济以及全球增长提供新的动力。所以中印之间存在很大的贸易发展潜力,两国贸易发展趋势将进一步加强。

（二）中印贸易结构互补性将进一步加强

由前文的分析可知,在中印双边贸易中,中国以出口机电产品等制造业产品为主,印度以出口纺织品等初级产品为主,中印贸易结构有很大的互补性。但是印度政府并不满足于只出口初级产品,随着印度制造业的进步以及对发达的软件业出口的重视,印度会逐渐调整出口结构,未来的中印贸易将会是比较平衡的,将是印度对中国出口高新技术产品,中国对印度出口高端制造业产品的贸易结构,互补性也将进一步增强。

（三）中印贸易投资将继续扩大

印度经济长期受到落后的基础设施的拖累,特别是铁路、道路、港口和电力设备。印度也意识到了这一点。印度商业和工业部联合秘书阿西特·特里帕蒂说:"我们存在巨大的基础设施瓶颈。我们希望印度新政府能将基础设施建设继续当做头号任务。"印度商业和工业部高官桑吉特·辛格称,2014年至2019年印度政府计划投入1万亿美元兴建基础设施,希望中国的资金能够参与其中。面对近几年欧美动荡的经济形势,印度也意识到应该发展新的投资市场,而中国是个广阔巨大的投资市场。如今中印两国政府也意识到双方进一步合作的必要性。因此,中印贸易投资有很大的发展空间。

（四）中印发展双边贸易关系的应对策略

中印双边贸易存在的问题主要有贸易结构不合理、合作领域范围较窄、贸易商品结构相对单一以及由贸易保护主义引起的贸易摩擦不断等。与此同时,中印在政治上还存在一些争端和对立,这直接导致了双边在国家核心领域上的贸易合作推进缓慢,如能源和信息产业领域。为促进两国贸易持续向前发展,提高贸易发展质量和水平,应做到如下几点:

首先,中印双方调整和优化贸易结构、加强产业内贸易合作是进一步扩大双边贸易的关键。调整和优化贸易结构、适应双方进口需求变化也是提升出口产品整体竞争力的重要手段。要按照比较优势原则来安排生产,从而深化产业分工和协作,促进产业结构调整,提高两国按市场需求安排商品结构和调节生产的能力。例如,在双边贸易争端集中的劳动密集型产品领域,中国可以通过减少双方优势集中或相同领域产品的出口,转而增加高科技、高附加值产品的出口;印度则可以在信息技术等高科技领域加强与中国的合作。产业间贸易基于比较优势,而产业内贸易发生前提是规模经济,中印制成品产业内贸易发展潜力巨大,中国应扩大市场开放力度,促进劳动密集型产业对印出口;同时,提升产品档次,向高附加值跃升。

其次,构建中印经济一体化合作机制,拓宽合作领域。鉴于中印海陆空相通、山水相连的事实,且两国都是文明古国,历史上经贸、文化交往频繁,这都为双边建立中印自由贸易区提供了良好的客观条件,况且虽然近些年贸易规模迅速增长,但贸易争端不断又缺乏有效的沟通和解决机制,这更迫切要求双方建立相应的组织或机制来增加对话和解决争端,中国——东盟自由贸易区的建立和成功运行已经为中印自由贸易区的建立提供了很好的借鉴和参考。

中印 FTA 有利于扩大双边贸易规模效应,尽管目前中印 FTA 的建立牵涉诸多细节问题,但可以重点考虑优先领域合作,如合作潜力较大的能源、农业以及钢铁等。在能源领域,两国都是快速发展中的人口大国,都对能源资源有着迫切的需求,为了避免未来在能源需求领域可能产生的竞争和摩擦,两国除了在传统的能源领域开展合作,如开采和生产的上游领域,在油气勘探、地震预警等领域,在勘探、石化生产以及石化产品的市场开发领域,在天然气、燃气运输和城市供气领域,在国内和跨国石油管道领域,另外在一些新型能源领域,如非传统油气资源领域,在能源软件和信息技术和生物能源等一系列领域,均有加强合作的潜力和必要。除此之外,中印在水力发电、核能、清洁煤炭技术、非传统能源和可再生能源等方面也可以相互合作,优势互补。在农业方面,两国都拥有劳动力资源丰富、气候条件多样适宜、耕地面积广阔等优势,但具体到各自国家又各有不同,印度由于成功进行了粮食、畜牧和水产业的现代化革新,在农业现代化方面积累了大量经验,但农业基础设施、农产品加工、轻工业等都还待发展和完善,而中国农业现代化发展滞后,但基础设施和相关产业发展完备,双方通过合作,可以取长补短,实现共同发展进步,同时也可以在农业信息系统及食品安全等领域开展交流与合作。

最后,加强政治对话和磋商,减少政治摩擦对贸易摩擦的影响。中印在历史上存在一些领土争端,这导致双边政治沟通不畅,印度由此一直拒绝承认中国市场经济地位,这也是印度频繁对中国采取贸易调查的原因之一。因此中印双边应该通过政治对话、磋商,尽双方最大努力不让政治争端带来的负面影响扩散到经贸领域。鉴于印度金砖国家成员和上海合作组织观察员的身份,双边完全可以通过金砖国家组织和上海合作组织建立起互信共赢且具有战略高度的合作伙伴关系。

参考文献

[1] Reverse Bank of India. Developments in India's Balance of Payments during 2013-2014.Reverse Bank of India[EB/OL].印度储备银行网站,http://rbidocs.rbi.org.in/rdocs/Bulletin/PDFs/01DPY100714FA.pdf

[2] WTO, Report on G-20 Trade Measures, Mid-May 2013 To Mid-October[R]2013.

[3] 胡其伟,张汉林.金砖国家金融合作路径探析[J].国际贸易,2013(6):47~50.

[4] 黄文利.中国与其他金砖国家贸易关系研究[D].安徽大学.51~52.

[5] 郑学党.中印双边贸易增长因素研究——基于 CMS 模型的实证分析[J].东南亚南亚研究,2014(2):41~47.

[6] 中国商务部.国别贸易报告-印度[EB/OL].商务部网站,http://countryreport.mofcom.gov.cn/record/view110209.asp?news_id=38401.

[7] 中国商务部.国别贸易投资环境报告 2014[R].http://images.mofcom.gov.cn/jcj/201404/20140417093100242.pdf.

[8] 中华人民共和国驻印度共和国大使馆经济商务参赞处.印度正式放宽部分领域外资政策[EB/OL].网站,http://in.mofcom.gov.cn/article/jmxw/201309/20130900312351.shtml.

第十五章 巴　　西

从 2011 年开始,随着全球需求的持续萎缩,巴西以初级产品出口为核心的对外贸易增长幅度开始大幅下滑。而长期以来存在的国内投资不足、税收体系复杂以及基础设施薄弱等结构性问题愈发凸显,对于巴西经济与产业竞争力的影响也逐步显现。这些外部周期性因素与内部结构性因素相互叠加,从根本上导致巴西在 2013 年贸易政策的制定和实施上更加偏向于保护性。另一方面,在发达经济体的推动下,以大型区域协定为载体的全球新一轮贸易与投资规则的调整正在展开,同样对巴西造成了一定程度的被边缘化的压力,进而转化为其在区域及多边层面更加积极主动的经贸合作诉求。综合来看,巴西在 2013 年的贸易政策的主要特点可以总结为"双边保护倾向提高,区域与多边积极进取"。而由于这些重要的决定性因素很难在短期内改变,巴西在未来几年的贸易政策也将维持当前的趋势与特点。

第一节　2013 年巴西贸易投资发展形势

一、2013 年巴西贸易发展回顾

(一) 对外贸易持续低迷

相比于 2012 年的进出口全面萎缩,2013 年巴西对外贸易虽然有小幅增长,但仍然处于低迷状态。根据巴西外贸秘书处统计的数据,2013 年巴西货物进出口额为 4 818.0 亿美元,比 2012 年同比增长 3.5%。但这一增长主要来自进口增长,出口方面相比于 2012 年则毫无起色。具体来看,2013 年出口额为 2 421.8 亿美元,同比减少 0.2%,进口额为 2 396.2 亿美元,同比增长 7.4%,贸易顺差进一步萎缩为 25.6 亿美元,是 2002 年以来的最低水平(详情见图 15.1)。而根据联合国贸发会议(UNCTAD)的数据,2013 年巴西出口占世界主要国家出口总额的比例为 1.4%,比 2012 年下降了 0.2 个百分点。

巴西出口表现不佳的原因主要有两个方面。其一是大宗商品价格的持续下降,特别是作为巴西主要出口产品的大宗农产品和铁矿石的价格下降。巴西外

贸研究中心统计得出,自2013年5月至2014年5月,虽然巴西出口量增长了4.9%,但出口商品价格却累计下降了4.3%。大宗商品价格下降一方面是由于中国经济增速放缓,特别是投资扩张的减速减少了市场对大宗商品的需求,另一方面则是受新一轮资本流动周期的影响,特别是美联储的量化宽松政策等因素导致发达经济体往新兴经济体大规模的资本流入开始转向。其二则是巴西自身工业产品竞争力不足。严重的基础设施建设瓶颈、复杂的国内税收体系、繁琐的劳工保护法规以及巴西对全球产业链的低层次融入,都是造成其工业产品竞争力低下的内在结构性因素。而作为巴西制成品主要出口国之一的阿根廷所遭遇的经济危机也使得巴西制成品出口状况进一步恶化。

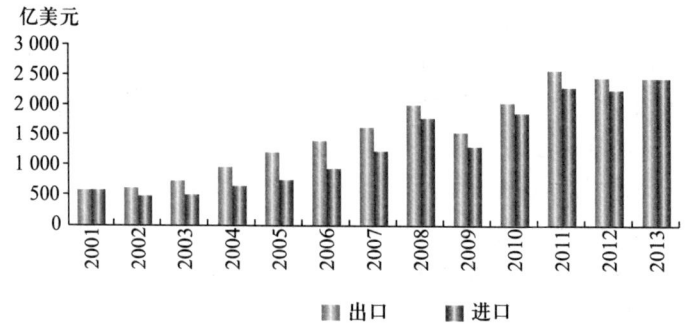

图15.1　2001—2013年巴西进出口额变动

资料来源:根据巴西外贸秘书处2014年数据绘制。

(二) 中国所占比重继续提升

1. 中国进一步巩固巴西第一大出口市场的地位

巴西的出口集中度一直不高,2013年在巴西出口中占2%及以上份额的国家或地区合计份额仅为54.5%。其主要出口流向分布于欧美发达经济体、东亚地区以及南方共同市场。2013年其对欧盟、北美自由贸易区的出口分别下降了2.6%和6.3%,对南方共同市场的出口额则提高了3.3%。从比例看,欧盟在巴西出口中所占的份额从2012年的20.1%下降到2013年的19.7%,北美自由贸易区所占的份额也从14.0%下降到13.1%,而南方共同市场所占的比例则从17.9%提高到18.5%。

2013年巴西对中国出口460.3亿美元,同比增长11.6%,在巴西对外总出口下降的情况下,中国在巴西出口中所占的份额进一步上升到19.0%,比2012年提高了整整2个百分点。中国在很多重要的产品类别上都成为名副其实的巴西第一大出口市场。根据巴西农业、畜牧业和食品供应部的统计,2013年巴西对中国农产品出口额为228.8亿美元,中国首次超过欧盟成为巴西最大的农产品出口市场。而随着美国页岩气开发力度不断加大,巴西对美国石油出口也不断减少,2013年中国首次超过美国成为巴西最大的石油出口市场。

2. 中国继续保持为巴西第一大进口来源国

巴西进口来源同样一直相对分散,但其进口集中度一直高于出口集中度。2013年在其进口中占2%及以上份额的国家共有11个,合计份额为65.4%,均与2012年的数值保持一致。从区域来源看,巴西进口仍主要分布于较为传统的几个市场,包括欧盟、北美自由贸易区以及其自身所在的南方共同市场。2013年这三大来源地所占的比例分别为21.2%、18.8%、16.1%,合计达56.1%。

近年来,美国、中国、阿根廷一直是巴西前三大进口来源国,但各自所占的比重则有较为明晰的变动。中国从2007年的10.5%一直上升到2012年的15.4%,首次超过美国成为巴西第一大进口来源国,2013年这一比例又提高到15.6%;美国所占的份额则呈波动性下降的趋势,从2007年的15.5%减少到2013年的15.0%;阿根廷则从8.6%逐步下降到6.9%。

(三)进出口产品结构仍然较为单一

1. 初级产品占巴西出口的比重小幅下降

2012年以来随着全球市场需求的下降,初级产品的价格不断降低。虽然初级产品出口仍然占据巴西总出口的绝对比重,但具体的份额则呈现不断下降的趋势。巴西传统的前三大类出口产品,即矿产品、食品饮料及烟草、植物产品,占总出口的比例从2011年的52.1%减少到2013年的49.6%。根据巴西工贸部的统计,2013年仅淡水河谷公司的出口总额就达到265亿美元,占总出口额的比例为11%。另一方面,运输设备和机电产品出口所占的比例则从2011年的14.9%提高到2013年的18.3%。从具体的产品类别看,具有较高附加值的工业产品出口种类较少,所占份额仍然很低。航空器、航天器及其零件仅占1.8%;车辆及其零附件占5.8%;核反应堆、锅炉、机械器具及零件占5.3%。

2. 进口产品种类仍然高度集中

2013年巴西前五大类进口商品仍然是机电产品、矿产品、化工产品、运输设备、贱金属及制品,占巴西进口商品总额的79.5%。从其主要进口商品的国别构成看,进口来源地也相对较为集中。机电产品主要来自中美两国,共占45.2%;美国和尼日利亚提供了其矿产品进口的34.5%;化工产品主要进口自美国、德国和中国,共占41.4%;运输设备主要进口自阿根廷、美国和墨西哥,共占48.7%;中国、智利和美国则是其贱金属及制品进口的主要来源地,共占42%。

二、2013年巴西外资发展情况回顾

受巴西经济增速大幅放缓,大宗商品价格降低,以及美国调整货币政策预

期等因素的影响,巴西的外资流入持续了2011年到2012年的小幅下降趋势。巴西2013年FDI流入量比2012年减少2%,为640亿美元,但仍然占到整个拉美与加勒比地区流入量的32%,占整个南美地区流入量的47%。在FDI存量方面,2013年巴西FDI流入存量为7 246亿美元,FDI流出存量为2 933亿美元。

从产业层面看,2013年巴西FDI流入的产业分布极不均匀。第一产业吸引的FDI流入量提高了86%,达到170亿美元,其中主要是石油与天然气开采业吸引的FDI流入,为110亿美元,相比于2012年提高了144%。说明跨国公司对巴西在自然资源开采方面的长期增长趋势仍然具备浓厚的兴趣。而制造业与服务业吸引的FDI流入量则分别下降了17%和14%。不过汽车与电子产业吸引的FDI流入量却分别提高了85%和120%。

绿地投资方面,2013年巴西吸引的绿地投资额为290.55亿美元,比2012年增加10%,巴西企业对外投资中的绿地投资额为68.65亿美元,比2012年增加115%。跨国并购方面,2013年巴西作为卖方的跨国并购净交易额为99.96亿美元,比2012年的180.87亿美元增长几乎接近50%,而巴西企业海外的跨国并购额则为29.71亿美元,比2012年的74.01亿美元同样减少超过50%,具体见表15.1。

表15.1 2008—2013年巴西FDI流量、绿地投资及跨国并购交易额

单位:亿美元

年度	FDI流入	FDI流出	绿地投资（吸收）	绿地投资（对外）	跨国并购（卖方）	跨国并购（买方）
2008	451	205	402	111	190	55
2009	259	-101	403	77	1	25
2010	485	116	439	103	101	90
2011	667	-10	569	46	151	55
2012	653	-28	264	32	181	74
2013	640	-35	291	69	100	30

资料来源:根据UNCTAD 2014年数据整理。

第二节 2013年巴西贸易政策回顾与展望

一、贸易政策回顾

（一）在WTO中的参与程度与重要性进一步提高

1. 阿泽维多当选WTO新任总干事

2013年前巴西驻WTO大使阿泽维多（Roberto Azevdo）得到金砖国家和很多拉丁美洲、亚洲、非洲国家的支持，最终当选为WTO新任总干事。阿泽维多的当选普遍被认为是新兴经济体在世界经济格局中地位提升、在全球经济治理中话语权增强的表现。单从多边贸易体制的角度看，一方面是新兴经济体在全球贸易中的比重不断提高，对多边贸易规则的诉求与影响力也在加大，另一方面则是发达经济体开始将对外贸易政策重心从多边层面转向区域层面，试图在小范围内优先达成所谓"高标准、高自由化"的贸易安排。在此背景下，来自新兴经济体的总干事人选将有利于获取发展中国家对于多哈回合谈判的支持，重新凝聚对多边贸易体制的信心。

2. 接受WTO第六次贸易政策审议

WTO在2013年6月对巴西进行了第六次贸易政策审议。根据WTO秘书处发布的巴西贸易政策审议报告及审议期间其他成员提出的相关质询，针对巴西的整体贸易政策及相关措施的关切主要包括：

首先，巴西自身的经济贸易表现直接影响其贸易政策的制定与实施。一方面，2007—2012年巴西实际GDP增速约为年均3.6%，但从2011年下半年开始经济增速大幅放缓。增速减缓一方面是由于巴西雷亚尔升值以及外部经济环境恶化引发，更重要的则是反映了巴西自身的结构性问题（如基础设施落后、信贷不足、高税负等）导致的经济竞争力的下降。另一方面，自上次审议以来巴西贸易结构出现深刻变化。2007—2012年巴西年均出口增速达8.6%，其中矿产品与农产品出口年均增速分别为15.4%和12.3%，初级产品在整体商品出口中的占比从2007年的50.1%提高到62.7%，而制造业产品的年均出口增速仅为1.8%，而且在整体商品出口中的占比从2007年的46.6%下降到2012年的33.8%。另外，巴西同期进口增速超过了出口增速，达年均13.1%，其中的制造业产品进口增速为16.2%，2012年占到整体进口的73.1%。造成这种变化的原因主要是国际市场对大宗商品的强劲需求以及巴西自身制造业出口产品竞争力的下降。为了应对经济放缓，保护国内产业，巴西政府采取了一系列的贸易政策及相关举措。很多成员认为,巴西为了提高制造业竞争力所采取的某些措施,例如提高临时性关税、在政府采购中优先照顾国内企业、在实施信贷优惠或激励政策时制定有利于国内企业的标准,可能会对贸易产生限制性影响,希望巴西能对这类措施克制使用,并使自身贸易政策的执行更加透明和可预测。

其次,在整体的贸易与投资政策框架方面:巴西是多边贸易体系中最活跃的成员之一,仍然在积极推动多哈回合谈判的成功达成,仍然没有批准基础电信协议,而针对金融服务协议的批准则正在走国内程序;巴西外资政策较为友好,外国投资者在大部分经济领域享受与巴西国内投资者相同的待遇,但在医疗卫生、大众媒体、电信、航空航天、农村土地所有权、海运与空运等领域仍然受到限制。

再次,在具体的贸易政策及相关措施方面:自上次审议以来,巴西进一步简化了海关程序,直接通过绿色通道进口报关的比例也提高了;简单平均最惠国适用关税提高了0.2个百分点,而巴西适用关税与约束关税之间存在的巨大空间仍然受到其他成员的关切;巴西仍然保持其自动与非自动进口许可制度,很多其他成员则先后要求巴西提供尽可能详细的相关程序性信息;大量使用贸易救济措施,特别是反倾销措施,而其他成员要求巴西在采取贸易救济措施时能够保证明确和公平;巴西所发布的大部分技术法规都是依据国际标准;巴西自上次审议以来修订或扩大了几项重要政策以提高出口型企业的竞争力和增加出口,其中比较重要是出口融资计划以及出口信贷计划;巴西国内税收体系的复杂性对进口产品的价格也有很大的影响,其他成员希望巴西可以进一步简化国内税收程序,并在税收减免等政策的制定和实施中坚持国民待遇原则。

3. 欧盟在WTO中对巴西发起新的贸易争端

自1995年至2013年,巴西在WTO中共发起贸易争端26起,而巴西作为贸易争端的被诉方共有15起。美国与欧盟是巴西向争端解决机构申诉的主要对象,分别为10起和7起贸易争端。而巴西作为被诉方的15起案件中,也有超过一半由美国与欧盟发起,分别为3起与5起。这15起案件分别涉及巴西出口补贴、反补贴税征收、反倾销税征收、进口禁止、进口许可程序、最低进口价格、专利保护中的歧视性规定、歧视性税收优惠等政策措施。

2013年12月,欧盟在WTO中就巴西在汽车、电子及其他相关产业的歧视性税收优惠措施提出争端解决机制下的磋商申请。欧盟认为,巴西对进口产品征收的税费比国内产品高,而且对使用国内产品提供了税收优惠。这些措施对巴西国内产业和出口商形成了有效保护。其后日本、阿根廷和美国也先后提出了磋商请求。但经过数十轮的磋商和谈判后,争端双方仍然没有达成一致的解决意见。

除此之外,2013年WTO专家组和上诉机构发布的诸多案件报告中与巴西相关，巴西均作为第三方参与的案件，包括日本诉加拿大清洁能源案、欧盟诉加拿大上网电价项目案、墨西哥诉美国不锈钢案。

4. 在WTO会议中受到关于贸易政策及相关措施的质询

2013年4月举行的WTO进口许可委员会会议上，包括巴西在内的几个成员就进口许可程序问题受到其他成员的质询。关于巴西的质询由瑞士提出，是关于巴西的"RADAR"进口许可系统。该系统号称是用以防止在巴西开设"幽灵公司"进行的欺诈行为。根据巴西的规定，国内任何一家公司在进口前必须提出"RADAR"申请，并申明预期的进口数量，根据公司最终得到的"RADAR"授权类型的不同，将获得在规定的期限内限定进口数量的许可。瑞士要求巴西将具体的申请流程细节以及之前的申请记录予以公布。

在2013年7月举行的WTO货物贸易理事会会议上，欧盟重申了其对巴西征收间接税以保护国内产业，以及实施本地含量要求等问题的关切。事实上，欧盟在之前举行的市场准入委员会会议及巴西第六次贸易政策审议中都曾对前述问题提出过质疑。除欧盟外，日本、澳大利亚、美国、加拿大、中国香港等成员都提出了类似的质疑。巴西则回应说已经在其他WTO机构中提供了关于这些政策的大量信息，并强调自身正在采取措施让国内税收系统更加合理。

此外，由于频频采取贸易救济措施，巴西在2013年10月举行的WTO会议中受到多个成员的质疑和批评。日本对巴西就公共汽车轮胎开展反倾销调查表示担忧；智利对巴西本国企业的损失计算方法提出质疑；韩国强烈批评巴西对钢产品实施的3项反倾销措施；中国台湾强烈批评巴西在钢铁领域实施的额外税，威胁将其告上WTO法院；俄罗斯呼吁终结针对进口轮胎的调查和额外税。[①]

（二）继续推动区域整合与跨区域经贸合作

1. 推动南方共同市场的区域内及跨区域经贸合作

南方共同市场一直是巴西政府提高其国际影响力的主要平台，巴西也希望以南方共同体为核心逐步向南美共同体演进，最后完成拉美一体化。2013年南方共同市场高级总代表为巴西前贸工部副部长伊万·拉马略，任期从2012年8月至2014年2月。2013年7月，南方共同市场举行第45届峰会，并在峰会上就巩固关税同盟、深化一体化进程等进行讨论并发表共同声明，决定在巴拉圭总统卡特斯8月正式就职后恢复该国成员国身份。此外还宣布将申请成为中美洲一体化体系观察员，在非洲设立联合商务处，推进与欧亚关税同盟商签经贸合作协

---

① 中国商务部网站. 巴西贸易壁垒增加使其在WTO中广受批评.http://www.mofcom.gov.cn/article/i/jyjl/l/201310/20131000364943.shtml.

议等。

近年来,巴西在力促该组织加快区域整合的同时,也积极推动其与区域外重要经济体的合作与自由贸易区建设。2013年1月,南方共同市场与欧盟在首届"欧盟-拉美和加勒比国家共同体峰会"期间就自由贸易谈判举行部长级会议,决定于2013年第四季度前提交各自谈判条件,但在12月应欧盟请求,双方推迟了谈判进程。

2. 急切推动与欧盟谈判签署自贸协定

由于巴西在2013年被欧盟重新列为"中等偏上收入国家",巴西享受欧盟优惠贸易安排的待遇将于2014年到期。而南方共同市场由于内部意见不一致导致其与欧盟的自贸协定谈判进展缓慢。因此,巴西在2013年8月就宣称将就南方共同市场—欧盟自贸协定提出一项提案,该提案将允许巴西先行推进自己与欧盟签约,以便缩短谈判时间,尽量保证不失去欧盟贸易优惠地位。巴西外长也在8月份宣称,南方共同市场与欧盟的谈判方案将为双方成员进行单独谈判提供可能性,允许南方共同市场的成员与欧盟的谈判进展有不同的速度,但谈判进程必须在南方共同市场的框架内举行。

3. 金砖国家合作取得突破性进展

根据巴西贸工部的统计,2008年至2012年间,巴西与其他金砖国家贸易额由480亿美元增至950亿美元,即在5年间增加了近100%。基于此,巴西希望进一步深化金砖国家间的协调合作机制,并发掘相互间经贸往来的巨大潜力。此外,巴西还积极推动金砖国家开发银行的成立和金砖国家外汇储备库的建立,希望提高在国际金融体系中的整体谈判力量,并帮助解决各自在基础设施领域资金短缺的问题。2013年9月,巴西承诺将向计划筹建中的金砖国家应急储备基金拨款180亿美元。2014年7月在巴西举行的金砖国家领导人第六次峰会上,五国签署《福塔莱萨宣言》,正式决定共同成立金砖国家开发银行并建立应急储备基金。金砖开发银行的初始资本为1 000亿美元,初始投入500亿美元由5个创始成员平均出资。应急储备基金中巴西的最大互换金额与印度和俄罗斯相等,均为180亿美元。

(三)贸易管理制度与贸易措施变动

1. 2013年巴西贸易管理制度变动

(1)关税管理制度变动。主要是巴西在南方共同市场框架内的例外关税及共同对外关税变动。南方共同市场在2012年批准成员国自行制定不多于200个税号的产品清单以增加关税税率,有效期至2014年年底。基于此决议,在2012年对从南方共同市场以外国家进口的100种商品关税实施临时性上调之后,巴西外贸委员会在2013年2月又发布一项决议,就另外100个税号产品临时提高关税展开公众咨询。

（2）进口管理制度变动。一是进口关税计算方法变更。2013年巴西政府颁布新法案，列出用以计算进口税的货品价值计算方法，此后进口税的计算将仅根据海关估值，不再与货品的跨州流通增值税相关。二是进口许可制度变更。2013年5月巴西贸工部发布法令，给出了非自动进口许可的豁免清单，相关的产品可以豁免申领进口许可证。三是简化产地来源核实程序。2013年2月巴西政府颁布新法令，简化核实不须受贸易救济措施限制的产品产地来源的程序，5月份又对该规定进行了进一步的修订。

（3）贸易救济措施的管理制度变动。一是反倾销调查的程序性规定。2013年7月巴西政府就与反倾销调查及反倾销措施的实施相关的程序性问题颁布了新法令，不仅使得巴西贸工部对于企业申请的反应速度提高，反倾销调查的平均周期大幅缩短，还使得在可能存在倾销的条件下征收临时反倾销税的时间提前。二是关于反倾销调查申请材料的新规定。巴西外贸委员会在2013年对反倾销调查申请材料做了进一步的细化规定，除了包括一般性的利益相关方、调查范围、价格承诺提议外，还包括倾销证据、对国内产业的损害以及二者之间的因果关系。

（4）贸易相关政策措施的管理制度变动。2013年巴西实施的与贸易相关的政策变动中最重要的是统一了进口产品的商品服务流通税税率。2013年1月起，巴西对跨州流通的进口产品统一实行4%的商品服务流通税新税率。其中所谓"进口产品"是在巴西经过一些加工程序但进口成分仍然超过40%的产品，当然也包括百分之百的进口产品，但巴西国内并不生产的进口产品或进口天然气并不在征税范围内。

2. 2013年巴西贸易措施变动

（1）关税变动。一是延长对玩具产品实施的高进口关税。这一措施根据南方共同市场的决议在2013年1月颁布，将14项南方共同市场8位NCM税号的进口玩具产品35%的关税延长至2014年12月31日。二是直接或间接提高了一些产品的进口关税。主要包括：将部分桃子及油桃的进口关税从14%提高到35%，以及针对交流电机创建新税号，导致部分产品进口关税从0提高到14%。三是多次削减或临时性削减一大批产品的进口关税。2013年2月、3月、5月、6月先后将部分计算机、电信产品及资本货物的进口关税削减至2%。2013年5月，采取临时措施对本土生产或进口的酒精产品、石油化学产品及化工业用作材料的部分化学品提供临时税收优惠。2013年8月，临时性取消部分产品，如牛、猪、绵羊、山羊和家禽等肉类及动物来源产品、鱼、咖啡、糖、豆油、牛油、人造黄油、肥皂、口腔和牙齿卫生用品及厕纸等的进口关税。除此之外，还先后调降了腰豆、桃子及部分桃类加工制品、无机或有机汞化合物、单乙二醇、聚四氟乙烯、季戊四醇、双轴向聚丙烯薄膜、机动铲泥机、机动挖掘机、挖土机、机动船只等进口货物的关税。

（2）进口通关程序变动。2013年5月,根据巴西财政部的规定,进口商品清关完毕后,进口商提货时可以无须出示正本提单,而是用正本提单向船公司换取交货单后到海关进行清关,其后再凭借海关货物放行证明提货。此外,根据2013年世界银行做的营商环境调查报告,巴西商品进口通关的平均时间从2009年的19天缩短到2010年的16天,2013年不减反增为17天,而集装箱的相应成本却在2009年到2013年期间几乎翻了一番。

（3）进口配额。2013年巴西实施进口配额的产品较多,既有大量化工产品如硫酸二钠钡、二甲基甲酰胺、己二腈、聚丙烯薄膜等,也有贱金属及制品如部分种类的碳钢导管、热轧碳钢板、铝片等,还有纺织品及原料如合成纤维长丝纱线等。

（4）进口禁止。2013年巴西禁止进口的产品除了以环境保护或人体健康等为理由禁止进口的产品(如消耗臭氧层物质、涉濒灭绝的动植物、违禁药物等)以外,还包括二手消费品、二手轮胎等。

（5）技术性贸易措施。2013年巴西新实施的技术性贸易措施主要有三项。一是强制要求对婴儿奶嘴和奶瓶进行合格评定。二是要求部分灯具的电磁镇流器必须向巴西计量、标准化和工业质量协会进行注册。三是2013年10月宣布将对电视机产品的认证规范进行修订,只有在巴西计量、标准化和工业质量协会注册过的产品才能在巴西市场上进行流通和销售。

（6）贸易救济措施。随着巴西自身经济增长持续放缓,其所实施的贸易救济措施仍然较为频繁。根据WTO、OECD及UNCTAD发布的G20贸易政策监督报告,2013年巴西对贸易伙伴发起的反倾销调查有20起,反补贴调查1起。相比于2012年的16起反倾销调查、1起反补贴调查和1起保障措施调查,可以看出巴西对于贸易救济措施的使用频率仍然在提高。

（四）针对主要伙伴国的贸易摩擦形势

1. 针对中国的贸易摩擦不断加剧

近年来巴西对中国发起的贸易摩擦呈现不断加剧的趋势,主要有三个方面的原因。一是巴西在自身经济持续低迷,复苏乏力的背景下,伴随着国内经济政策和产业政策的调整,贸易保护主义倾向加强。二是中国与巴西在产业结构上的差异不足以避免两国在制造业上存在的明显竞争关系。三是近年来中国对巴西的出口不断扩大,而出口产品涉及的种类与行业越来越宽泛,同样也导致两国贸易摩擦涵盖的领域不断扩大。2012年巴西对中国产品发起的反倾销调查有13起,2013年则进一步增加至15起,见表15.2。

表 15.2 2012—2013 年巴西针对中国贸易救济措施汇总

时间	反倾销调查	反倾销复审	征收反倾销税
2013年7—12月	浮法玻璃、瓷砖、塑料洗浴用品、树脂铅笔、耐火陶瓷过滤器、细瓷、塑料真空采血管、甲基丙烯酸甲酯制板、酸式焦磷酸钠、无色平板玻璃、亚克力板、发梳	发梳、大蒜、汽车轮胎	厚板、尼龙绳、汽车轮胎、陶瓷餐具、不锈钢圆形焊管、无缝碳钢管、挂锁、扬声器、己二酸、碱性耐火材料、摩托车轮胎
2013年1—6月	环氧树脂、安全玻璃、酸式焦磷酸钠、冷冻设备用玻璃		
2012年7—12月	二氧化硅沉淀物、还原靛蓝产品、尼龙线、耐火材料、自行车轮胎、搅拌机、陶瓷餐具	自行车整体曲轴连杆、眼镜架、铝制预涂感光平板、手拉葫芦、台扇等	鞋类配件
2012年1—6月	平轧钢板、无缝碳钢管、平轧硅钢、不锈钢冷轧板、不锈钢焊管	电熨斗	聚合 MDI

资料来源:根据巴西贸工部 2012 年与 2013 年发布的公告整理。

2. 针对美国的贸易摩擦频率有所提升

2013 年美国在巴西进口中所占的份额相比于 2012 年有所提升,而 2013 年巴西针对美国的贸易摩擦频率同样也有所提升。2012 年巴西针对美国产品发起的反倾销调查仅有 3 起,2013 年的反倾销调查则增加到 5 起。这 5 起调查涉及的产品均属于化工产品与塑料制品,分别是:部分平板玻璃、采血用真空塑料管、丙烯酸树脂板、酸式焦磷酸钠、己二酸。而美国恰恰是 2013 年巴西最重要的化工产品进口来源,在巴西化工产品总进口中占的份额达 20.2%,远高于德国的 11.3% 和中国的 9.9%。

二、贸易政策展望

(一)继续推动多边贸易自由化进程

原巴西驻 WTO 大使阿泽维多出任 WTO 第六任总干事以来,就将推动多哈回合谈判作为首要任务。也正是在阿泽维多就任之后,2013 年年底举行的 WTO 第九届部长级会议达成《巴厘岛一揽子协定》,以早期收获的形式实现了 WTO

成立以来多边谈判的"零的突破"。但如果将这一突破放在更长时间的贸易自由化周期的背景下考虑,可以发现多边自由化进程当前所面临的危机也是促使巴西仍将致力于推动多哈回合谈判的最重要原因。

一方面,发达经济体逐渐将贸易政策重点从多边贸易体制转向选择性的区域贸易协定。WTO 成立以来全球性关税下降,非关税壁垒得到规范,对发展中国家有利的货物贸易自由化深入发展,但对发达国家有利的服务贸易自由化和投资、知识产权保护却进展缓慢。美国则将多边自由化进程的停滞归咎于以印度、巴西和中国为代表的发展中国家。[①] 从 2010 年开始,发达经济体开始将贸易政策重点转向选择性的区域贸易协定,希望在小范围内优先达成开放的高水平、高标准的自由贸易安排。

另一方面,包括巴西在内的绝大部分发展中国家被发达经济体力推的《跨太平洋伙伴关系协议》(TPP)、《跨大西洋贸易与投资伙伴协议》(TTIP)等重大的区域性协定谈判排除在外,而发达经济体想要达成的协定过度强调高标准、高自由化,却无视发展中国家开放市场的风险与监管能力的承受力度。如果这些协定谈判成功,发展中国家在全球贸易体制中的地位将愈发被动,巴西自然也无法独善其身。

从这两个方面的因素来分析,《巴厘岛一揽子协定》的达成所反映的恰恰是发达经济体贸易政策重心转变所带来的"被迫合作"。即发达经济体欲借助多边体制在未来推广其高标准的贸易规则,而发展中经济体没有足够分量的区域安排与之竞争,迫切需要通过 WTO 框架强化合作,维护贸易利益。基于同样的原因,巴西仍将不遗余力地推动多哈回合谈判的成功终结,维护自身在多边贸易体制中的地位和利益。

(二)以两种途径寻求与欧盟商签自贸协定

巴西急于与欧盟达成自贸协定谈判的原因主要有三个。首先,由于巴西在 2013 年被欧盟重新列为"中等偏上收入国家",就意味着除非与欧盟签署自贸协定,否则巴西将在 2014 年失去欧盟的贸易优惠地位。其次,巴西经济持续低迷,也迫切希望通过与欧盟签署自贸协定来提振国内经济。当前欧盟作为整体仍然是巴西最主要的贸易伙伴,2013 年占巴西总出口和总进口的份额分别达到 19.7% 和 21.2%。再次,目前 TPP、TTIP 和《区域全面经济伙伴关系协定》(RCEP)三个大型区域贸易协定正在谈判中,而巴西并没有参与其中任何一个。一旦这些协定谈判成功,全球贸易格局的重大变动在所难免。如果巴西在此之前优先与欧盟达成自贸协定,就可以大大降低在新的全球贸易格局中被边缘化

---

① Åslund, Anders. Why Growth in Emerging Economies Is Likely to Fall? [R]. Peterson Institute for International Economics, 2013.

的风险。

对于巴西来说,最佳的方案是推动南方共同市场与欧盟达成自贸协定。这样不仅有利于南方共同市场自身的区域内经济整合,还可以最大限度地提升巴西在全球贸易体系中的影响力。但由于南方共同市场内部各成员经济产业发展程度以及贸易利益的差异性,特别是区域内重要成员阿根廷对协定达成后国内相关产业受到冲击产生担忧而对谈判持消极态度,使得整体的谈判进展受到影响。因此,从2013年开始,巴西有意释放关于南方共同市场成员可以以不同的速度与欧盟达成自贸协定的信息。

基于上述判断,未来巴西将通过两种途径推动与欧盟尽早签署自贸协定。第一种途径是促进南方共同市场内部意见的一致,作为一个整体与欧盟签署协定,包括联合南方共同市场其他国家向阿根廷施加压力。而2014年4月份阿根廷改变立场,同意奶制品、小麦和汽车等产品进入自贸谈判的协定清单[①],使得这种途径达成协定可能性增加。第二种途径则是寻求单独与欧盟达成协定,以解国际国内经济压力的燃眉之急。考虑到巴西政府面临压力的紧迫性,通过这一途径达成协定的可能性仍然存在。

(三)选择性推动金砖国家内部的经贸合作

巴西一直是金砖合作机制的坚定推动者,特别是在2014年金砖峰会期间利用主办方优势促使中印两国达成共识,完成金砖国家开发银行协议谈判[②],对于金砖合作机制取得突破性进展起到了关键性的协调作用。

而未来金砖合作机制的深入发展对于巴西具有多重意义。其一是有助于巴西提升区域和国际影响力,不仅提升作为金砖国家与拉美合作的"桥头堡"的话语权,还可以通过金砖合作获取中俄对其在联合国中"入常"目标的支持。其二是在南方共同市场之外,巴西也同样寻求通过金砖经贸合作的实质性深化来避免被大型区域协定的谈判和发展边缘化,希望在新一轮国际贸易和投资规则制定的进程中保持和提升影响力。其三是在国际资本流动转向,国内投资过低,基础设施瓶颈愈发凸显的压力下,巴西也需要通过金砖合作来吸引来自其他新兴经济体的投资,帮助其完成经济结构的调整,提升产业竞争力。

但另一方面,短期内巴西不可能同意开启金砖自贸协定的谈判。主要的原因是担忧来自中国制造业产品的强烈冲击。目前巴西国内已在普遍忧虑中巴贸易加剧了巴西的"去工业化"进程,加深了巴西对初级产品出口的依赖,危及巴

---

① 中国商务部.南共市与欧盟自贸谈判获进展,http://www.mofcom.gov.cn/article/i/jyjl/l/201404/20140400550958.shtml.

② 牛海彬:《巴西的金砖战略评估》,《当代世界》2014年第8期。

西的可持续发展、国民福利和国际竞争力①。巴西与包含中国在内的金砖国家洽签自贸协定的政治阻力在短期内很难克服。因此,未来巴西对于金砖机制中较为感兴趣的合作方向应该是投资合作与金融安全合作。这两方面的合作政治阻力较小,也较能满足巴西当前的经济诉求。

(四) 针对新兴经济体的贸易保护措施将愈发频繁

首先,近年来随着全球贸易中"南南贸易"的迅速兴起,"南南保护主义"的现象也逐渐凸显。这一方面是由于发展中国家相互之间的贸易份额逐步提升,另一方面也与各国在融入全球价值链过程中不可避免的同质化趋势有关。从巴西的角度看,其前15大进口来源地中,新兴经济体所占的份额从2005年的20.8%迅速提升到2013年的31.6%。而"南南保护主义"现象最突出的特点是,发展中国家针对发展中国家的贸易保护程度逐渐超过了其针对发达国家的贸易保护程度。2011年,几乎在所有的新兴经济体中,其所实施的临时性贸易壁垒(反倾销、反补贴、保障措施)影响到的从其他新兴经济体进口的产品的比例都超过了从发达经济体进口的产品的比例。②

其次,巴西当前陷入经济低迷并非短期现象,而是由全球周期性因素和巴西自身的结构性因素导致的。一方面是由于发达经济体推动的资本流入周期、出口增长周期和大宗商品价格上涨周期逐渐终结,持续近十年的有利外需因素不复存在。另一方面则是巴西自身在供给层面的结构性问题迟迟没有解决。除了长期以来较低的储蓄率和不成熟的信贷市场、严重的基础设施瓶颈以外,巴西的联邦最低工资制度和繁琐的劳工保护法规也使得劳动力成本的提升速度逐渐超过了劳动生产率的提升速度③。此外,巴西繁琐的税收体系和较差的营商环境也对生产力的提高形成障碍。而解决这些结构性问题并非一朝一夕就能完成的。因此,巴西经济的强劲复苏需要经过较长时间的结构性改革才能实现。

综合来看,未来巴西的贸易保护举措不会出现明显缓解,而其针对新兴经济体特别是中国的贸易保护措施将尤为激烈。一是利用较高的约束关税以及南共市例外清单,大幅上调部分产品的适用关税;二是频繁动用反倾销措施;三是继续通过非自动进口许可程序对本土产业实施保护;四是有针对性地出台技术性贸易措施。

---

① 牛海彬:《中国与巴西关系中的"去工业化"议题评析》,《现代国际关系》,2013年第5期,第9页。
② Bown C P. Emerging Economies and the Emergence of South-South Protectionism[J]. Journal of World Trade 2013,47(1):1-44.
③ OECD. Economic Survey of Brazil 2013[R]. Paris:OECD Publishing,2013.

第三节 中巴经贸关系发展与展望

一、两国贸易与投资关系

(一) 双边贸易延续长期增长趋势

1. 中国在巴西对外贸易中的地位稳步提升

2006—2013 年,中巴双边贸易额从 163.9 亿美元增长到 833.3 亿美元,年均增长率超过 26%。从中国对外贸易的角度看,巴西是中国在拉美地区最大的贸易伙伴。而从巴西对外贸易的角度看,近年来其贸易伙伴结构最重要的变化就是中国比重的迅速提升。中国在巴西出口中所占的份额从 2006 年的 6.1%提高到 2013 年的 19.0%,同期在巴西进口中所占的份额则从 8.7%提高到 15.6%。在此期间,2009 年中国成为巴西第一大贸易伙伴,2012 年又首次超越美国成为巴西第一大进口来源国。根据巴西外贸秘书处的统计,2013 年巴西与中国双边货物贸易额为 833.3 亿美元,比 2012 年增加 10.4%。其中巴西对中国的出口增长率(11.6%)超过了自中国的进口增长率(8.9%),使得巴西对中国的顺差比 2012 年有所增加,达到 87.2 亿美元。从中国在巴西对外贸易中所占的份额看,中国作为巴西第一大贸易伙伴的地位更加稳固。作为巴西第一大出口目的地,2013 年中国所占的份额约为排在第二位的美国的两倍。

2. 产业间贸易是中巴主要贸易类型

由于较强的产业间互补性,当前中巴贸易的主要类型仍然是产业间贸易。这种产业间贸易同样也导致两国间进出口产品结构单一,主要的进出口产品集中在两三类产品上。巴西向中国出口的产品主要为资源性产品和初级产品,而从中国进口的产品主要为机电产品、贱金属制品及纺织品服装等资本密集型和劳动密集型产品。2013 年巴西对中国的出口中,仅矿产品和植物产品两类产品所占的份额就高达 82.1%。其中矿产品出口额为 206.2 亿美元,比 2012 年增加 2.1%,植物产品出口额为 171.8 亿美元,比 2012 年增加 42.4%。2013 年巴西从中国的进口中,机电产品、化工产品和纺织品及原料三类产品所占份额为 70.5%。其中机电产品进口额为 190 亿美元,同比增长 7.1%,化工产品进口额为 37.9 亿美元,同比增长 26.4%,纺织品及原料进口额为 35.2 亿美元,同比增长 6%。

3. 中国逐渐成为巴西的主要顺差来源

由于中国对初级产品的巨大需求,巴西对中国的贸易顺差不断扩大。根据中国海关统计数据,2001年巴西顺差额仅10亿美元,2011年达到115.3亿美元,增长10倍多。2012年由于巴西主要出口产品价格的下降,巴西总体顺差同比下降34.8%,对中国的顺差也下降了39.5%,为69.8亿美元。但2013年巴西对中国的出口增长超过进口增长,使得巴西对中国的顺差增加到87.2亿美元,重新恢复增长趋势(见图15.2)。从中国在巴西对外贸易顺差中占的比例来看,这种趋势更加明显。2005年对中国顺差仅占总顺差的3.3%,2009年为16.9%,2010年为25.6%,2011年达到38.7%,2012年略微下降到35.9%,2013年则达到341%。

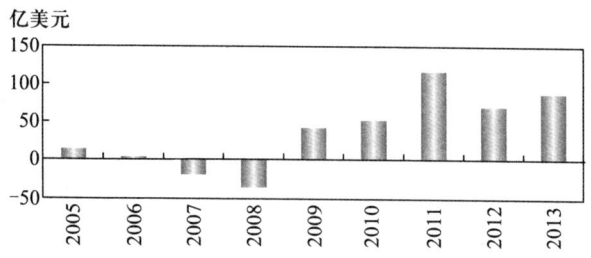

图15.2 2005—2013年巴西对中国贸易差额

资料来源:根据中国商务部2014年数据整理。

(二)双边投资潜力巨大

1. 中国对巴西投资异军突起

根据巴西-中国企业家委员会发布的《中国企业投资巴西报告(2007—2012年)》,从2007年至2009年,中国在巴西的投资额只有6亿美元。但从2010年开始,中国的直接投资大规模进入巴西,仅2010年和2011年两年就分别超过100亿美元。2007年1月至2012年6月期间,中国对巴西39个项目的实际投资额达244亿美元,中国对巴西投资的方向也开始从初期的自然资源逐渐转向基础设施、消费领域和服务领域。目前长安和海马两大中国汽车品牌已开始在巴西建厂并准备于2015年正式投产,中国国家电网也宣布在2015年前在巴西投资50亿美元以扩张电力业务。根据巴西外交部贸易投资促进司的统计,2012年中国对巴西投资额超过了150亿美元。

2. 巴西对中国投资仍然较为有限

从金砖国家的角度来看,巴西对其他几国的直接投资存量还非常有限,目前约为50亿美元。[①] 从巴西对中国投资的角度看,近年来巴西对华投资虽然显现出稳步增长的良好态势,但这主要是基于前期较小的投资额基数。根据巴西中央银行统计,2001—2010年,巴西在全球对外投资存量由500亿美元增长到

---

① UNCTAD,Global Investment Trends Monitor,2013-03-25.

1 890亿美元,其中对华投资存量由1 500万美元增长到1.48亿美元,巴西对华投资占同期对外总投资额的0.06%。2012年巴西在华投资企业仅有57家,且主要集中在贸易及贸易咨询、采购、产品销售等业务领域。

(三) 双边经贸互动更加广泛和深入

1. 在全面提升伙伴关系的同时聚焦投资与金融合作

2012年中巴两国将双边关系提升为全面战略伙伴关系,并建立外长级全面战略对话,每年至少举行一次会议,同时还签署《十年合作规划》,该规划将全面指导两国未来十年在科技创新、航天、能源、矿产、基础设施、交通、投资、工业、金融、经贸、文化、教育、民间交流等领域的合作。同时,两国央行决定建立规模为1 900亿元人民币(600亿巴西雷亚尔)的双边本币互换机制。2013年德班金砖国家财长和央行行长会议期间,中国和巴西签署了中巴双边本币互换协议,此次本币互换规模为1 900亿元人民币(600亿巴西雷亚尔),有效期三年,经双方同意可以展期。2014年金砖峰会期间,两国在共同发表的《中国与巴西关于进一步深化中巴全面战略伙伴关系的联合声明》中宣布,"双方将继续促进双边贸易和工业、油气、电力、铁路、港口、仓储设施和水运、矿业、农牧业、食品加工、服务业等领域投资的稳定增长及多元化"。

2. 在多边平台中相互支持以增强话语权

2012年在联合国可持续发展大会期间,中巴双方声明愿在"金砖国家"和G20框架内深化有关世界经济的讨论,以便采取协调行动克服当前不利形势,并强调应尽快落实2010年达成的份额改革方案,并推动达成国际货币基金组织治理改革方案。2012年6月在巴西的合作与推动下,中国与南方共同市场发表了关于进一步加强经济、贸易合作的联合声明,表示将共同应对贸易保护主义,特别是农业领域的保护主义,确保多边贸易体系的可预测性。2013年阿泽维多当选为WTO总干事当然同样受益于中国的支持,而其上任也将为推动包括中国在内的发展中国家在WTO框架下的活动提供更多帮助。此外,两国在2014年《中国与巴西关于进一步深化中巴全面战略伙伴关系的联合声明》中也宣布,将"继续加强在世贸组织的沟通和协调,推动多哈回合谈判在已有成果基础上尽早结束"、"呼吁加快国际货币基金组织份额和投票权改革,增加新兴经济体和发展中国家的发言权和代表性"。

二、中巴经贸关系面临的主要问题

(一) 过度单一的产业间贸易前景堪忧

首先,虽然贸易互补性是当前中巴双边贸易不断扩大的基础,但巴西同时在寻求通过出口多元化实现国内产业结构调整,而中国劳动力成本与产业技术优势对巴西的制成品加工业造成了强大压力。这种贸易结构的不平衡正在日益引起巴西的重视与不满。其次,中国与巴西之间的贸易仍然属于传统的一般贸易,在产业链中没有明显的上下游直接关系,因此对于巴西国内企业来说,也没有足够的激励机制来抑制整体贸易壁垒的提高。这种单一的产业间贸易类型不仅无法长期持续,还会招致愈发激烈的贸易摩擦。巴西已经成为拉美国家甚至是发展中国家中对中国产品采取反倾销措施最频繁的国家之一。

(二)两国制造业产品的竞争不断加剧

在金砖国家中,中国与巴西的产品同质化趋势相对最高,特别是在服装、纺织、鞋帽等轻工业领域出现了较为严重的"碰头相撞"现象。两国在巴西国内市场甚至在美国、拉美及非洲市场上的竞争性也开始日渐凸显。[①] 巴西制鞋工业联合会的负责人表示,中国鞋类产品正在使巴西的相关工业逐渐萎缩。据波士顿大学凯文·加拉格尔的估算,巴西向拉美出口的制成品中有91%将面临更廉价中国产品的竞争。在非洲制成品市场和资源方面,中国也是巴西最大的竞争国。这种竞争关系除了引起巴西采取更为激烈的贸易保护措施以外,同时也可能是引发其在汇率问题上向中国施压的重要原因。在中国制造业的冲击下,巴西通过"强大巴西"计划实施的购买国货政策的覆盖范围也从纺织品和制药业扩展到通信设备以及邮轮制造和汽车产业。

(三)以反倾销为主要手段的巴西对华贸易摩擦日益激烈

金融危机以来巴西对华贸易救济措施主要呈以下三个特点:首先,贸易救济仍以反倾销为最主要的手段。2008年至2013年巴西仅发起1起涉及中国产品的保障措施调查和2起涉及中国产品的反规避调查,反倾销调查则有51起。其次,金融危机以来特别是2011年以来反倾销调查数量急剧增加。2008年10月至2010年年底共有9起反倾销调查,2011年骤然增加到8起,2012年与2013年则分别为13起和15起。自1989年巴西对中国产品发起第一次反倾销调查以来,截至2013年年底共发起81起反倾销调查,而2008年10月至2013年年底发起的调查就达到了45起,占56%。其三,反倾销调查涉及的产品种类分布非常广泛。2008年至2013年年底,涉案最多的是贱金属及制品和塑料、橡胶,分别为13起和11起;其次为化工产品和陶瓷、玻璃,各占8起;再次是纺织品及原料,占6起;机电产品、鞋靴、伞等轻工产品、家具、玩具、杂项制品、光学、钟表、医疗设备等也均有涉案。除此之外,巴西还通过其他形式的非关税措施提高针对中国产品的贸易壁垒。例如2011年进一步对玩具与家用电器等中国主要出口商品加强了监管,同年又规定,中国出口的皮鞋必须逐一获得事先审批后才可以

[①] 桑百川、郑伟、徐紫光:《破解中国与其他金砖国家贸易摩擦难题》,《国际贸易》,2012年第4期,第10~13页。

进入巴西市场,审批时间可能长达 60 天。

(四) 中国对巴投资的大部分仍集中在能源资源领域

近年中国对巴西的投资增长较为迅猛,但大部分仍然是流向矿产与石油、天然气等能源资源领域。这些投资对巴西亟须提高的制造业竞争力和出口活力并无太大帮助,而对能源资源的天然保护倾向也逐渐引发了巴西国内的反对声音。巴西前财长内托、圣保罗工业联合会主席斯特恩布里奇等人都反对巴西对中国投资的大举进入不加限制,并提醒政府注意中资企业对巴西国内矿产、土地等战略领域的收购动向。①

三、中巴经贸发展展望

(一) 巴西与中国贸易摩擦不会缓解

首先,随着中国产品在巴西进口中所占的份额越来越高,特别是中国对巴西出口产品高度集中在机电产品、纺织品及原料这类容易加剧巴西所谓"去工业化"进程的产品,巴西对中国发起贸易摩擦的频率在总量上不会减少。其次,前文已经分析过,在国内经济进行深刻的结构性调整以前,巴西很难在短期内实现经济的迅速复苏,达到 2010 年以前的增长水平。因此其对国内市场的保护程度仍将维持较长时间的激烈态势,中巴经贸摩擦不会在短期内得到缓解。再次,从长期来看,随着产业结构的逐步调整,巴西必然期望提升其在全球价值链中的融合程度,而中巴在制造业出口领域的同质性也必然会越来越高,双方在巴西国内市场与拉美市场的竞争也会加剧。所以巴西会对进口中国的产品施加更多实质性贸易限制。

(二) 中国对巴西投资将持续增长

巴西国内投资不足、基础设施建设薄弱、制造业竞争力亟待提高,中国对南方共同市场及整个拉美地区有长远战略需求,这两方面的因素决定了未来中巴在经贸等领域的关系必将继续深化。两国在基础设施投资、新能源、农业、金融、科技创新等领域都有巨大的合作空间。仅从基础设施的角度看,巴西基础设施投资仅占 GDP 的 2%,如果赶上在南美领先的智利的基础设施水平,其基础设施投资占 GDP 的比例要以 4% 的水平保持超过 20 年。② 此外,中国的高铁技术同样对巴西具有强烈吸引力。

---

① 左品:《中国与南方共同市场经贸合作格局与前景分析》,《国际观察》,2012 年第 5 期,第 73~79 页。
② Mourougane, Annabelle, and Mauro Pisu. Promoting infrastructure development in Brazil [R]. Paris: OECD Publishing, 2011.

(三) 两国在多边平台中的合作将更加紧密

一方面,随着金融危机后世界经济格局的加速演变,多极化前景日渐清晰,中巴双方诉求的一致性不断加强。另一方面,随着金砖合作机制的不断成熟,以及双边经贸关系的不断深化,两国的政治互信程度也在不断提高。特别是2014年金砖峰会正式决定成立金砖开发银行与应急储备安排,表明金砖合作取得突破性进展。包括中巴两国在内的金砖国家也必将通过更加密切的机制内合作来协调立场,在WTO、IMF和G20等多边框架内强化集体话语权。

四、中国应对策略

(一) 鼓励中国企业赴巴西投资

在当前形势下鼓励有条件的国内企业开展对巴西相关产业的投资符合中巴两国的共同利益。从投资前景分析,不仅巴西不断扩大的中产阶层可以保证其国内市场的持续活跃,而且其在南美的战略地位也有利于中国前往阿根廷、智利、哥伦比亚与秘鲁等快速增长的新兴市场。从投资回报分析,南美地区的投资回报相对较高,根据联合国贸发会议的数据,其FDI收入已从1994—2002年年均110亿美元大幅增长至2011年的950亿美元。从投资机遇分析,巴西正在寻求更积极的投资促进政策与更宽广的发展目标,也在修改其发展战略,将产生更多的产业政策与FDI政策之间的互动,有助于实现其经济多元化及向价值链高端转移的产业投资,这不仅可以直接促进贸易向投资的转化,跨越贸易壁垒,减少贸易摩擦,还将带动巴西制造业的发展与升级,间接平衡贸易结构,推动中国与巴西的经贸合作方式从不平衡的单一贸易模式向贸易与投资相互协调的合作方式转变。

(二) 敦促巴西批准原有投资保护协定或商签新的投资协定

中国与巴西在1994年签署的投资保护协定一直没有生效,巴西不仅在投资准入方面限制很多,其政府效率低、程序繁琐、税负高等问题也很严重,投资者需要花费大量资源用于解决合规性的问题。根据世界银行发布的《2014年营商环境报告》,巴西的综合排名为116位,即便在金砖国家中也仅比印度靠前。而根据中国社科院发布的《2013年中国海外投资国家风险评级报告》,巴西也属于中等风险国家。因此,从推动中国企业赴巴西投资的长期愿景看,敦促巴西批准已签署20年之久的投资保护协定,甚至商签与目前各国际投资规则更为一致的新的投资协定,将改善巴西投资环境,扩大市场准入,极大增强中国企业赴巴西投资的信心。

(三) 提高资本品和高附加值中间品对巴西的出口份额

首先,从巴西正在调整的产业政策看,资本品和高附加值中间产品的进口将有效促进巴西制造业的扩张升级,也可免于其在经济形势低迷的情况下遭受其贸易保护的冲击。其次,随着中国向后工业化社会的逐步转型,服务业在经济中的比重逐步上升,工业在经济中的比重相应降低,而低附加值工业产品在中国货物出口中的比重逐步降低也是必然的趋势。因此,鼓励高资本品和高附加值中间品对巴出口,不仅符合中国自身经济转型的需求,也有助于促进巴西向全球价值链的融合,并缓解因服装、鞋类等传统产品向巴西的大规模出口引发的贸易摩擦。

(四)要求巴西遵守对中国市场经济地位的承诺

虽然根据中巴两国在2004年签署的备忘录,巴西承认了中国的市场经济地位,但将近十年来巴西并未履行其原有承诺,仍然根据其1995年第1602号法令的规定,把中国作为"非市场经济国家",并在对中国进行反倾销调查以及反倾销复审的过程中以第三方价格为基础确定中国出口产品的正常价值,对中国出口产品带来了较为严重的损害。中国应该在双边对话和多边平台中向巴西不断施加压力,迫使其早日履行承诺。日益成熟的金砖合作平台也可作为敦促巴西履行承诺的重要渠道。

(五)尽早与巴西签订相关的双边海关协议

巴西已与美国、葡萄牙、委内瑞拉等27个国家签订了海关合作协议,也与法国、印度、俄罗斯等8个国家签订了涉及海关问题的双边协议。但目前中国与巴西之间并没有签订海关合作协议,也没有相关协议涉及海关问题。中国应尽早向巴西提出签订类似协议,一方面可以提高双边进出口通关的便利化程度,另一方面也可以及时获得巴西方面通报的海关信息,减少误解和摩擦。

(六)借助澳门提高中巴经贸合作效率

虽然近年中巴经贸合作进展迅速,但两国在语言文化上的差异不可避免地成为双方进一步强化交流的障碍。由于中国澳门十分重视发展与包括巴西在内的葡语国家的关系,并在区位、语言及与葡语国家的特殊关系方面拥有无可比拟的优势。同时,澳门贸易投资促进局已与巴西等葡语国家的对口部门和商会签订了多项合作协议。因此可以充分借助中国澳门克服两国在经贸特别是投资合作方面的语言文化障碍,并鼓励内地企业通过中国澳门贸易投资促进局加强与巴方的沟通交流,进一步提高双边经贸合作效率。

参考文献

[1] Arnold, J. Raising Investment in Brazil[R]. OECD Economics Department Working Papers, No. 900, 2011.

[2] Åslund, Anders. Why Growth in Emerging Economies Is Likely to Fall?[R]. Peterson Institute for International Economics, 2013.

[3] Avsar V. Antidumping, retaliation threats, and export prices[J]. the World Bank Economic Review,2013,27(1):133-148.

[4] Baer W, Sirohi R A.The Role of Foreign Direct Investments in the Development of Brazil and India[J]. Kyklos,2013,66(1):46-62.

[5] Bown C P. Emerging Economies and the Emergence of South-South Protectionism[J]. Journal of World Trade 2013,47(1):1-44.

[6] Canuto O, Cavallari M, Reis J G. Brazilian exports: Climbing down a Competitiveness Cliff[J]. World Bank Policy Research Working Paper,2013.

[7] IMF. Brazil:Selected Issues Paper[R]. IMF Country Report, No. 12/192, July 2012.

[8] Kim Kyung-Hoon. Rising Protectionism in Emerging Countries[J]. SERI Quarterly 2013,6(1):51-56.

[9] Mourougane, Annabelle, and Mauro Pisu. Promoting infrastructure development in Brazil[R]. Paris:OECD Publishing,2011.

[10] Mourougane A. Refining Macroeconomic Policies to Sustain Growth in Brazil[R]. OECD Economics Department Working Papers, No. 899,2011.

[11] OECD. Economic Survey of Brazil 2013 [R], Paris: OECD Publishing,2013.

[12] Peter J. Meyer. Brazil-U. S. Relations[R]. CRS Report for Congress, No. RL33456, February 2013.

[13] UNCTAD. Global Investment Trends Monitor[EB/OL]. 联合国贸发会议网站. http://unctad. org/en/PublicationsLibrary/webdiaeia2013d6_en. pdf,2013-03-25.

[14] UNCTAD. World Investment Report 2014[EB/OL]. 联合国贸发会议网站.http://unctad. org/en/PublicationsLibrary/wir2014_en. pdf,2014-06-24.

[15] WTO. Annual Report[R]. 2014.

[16] WTO. Trade Policy Review: BRAZIL [R]. No. WT/TPR/S/283, May 2013.

[17] WTO/OECD/UNCTAD. Summary and Status of G-20 trade and trade-related measures since October 2008[EB/OL]. WTO 网站. http://www. wto. org/english/news_e/news14_e/igo_17jun14_e. htm,2014-06-17.

[18] 阿马多·路易斯·塞尔沃,陈迎春. 巴西崛起与全球新秩序[J]. 拉丁美洲研究,2011(6):54~66.

[19] 阿帕雷西达·费若,托斯特斯·拉莫尼卡. 制造业对巴西经济发展的重要性[J]. 拉丁美洲研究,2013(2):68~78.

[20] 蔡春林. 中俄、中印、中巴经贸合作——基于竞争性与互补性分析[J]. 国际经济合作, 2008(3):49~53.

[21] 蔡春林, 刘畅. 金砖国家发展自由贸易区的战略冲突与利益协调[J]. 国际经贸探索, 2013(2):12~21.

[22] 环球网. 巴西恐将丧失欧盟贸易优惠地位 望与其签自贸协定[EB/OL]. http://finance.huanqiu.com/world/2013-08/4233961.html, 2013-08-12.

[23] 金彪. 浅析中国和巴西多边框架内的合作——从联合国到金砖国家机制[J]. 拉丁美洲研究, 2012(2):47~53.

[24] 李春顶. 中国与金砖国家贸易发展的前景[J]. 中国经贸, 2013(1):50~51.

[25] 牛海彬. 巴西的金砖战略评估[J]. 当代世界, 2014(8).

[26] 牛海彬. 中国与巴西关系中的"去工业化"议题评析[J]. 现代国际关系, 2013(5):45~50.

[27] 人民网. 南方共同市场成为世界第五大经济体[EB/OL]. http://world.people.com.cn/n/2012/1230/c57507-20058988.html, 2012-12-30.

[28] 桑百川, 郑伟, 徐紫光. 破解中国与其他金砖国家贸易摩擦难题[J]. 国际贸易, 2012(4):10~13.

[29] 宋泓. 中国与金砖国家的经贸关系[J]. 中国经贸, 2012(19):82~83.

[30] 魏浩. 中国与巴西的经贸关系及其新的发展战略[J]. 拉丁美洲研究, 2009(6):8~13.

[31] 新华网. 中国近五年对巴西实际投资达244亿美元[EB/OL]. http://news.xinhuanet.com/fortune/2013-08/03/c_116796887.htm, 2013-08-03.

[32] 伊尔马兹·阿克于兹. 南方国家快速崛起面临挑战[J]. 国际问题研究, 2012(5):125~139.

[33] 岳云霞, 武小琦. 拉美国家对华贸易摩擦现状及应对:以巴西、阿根廷为例[J]. 中国经贸, 2013(5):26~27.

[34] 中国贸易救济信息网. 2013年巴西反倾销调查化工和塑料制品占45%[EB/OL]. http://www.cacs.gov.cn/cacs/newcommon/details.aspx?articleid=123339, 2014-04-04.

[35] 中国商务部. 2013年加勒比地区吸引外资增长38%[EB/OL]. 商务部网站 http://www.mofcom.gov.cn/article/i/jyjl/l/201402/20140200485861.shtml, 2014-02-12.

[36] 中国商务部. 巴西贸易壁垒增加使其在WTO中广受批评[EB/OL]. 商务部网站 http://www.mofcom.gov.cn/article/i/jyjl/l/201310/20131000364943.shtml, 2013-10-25.

[37] 中国商务部. 国别贸易投资环境报告 2014——巴西[EB/OL]. 商务部网站. http://images.mofcom.gov.cn/tga/201404/20140417092921283.pdf,2014-04-17.

[38] 中国商务部. 南共市与欧盟自贸谈判获进展[EB/OL]. 商务部网站 http://www.mofcom.gov.cn/article/i/jyjl/l/201404/20140400550958.shtml,2014-04-16.

[39] 中国驻巴西使馆. 巴西新闻摘要 2013 年 5 月 22 日[EB/OL] http://www.fmprc.gov.cn/ce/cebr/chn/ztzl/a_123/t1043197.htm,2013-05-22.

[40] 张沛露. 望中国企业在巴西投资热潮中发挥作用[EB/OL]. 中国日报网. http://www.chinadaily.com.cn/hqgj/jryw/2014-02-26/content_11292630.html,2014-02-26.

[41] 左品. 中国与南方共同市场经贸合作格局与前景分析[J]. 国际观察,2012(5):73~79.

[42] 左晓园. 中国与巴西:战略伙伴关系的建立与深化[J]. 拉丁美洲研究,2011(6):34~43.

第十六章 俄 罗 斯

第一节 2013年俄罗斯贸易投资发展形势

一、2013年俄罗斯贸易发展形势

(一) 货物贸易

1. 货物贸易进出口降幅加大,出口额大幅度下滑

自2012年货物贸易进出口出现负增长以来,2013年俄罗斯货物贸易进出口下降幅度进一步加大。据俄罗斯海关统计,2013年,俄罗斯货物进出口额为5 771.3亿美元,同比下降10.2%。其中,出口2 901.3亿美元,同比下降17.7%;进口2 870亿美元,同比下降1.2%。贸易顺差31.2亿美元,下降95.0%(如图16.1所示)。2014年1—4月,俄罗斯货物进出口额为1 798.0亿美元,比2013年同期增长0.7%。其中,出口950.5亿美元,增长6.7%;进口847.5亿美元,下降5.3%。贸易顺差103.0亿美元,2013年同期为逆差4.1亿美元①。

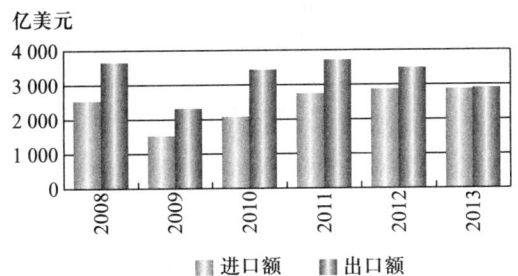

图16.1 2008—2013年俄罗斯进出口贸易总额变化

资料来源:根据中国商务部2013年国别报告整理。

---

① 中国商务部.2014年4月俄罗斯贸易简讯.中国商务部国别报告网.http://countryreport.mofcom.gov.cn/new/view110209.asp?news_id=39780。

与此同时,如图 16.2 所示,虽然俄罗斯在货物贸易中一直保持着顺差地位,但受国际市场能源资源类产品价格下降的影响,2010—2013 年,俄罗斯货物贸易顺差额从 2010 年的 1 370.9 亿美元迅速下滑至 2013 年的 31.2 亿美元。

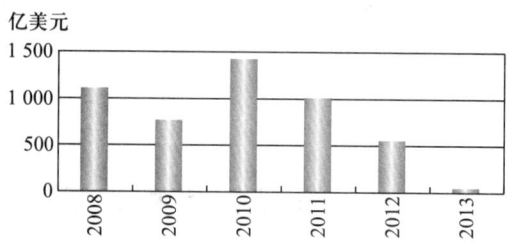

图 16.2　2008—2013 年俄罗斯贸易差额变化

资料来源:根据中国商务部 2013 年国别报告整理。

2. 欧盟仍为第一大贸易伙伴,中国紧随其后

从出口贸易方面来看,俄罗斯的主要贸易伙伴对象包括欧盟、土耳其、乌克兰、中国和日本(如图 16.3 所示),其中荷兰、意大利和德国依然是俄罗斯在欧盟中最大的三个出口国。2013 年,俄罗斯对主要出口贸易伙伴的出口总额均出现了负增长。

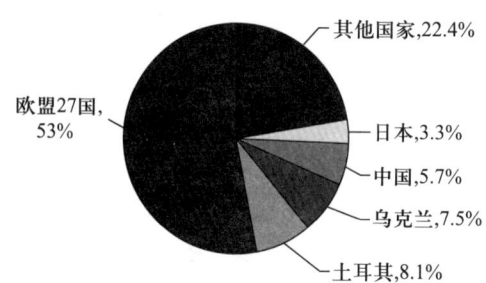

图 16.3　2013 年俄罗斯出口商品市场分布

资料来源:根据中国商务部 2013 年国别报告整理。

从进口贸易方面看,俄罗斯的主要贸易伙伴对象为欧盟、中国、美国、乌克兰和日本(如图 16.4 所示)。在 2013 年度,俄罗斯从主要贸易伙伴国的进口额度除中国与美国有所增长外,其他国家或组织均出现负增长,其中日本与乌克兰同比均减少 15% 以上。

2013 年欧盟是俄罗斯第一大贸易伙伴、第一大出口市场和第一大进口来源地。在该年度,俄罗斯与欧盟 27 国的双边贸易总额达 2 780.17 亿美元,同比减少 12.5%。对欧盟出口总额达 1 538.89 亿美元,同比减少 18.3%;自欧盟进口总额达 1 241.28 亿美元,同比减少 0.3%。对欧盟出口的主要商品中,矿产品、

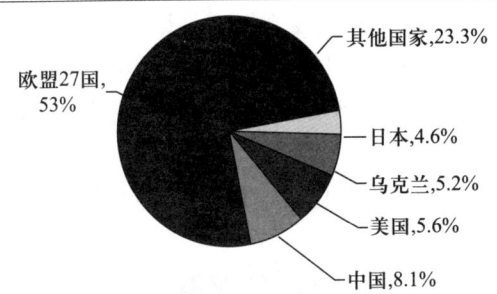

图 16.4 2013 年俄罗斯进口商品市场分布

资料来源:根据中国商务部 2013 年国别报告整理。

贱金属及制品、化工产品排在前三位,分别占俄罗斯对欧盟 27 国出口总额的 69.8%、6.46%和 2.39%。在俄罗斯与欧盟 27 国进口的主要商品中,主要的三类产品分别是机电产品、化工产品以及运输设备,分别占 29.77%、16.81% 和 15.77%①。2013 年欧盟 27 国前三季度经济均为负增长,使欧盟 27 国对俄能源等原材料产品需求减少。同时,全球液化天然气产能快速增加再加上页岩气革命等因素的影响,国际市场油气价格下降,俄罗斯国内经济不景气,导致 2013 年俄罗斯对欧盟 27 国进出口额均出现了负增长。

中国是俄罗斯第二大贸易伙伴,也是第四大出口市场和第二大进口来源地。据俄罗斯海关统计,2013 年中俄双边货物进出口额为 683.3 亿美元,同比下降 9.0%。其中,俄罗斯对中国出口 166.4 亿美元,同比下降 30.8%;俄罗斯自中国进口 516.9 亿美元,同比增长 1.3%。从俄罗斯对中国出口的主要商品结构来看,矿产品、木及制品和化工产品是俄罗斯对中国出口的主要产品,三类产品出口额分别为 86.1 亿美元、22.3 亿美元和 15.8 亿美元,占俄罗斯对中国出口总额的 51.7%、13.4 和 9.5%。而自中国进口的主要商品结构来看,机电产品、纺织品及原料和贱金属及制品为主要进口产品,进口额分别为 235 亿美元、51.6 亿美元和 40.9 亿美元,占俄罗斯自中国进口总额的 45.5%、10.0%和 7.9%。

3. 出口产品结构单一,进口产品多样化

俄罗斯对外出口商品结构长期以来都以资源型原材料产品为主,如石油、天然气等矿物燃料,铁、铝、镍等金属制品以及原木制品。尽管俄罗斯想摆脱能源依赖型经济发展模式,但是从目前出口的商品结构来看,超过 80%的出口产品集中在原材料当中,其中,矿产品占比虽有所减少,但依然高达 65.7%(如图 16.5

---

① International Trade Center. Trade statistics for international business development. 国际贸易委员会网站. http://www.trademap.org.

所示)。而在所有出口的矿产品中,又有63.6%输往欧盟27国①,这样的出口商品结构使得俄罗斯货物出口贸易市场过于集中,并且严重依赖石油、天然气等能源产品,一旦外部市场需求下降或者能源价格下跌,俄罗斯出口拉动经济发展的模式将存在更大的不确定性。

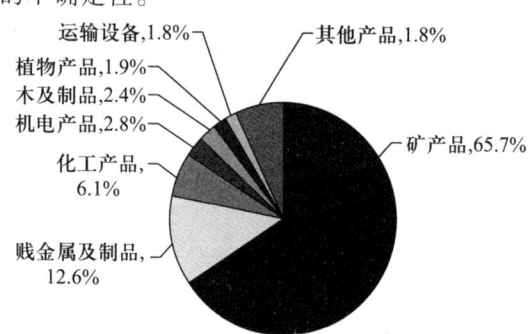

图16.5　2013年俄罗斯主要出口商品构成

资料来源:根据中国商务部2013年国别报告整理。

从进口的商品结构来看,排在俄罗斯前五大类的进口商品依次为机电产品、运输设备、化工产品、贱金属及制品、塑料、橡胶,共占其进口总额的69.8%(如图16.6所示)。其中,从中国、德国进口的机电产品就占总额的40.4%;运输设备则主要来自德国、日本和美国,三国占据了41%的份额;化工产品主要从德国和法国进口,占比29.5%;贱金属制品中有50.4%来自于中国、乌克兰和德国;而在塑料、橡胶制品中,中国、德国和韩国占据了39%的份额。由此可见,俄罗斯进口商品市场相对集中,主要进口的商品种类趋于多样化。

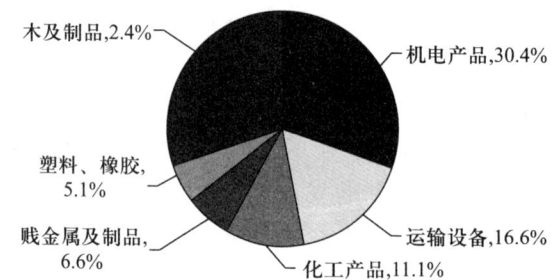

图16.6　2013年俄罗斯主要进口商品构成

资料来源:根据中国商务部2013年国别报告整理。

---

① International Trade Center.Trade statistics for international business development. 国际贸易委员会网站. http://www.trademap.org.

(二) 服务贸易

1. 服务贸易规模进一步扩大

最近几年,俄罗斯服务贸易规模增幅较大,除 2009 年受金融危机的影响,进出口规模出现负增长之外,2010 年、2011 年、2012 年以及 2013 年均为正向增长(如表 16.1 所示),除 2011 年外,出口规模增速普遍慢于进口规模增速,且 2010—2011 年进口增速均在 18% 以上。与此同时,服务贸易逆差从 2010 年的 283.31 亿美元扩大到 2013 年的 598.67 亿美元,扩大趋势十分明显。

表 16.1　2008—2013 年俄罗斯服务贸易进出口情况

年份	总额(亿美元)	出口(亿美元)	同比增长(%)	进口(亿美元)	同比增长(%)	差额(亿美元)
2008	1 266.42	511.76	—	754.66	—	-242.90
2009	1 044.38	424.12	-17.13	620.16	-17.82	-196.04
2010	1 184.89	450.79	6.29	734.10	18.37	-283.31
2011	1 446.39	552.25	22.51	894.14	21.80	-341.89
2012	1 653.18	591.05	7.03	1 062.13	18.79	-471.08
2013	1 914.29	657.81	11.3	1 256.48	18.2	-598.67

资料来源:根据 UNCTAD 数据库数据整理。

2. 服务贸易分行业发展现状

俄罗斯出口服务贸易中,运输业出口规模最大,并且是唯一一个保持顺差的服务业,其他服务贸易则均处于逆差(如表 16.2 所示)。虽然通信业、金融业、和保险业等附加值较高的行业增速均达到了 10% 以上,但出口份额较小,由此可见俄罗斯现代服务业发展还较为落后。进口服务贸易中,旅游业规模最大,运输业进口规模第二,值得注意的是,俄罗斯专利和特许权服务逆差规模仅次于旅游服务,逆差额达 76.51 亿美元,表明俄罗斯在经济发展过程中对于专利和特许权服务的需求较高。

表 16.2　2013 年俄罗斯服务贸易进出口结构　　　单位:亿美元

服务行业	出口	进口	差额
运输服务	205.64	174.77	30.87
旅游服务	119.88	534.53	-414.65
建筑服务	57.43	93.81	-36.38
计算机和信息服务	26.11	32.88	-6.77

续表

服务行业	出口	进口	差额
通信服务	17.36	28.19	-10.83
金融服务	17.02	26	-8.98
保险服务	5.76	14.6	-8.84
政府服务	10.12	26.4	-16.28
专利和特许权服务	7.38	83.89	-76.51
个人、文化和娱乐服务	7.70	12.64	-4.94
其他服务	183.41	228.76	-45.35

资料来源:根据 UNCTAD 数据库数据整理。

(三)影响俄罗斯贸易发展的主要因素

2013 年,俄罗斯货物进出口贸易总体表现疲软,出口贸易进一步下滑,而进口贸易自 2009 年后首次出现负增长。主要原因在于,首先,俄罗斯出口贸易仍然以能源与资源类产品为主,且入世后俄罗斯为履行承诺,不断约束能源类产品的出口关税,所以俄罗斯货物出口贸易规模的发展在很大程度上取决于国际市场对能源产品的需求以及能源产品的价格。其次,俄罗斯进出口市场较为集中,2013 年仅欧盟一个地区就占据了俄罗斯进出口份额的 48.1%,而在 2013 年,受欧债危机影响,欧盟经济疲软,外部需求的减少也影响到俄罗斯出口贸易规模的扩大。第三,页岩气的开发从一定程度上减少了俄罗斯天然气的出口规模,主要出口商品规模的减少也是俄罗斯贸易疲软的主要原因之一。第四,俄罗斯国内经济不景气,卢布贬值以及贸易壁垒问题严重是俄罗斯进口贸易下滑的重要原因。

服务贸易方面,俄罗斯虽然比较重视其发展,但由于俄罗斯工业体系并不完善,针对相关行业提供的服务发展得也相对缓慢。此外,俄罗斯对外资进入服务业的限制较多,在相对缺乏市场竞争力的背景下进一步限制了俄罗斯本土服务业竞争力的提高。

二、投资形势

(一)FDI 流出规模迅速扩大

由表 16.3 可知,2013 年俄罗斯 FDI 流入额大幅增加,从 2012 年的 186.7 亿美元增长至 261.18 亿美元,但 FDI 流出额从 2012 年的 174.3 亿美元迅速扩大至762.65亿美元;对外直接投资净流出扩大到501.47亿美元。由此可见,虽然随着俄罗斯对入世承诺的实现,其国内投资环境有所好转,资本流入规模在不断扩大,但受美国退出量化宽松政策预期,同时欧洲经济低迷的影响,俄罗斯的经济急剧减速,这是其国内资金大量外流的重要原因。

表16.3 2008—2012年俄罗斯FDI流入流出情况 单位:亿美元

年份	2009	2010	2011	2012	2013
FDI流入额	159.1	138.1	184.2	186.7	261.18
FDI流出额	174.5	102.7	190.4	174.3	762.65
FDI净额	-15.4	35.4	-6.2	12.4	-501.47

资料来源:中国国家统计局《金砖国家联合统计手册(2014)》。

(二)吸引外资主要流向及来源

2013年俄罗斯吸引的外国投资总额为1 701.8亿美元,同比增长10.1%。其中,直接投资261.2亿美元,同比增长39.9%;证券投资10.9亿美元,同比减少39.9%;其他投资1 429.7亿美元,同比增长6.6%。在2013年,吸引外资前三位的行业分别是制造业,商业、交通工具和电器维修业,金融业,分别达897.9亿美元、310.3亿美元、201.2亿美元。从吸引外资的来源看,2013年对俄罗斯进行投资的前十位国家中欧盟成员国多达7个,占比高达58.5%。美国、中国和日本则分别占5.1%、3%和1.5%(如图16.7所示)。

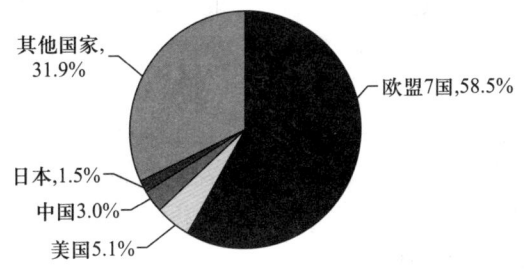

图16.7 2013年俄罗斯主要投资伙伴分布情况

注:欧盟7国指对俄投资前十位中的7个欧盟成员国,包括:塞浦路斯226.8亿美元、英国188.6亿美元、卢森堡170.0亿美元、荷兰147.8亿美元、法国103.1亿美元、德国91.6亿美元、爱尔兰67.6亿美元。

资料来源:根据俄罗斯联邦统计局数据库数据整理。

第二节 2013年俄罗斯贸易政策回顾与展望

一、贸易政策回顾

（一）贸易管理制度

自2012年7月12日俄罗斯国家杜马通过了批准俄罗斯入世协定书的决议,俄罗斯正式成为WTO成员以来,俄罗斯为履行加入WTO时所做的承诺,已对《俄罗斯加入世界贸易组织工作组报告》中所提到的包括法律、规章、条例、办法及其他措施等在内的共计500多项国内法律措施进行了修订[①]。目前,俄罗斯已基本完成了国内法律框架的调整。与贸易管理有关的主要法律法规包括《关税同盟海关法典》、《对外贸易活动国家调节法》、《关于针对进口商品的特殊保障、反倾销和反补贴措施联邦法》、《外汇调节与监督法》、《在对外贸易中保护国家经济利益措施法》等。

1. 关税制度

自俄罗斯入世起,履行俄罗斯入世承诺已成为"俄白哈"关税同盟法律制度的一部分。为履行加入WTO时把信息技术产品的关税从5.4%降为0的承诺,并尽快加入《信息技术协议》,2013年12月俄罗斯宣布加入WTO诸边协定《信息技术协议》,成为该协议的第78个成员。根据《关税同盟海关法典》规定,除需交纳进出口关税外,进口产品(有特殊规定的除外)还需按照同盟成员国相关法律规定的税率水平交纳增值税和消费税。俄罗斯除对部分食品和儿童用品等进口产品征收10%的增值税外,其他进口产品的增值税率为18%;而原料酒精及制品、食用酒精及产品、烟草制品、轿车和发动机功率为112.5千瓦的摩托车及成品油等产品需交纳消费税。

同时,根据进口货物原产地的不同,俄罗斯的进口关税可分为普通关税、最惠国关税、普惠制关税和免税。从享受最惠国待遇国家进口的货物按照最惠国税率计征关税,从不能享受最惠国待遇的国家进口的货物按普通关税税率计征,通常情况下普通关税为最惠国税率的两倍。发展中国家出口商品进入俄罗斯境内时,享受普惠制优惠关税待遇,通常为最惠国关税的75%,而对最不发达国家的出口商品实行免税。

---

① USTR:Report on Russia's Implementation of the WTO Agreement. 2013年12月. USTR网站. http://www. ustr. gov/sites/default/files/Russia-WTO-Implementation-Report%20FINAL-12-20-13. PDF.

2. 进口管理制度

自欧亚经济委员会正式成立后,俄罗斯对进口贸易的管理制度由欧亚经济委员会统一负责。根据《关税同盟非关税措施协定》、俄罗斯国内法以及签署的国际条约,在维护公共道德和法律、保护公民的生命及健康、保护环境及动植物的生命及健康、金银等贵金属的进出口、保护有价值的文化遗产、保护不可再生资源、履行联邦签署的国际条约中的相关义务、确保国防和国家安全等情况下,俄罗斯有权对进口贸易采取限制措施。

俄白哈关税同盟委员会2009年11月公布的采取非关税措施的产品清单显示,贵金属及宝石、工业废料、化学杀虫剂、医药原料及制品、麻醉剂、食品原料、食用酒精、军备武器、译码器件、核技术、放射性原料等涉及国家安全和国民健康的产品必须向俄罗斯工业贸易部申请进口许可证;食糖、猪肉、牛肉及禽肉等农产品及部分酒精和伏特加等酒精饮料的进口需要申请进口配额。为履行入世承诺,2013年俄罗斯已取消酒类、部分药品等产品的进口许可证,改为实行自动进口许可证管理,同时俄罗斯还取消了涉及加密技术产品(包括数字签名的电子设备、个人智能卡或无线电设备等)的所有进口限制措施,包括专家评价和审批等要求[①]。

3. 出口管理制度

目前,俄罗斯实施出口限制的产品主要包括部分原材料及资源型产品。限制出口的主要措施包括禁止出口、出口配额、出口许可证以及出口关税等方式。为履行入世承诺,俄罗斯已对包括鱼类和甲壳类动物、矿物燃料和石油、生皮、木材、纸浆和纸张以及贱金属部门的某些产品的出口关税进行约束,并采用招标和拍卖的方式进行出口配额管理。2013年,俄罗斯对其国内法律进行了修订,以自动出口许可证取代了对宝石、金属等产品出口的限制性措施,并取消了部分化工原料的出口限制和药品的出口许可制度。2013年11月,俄罗斯杜马通过了放开液化天然气出口商限制的法案,允许部分符合条件的油气公司出口液化天然气。该法案于2013年12月1日正式生效。

(二)贸易措施

1. 关税措施

(1)进口关税措施。

为履行加入WTO承诺,2012年俄罗斯对其所承诺的海关产品分类中的11 170个税则号码的产品中的9 208个10位海关税目的产品按照从价原则计征进口关税,苹果、酒精饮料等216个10位海关税目的产品按照从量原则计征进口关

---

① 中国商务部. 国别贸易投资环境报告2014. 中国商务部进出口公平贸易局网站. http://gpj.mofcom.gov.cn/article/d/cw/201404/20140400552638.shtml.

税,部分渔产品、乳制品、禽类产品、服装、塑料制品、录像带等共 1 746 个 10 位海关税目的产品进口将被征收复合税。从 2013 年 9 月 1 日起,俄罗斯再次下调了部分产品的进口关税,其降税产品涉及渔产品、机械、精密仪器、化工等各个行业。其中,部分机电产品的最惠国关税从 10%下调至 7.5%～9%不等,部分精密仪器的进口关税从 5%下调至 0～3%不等,部分化工产品的进口关税从 5%～15%下调至 0～8%。与此同时,2013 年俄罗斯还根据其国内经济和产业发展需要,临时性降低了航空汽油、电动汽车、部分果汁等产品的进口关税。2013 年俄罗斯加权平均进口关税由 2012 年的 9.4%下降到 8.23%,下降了大约 0.92 个百分点。

(2) 出口关税。

为履行入世承诺,俄罗斯政府于 2013 年 7 月 21 日公布了数种油料作物的出口关税新税率,其中大幅调高了大豆的出口关税。调整后的大豆出口关税(不含哈萨克斯坦和白俄罗斯)税率为 20%,但不少于 35 欧元/吨。调整前的出口税率为 5%,但不低于 8.5 欧元/吨。但 2013 年俄罗斯仍对原木、石油、部分鱼产品等 703 个 8 位海关编码的商品征收出口关税。

2. 技术性贸易措施

根据 2012 年关税同盟第 102 号决议,2013 年"俄白哈"三国对机械设备、电气设备、交通工具、化工、爆炸物等 66 大类商品实施强制技术规范管理。关税同盟相关商品技术规范生效后,各成员国对相关商品的国家标准随即失效,同时各国质量监管部门不能对该类商品制定补充技术指标要求。2013 年,关税同盟委员会已发布了 31 项技术规范,截至 2014 年 8 月已生效 28 项。

3. 卫生与植物卫生措施

俄罗斯入世前,所有向俄罗斯出口涉及检验检疫的产品出口商必须在俄罗斯联邦兽医和植物卫生监督局允许的企业目录内。根据俄罗斯入世承诺,俄罗斯入世后只保留涉及兽检的进口产品属于高风险和中等风险类别的出口商目录,且出口商的检验检疫标准将遵循 WTO 规定,但并未对低风险级别出口商做出相关规定。2013 年俄罗斯联邦兽医和植物卫生监督局公布的俄罗斯入世后产品进口新规定中规定,自俄罗斯入世议定书生效之日起至 WTO 相关部门进行审计前,保留低风险产品出口商目录,如相关出口商拒绝 WTO 对其审计,则需要提供符合关税同盟检疫标准的证明或者接受俄罗斯联邦兽医和植物卫生监督局的检查。

(三) 贸易壁垒

1. 关税壁垒

经过 2012 年和 2013 年的关税削减,俄罗斯基本履行了入世时所作的关税削减承诺。但在整体关税水平逐步降低的同时,俄罗斯仍对部分进口产品保持了较高关税,主要集中在农产品、鱼及鱼类制品、运输设备以及纺织服装等领域。

其中,部分鱼及鱼类制品的最高适用税率高达77%,而平均适用税率(指最惠国平均适用税率,下同)仅为12.4%;运输设备的最高适用税率达35%,平均适用税率则为10.6%;纺织品的最高适用税率为37%,而平均适用税率为10.9%;服装的最高适用税率甚至高达100%,而平均适用税率仅为19.6%。在农产品领域,俄罗斯实施零关税农产品的进口额约占农产品总进口额的8.2%,而约占进口总额17%的农产品的关税则保持在15%以上,部分农产品进口关税甚至高达292%;工业品中,俄罗斯对14.2%以上的税目实施高关税。与此同时,为保护国内企业利益,俄罗斯还一直根据其相关产品的国内产量对部分产品的进口关税进行临时调整。2013年,俄罗斯临时性提高了履带推土机、气体热水炉、抽油烟机等产品的进口关税。在关税配额方面,俄罗斯主要对肉类和乳清征收配额关税。2013年,俄罗斯对猪肉进口配额的管理实施全球配额制度,但仍对禽肉和牛肉实行国别配额管理。可以说,俄罗斯在加入WTO两年间,在削减关税方面做出了积极的努力,但是俄罗斯仍旧对大部分产品征收较高关税,并对肉类和乳清征收进口配额关税,以及临时性提高部分产品关税,这对出口至俄罗斯的产品构成了极大的障碍。

2. 歧视性税费

除对进口产品征收关税外,俄罗斯还将征收18%的增值税。酒精、酒精饮料、烟草及制品、首饰、汽油、汽车等产品还需缴纳消费税。为保护国内汽车产业免遭入世的冲击,从2012年下半年开始,俄罗斯对进口汽车征收汽车回收处理费,其中小轿车将根据其发动机功率的不同征收2万~4.5万卢布不等的回收税,卡车将根据其吨位的不同征收15万~20万卢布不等的回收税,而俄罗斯本土生产的汽车则无需缴纳该费用。同时,俄白哈关税同盟内部的进口车辆也无需缴纳。针对进口汽车征收的汽车回收处理费明显违反了WTO国民待遇原则,存在明显的歧视性,导致进口汽车在俄罗斯国内市场处于不利的竞争地位。直到2013年10月,在相关成员要求WTO设立专家组审理俄罗斯汽车回收费政策之后,俄罗斯立法机构对相关政策进行了修改,取消了歧视性规定,将汽车回收费政策扩大适用至俄罗斯国内生产的汽车以及来自白俄罗斯、哈萨克斯坦的进口汽车。该法案于2014年1月1日正式生效。

3. 技术性贸易壁垒及卫生与植物卫生措施

俄罗斯对本国和进口产品的质量实施强制性认证,只有获得俄罗斯强制认证证书的产品才能上市销售。但俄罗斯认证标准中有70%与国际标准不一致,有些标准甚至超过发达国家,其中主要认证的产品包括食品、家用电器、电子产品、化妆品、家具、玩具以及陶瓷等。在卫生与植物卫生措施方面,进口到俄罗斯的农产品需要获得俄联邦消费者权益和安全监督局签发的卫生—流行病证明书,动物产品的检疫则需要俄联邦兽医和植物卫生监督局检查,并颁发给进口商相关进口货物的进口植物检疫许可证。由于俄罗斯不承认国际认证标准,导致获得国际认证的企业必须在俄罗斯重新申请认证,提高了企业市场准入条件和运营成本。

4. 政府采购

为保护俄罗斯国内相关企业,俄罗斯明确规定在政府采购过程中优先考虑俄罗斯国产产品。2012年俄罗斯宣布,俄联邦和地方政府只能采购俄白哈关税同盟生产的汽车作为公务车。2013年俄罗斯工贸部出台了一项禁止国家权力机关及国防部门购买外国生产的纺织面料及半成品的法案,涉及面料、鞋袜、服装、皮草、鞋业、橡胶制品等。

5. 补贴

在农业领域,俄罗斯政府每年都给予大量补贴,且这些补贴仅限于本国农民或公民控股的农业企业享有。俄罗斯在入世时承诺将取消对农产品出口补贴,自2012年起每年不超过90亿美元,2018年起不超过44亿美元。目前,俄罗斯农业补贴主要集中在化肥和燃料补贴、农民贷款以及部分农产品免征增值税等方面。OECD于2013年9月公布的对47个国家农业补贴情况的调查报告显示,俄罗斯政府在2013年对农业的补贴率为13.5%,补贴额为1 904亿卢布(约合57.7亿美元),同比增长28%。在工业领域中主要享受补贴的行业集中在汽车行业。

6. 服务贸易壁垒

虽然俄罗斯对外国服务提供者开放了包括通信、视听、金融、运输、建筑及分销服务在内的部分服务市场,但许多领域仍然存在限制,个人或公司申请部分业务的许可证仍然面临诸多困难。

(1) 通信

俄罗斯在加入WTO时承诺,将在入世4年之后取消通信服务业外资股权的限制,但目前外资在俄通信服务业的持股比例仍不得超过49%。同时,《俄罗斯通信法》还规定了特定运营商网络与俄罗斯公共电话网络相连的互联互通方式,将互联互通合同和费用置于联邦通信部的严密监控之下。此外,俄罗斯仍然在通信领域保留近20个许可证,并且这些许可证的发放过程缺乏透明性,对国外运营商进入俄罗斯市场带来诸多不便。俄罗斯通信许可证的有效期为5~10年,过短的有效期甚至难以保证企业收回投资成本,从而影响国外服务提供者的投资决策。

(2) 视听

外资持股比例超过50%的企业不得在俄罗斯境内从事电视节目制作,不得开通覆盖俄罗斯国土面积50%或人口50%以上的电视频道。

(3) 金融

俄罗斯允许外国银行在俄设立子公司,但俄罗斯入世议定书明确外资在俄联邦整体银行体系中的比例不得超过50%。俄罗斯财政部甚至在《2015年前俄银行体系发展战略框架》内制定的关于修改部分法规的法律草案中明确在法律中提出禁止外国银行在俄罗斯境内设立分行,这些规定提高了包括中国在内的外国银行进入俄罗斯银行业的门槛。2013年《银行与银行活动》新法明确规定禁止外资银行在俄开设分行,外国金融组织只能以子公司或代表处的形式在俄经营。在保险业方面,俄罗斯规定外资可以进入俄罗斯保险业,但外资在俄罗斯保险公司中所占的比重不得超过49%。

(4) 运输

俄罗斯至今未开放铁路客运和货运市场,不允许外商设立合资企业,提供装卸、集装箱堆场、船舶代理、结关和铁路运输设备的维修保养等服务。但是给予本国及外国投资者在航空相关研究及制造领域的优惠待遇,包括免税期和投资担保,只不过外国资本在航空企业中占有的股份必须低于25%,并且董事和高级管理人员必须为俄罗斯公民。

(5) 建筑

俄罗斯规定,只有拥有俄罗斯国籍的自然人才能取得在俄罗斯境内从事建筑设计活动的许可。外国人只能通过与俄罗斯公民或被许可的俄罗斯商业机构联合,才能提供建筑设计服务。

(6) 分销

俄罗斯禁止外籍务工人员在商亭、自由市场以及商店以外的任何地点从事零售贸易。2013年12月,俄罗斯政府正式签署法令,对零售业中雇用的外国员工比例作出了进一步限制。该法令规定,酒类零售业外国员工份额不应该超过员工总数的15%,药品零售业、摊位和市场及商店以外的销售领域不应聘请外国员工,并要求企业在2014年1月1日前根据本法令理清所聘用的外国员工数量。该法令明显与俄罗斯所承诺的,入世后允许外国独资企业进入俄罗斯批发、零售和专营领域的条件不符。

7. 投资壁垒

俄罗斯《外资对战略经济领域的投资准入法》规定,外国投资企业不得投资武器生产、核材料生产、核设施建设、海洋渔港水利设施建设、卫生防疫及战略矿藏的开发等39类产业。允许外资进入电力、白酒、航空等产业,但在持股比例以及本国员工比例等方面都做出了严格的限制。同时,外国投资者在购买土地及附属建筑方面与俄罗斯本国企业享受同等待遇,禁止外国投资者购买农用土地以及俄罗斯联邦边疆地区的土地。

(四) 贸易摩擦

1. 俄罗斯与欧盟的贸易摩擦不断升温

作为俄罗斯目前最大的贸易伙伴,欧盟与俄罗斯之间的贸易摩擦近年来不断升温,在俄罗斯加入 WTO 之后,这种形势不但没有缓解,反而愈演愈烈。

俄罗斯因为健康原因自 2013 年 2 月禁止从德国进口牛肉、猪肉和家禽,从欧盟进口做种用的马铃薯,从美国、加拿大进口任何肉类,实际上这与俄罗斯国内农业在入世后受到的巨大冲击有关。由于入世后俄罗斯农业所获得的政府补贴大量减少,进口关税亦有所下降,俄罗斯本国的家禽业、猪肉业、马铃薯种植业以及奶制品业遭到进口产品的强烈挤压,外界普遍猜测这也是俄罗斯禁止从欧盟、美国和加拿大进口肉类产品的主要原因。

2013 年 7 月 9 日,欧盟就俄罗斯关于汽车的所谓"回收费用"问题在 WTO 框架下提出了与俄罗斯的磋商申请。该回收费用征收的对象为小轿车、卡车、公交车及其他机动车辆。对于小轿车而言,"新"车的回收费用为 420~2 700 欧元不等,车龄超过 3 年的回收费用为 2 600~17 200 欧元不等;而对于部分大型车辆(如矿用卡车),征收的回收费用则高达 147 700 欧元。而且,该规定适用于所有自欧盟进口的汽车,而不适用于俄罗斯及其关税同盟国哈萨克斯坦和白俄罗斯制造的汽车。而欧盟每年对俄罗斯的汽车出口额达 100 亿欧元,该项回收费用的规定会对欧盟汽车出口造成严重影响。欧盟认为,俄罗斯的该项措施是专门针对进口汽车的歧视性规定,且根据俄罗斯的统计,该项措施能够额外为政府带来 13 亿欧元的年度收入。2013 年 11 月 25 日,WTO 争端解决机构基于欧盟的第二次申请,决定就俄罗斯联邦关于机动车辆的回收费用案(DS462)成立专家组。

2013 年 12 月 23 日,俄罗斯经济发展部就欧盟对俄罗斯冶金和化工企业进行反倾销调查的不公平做法向欧盟提起在 WTO 争端解决机制下进行磋商。这是俄罗斯入世一年多来首次启动 WTO 争端解决程序。俄罗斯认为欧盟的这一反倾销调查将俄罗斯企业的能源采购费用与欧盟标准挂钩,而忽略了俄罗斯能源价格远低于其他国家的事实。根据俄罗斯的估计,欧盟若对俄冶金和化工企业征收反倾销税,俄罗斯相关生产企业每年将遭受 5 亿美元的损失。

2. 俄罗斯对乌克兰采取诸多贸易限制措施

对于其另外一个重要的贸易伙伴乌克兰,俄罗斯采取了诸多贸易限制措施。2013 年 7 月,俄罗斯消费者保护组织宣布从 2013 年 7 月底开始全面禁止乌克兰最知名的巧克力品牌"罗申"牌巧克力、糖果在俄罗斯境内销售。原因是"罗申"牌巧克力设在莫斯科的四家工厂存在质量安全问题。之后俄罗斯斯联邦海关总署公布了一份进口产品存在高风险的外国企业名单,而乌克兰向俄罗斯的出口商几乎全部名列其中。根据乌克兰的估算,俄罗斯海关的限制可能对乌克兰造成高达 25 亿美元的损失。值得注意的是,俄罗斯对乌克兰单方面的贸易制裁与政治原因密切相关,俄罗斯一再拉拢乌克兰加入俄白哈关税同盟,但由于乌克兰很有可能于 2013 年 11 月与欧盟达成自由贸易区协议,俄罗斯便对乌克兰施加贸易制裁。迫于 2013 年乌俄贸易额大幅减少,乌克兰经济遭受重创,乌克兰政府于 2013 年 11 月决定暂停与欧盟签署联系国协定,转而与俄罗斯加强经贸联系。这一决定导致乌克兰危机爆发,克里米亚地区宣布独立,并于 2014 年 3 月 21 日加入俄罗斯。2014 年 7 月,欧盟和美国指责俄罗斯破坏乌克兰东部稳定,宣布对俄罗斯采取经济制裁。2014 年 8 月,俄罗斯决定对美国和欧盟实施反制裁,禁止大部分从欧盟和美国进口的食品。

二、贸易发展展望

一直以来,俄罗斯是能源与资源类产品出口的大国,石油、天然气出口总量一直占据其货物出口贸易的 2/3 左右,入世后俄罗斯为履行承诺,不断约束能源类产品的出口关税,使得俄罗斯货物出口贸易规模发展在很大程度上取决于国际市场对能源产品的需求以及能源产品的价格,导致成为 WTO 成员对俄罗斯货物出口贸易的促进作用并不明显。2013 年 1—12 月乌拉尔原油价格平均为 107.88 美元/桶,2014 年 8 月 18 日,乌拉尔原油跌破 100 美元。虽然美国与欧盟对俄罗斯实施经济制裁将使俄罗斯新的石油项目延缓实施,但考虑到全球经济疲软导致石油需求减少,而美国石油供应旺盛,即便有乌克兰冲突与伊拉克暴力事件,全球油价依然将持续下跌。2014 年俄罗斯货物出口贸易必遭重创,延续 2013 年负增长的可能性较大,而货物进口贸易随着俄罗斯对入世承诺的逐一履行,较低的关税以及非关税壁垒的减少将增大俄罗斯消费者对进口商品的消费,进口货物贸易规模仍将保持增长态势。

从贸易对象的国别地区来看,虽然会受到美国和欧盟制裁的影响,但欧盟仍将是俄罗斯进出口贸易规模最大的地区,而鉴于中国经济增速放缓,俄罗斯对中国的能源类产品出口势必下滑,出口总额也将有所减少。同时,由于受乌克兰危机的影响,两国货物贸易规模必将进一步缩减,乌克兰作为俄罗斯重要贸易伙伴的地位将会受到影响。

从贸易商品的结构来看,俄罗斯的主要出口产品仍旧以石油、天然气等为主。由于本国制造业竞争力有限,外国机电产品以及运输设备依然会保持在俄罗斯国内市场的优势地位,进口规模还会继续增加,2014 年俄罗斯货物贸易很有可能出现逆差。

三、贸易政策展望

(一)贸易政策仍将以保护国内产业为主

俄罗斯在加入 WTO 的两年中,虽然积极履行入世承诺,降低关税水平,但是却在不断地发明新的非关税壁垒,限制或禁止部分产品的进口,推出一系列歧视性条款来保护本土产品,打压进口商品。从近期俄罗斯与欧盟、美国及加拿大在农产品方面的贸易争端就可以发现这一趋势。同时,尽管进口商品的激烈竞争导致批发价格不断下降,但由于俄罗斯零售商垄断细分市场,俄罗斯国内的消费者只能以不变或更高的价格购买商品,消费者没有获得任何入世的好处。此外,俄罗斯政府内部缺乏针对入世后的适应性方案,36个部门中仅有10个部门实施了针对WTO规则的整合措施,对WTO规则有深入研究的官员更是微乎其微,以至于俄罗斯至今未在日内瓦的WTO总部设立办事处。如果俄罗斯不能够弥补人才方面的缺陷,日后将很难与其他成员国深化贸易发展,应对进口商品冲击所采取的措施有可能会更加消极。

(二)区域经贸合作仍将以"俄白哈"关税同盟为依托

"俄白哈"关税同盟建立以来,俄罗斯围绕该关税同盟力争欧亚经济一体化进程的主导权。首先俄罗斯以"俄白哈"关税同盟为基础,建立了三国主导的统一经济空间,并争取其他独联体国家的加入,未来俄白哈三国将进一步深化经济和政治合作,争取实现由统一经济空间向欧亚经济联盟的过渡,并最终建立欧亚联盟。其次,俄罗斯还以该关税同盟为依托,积极带动其他两个国家同亚太地区的经济体谈判自由贸易协定,试图增加自身在该地区的影响力。由此可见,俄罗斯有意在独联体国家中组建类似欧盟的政治、经济高度一体化的区域组织,并以该组织为基础实现大国在地区贸易中的利益诉求。与此同时,2013年4月《远东和贝加尔地区社会经济发展国家计划》的生效,标志着俄罗斯远东开发战略进入最终实施阶段。为降低美国与欧盟经济制裁所带来的不良影响,可以预见在未来一段时期内,俄罗斯与亚太地区间的经贸合作,特别是同中国的双边经贸合作将会是俄罗斯的工作重心。

第三节 中俄经贸关系发展与展望

一、中俄经贸关系发展现状

(一)双边货物贸易规模略回落但仍呈增长趋势

进入新世纪以来,中俄双边货物贸易规模迅速扩大(如图16.8所示),除2009年受金融危机影响外,均实现了较快的增长,但2013年中国正处于从投资促增长向内需拉动的经济转型期,并主动下调经济增速,从而使大宗商品进口出现下降。与此同时,俄罗斯产业结构并无明显改善,仍以资源能源类产品出口为主,受国际原油价格影响,该年中俄双边货物贸易规模略有回落。据俄罗斯海关统计,2013年中俄双边货物进出口额为683.3亿美元,同比下降9.0%。其中,俄罗斯对中国出口166.4亿美元,同比下降30.8%;俄罗斯自中国进口516.9亿美元,同比增加1.3%。进入2014年第一季度,中俄双边货物进出口额为159.0亿美元,同比增长0.3%。其中,俄罗斯对中国出口40.2亿美元,同比增长4.8%;俄罗斯自中国进口118.8亿美元,同比下降1.2%。由此可见,虽然2013年中俄双边货物贸易规模略有回落,但仍呈增长趋势。

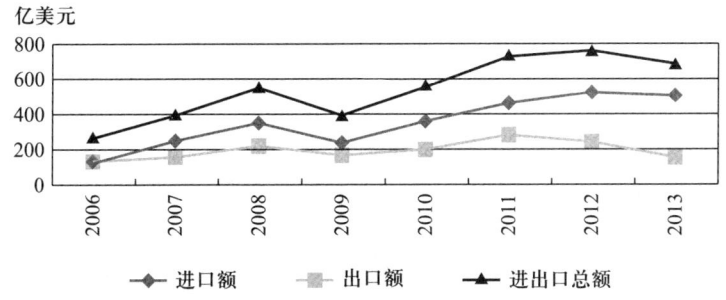

图16.8 2006—2013年中俄货物贸易进出口情况

资料来源:中国商务部。

同时,从2007年中国首次实现对俄罗斯货物贸易的顺差局面后,顺差规模就不断扩大。2013年中国对俄罗斯货物贸易顺差额达350.5亿美元,同比增长29.8%。由此可见,在今后一段时期内,中国对俄罗斯货物贸易顺差仍将稳步增长。

(二)贸易商品结构互补性强

矿产品、木及制品和化工产品仍是俄罗斯对中国出口的主要产品。2013年,这三类产品出口额分别为86.1亿美元、22.3亿美元和15.8亿美元,分别同比下降45.5%、增长8.2%和减少35.1%,分别占俄罗斯对中国出口总额的51.7%、13.4%和9.5%。可以看出,2013年俄罗斯对中国出口的三类主要产品中矿产品和化工产品的出口明显减少,其原因还是在于中国经济增速放缓,对矿产品和化工产品的需求进一步减少。

2013年俄罗斯自中国进口的主要商品为机电产品、纺织品及原料和贱金属及制品,进口额分别为235.0亿美元、51.6亿美元和40.9亿美元,分别为同比增长2.1%、增长7.9%、减少0.3%,占俄罗斯自中国进口总额的45.5%、10.0%和7.9%。

从两国贸易商品的结构来看,俄罗斯出口仍以能源及原材料产品为主,中国则主要出口以劳动密集型产业为主的轻工产品,两国分别利用各自在资源以及劳动力方面的优势开展双边贸易,而技术含量高、附加值高的知识密集型和资本密集型产品仍不是双边贸易往来的主要商品。

(三) 中俄双边服务贸易整体发展水平较低

尽管近几年中俄服务贸易发展较快,但与货物贸易相比,服务贸易发展严重滞后,占双边贸易总额比例极小(如表 16.4 所示),远落后于货物贸易发展。首先,2006—2013 年,与中俄货物贸易总额相比,服务贸易额较小。2008 年以后,中俄服务贸易规模迅速下滑,从 2006 年占比 6.4%减少到 1.2%,而货物贸易规模总体呈增长趋势;其次,两国开展服务贸易的领域主要集中在旅游、运输、建筑等传统服务行业,而在金融、保险、通信、咨询等技术密集型和知识密集型行业的合作相对较少。可见,中俄双边服务贸易发展严重滞后,贸易结构不平衡,同时,中俄双边服务贸易中,中国长期存在逆差。这主要是因为俄罗斯在服务贸易市场方面的诸多限制制约了两国服务贸易的快速发展:一是俄罗斯对中国劳务输出设置了诸多障碍,对中国劳务人员实行配额制管理,导致双边劳务合作规模有限;二是俄罗斯服务贸易市场准入壁垒问题严重,例如运输行业中,俄罗斯至今未开放铁路客运和货运市场,不允许外商设立合资企业,提供装卸、集装箱堆场、船舶代理、结关和铁路运输设备的维修保养等服务;在金融领域,俄罗斯禁止外资银行开设分行,只允许以子公司或代表处的形式在俄经营,且外资在俄联邦整体银行体系中的比例不得超过 50%。这些措施严重阻碍了双边服务贸易的合作,并对两国的货物贸易以及投资的发展带来了不良影响。

表 16.4 2005—2012 年中俄贸易及服务贸易额情况

年份	2006	2007	2008	2009	2010	2011	2012	2013
中俄贸易总额(亿美元)	271.0	412.5	575.2	390.1	577.8	729.3	757.1	888.4
中俄货物贸易额(亿美元)	265.6	391.3	550.5	381.4	570.5	723.3	750.9	683.3
中俄服务贸易额(亿美元)	17.4	21.2	24.6	8.7	7.3	6.0	6.2	10.4
服务贸易额所占比重(%)	6.4	5.1	4.3	2.2	1.3	0.8	0.8	1.2
对俄服务贸易出口额(亿美元)	11.0	13.7	15.9	2.4	2.7	2.7	3.1	3.6
自俄服务贸易进口额(亿美元)	6.4	7.5	8.7	6.3	4.6	3.3	3.1	6.8
对俄服务贸易进出口收支平衡(亿美元)	-2.2	6.2	7.3	-3.9	-1.9	-0.6	0	-3.2

资料来源:俄罗斯联邦中央银行,俄罗斯联邦统计局。

(四) 双边投资规模有限

中俄双边投资方面,2008—2012 年,中国对俄罗斯直接投资始终比俄罗斯对中国的直接投资规模大,俄罗斯对中国直接投资仅占全部外资对中国直接投资规模的不到 1%(如表 16.5 所示),中国对俄罗斯直接投资占中方对外直接投资总额的比例也未超过 1%,而且近两年来,俄方对中方投资有下降趋势,中方对俄方投资则有增长态势。

表16.5 2008—2012年中俄双边投资情况

年份	2008	2009	2010	2011	2012
俄对中直接投资额（亿美元）	0.60	0.32	0.35	0.31	0.30
占中国实际利用外资总额比重（%）	0.06	0.03	0.03	0.02	0.03
中对俄直接投资额（亿美元）	3.95	3.48	5.68	7.16	7.85
占中国对外直接投资总额比重（%）	0.71	0.62	0.83	0.96	0.89

资料来源：中国国家统计局网站。

从投资的方式上来看，中国主要以跨国收购的方式进入俄罗斯市场，主要集中在能源领域，收购主体以大型国有企业为主；而俄罗斯则主要通过绿地投资在中国开拓市场，很少采用兼并收购的方式，主要是因为俄罗斯海外并购主要以能源、冶金等行业为主，但中国在战略性资源领域设定的外资进入门槛较高，增加了俄罗斯企业并购的难度。

二、中俄经贸发展中的问题

（一）双边货物贸易规模与潜力差距较大

尽管中俄双边货物贸易额增长速度较快，但是两国的货物贸易总规模远不及中美、中日之间的贸易总量，潜力尚未充分发挥出来，贸易规模依然偏小。2013年，美国、日本与中国的双边货物贸易总额分别达5 624.5亿美元和3 098.9亿美元，而中俄之间的货物贸易总额为683.3亿美元，仅仅是中美之间的12.1%、中日之间的22%左右。同为大国间贸易，差距十分明显，所以中俄双边货物贸易还有很大的潜力可以挖掘，两国仍需努力加强经贸合作，为各自寻求更多的贸易利益。

（二）贸易结构有待提升

虽然中俄两国有着良好的地缘和互补优势，但是两国双边贸易结构仍集中在传统行业，2013年俄罗斯向中国出口的商品主要集中于矿产品、木及制品和化工产品，这三类产品占据俄方对中方出口份额的74.6%。而中国对俄罗斯出口的机电产品虽然由2005年的27.1%快速增加到2013年的45.5%，但纺织品、鞋靴等轻工产品仍然是中方的主要出口产品。因此，从总体上看，两国在技术含量高、附加值高的产品中开展的贸易合作规模十分有限，贸易结构的优化升级刻不容缓。与此同时，中俄之间的贸易方式依然以一般贸易和边境贸易为主，加工贸易规模较小，这种贸易方式的布局会使两国贸易的规模和结构深受各自市场需求变动的影响，正是由于受到中国国内市场对俄罗斯资源能源产品的需求减少以及俄罗斯卢布贬值的影响,2013 年俄罗斯对中国的出口额锐减 30.8%。

(三) 俄罗斯贸易制度上存在缺陷

俄罗斯在投资和对外贸易的制度与政策、市场环境方面的问题依然严重,一是缺乏对投资者和企业合法权益的有效保护;二是政府机构工作效率低下,透明度差①。虽然俄罗斯为履行加入 WTO 时所做的承诺,对其国内多项相关法律措施进行了修订,但是俄罗斯贸易制度上仍有诸多问题有待解决。首先,同其他发达国家相比,俄罗斯的海关、商检、银行部门的规范程度总体而言不高,尤其在海关程序方面存在着通关时间长、手续复杂以及不透明等问题;其次,由于一部分俄罗斯银行拒绝使用信用证,使得部分中国企业在对俄贸易中不得不使用现金结算,加大了中国企业的结算风险②;第三,俄罗斯还针对部分进出口产品规定特定的通关口岸,为产品的进出口带来了诸多的不便。

(四) 俄方在服务贸易与投资方面存在壁垒

加强服务和投资合作是扩大中俄两国货物贸易规模,提高双边贸易质量和水平,改善贸易结构的重要途径,但由于俄罗斯在金融、运输和建筑服务等方面的投资限制较多,导致两国难以在银行结算、出口信用保险等重要领域开展合作,阻碍了两国以服务贸易促进货物贸易发展的模式。同时,俄罗斯在投资的市场准入、国民待遇、土地购买、劳务配额以及工作签证方面都存在不同形式的壁垒,使中方企业到俄罗斯投资变得十分困难,2013 年,中国对俄投资 5.8 亿美元,俄方对华投资 4.1 亿美元③,可见以投资拉动贸易的前景不容乐观。

三、中俄经贸发展展望

(一) 入世承诺的履行将进一步推动双边贸易规模的扩大

自 2012 年 7 月 12 日俄罗斯国家杜马通过了批准俄罗斯入世协定书的决议,俄罗斯正式成为 WTO 成员以来的两年时间里,俄罗斯先后对入世承诺书中所提到的包括法律、规章、条例、办法及其他措施等在内的共计 500 多项国内法律措施进行了修订。2013 年俄罗斯加权平均进口关税由 2012 年的 9.4% 下降到 8.23%,下降了大约 0.92 个百分点,范围涉及工业制成品领域和农业产品领域等,提高了中国农产品在俄罗斯市场的竞争力,为中国出口至俄罗斯的机电产品提供了更加广阔的市场机遇。此外,俄罗斯入世还有利于中俄两国在规范的、现代化的国际贸易规则体制下发展双边贸易,有助于改善贸易环境,建立起规范

---

① 刘帆. 从比较优势陷阱看中俄贸易摩擦[J]. 中国商贸,2010(1):183~184.
② 张佰英. 中俄两国贸易摩擦产生的原因及应对策略[J]. 生产力研究,2014(6):144.
③ 赵春叶. 俄罗斯入世对中俄贸易的影响分析[D]. 吉林大学,2014(5).

的贸易秩序,进而减少中国企业对俄出口成本,进一步提高中国与俄罗斯开展双边贸易的积极性。

(二) 俄远东开发战略的实施将促进中方对俄投资发展

一直以来,俄罗斯远东地区因气候条件恶劣,基础设施落后,法律和投资环境较差,导致远东地区经济十分落后。但这一区域的油气资源却极为丰富,此外,这里还拥有俄罗斯境内 90% 的钻石、55% 的黄金、35% 的木材和 14% 的水资源①。因离俄罗斯传统中心的欧洲过远,导致其巨大经济潜力一直未被充分开发。受欧债危机的影响,俄罗斯对欧洲的出口在不断下降,欧俄地区的经济增长乏力,东进战略再一次引起俄罗斯中央政府的高度重视。2013 年 4 月《远东和贝加尔地区社会经济发展国家计划》的生效标志着俄罗斯远东开发进入最终实施阶段。目前,俄罗斯政府正在加快该地区公路、铁路、天然气管道以及水电站等基础设施的建设,制定相关投资法规和优惠政策,2013 年 12 月,普京要求政府在 2014 年 11 月前出台相关法律,为在远东和西伯利亚新建立的企业免税 5 年,并保证相关基础设施建设。目前俄已批准未来 6 年远东发展投资额为 3 460 亿卢布,而经济发展部建议将每年对远东的投资扩大至 1 000 亿卢布②。可见,一旦远东地区的投资环境得到改善,中国企业前往该区域进行能源等资源类企业投资将进一步深化两国在原材料加工领域的合作,提高资源型产品的附加值。

(三) 服务贸易和技术贸易发展困难重重

俄罗斯入世后虽然对本国服务市场有所开放,但俄罗斯运输服务至今开放的空间较小,对两国发展货物贸易运输构成了一定的制约。并且中俄双边的互信体制不完善,短期之内两国在银行、保险服务领域的合作难以成形,导致中俄双边服务贸易短期内难以快速发展。技术贸易方面,中国对俄罗斯航天航空、国防军事、生物工程、纳米科技等优势领域的需求较大,而随着俄罗斯成为世贸组织成员国之后,对知识产权的保护力度进一步加大,导致两国加强技术贸易合作的道路将变得更加艰难。

四、中国在与俄罗斯发展经贸关系上的策略

(一) 强化政治互信推动双边经贸发展

一直以来中国和俄罗斯都保持着密切友好的合作关系,1996 年中俄两国战略协作伙伴关系的确立与发展为中俄边境贸易的发展奠定了稳定的基础,这种政治上的互信合作关系,对推动中俄两国在经贸领域的互利合作起到了良好的

---

① 胡晓光:《俄罗斯远东新政的"中国潜力"》,《国际先驱导报》2013 年 2 月 25 日。
② 谢亚宏、陈效卫:《俄罗斯远东开发在提速》,《人民日报》2014 年 4 月 29 日。

示范性作用。2014年5月20日《中俄关于全面战略协作伙伴关系新阶段的联合声明》的签署,标志着中俄两国关系步入新的阶段。因此,中俄双方应在此基础上进一步加强两国之间的交流与合作,就中俄双边贸易中存在的问题积极展开对话,妥善解决贸易壁垒、贸易秩序、贸易服务、舆论导向等长期存在的问题,推动中俄经贸关系的进一步发展。

(二) 优化贸易结构,加强双边高附加值产品比重

一直以来,中俄两国都在强调优化进出口商品结构,但就目前两国进出口商品结构来看,商品单一化问题依然存在。优化中俄贸易商品结构,就要逐渐减少双边贸易中长期存在的以资源和劳动密集型产品为主的现状,增加科技含量高、附加值高的高科技产品在双边贸易中所占的比重。特别是在机电产品方面,中国在家电、消费型电子设备、通信、汽车等领域优势明显,俄罗斯则在航天航空、核电、采矿设备及金属加工机床等领域拥有较强的实力。因此,强化与俄罗斯在机电制造业不同领域的合作,将产业内贸易与投资、技术转让相结合,在为两国带来共同利益的同时,也可实现相关领域的技术升级。对于传统的资源能源等低附加值商品贸易,中国企业应利用其技术优势在俄境内设厂,在推动两国技术领域合作的同时,又促进资源型贸易向生产加工型贸易的转变。

(三) 发挥地域优势,加强区域经济的合作

中国东北地区与俄罗斯东西伯利亚地区接壤边境线长,在该区域开展经济合作具有明显的地缘优势。从政策上看,中国所采取的西部大开发,振兴东北老工业基地以及开放沿海城市等各项政策措施都与俄罗斯所开展的《远东和贝加尔地区社会经济发展国家计划》不谋而合。因此,要加大同俄罗斯远东地区的区域经济合作力度,一是要加强对该地区的基础设施建设,提高投资吸引力;二是要简化边境贸易的通关手续,规范秩序,进一步释放两国边境地区经贸合作的巨大潜力;三是要积极推动中俄自贸区的建立,降低俄罗斯国内政治变动对中俄经贸关系的不利影响。

(四) 在WTO多边贸易体制下推动双边服务业和投资合作

俄罗斯加入WTO之后,在服务业、投资等方面都做出了相关承诺,但就目前来看,中国企业以及劳务人员在俄罗斯境内仍未享受到国民待遇,如俄罗斯境内投资运输、银行、保险行业仍受限制,俄罗斯本国的银行结算体系又不健全、运输和保险服务不配套,对中国公民的签证审核过严且签证费用过高,对中国企业在当地的经营活动进行法律规定之外的检查等。而这些问题在双边谈判中难以解决,因此中国应积极使用WTO多边贸易规则下的《与贸易有关的投资措施协议》及服务贸易有关协定来进行协商。同时,还可以加强中俄服务行业组织与企业间的交流,通过双方的行业交流与合作,增强两国在共同制定服务行业标准上的实力,实现共赢。

参考文献

[1] OECD. OECD Statistics on International Trade in Services, Volume 2013 Issue 2: Russian Federation [EB/OL]. OECD 网站. http://www.oecd-ilibrary.org/trade/oecd-statistics-on-international-trade-in-services-volume-2013-issue-2_sits-v2013-2-en, 13 Dec 2013.

[2] Blanka Kalinova. Regulatory Reform in the Russian Federation: Enhancing Trade Openness through Regulatory Reform [EB/OL]. OECD 网站. http://www.oecd-ilibrary.org/content/workingpaper/256537464320, 01 Mar 2005.

[3] The Central Bank of the Russian Federation. Banking Supervision Report 2013 [EB/OL]. The Central Bank of the Russian Federation 网站. http://www.cbr.ru/Eng/publ/archive/root_get_blob.aspx?doc_id=9526, 2014.

[4] The World Bank. Russian Economic Report: Recovery and Beyond [EB/OL]. The World Bank 网站. http://documents.worldbank.org/curated/en/2013/01/17389712/russian-economic-report-recovery-beyond, Spring 2013.

[5] OECD. Russian Federation – Economic forecast summary [EB/OL]. OECD 网站. http://www.oecd.org/economy/russian-federation-economic-forecast-summary.htm, May 2014.

[6] Global Counsel. Russia in the WTO: one year on [EB/OL]. Global Counsel 网站. http://www.global-counsel.co.uk/sites/default/files/WTO%20Russia%20One%20Year%20On_Final.pdf, 20 June 2013.

[7] The Central Bank of the Russian Federation. Guidelines for the Single State Monetary Policy in 2012 and for 2013 and 2014 [EB/OL]. The Central Bank of the Russian Federation 网站. http://www.cbr.ru/eng/today/?Prtid=pubdoc&pid=dkp_itm&sid=ITM_5102, 28 October 2011.

[8] The Central Bank of the Russian Federation. Bank of Russia. Guidelines for the Single State Monetary Policy in 2013 and for 2014 and 2015 [EB/OL]. The Central Bank of the Russian Federation 网站. http://www.cbr.ru/eng/today/?Prtid=pubdoc&pid=dkp_itm&sid=ITM_5102, 1 November 2012.

[9] Centre for WTO Studies: Indian Institute of Foreign Trade. BRICS: Trade Policies, Institutions and Areas of Deepening Cooperation [EB/OL]. 印度对外贸易研究会 WTO 研究中心网站. http://wtocentre.iift.ac.in/FA/Brics.pdf, March 2013.

[10] USTR: Report on Russia's Implementation of the WTO Agreement. [EB/OL]. USTR 网站. http://www.ustr.gov/sites/default/files/Russia-WTO-Implemen-

tation-Report%20FINAL-12-20-13. PDF,October 20th 2013.

[11] 中国商务部. 国别贸易投资环境报告 2014[EB/OL]. 中国商务部进出口公平贸易局网站. http://countryreport. mofcom. gov. cn/record/qikan110209. asp? id = 5982,2014-2-25.

[12] 中国商务部.2014年4月俄罗斯贸易简讯. 中国商务部国别报告网.
http://countryreport. mofcom. gov. cn/new/view110209. asp? news _ id = 39780,2014-6-16.

[13] 中国商务部. 国别贸易投资环境报告 2014[EB/OL]. 中国商务部进出口公平贸易局网站. http://gpj. mofcom. gov. cn/article/d/cw/201404/20140400552638. shtml.

[14] 胡晓光. 俄罗斯远东新政的"中国潜力"[N]. 国际先驱导报,2013年2月25日.

[15] 谢亚宏、陈效卫. 俄罗斯远东开发在提速[N]. 人民日报,2014年4月29日.

[16] 刘帆. 从比较优势陷阱看中俄贸易摩擦[J]. 中国商贸,2010(1): 183~184.

[17] 张佰英. 中俄两国贸易摩擦产生的原因及应对策略[J]. 生产力研究, 2014(6):144~146.

[18] 赵春叶. 俄罗斯入世对中俄贸易的影响分析[D]. 吉林大学,2014(5).

[19] 周念利、黄宁. 中俄政治与经贸关系发展的非对称现象分析及应对[J]. 东北亚论坛,2014(2).

[20] 陆南泉. 中俄应把良好的政治氛围转化为务实合作[J]. 西伯利亚研究,2013(10).

第四篇 专题篇

第十七章 《巴厘岛一揽子协定》

WTO 第九届部长级会议 2013 年 12 月 7 日在印度尼西亚巴厘岛闭幕。会议发表了《巴厘部长宣言》,达成《巴厘岛一揽子协定》,实现了世贸组织成立 18 年来多边谈判的"零突破"。《巴厘岛一揽子协定》也被称为多哈回合谈判的"早期收获",包括 10 份文件,内容涵盖了贸易便利化、农业议题和最不发达国家发展议题等内容。

第一节 贸易便利化

一、多哈回合巴厘岛会议贸易便利化协议的主要成果

《巴厘岛一揽子协定》也被称为多哈回合谈判的"早期收获",主要涉及贸易便利化、农业、发展等领域。该协定包括 10 份文件,其中,《贸易便利化协定》内容涵盖了信息公开与获得、简化海关及口岸通关程序、评论机会与磋商、过境自由等 13 条内容。

(一)信息公布与咨询

一是信息公布。WTO 各成员应以易获得、高透明度和非歧视的方式迅速公布有关信息,以便政府、贸易商和其他利益方第一时间知晓。具体信息包括进口、出口和过境程序、国内税实施税率、产品归类或估价规定、申诉程序等十条(具体见《贸易便利化协定》)。

二是互联网信息提供。WTO 各成员应在自身能力范围内酌情通过互联网提供和更新下列信息:关于其进口、出口和过境程序的说明;进出口和过境所需的表格和单证;各成员咨询点的联络信息。

三是建立咨询点,并提供需要的表格和单证。需要说明的是,区域协议内的成员可在区域一级设立共同咨询点。建议各成员不对咨询和提供相关表格和单证收取费用。在每一成员设定的合理时间范围内,各成员咨询点应尽快答复咨询、提供表格和单证,该时限可因请求的性质或复杂程度而不同。

（二）评论机会和生效前信息

一是 WTO 各成员应在力所能及的范围内，以与国内法律体系相一致的方式，向贸易商、利益方提供机会和适当时限，就与货物放行和清关、过境货物的流动等相关的法律法规进行评论。

二是每一成员应在力所能及的范围内，保证与货物放行和清关、过境货物的流动等普遍适用的法律法规在生效前尽早公布或使相关信息可公开获得，以便贸易商和其他利益关系方能够知晓。需说明的是，提前公布会影响效力的措施、在紧急情况下适用的措施不在上述适用范围内。

（三）预裁定

预裁定是指 WTO 各成员在申请所涵盖的货物进口之前向申请人提供的书面决定。《贸易便利化协议》对预裁定作了以下规定：

一是 WTO 各成员应以合理和有时限的方式向已提交书面请求的申请人作出预裁定。

二是如申请中所提供的问题出现下列情形，则成员可拒绝对申请人作出预裁定。这些情形是：所提问题已包含在申请人提请任何政府部门、上诉法庭或法院审理的案件中；所提问题已由上诉法庭或法庭作出裁决。

三是在合理时间范围内，作出后的预裁定必须有效，除非证明原预裁定的法律、事实或情形已变化。

四是如一成员撤销、修改或废止该预裁定，应书面通知申请人，列出相关事实的依据。

五是一成员所做预裁定对于寻求作出该项裁定的申请人而言具有约束力。

六是一成员应至少公布三项内容，具体包括：申请预裁定的要求；作出预先裁定的时限；预裁定的有效期。

七是一成员应申请人书面请求，应提供对预裁定或对撤销、修改或废止预裁定的复审。

八是对其他利益关系方具有实质利益的预裁定，一成员应尽快使相关信息予以公开，同时考虑保护商业秘密信息的需要。

（四）上诉、审查程序

一是 WTO 每一成员应规定任何人有权提出由级别高于或独立于作出行政决定的机构进行行政申诉或复议，或提出司法上诉或审查。

二是每一成员的立法可要求在司法上诉或审查前进行行政复议或申诉。

三是各成员应保证其上诉和审查程序以非歧视的方式进行。

四是根据上诉或审查决定，每一成员应保证申诉人有权向行政机关或司法机关提出进一步上诉或审查，或向司法机关寻求其他救济。

五是每一成员应保证提供作出行政决定的充分正当理由，以便使其在必要时提出上诉或审查。

（五）增强公正性、透明度和非歧视性的相关措施

一是增强通知和指南的针对性和适应性。如一成员采用由其有关主管机关发布的通知或指南，这些通知或指南是为保护其领土内的人类、动物或植物的生命或健康，增强对通知或指南所涵盖的食品、饮料或饲料的边境监管或检查水平，则通知或指南的发布、终止或中止的方式应适用以下规定：每一成员可酌情根据风险评估发布通知或指南。如一成员决定终止或中止通知或指南，则应酌情以非歧视和易获取的方式，迅速公布终止或中止声明，或通知出口成员或进口商。

二是货物扣留。如申报进口货物因需海关或任何其他主管机关检查而予以扣留，则成员应迅速通知承运商、进口商和其他利益方。

三是检验程序。成员应在对进口货物的样品的首次检验为不利结果情况下，可给予二次检验的机会。成员应以非歧视和易获取的方式公布可进行检验的实验室的名称和地址。成员在货物放行和结关时应考虑第二次检验的结果，并可酌情接受此次检验的结果。

（六）对进出口征收规费和费用的规定

一是对进出口征收的或与进出口相关的规费和费用的一般纪律。有关规费和费用的信息应依照《贸易便利化协定》予以公布。该信息应包括将适用规费和费用、征收此类规费和费用的原因、主管机关以及支付时间和方式等具体内容。在新增或修订的规费和费用的公布与生效之间，应给予各成员方足够时间。需要说明的是，在有关信息公布前，此类规费和费用不适用。WTO各成员应定期审查规费和费用，以期在能力范围内减少种类和数量。

二是对进出口征收的或与进出口相关的规费和费用的特定纪律。与海关处理有关的规费和费用应限定在对所涉特定进出口操作提供服务或与之相关服务的近似成本以内；且不得要求与特定进口或出口操作相关联。

三是处罚纪律。WTO各成员应保证对违反海关法律、法规或程序性要求行为的处罚仅针对其法律所规定的违法行为责任人实施。处罚应根据案件的事实和情节实施，并应与违反程度相符。

（七）货物清关

一是抵达前处理。每一成员都应采用或设立程序，允许提交包括舱单在内的进口单证以及其他必需信息，以便在货物抵达前开始处理，在货物抵达后尽快放行。各成员应尽量以电子格式提交单证，以便在货物抵达前处理。

二是电子支付。WTO各成员应在能力范围内，允许以电子方式支付海关对进出口收取的关税、国内税、规费和费用。

三是将货物放行、清关与关税、国内税、规费和费用的确定相分离。WTO各

成员应允许在关税、国内税、规费和费用的最终确定前放行货物。

四是风险管理。WTO 各成员应尽可能设立风险管理制度。WTO 各成员在设计和运用风险管理时,应避免任意或不合理的歧视。WTO 各成员应将其他相关边境监管集中在高风险货物上,对低风险货物加快放行。作为其风险管理的一部分,每一成员还可随机选择货物进行此类监管。每一成员可将通过选择性标准进行的风险评估作为风险管理的依据。此类选择性标准可包括 HS 编码、原产国、货物装运国、贸易商守法记录以及运输工具类型。

五是后续稽查。为加快货物放行,WTO 各成员应建立后续稽查制度,以保证海关及其他相关法律法规得以遵守。WTO 各成员应选择货物进行以风险为基础的后续稽查。每一成员应以透明的方式进行后续稽查。

六是确定和公布平均放行时间,鼓励各成员定期并以标准方式测算和公布其货物平均放行时间,可以使用包括《世界海关组织放行时间研究》等工具。

七是对授权经营者的贸易便利化措施。WTO 各成员应根据相关条款给予满足特定标准的经营者提供与进口、出口或过境手续相关的额外的贸易便利化措施。WTO 各成员可通过所有经营者均可获得的海关程序提供此类便利措施,而无需制定单独计划。

(八)通关和过境手续

一是减少手续和单证要求。为使贸易和过境手续的发生率和复杂度降到最低程度,减少和简化贸易和过境的单证、文件要求,WTO 各成员应审议此类手续和单证要求,并根据审议结果,酌情保证此类手续和单证要求。

二是对副本的接受。除特别商品和规定外,WTO 各成员应接受贸易或过境手续所要求的纸质或电子副本。如成员的政府机构已持有此单证的正本,该成员的任何其他机构应接受纸质或电子副本。

三是国际标准的使用。建议 WTO 各成员使用或部分使用相关国际标准作为其贸易或过境程序的依据。鼓励各成员参加对相关国际标准的制定和定期审议的会议。

四是"单一窗口"的建立。各成员应尽快建立单一窗口,使贸易商通过单一接入点提交货物进口、出口或过境的单证或数据要求。待海关等主管机关审查单证或数据后,审查结果应通过单一窗口及时告知申请人。除非在紧急情况或有限例外情况下(具体参照《贸易便利化协定》),单证或数据要求已通过单一窗口接收,参与的主管机关或机构不得提出提交相同单证或数据的要求。

五是装运前检验。成员不得要求使用与税则和海关估价有关的装运前检验。除《贸易便利化协定》涵盖范围之外,鼓励各成员对装运前检验的使用不再采用或适用新的要求。

六是报关代理的使用。在不影响一些成员目前对报关代理维持特殊作用的重要政策关注的前提下,WTO各成员相关机构不得强制使用报关代理。同时,WTO各成员应通知和公布其关于报关代理的使用的措施。且任何后续修改均应迅速通知委员会并予以公布。对于报关代理的许可程序,各成员应适用透明和客观的规定。

七是共同边境程序和统一单证要求。WTO各成员应在符合《贸易便利化协议》第7.2款的前提下,对货物放行和结关适用共同海关程序和统一单证要求。

八是拒收货物的规定。如拟入境货物因未能满足规定的卫生或植物卫生法规或技术法规而被某成员主管机关拒绝,则该成员应在遵守和符合其法律法规的前提下,允许进口商将退运货物重新托运或退运至出口商或出口商指定的另一人。如给出此种选择权而进口商未能在合理时间内行使该权利,则有关机构可采取另一种方法以处理此种违规货物。

二、中国贸易便利化的实施现状

改革开放以来,特别是加入WTO之后,中国的贸易便利化水平有了明显的进步,但也存在一些问题。世界经济论坛(WEF)发布的《全球贸易促进报告》显示中国2014年贸易便利化排名为54位,中国处于中等水平,但比2010年下降6个名次。从横向比较来看,中国与主要发达国家美国、日本贸易便利程度差距明显,而与金砖四国相比,中国贸易便利化情况相对较好。2014年中国及世界贸易便利化排名和得分情况见表17.1至表17.3。

《全球贸易促进报告》中发布的贸易便利化(ETI)分为四个测量指标,同时该四个指标又可以分为七个支柱,即(1)国内市场准入;(2)国际市场准入;(3)边境管理的效率和透明度;(4)运输基础设施的可利用性及质量;(5)运输服务的可利用性及质量;(6)信息通信技术(ICT)的使用;(7)工作环境。

表17.1　2014年中国贸易便利化各单项指标排名情况

贸易便利化各单项	排名
贸易便利化	54
国内市场准入	98
国际市场准入	125
工作环境	37
交通基础设施便利度	16
交通服务质量与便利度	31
信息通信技术(ICT)	82

续表

贸易便利化各单项	排名
边境管理的效率和透明度	48

资料来源:《The Global Enabling Trade Report》(2014)经作者编制。

表17.2 中国与金砖五国、主要发达国家的贸易便利化比较

国别	2008 排名	2008 得分	2009 排名	2009 得分	2010 排名	2010 得分	2012 排名	2012 得分	2014 排名	2014 得分
中国	48	4.25	49	4.19	48	4.32	56	4.22	54	4.3
巴西	80	3.63	87	3.58	87	3.76	84	3.79	86	3.8
俄罗斯	103	3.25	109	3.29	114	3.37	112	3.41	105	3.5
印度	71	3.74	76	3.72	84	3.81	100	3.55	96	3.6
南非	59	3.98	61	3.92	72	3.95	63	4.10	59	4.2
美国	14	5.42	16	5.02	19	5.03	23	4.90	15	5.0
日本	13	5.43	23	4.78	25	4.80	18	5.08	13	5.1
德国	8	5.58	12	5.24	13	5.20	13	5.13	10	5.1
英国	16	5.30	20	4.93	17	5.06	11	5.18	6	5.2

资料来源:《The Global Enabling Trade Report》(2014)经作者编制。

表17.3 2014年贸易便利化各分项指标得分及排名情况

国家或地区	贸易便利化 排名	贸易便利化 得分	市场准入 排名	市场准入 得分	边境管理 排名	边境管理 得分	交通及通信设施 排名	交通及通信设施 得分	工作环境 排名	工作环境 得分
新加坡	1	5.9	2	5.5	1	6.3	1	6.1	2	5.8
中国香港	2	5.5	37	4.1	11	5.8	2	6.0	1	5.8
荷兰	3	5.3	75	3.4	4	6.1	3	6.0	8	5.5
新西兰	4	5.2	22	4.3	6	6.0	25	5.0	7	5.6
芬兰	5	5.2	75	3.4	2	6.2	14	5.5	3	5.8
英国	6	5.2	75	3.4	7	6.0	4	6.0	11	5.4
瑞士	7	5.2	71	3.5	12	5.8	11	5.7	5	5.7
智利	8	5.1	1	5.5	26	5.6	44	4.4	25	5.0

续表

国家或地区	贸易便利化		市场准入		边境管理		交通及通信设施		工作环境	
	排名	得分	排名	得分	排名	得分	排名	得分	排名	得分
瑞典	9	5.1	75	3.4	3	6.2	17	5.5	9	5.5
德国	10	5.1	75	3.4	13	5.8	6	5.9	12	5.4
卢森堡	11	5.1	75	3.4	15	5.8	13	5.6	6	5.6
挪威	12	5.1	56	3.8	16	5.8	21	5.2	10	5.5
日本	13	5.1	111	3.2	5	6.0	5	5.9	22	5.1
加拿大	14	5.0	41	4.0	20	5.7	22	5.2	15	5.2
美国	15	5.0	70	3.5	21	5.7	8	5.8	24	5.0
中国	54	4.3	119	3.1	48	4.9	36	4.6	37	4.6

资料来源:《The Global Enabling Trade Report》(2014)经作者编制。

(一) 港口发展

港口是一个国家与外界进行沟通的门户,港口功能是否强大以及运行效率是否高效,对一个国家和地区的经济发展来说都是至关重要的。中国港口是目前世界上货物吞吐量增速最快的港口,全国港口货物吞吐量由新中国成立初期的1 000万吨增长到2010年的超过80亿吨,2013年1—6月全国港口货物吞吐量就已达到52亿吨,已连续多年稳居世界第一。截至2012年年末,中国已经成为拥有包括上海港、天津港和大连港等在内的亿吨级港口最多的国家,2012年全球货物吞吐量前十大港口中中国占据八席。近年来,中国港口的基础设施规模明显扩大、生产能力显著增强;港口布局日趋合理、结构不断优化升级、功能逐步拓展;港口的服务能力和水平明显提高。目前,中国已构成"布局合理、层次分明、功能齐全"的港口格局。

(二) 市场准入

在市场准入方面,中国2014年市场准入排名仅为119位,中国处于相当落后的水平。其中,国内市场准入排名98位,国际市场准入排名125位。这主要是因为中国的某些行业限制外资和民营企业进入,当然,国内较高的贸易保护壁垒也是造成中国较低的市场准入的原因。2014年市场准入前十名排名和得分情况见表17.4。

表 17.4 2014 年市场准入前十名排名和得分情况

国家	总排名	总得分	国内市场准入得分	国际市场准入得分
智利	1	5.5	5.9	5.1
新加坡	2	5.5	7.0	3.9
毛里求斯	3	5.3	6.1	4.5
秘鲁	4	5.0	5.8	4.2
利比亚	5	4.8	7.0	2.6
萨尔瓦多	6	4.7	5.7	3.7
尼加拉瓜	7	4.7	6.0	3.5
哥斯达黎加	8	4.7	5.5	3.9
亚美尼亚	9	4.6	5.8	3.5
洪都拉斯	10	4.6	5.7	3.6
中国	119	3.1	4.2(98)	1.9(125)

注：括号内是中国在该项指标中的排名。
资料来源：《The Global Enabling Trade Report》(2014)经作者编制。

（三）工作环境

工作环境与一国贸易制度紧密相关，中国在工作环境方面的排名由 2008 年的 77 名上升到 2014 年的 37 名。中国在产权保护、道德与腐败、政府效率等方面都有不同程度的提高，尤其在对雇佣外国劳动力方面。工作环境包括规章制度和实体安全两方面内容。根据 WEF 提供的指标，规章环境既包括对于外贸法律与规章的建设与执行，而且还包括政府效率、国内竞争等方面。2001 年加入 WTO，中国修订了《对外贸易法》，使对外贸易经营者的权利和义务得到了更加完善的规范，并且不断健全货物进出口、技术进出口和国际服务贸易管理制度，并根据 WTO 规则完善贸易救济制度，完善海关监管和进出口商品检验检疫制度，确立统一、透明的对外贸易制度。《中外合资经营企业法》《外资企业法》等一系列法律为外国投资者在中国投资提供了法律保障，并且充分保护了外国投资者在中国开展经贸活动的合法权益，扩大了对于外来人员的开放程度。在促进竞争方面，《反垄断法》、《反不正当竞争法》规范了市场竞争行为，促进了垄断行业的改革，加强了政府监管和社会监督。具有标志性的是 2008 年 8 月《反垄断法》生效，这是中国第一部限制竞争行为的统一的立法，在很大程度上保护了经营者的合法权益。虽然目前该法在实施过程中还存在缺陷，但是已经走出了第一步。实体安全大概分为三方面，即为警察服务的可靠性、犯罪和暴力的成本以及恐怖主义。中国在这三方面的国际排名都呈上升趋势,说明中国在国家安全方面是逐步完善与提高的。2014年工作环境前十名排名和得分情况见表17.5。

表17.5 2014年工作环境前十名排名和得分情况

国家和地区	总排名	总得分
中国香港	1	5.8
新加坡	2	5.8
芬兰	3	5.8
卡塔尔	4	5.7
瑞士	5	5.7
卢森堡	6	5.6
新西兰	7	5.6
荷兰	8	5.5
瑞典	9	5.5
挪威	10	5.5
中国	37	4.6

注:括号内是中国在该项指标中的排名。
资料来源:《The Global Enabling Trade Report》(2014)经作者编制。

(四)交通与通信基础设施便利度

在公路、铁路、港口和民航等基础设施建设方面,近年来中国不断完善并加快相应的建设步伐。公路方面,中国国道主干线系统已全部建成,北京、上海与所有直辖市、省会、自治区首府等大城市,均与以高速公路为主的高等级公路相通,使贯通和连接的城市总数超过200个,铁路方面,目前中国已是世界上完成铁路运输量最大的国家之一,也是运输量增长最快、运输设备利用效率最高的国家,可以说中国的铁路运输处于世界先进水平。航空方面,中国拥有遍布世界各洲的航线,基础设施建设也在不断完善。可以说,日趋先进和完善的基础设施建设为中国的贸易便利化发展夯实了基础。

运输服务质量分为交通基础设施便利度、交通服务质量便利度以及ICT使用。《全球贸易促进报告》显示,中国在交通基础设施便利度方面存在优势。经过分析对比,发现中国在这一指标上处于世界前列,即使在发达国家中也处于中上等水平。在分项指标交通基础设施便利度排名中,2014年在全球125个经济体中国排名第16位,而且在物流竞争能力、跟踪货物能力以及到达目的地的时间期限方面都处于世界前列水平,这些就构成了中国在运输服务这一方面具有较强优势。交通服务质量便利度稍微落后于交通基础设施便利度,2014年排名为31位,处于中游水平,而ICT使用排名为82位。2014年交通与通信基础设施前十名排名和得分情况见表17.6。

表17.6　2014年交通与通信基础设施前十名排名和得分情况

国家与地区	总排名	总得分	交通基础设施便利度得分	交通服务质量与便利度得分	ICT使用得分
新加坡	1	6.1	6.5	5.7	6.2
中国香港	2	6.0	6.5	5.7	6.0
荷兰	3	6.0	6.0	5.7	6.4
英国	4	6.0	5.9	5.6	6.4
日本	5	5.9	6.0	5.7	6.0
德国	6	5.9	6.3	5.7	5.7
韩国	7	5.8	5.7	5.4	6.4
美国	8	5.8	6.0	5.5	5.9
法国	9	5.8	6.3	5.4	5.7
阿拉伯联合酋长国	10	5.8	6.5	5.1	5.6
中国	36	4.6	5.1(16)	4.8(31)	3.7(82)

注:括号内是中国在该项指标中的排名。
资料来源:《The Global Enabling Trade Report》(2014)经作者编制。

20世纪90年代以来,信息技术不断创新,信息产业持续发展,信息网络广泛普及,信息化成为全球经济发展的显著特征,成为国家核心竞争力的重要体现。信息化的迫切需求与薄弱的信息化基础促使中国ICT市场快速增长。在2009年,虽然爆发了全球性经济危机,但受四万亿投资以及一系列国家经济振兴计划的刺激,中国经济继续表现出耀眼的活力,而中国ICT市场在中国经济的优异表现下,也呈现逆势增长的良好势头。据研究统计,2009年中国ICT市场规模达446.5亿元,较2006年同比增长35.5%。随着全球经济的逐步回暖,以及中国行业信息化的逐步推进,中国ICT市场在接下来的几年仍保持着20%以上的高速增长,2010年中国ICT服务市场规模达到559.2亿元,到2011年达到683.2亿,2013年中国ICT市场总规模达到3 604.6亿美元。

虽然中国信息技术不断进步,但与其他国家相比,ICT使用方面差距仍然明显,在 ETI 各项指标中,中国在信息通信技术的使用这一指标上都较为薄弱。2008年、2009年、2010年、2011年、2012年、2014年六年的排名分别为第55、60、70、80、78、82位,在交通及运输设施的分级指标中,ICT 使用情况最为落后。中国在与金砖国家、发达国家及新兴经济体比较的过程中,在 ICT 使用上存在劣势。尤其是在跨境过程中电子信息技术的使用上尤为贫乏。中国在目前的经济发展水平之下,信息技术相对落后,因此在很多方面相对欠缺,例如,在货物领域进出口清关过程中还没有实现电子化处理,动植物的卫生检疫电子认证也没有实现。此外,在很多技术合作及人员培训方面,中国还需要发达国家提供能力建设方面的技术援助。

(五) 海关环境

海关监管着全球货物贸易98%的量,由此可见,海关对于国际贸易流通起着举足轻重的作用。而通关效率又对交易成本造成了一定的影响。由最早倡导贸易便利化的国际组织正是国际海关组织这一情况可以看出海关对于贸易便利化的重要性。中国海关已经在很多方面采取了有效的措施来提高海关的通关效率:(1) 提供公平、透明、可预见的进出口环境。根据世贸组织相关规则,中国逐渐删除和修改了一些涉外法律法规以达到世贸组织的规则,进而为国内企业提供公平、透明、可预见的进出口环境。中国自从加入 WTO 以来,积极适应新形势,海关在 WTO 有关原则的基础上完善了关税体系及税目、税率结构和关税配额管理办法,并且继续开展关务公开活动,以全面接受社会监督。总之,中国海关目前在积极改进和完善政策法规发布制度,增强海关执法的透明度。(2) 使与贸易有关的海关程序无纸化。口岸电子执法系统作为一种新型系统,是由海关总署与公安部等部门共同推广的。这些部门共同参加联络协调机制,即为了在部门之间、部门与地方政府之间建立密切的联络渠道。该系统是将一些电子底账资料集中存放在公共资料中心,这些资料主要是进出口业务的资料,最初由相关部门分别管理,这就为政府机关核查资料提供便利,更容易在不同部门、不同行业之间进行联网核查。而且"大通关"措施正在积极实施过程中,在未来这些政府部门将努力实现报检电子化、科学化、放行便捷化。

中国在边境管理方面与金砖国家、发达国家、亚洲新兴经济体相比,始终处于中等水平。海关管理效率在逐年提高,而进出口程序效率连续三年排名逐年滑落,很多企业认为中国的问题主要集中在过多、过于繁重的海关文件要求、手续或程序,认为进入中国的商品始终面临这些要求、手续或程序。这就造成在进出口过程中通关时间的延长,中国进口时间一般在24天左右,与新加坡的3天通关时间差距甚远。而出口通关时间为21天,许多经济体的通关时间大都在5天左右。另外,一些规范性文件是由在贸易中具有较大作用的行政机关制定,而这些文件缺少公开,有些只通过内部传达或者通知,这就造成进出口商对于这些文件认识不够,准确性不足,造成透明度低下,这样就会增加由于信息不对称而带来的成本,进而使货物不能更好地流通。在进出口过程中还存在很多不规则的支付方式,同时腐败现象严重,在世界各个国家和地区中处于较为严重的地位。2014年边境管理前十名排名和得分情况见表17.7。

表17.7 2014年边境管理前十名排名和得分情况

国家或地区	总排名	总得分
新加坡	1	6.3
芬兰	2	6.2
瑞典	3	6.2
荷兰	4	6.1
日本	5	6.0
新西兰	6	6.0
英国	7	6.0
爱沙尼亚	8	5.9
丹麦	9	5.9
奥地利	10	5.8
中国	48	4.9

注:括号内是中国在该项指标中的排名。
资料来源:《The Global Enabling Trade Report》(2014)经作者编制。

(六) 国际合作

中国除积极开展提高自身贸易便利化水平的建设之外,还积极开展对外合作与交流。近年来,中国以积极和务实的态度参与到各种多边或双边贸易便利化谈判和行动计划中,截至2012年年底,中国海关已对外签署双边合作协议文件104个,包括美国、欧盟、日本、韩国、澳大利亚、新西兰等发达成员,以及俄罗斯、印度、泰国、马来西亚、南非等发展中成员和部分不发达成员参与并实施的APEC贸易便利化行动计划、亚欧贸易便利化行动计划、中国—东盟自由贸易区以及多哈回合中的贸易便利化谈判,同时中国内地与香港、澳门关于建立更紧密经贸关系的安排中也包含贸易便利化的相关内容。海关总署与香港海关、澳门海关开展了紧密合作,分别签署了合作互助安排,包括简化海关手续、计算机应用、情报交换、核查、特别监视、打击非法贩运、费用以及合作交流等多项内容,使中国内地与港澳之间的贸易活动更加安全和高效。此外,中国还参与实施了世界海关组织(WCO)全球贸易与安全便利框架。海关合作的开展建立在平等、互信、互利的基础之上,不仅有助于全面提升中国海关管理水平,也加强了国家间的交流沟通,建立了互利合作的机制,为全球贸易便利化的统一与推进奠定了基础。值得关注的是中国—东盟自由贸易区已在 2010 年 1 月 1 日正式全面启动,即东盟越南、老挝、柬埔寨、缅甸四国与中国贸易的绝大多数产品实现零关税,与此同时,双方不仅实现了贸易自由化,也将进一步实现便利化,更多的贸易便利化方案被提出,加强了中国—东盟经济技术合作与贸易便利化的作用,其中大湄公河次区域经济合作作为中国—东盟自由贸易区的先行示范区,在贸易投资自由化和便利化方面起到了良好的示范作用。2013 年 8 月中国(上海)自由贸易试验区的成立对于中国贸易便利化的推进具有重要历史意义,自由贸易试验区其中一个重要目标即是建设国际水准的投资贸易便利、监管高效便捷、法制环境规范的自由贸易园区,使之成为推进改革和提高开放型经济水平的"试验田",形成可复制、可推广的经验,发挥示范带动、服务全国的积极作用,促进各地区共同发展。

第二节　农业和棉花

一、多哈回合巴厘岛会议农业协议的主要成果

农业议题是多哈回合的主要议题之一。这次部长级会议涉及五个农业议题:《一般服务》、《用于粮食安全目的的公共储备》、《关于〈农业协定〉第 2 条所定义农产品的关税配额管理规定的谅解》、《出口竞争》和《棉花》。

(一) 一般服务

一般服务项目包括发展中国家特别强调的与土地改革和农村生计安全有关的一系列服务项目,主要包括土地复垦、土壤保持和资源管理、干旱管理和洪水控制、农村就业项目、产权证发放以及农民安置项目等,此类服务可对农村发展、粮食安全和减少贫困做出贡献,对实现上述目标非常重要。

(二) 以粮食安全为目的的公共储备

决定同意发展中国家在一定条件下为保障粮食安全进行公共储粮,并作出以下规定:

一是通报和透明度。从本决定获益的发展中成员必须向农业委员会通报因实施上述项目而超过或可能超过其综合支持总量(AMS)上限之一或全部上限,并且每一公共储备项目需要每年填写附件中模板,以提供额外信息以及尽早提供附件中统计附录所述任何额外统计信息。

二是反规避和保障措施。任何发展中成员应保证此类项目下采购的储备不扭曲贸易或对其他成员的粮食安全造成不利影响。

三是磋商和监督。从本决定获益的发展中成员应与其他成员就公共储备项目的运行情况进行磋商,同时,农业委员会应监督根据本决定提交的信息。

四是工作计划。工作计划应考虑各成员现有和未来提案,成员旨在就永久解决办法提出建议,总理事会需向第十届部长级会议报告工作计划的进展情况。

(三)关于《农业协定》第2条所定义农产品的关税配额管理规定的谅解

该项协定对个别条款进行了具体解释,如提到对于《农业协定》第1条第6款,对列入减让表的关税配额的申请者应仅需向一个管理机构提出申请;对于第3.5(i)项,对于列入减让表的关税配额的许可证应以经济可行数量发放;对第1条第4款(a)项所提及的事项,由于这些农产品的关税配额系经谈判确定并列入减让表的承诺,相关信息的公布应不迟于有关关税配额开启日前90天做出。如包含申请,此点也应成为申请开启的最少提前日期。

(四)出口竞争

协定认为各种形式的出口补贴和所有具有同等效力的出口措施均严重扭曲贸易且属保护主义性质的支持,在关于农业议题的工作计划中,出口竞争是重点优先领域之一。协议中承诺以下几点:

一是平行取消所有形式的出口补贴并规范所有具有同等效力的出口措施。

二是重申各成员在出口竞争领域维持并推进国内改革进程的重要性,并特别鼓励已经实施改革的成员继续努力,还未改革的成员同样需要这样做。

三是应最大限度地克制采用各种形式的出口补贴和所有具有同等效力的出口措施,并承诺增强透明度和改善监督,以支持改革进程。

四是同意每年举行会议审查进展情况。

(五)棉花

棉花对于许多发展中成员经济体、特别是其中的最不发达国家经济体极为重要。协定同意为最不发达国家进一步开放市场,并为这些国家提高棉花产量提供协助。具体协议如下:

一是承诺加强与贸易有关方面的棉花问题的透明度和监督,同意每两年举行一次专题讨论,以审查与棉花相关的市场准入、国内支持和出口竞争三大支柱中与贸易有关的进展情况。

二是应特别考虑对棉花的所有形式的出口补贴和具有同等效果的出口措施、棉花的国内支持以及适用于棉花自最不发达国家出口至其具有实质利益市场的关税和非关税措施。

三是致力于继续参与总干事关于棉花问题的磋商框架机制,以增强最不发达国家中的棉花部门。

四是强调各成员和多边机构对最不发达国家提供的有效援助的重要性,敦促发展伙伴在增强综合框架和相关国际机构的技术援助与能力建设工作等现有促贸援助机制或渠道下对此类需求给予特别关注。

二、中国农业发展现状

加入 WTO 之后,中国在落实入世谈判中所做出的各项承诺的同时,还要遵守 WTO 一般规则,这对中国农业发展带来极大的影响。

(一) 中国农业生产现状

1. 农业生产持续稳定增长

2013 年中国农业总产值为 51 497.4 亿元,是 2003 年的 3.5 倍,增加 36 627.3 亿元;同时,中国农业增加值也稳步提升,2003 年中国人均农业增加值为 3 200 元,到 2013 年中国人均农业增加值达到 4 860 元。无论从农业总产值还是人均增加值来看,2003 年至 2013 年间中国农业生产持续增长。

2. 农业国际合作与交往发展迅速

中国农业利用外资主要有三种渠道:(1) 国际多边合作机构提供的贷款或捐款;(2) 多边政府之间的经济技术合作;(3) 以合资、合作、独资企业为主要形式所吸收的资金。到 2013 年,国际外资合作项目已遍布全国,东部地区起步较早,成效较好,中西部地区正处于快速发展阶段。农业利用外资有利于弥补中国农业资金短缺的局面,改善生产条件,促进技术的进步,还能推动产业化经营,带动农业外向型经济的发展,增加农民收入。

3. 中国粮食对国际市场的依赖程度加深

改革开放以前,中国对粮食实行统购统销政策,国家统筹粮食的生产和销售,当时国际粮食市场的波动对中国影响不大。改革开放以后,中国粮食市场开始对外开放,中国粮食对外贸易的依存度不断上升,尤其在入世之后,中国粮食贸易开始出现逆差,且呈加剧趋势,中国已经成为粮食进口大国。据统计,2004 年粮食贸易由顺差变为逆差以来,进口连续大幅增长。虽然中国可以通过粮食的进口来弥补供求的不平衡,但是世界粮食供求形势也不乐观,长此以往,不仅会导致中国粮食在对外贸易中逐步丧失主动权,而且也会加大中国粮食安全的风险程度。

4. 中国棉花总产量波动大,播种面积变化不大,种植区域集中度较高

2002—2013 年中国的棉花总产量和播种面积平均水平分别为 638 万吨和 512 万公顷。2002—2005 年,总产量和播种面积呈现波动增长的态势,平均产量和平均播种面积分别为 545 万吨和 501 万公顷。2006—2008 年,棉花总产量和播种面积都达到最高水平,平均产量和平均播种面积分别为 755 万吨和 583 万

公顷。2009—2010年,棉花总产量锐减,2010年减少到596万吨,比2007年减少了21.78%。2010—2013年,总产量增加,播种面积减少。虽然不同年份之间的变化不同,但是,从整体上来看,中国的棉花总产量呈波动性增长,播种面积变化幅度不大。从中国棉花种植区域来看,新疆是中国最大的棉花产区,其次是山东、河北、湖北、河南等地区。其中,仅新疆2008—2013年的平均产量是297.77万吨,占全国平均总产量(659.38万吨)的45.2%,中国棉花的种植区域集中度较高。2002—2013年中国棉花产量和种植面积的变化趋势见图17.1。

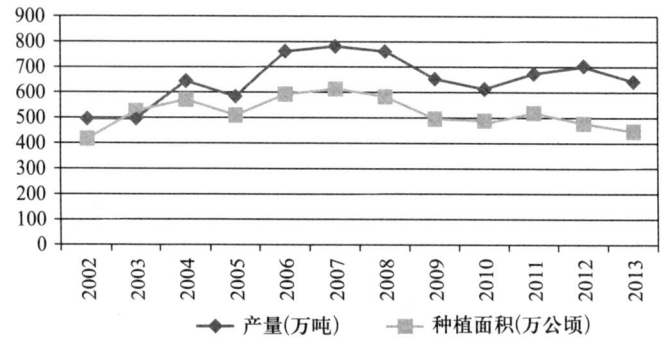

图17.1 中国棉花总产量和种植面积

资料来源:根据《中国统计年鉴》数据绘制。

(二)中国农业贸易现状

改革开放以来,特别是加入WTO以来,尽管中国农产品进出口额有了较大幅度的增长,但是进口的增长幅度比出口更大,中国农产品贸易存在逆差。从出口额变化来看,农产品出口由2000年的119.4亿美元增长到2013年的678.3亿美元,平均增长率为14.9%;从进口额变化来看,农产品进口额不断上升,由2000年的94.2亿美元增长到2013年的1 188.7亿美元,平均增长率为23.6%。中国农产品进出口额差距逐年扩大,从农产品顺差转变为连续的逆差状态,2000年贸易顺差为25.2亿美元,2013年贸易逆差为510.4亿美元,逆差平均增长幅度为117.0%。2000—2013年中国农产品贸易发展趋势见图17.2。

中国农业贸易不仅规模迅速扩大,而且贸易结构发生了显著转变。从产品结构看,特征鲜明。进口量比较大的农产品是大豆、食用油、棉花等加工原料型农产品;出口稳步增长的农产品是水海产品、园艺产品等劳动密集型农产品。从贸易主体看,多元化模式正在形成,随着市场经济的发展,外资企业、民营企业、国有企业逐渐形成"三足鼎立"之势,成为中国农业国际贸易的三驾马车。从市场结构看,区域集中明显,亚洲是中国农产品第一大出口市场,进口方面,北美洲是中国进口的最大来源地。具体到各个国家,以2013年为例,出口前三位的国家和地区依次为:日本、中国香港和美国,三个国家(地区)占中国农产品出口总额的39%;从进口国家看,2013年进口前三位国家和地区依次为:美国、巴西和

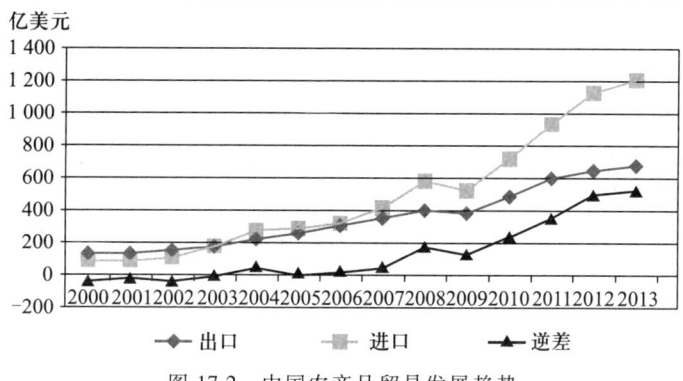

图 17.2 中国农产品贸易发展趋势

资料来源:根据《中国农村统计年鉴》数据绘制。

澳大利亚,三个国家占中国农产品进口总额的 48.9%。

需要说明的,乌拉圭回合谈判中达成的纺织品贸易自由化协议,使得发达国家逐步放宽纺织品市场准入条件,为中国纺织品的出口带来了便利。然而中国的棉花价格一直高于国际市场价格,2001 年以来,世界市场价格出现了节节下降的趋势,中国棉花价格基本未变,这使得中国入世后,国内棉花市场将直接受到来自国际市场的压力。从入世到 2013 年,中国棉花进口量波动增长,出口量急剧萎缩,贸易逆差严重。具体的,2002—2013 年,中国棉花进口数量呈现出大幅波动增长的局面。2002—2006 年,中国棉花进口量一直持续增长,2006 年的棉花进口数量达到 364 万吨,是 2002 年棉花进口数量(18 万吨)的 20 倍;2006—2009 年,受世界金融危机影响,中国棉花进口量急剧下降,2009 年下降至最低点(153 万吨);2009 年以后,中国的棉花进口量又开始持续上升,2013 年上升到 415 万吨,是 2002 年棉花进口数量的 23 倍。和棉花进口量相比,中国的棉花出口量则一直处于较低水平,且整体上呈现出逐渐减少的趋势。中国棉花进口量的波动增长和出口量的急剧萎缩,导致棉花贸易逆差较严重,贸易逆差额从 2002 年的 0.16 亿美元增加到 2013 年的 84.25 亿美元,增加了 526.6 倍。从中国棉花进出口市场结构来看,棉花进口来源地较稳定,出口目的地变化也不大。其中,美国、印度、澳大利亚、乌兹别克斯坦、巴西等为中国的主要进口来源地,从 2013 年的数据来看,美国和印度分别占到中国进口总量的 27.6% 和 28.7%。从中国棉花出口的国家或地区来看,朝鲜、越南、中国台湾、韩国、泰国等是中国的主要出口目的地,从 2013 年的数据看,朝鲜和越南分别占到中国出口总量的 30.9% 和 37.2%。

(三)中国农产品关税和补贴现状

1. 中国农产品关税现状

中国对敏感农产品实行关税配额管理。入世后,中国取消农产品进口的数量限制,但在一段时间内对小麦、大米、玉米、棉花等敏感农产品实行关税配额管理。其中,2006年取消了豆油、棕榈油和菜籽油的关税配额管理,实行9%的单一关税管理。在关税配额制度下,配额内关税率为1%~10%,配额外关税率为10%~65%。目前中国农产品贸易存在逆差现象,一个重要的原因是由于中国相关的关税过低,没能起到保护国内农产品的作用,因此造成大量的进口农产品涌入中国市场。中国对敏感农产品实行关税配额管理,配额外关税最高也只有65%,关税方面还需要进行较大的调整。

2. 中国的农业补贴现状

首先,近年来中国农业补贴增长速度较快,但总量仍明显不足。中国目前对农业的补贴总量较小,还有一定的增长和调控空间。WTO《农业协议》中"绿箱"补贴措施共12类,目前中国只使用了6类,还有6类没有启用。至于"黄箱"补贴,根据WTO规定中国"黄箱"补贴必须在农业总产值的8.5%以内,就2013年来讲,中国被WTO允许的限度为4 377.28亿元,补贴空间很大。

其次,农业补贴结构不合理。一般的农业服务补贴比重较小,而农产品流通环节和消费环节补贴较多,其次是自然灾害救济、生态环境保护和地区援助补贴。生产环节补贴和对农业生产者的直接补贴力度不够,而对农民直接收入补贴、结构调整补贴、农业生产者退休等补贴,尚未列入财政预算项目。

再次,农业补贴的方式太少,并且补贴随意性大,主要靠政策调整。中国对农业补贴有效的措施和手段还不多,尤其是符合规则要求的"绿箱"和"黄箱"的补贴方式更少。此外,中国农业补贴随意性大,主要通过流通领域给予补贴,缺乏公开性和透明度,易造成资金浪费,滋生腐败,并且预期的补贴效果很不明显。中国的补贴项目决策缺乏科学的规划与论证,补贴执行时缺乏严格的监督机制,补贴完成后忽视补贴的效益跟踪和评估管理。

三、《有关农业的决定》对中国的影响

农业和棉花问题一直是都是世贸组织谈判的重点和难点,发展中国家和发达国家都难以做出让步。多哈回合谈判迟迟难以取得成果,一个重要原因就是各国在农业和棉花问题上不能达成共识。此次巴厘岛会议的重要意义在于就这两个问题达成了共识,这源于发展中国家实力的不断提升,使发达国家迫于压力在某些方面妥协。

农业是各国的立国之本,作为第一产业,农业关系着一国人民生活的各方面,具有特殊地位,因此各国政府对本国农业的保护都很重视,农业保护和贸易保护措施多种多样,极大地阻碍了贸易自由化的发展。《巴厘岛一揽子协定》在农业和粮食安全方面达成共识,在一定条件下同意发展中国家为保障粮食安全

进行公共储粮,这对发展中国家维护粮食安全有着积极的意义。中国作为发展中国家,在这次谈判中也同样获益匪浅,会议就发达国家对发展中国家提供的与农业相关的科学技术及服务达成共识,这将有利于中国农业的发展。农业发展不仅关系着中国经济的健康发展,而且也影响国家的稳定,对于中国经济社会平稳发展具有重要意义。

第三节 发展与最不发达国家问题

一、发展和最不发达国家协议成果

(一) 最不发达国家优惠原产地规则

考虑到最不发达国家的能力和发展水平,以及鼓励最不发达国家利用向其提供的市场准入机会,会议决定各成员应各自制定适用于最不发达国家的进口产品的原产地安排。各成员在制定原产地规则时可利用以下要素:一是优惠原产地规则的要素。优惠原产地规则应尽可能透明、简单和客观。二是单证要求。关于符合原产地规则的单证要求应简单和透明,对于原产地证书,在可能的情况下,应承认自我认证。三是透明度。最不发达国家的优惠原产地规则应按既定程序通报,以增强透明度、使规则得到更好的理解并促进经验交流以及形成最佳做法。

(二) 给予最不发达国家服务和服务提供者优惠待遇及豁免的实施问题

认识到服务贸易在最不发达国家发挥的重要作用,以及需要加强最不发达国家的国内服务能力。协议决定如下:一是指示服务贸易理事会启动程序,以推动最不发达国家服务豁免的迅速和有效实施。二是发达成员和有能力的发展中成员应在服务贸易理事会召开的会议上,表明其有意向最不发达国家服务和服务提供者提供优惠待遇的部门和提供方式。三是鼓励各成员随时以符合豁免决定的方式为最不发达国家服务和服务提供者提供具有商业价值、且能够促进最不发达国家经济利益的优惠待遇。四是应重点关注具有针对性和经协调的、旨在增强最不发达国家国内和出口服务能力的技术援助,合理利用增强综合框架等现有促贸援助渠道以及相关国际机构的技术援助和能力建设工作。

(三) 最不发达国家"免关税和免配额"市场准入

为进一步便利最不发达国家融入多边贸易体制和促进其经济增长和可持续发展,协议做出以下决定:一是还未对源自最不发达国家的产品提供免关税和免配额待遇的发达成员和有能力这样做的发展中成员,应努力向最不发达国家提供逐步增加的市场准入。二是各成员应根据优惠贸易协定透明度机制通报针对最不发达国家的免关税和免配额计划以及其他相关变化情况。三是贸易与发展委员会应每年审议向最不发达国家提供免关税和免配额市场准入所采取的步骤。四是秘书处应与各成员密切合作,根据各成员通报起草关于向最不发达国家提供免关税和免配额市场准入情况的报告。

(四)特殊和差别待遇监督机制

一是范围。该机制范围应扩大到多边《WTO协定》、部长决定和总理事会决定中包含的所有特殊和差别待遇。二是职能/职权范围。该机制应补充WTO其他机构中的审议机制和/或程序并可酌情向相关WTO机构提出建议。三是运行。该机制应在贸易与发展委员专门会议下运行,举行会议时,应遵循贸易与发展委员会适用的相同规则和程序。四是对该机制的重新评估。应在该机制首次正式会议后的3年内对其进行审议,并在此后必要时考虑其作用和不断变化的情况再行审议。

二、中国与最不发达国家经贸关系发展现状

在全球贸易增长的背景下,中国与最不发达国家的贸易额也大大增加。如表17.8所示,在2001年至2013年,中国对最不发达国家出口额和进口额分别扩大了15.1倍和20.2倍,而同期中国对世界的出口额和进口额仅分别扩大8.3倍和8倍,中国对最不发达国家的贸易增长速度明显高于同期对全球的贸易增长速度;同时由于疾病、内战等问题,最不发达国家生产力水平较低,工资普遍也较低,工资增长速度较慢,必须依赖外在资源才能获得发展,一些官方援助可以帮助它们缩小与其他国家的差距,中国与最不发达国家的进出口贸易对于带动其发展更显重要。

表17.8 中国与最不发达国家贸易关系

年份	从世界进口(亿美元)	从LDC进口(亿美元)	LDC占比(%)	对世界出口(亿美元)	对LDC出口(亿美元)	LDC占比(%)
2001	2 435.53	29.39	1.21	2 660.98	37.86	1.42
2002	2 951.70	35.02	1.19	3 255.96	43.69	1.34
2003	4 127.60	62.68	1.52	4 382.28	57.19	1.31
2004	5 612.29	104.09	1.85	5 933.26	78.02	1.32
2005	6 599.53	152.70	2.31	7 619.53	100.89	1.32
2006	7 914.61	204.21	2.58	9 689.36	141.68	1.46

续表

年份	从世界进口（亿美元）	从LDC进口（亿美元）	LDC占比（%）	对世界出口（亿美元）	对LDC出口（亿美元）	LDC占比（%）
2007	9 561.15	238.14	2.49	12 200.61	189.06	1.55
2008	11 325.62	393.66	3.48	14 306.93	257.22	1.80
2009	10 055.55	274.48	2.73	12 016.47	255.68	2.13
2010	13 941.99	431.95	3.10	15 781.93	347.29	2.20
2011	17 433.95	431.33	2.47	18 983.88	406.77	2.14
2012	18 181.99	554.25	3.05	20 487.82	501.68	2.45
2013	19 499.92	593.68	3.04	22 090.07	569.68	2.58

资料来源：根据Uncomtrade数据整理。

中国与最不发达国家的贸易联系紧密，是其最重要的进口国。2010年在所有进口国中，仅总进口占最不发达国家总出口比例一项，欧、美、中三国达74.76%，其中欧美占比达42.85%，而中国占比高达31.91%。中国的发展离不开世界的发展，同时也离不开最不发达国家的发展，所以，中国会和最不发达国家继续保持互利互惠的多、双边的经贸关系。中国对最不发达国家的进口远大于出口，改善了最不发达国家整体逆差状态。2009年和2010年全球贸易逆差分别为2 685.53亿美元和5 629.17亿美元，逆差增长比例达到109%，而最不发达国家整体逆差由323.80亿美元下降到316.24亿美元，下降比例为2.3%。这种变动的原因是2008年的全球金融危机导致全球贸易逆差增加，但中国经济和贸易受到的影响比较小，中国的巨大需求使最不发达国家整体逆差减小。中国增加了从最不发达国家和主要贸易顺差来源国的进口，促进和最不发达国家之间的贸易平衡。

中国与最不发达国家存在贸易优势互补。中国与最不发达国家贸易商品结构特征高度互补。中国从最不发达国家进口资源性产品，同时向最不发达国家出口工业制成品。部分最不发达国家矿产、农林牧渔等自然资源非常丰富，能够满足中国经济迅速发展对资源性产品的迫切需求，同时最不发达国家对中、低档制品和日用消费品需求量较大，成为中国轻纺服装和机电等产品极具潜力的出口市场。从双边贸易上来说，最不发达国家主要向中国出口矿物燃料、木材及其制品、粮食、棉花、矿石、橡胶及其制品、金属陶瓷及其制品、铜及其制品、原油等；而中国主要向最不发达国家出口公交之外的车辆、针织物、钢铁锻造品、电子电器设备、机械锅炉、针织服装及其配件等。中国与最不发达国家贸易结构的互补优势明显，也使得中国与最不发达国家之间的经贸关系迅猛发展。

三、中国对最不发达国家的关税措施

根据国务院新闻办公室 2011 年发表的《中国的对外贸易》白皮书,自 2008 年以来,中国一直是最不发达国家第一大出口市场,也是对最不发达国家开放市场程度最大的发展中国家之一。

根据《中国的对外援助(2014)》白皮书,自 2001 年起,中国对最不发达国家给惠商品范围不断扩大,是最早给予最不发达国家零关税待遇的发展中国家之一。2005 年中国首度对非洲 25 个最不发达国家 190 个税目的商品实施零关税,之后不断扩大零关税待遇受惠面。2010 年中国从最不发达国家的货物进口总额比上年增长 58%,约占这些国家出口总额的四分之一。2011 年 11 月,中国宣布将对与中国建交的最不发达国家 97% 税目的产品给予零关税待遇。到 2012 年年底,最不发达国家对华出口的近 5 000 个税目商品已享受零关税待遇。2008 年以来,中国吸收了约 23% 的最不发达国家产品的出口,已连续五年成为最不发达国家第一大出口市场。按照"一次承诺,分步实施"的原则,中国还将根据有关国家的意见和建议,结合现有措施的实施效果,继续扩大给惠范围,最终实现零关税给惠范围涵盖全部税则税目的 95%。

中国还支持最不发达国家参与多边贸易体制。2008 年至 2010 年,中国每年向世界贸易组织"促贸援助"项目捐款 20 万美元,2011 年后提升至每年 40 万美元。中国利用上述捐款设立"最不发达国家加入世贸组织中国项目",为最不发达国家举办加入世界贸易组织的相关研讨会,资助最不发达国家人员参加世界贸易组织重要会议和到世界贸易组织秘书处实习。2010 年至 2012 年,中国以促进贸易便利化及加入世界贸易组织为主题,举办了 18 期研修班,与发展中国家 400 余名政府官员分享经验。

总之,中国对最不发达国家的援助以及零关税措施将有利于影响和带动其他发展中国家及发达国家共同改善对最不发达国家的市场准入待遇,同时随着 2013 年多哈回合会议对最不发达国家相关条款的全面实施,最不发达国家的许多商品将以零关税进入中国市场,将给最不发达国家的人民带来实惠,也将有利于降低中国企业的进口成本,拓宽中国进口渠道,推动双边贸易健康发展,进一步加强中国与最不发达国家之间互利合作的友好关系,促进全球经济复苏。

四、中国对最不发达国家经贸战略的新策略和建议

第一,加快制定和实施针对最不发达国家的多哈会议相关优惠措施时间表,免除最不发达国家产品对华出口关税是中国切实履行多哈会议对相关条款的承

诺,是帮助最不发达国家发展并进一步扩大双方平等互利合作关系的重要举措。在实施多哈会议针对最不发达国家的优惠措施时,中国仍需注意的是:一是针对最不发达国家的实际需要,制定对最不发达国家的多哈会议优惠措施时间表,缩短时间跨度,争取使优惠安排全面覆盖最不发达国家的出口产品;二是进一步向最不发达国家商品开放市场,增强最不发达国家商品的出口竞争能力,对最不发达国家敏感性及传统出口商品率先开放;三是制定取消优惠安排的衡量准则,预先设定中国优惠安排的灵活退出机制,以确保中国国家安全和利益获得。

第二,制定对最不发达国家的产业投资目录指南。目前,中国的产业结构正在不断升级,越来越多的公司正在试图将它们的一部分生产能力转移到成本效益比较高的国家,包括最不发达国家。因此制定对最不发达国家的产业投资目录指南,引导中国有关企业对最不发达国家的直接投资方向,帮助最不发达国家培育起较完整合理的产业结构,加快其工业现代化的实现,有着重要的意义。

第三,对企业加强企业国际社会责任教育培训,制定相关企业社会责任报告。社会是企业的生存环境,没有一个好的环境,企业也难以生存。因此,企业与社会有一个共荣的关系,全球经济背景下的企业与各国甚至有着更密切的关系,而不是关系变得相对疏远。在开展国际合作业务时,中国企业应树立全球责任观念,自觉将社会责任纳入经营战略,遵守所在国法律和国际通行的商业习惯,完善经营模式,追求经济效益的统一。所以应对企业履行国内社会和国际社会责任进行教育培训,健全企业诚信管理体系,提高中国企业的国际影响力和整体竞争实力,在与最不发达国家进行经贸联系时树立中国企业的良好形象。

第四,搭建促进中国与最不发达国家合作的信息交流平台。有很多最不发达国家有着非常丰富的资源,它们也愿意给中国提供更多的机会。同时中国的农业公司也和最不发达国家的农业公司有很多互补优势,因为中国有着这方面的管理经验和生产能力,而最不发达国家的一些资源可以充分利用。最不发达国家需要其他各国帮助其发展,而中国有实力的企业需要走出去获得投资渠道和机会,因此搭建促进中国与最不发达国家合作的信息交流平台,可以展示最不发达国家的投资环境、推荐投资项目和吸引中国投资的机会,有利于中国企业了解最不发达各国的情况,促进其国内的经济发展。

最后,继续向最不发达国家提供援助。帮助最不发达国家发展,是国际社会的共同责任。一是根据中国外汇储备和经济增长速度变动状况设定对最不发达国家无偿援助和免息贷款的合理增长比例,增加对最不发达国家的官方发展援助,减轻其债务负担。二是加强南南合作和南北合作,帮助最不发达国家融入经济全球化,缩小"数字鸿沟"。同时最不发达国家也应当把发展经济、改善民生作为最紧迫、最重要的任务,积极寻找适合本国国情的可持续发展道路。

参考文献

[1] 程成.我国农业补贴及农产品出口贸易竞争力现状[J].大众商务,2009(106):78~79.

[2] 方杰.世贸组织农业协议与粮农补贴[J].粮食科技与经济,2011(4):18~28.

[3] 万怡挺.多哈回合谈判主要成果平西[J].观察家札记,2011(1):77~82.

[4] 王奉省.WTO农业协议下的我国农业[D].山东大学,2008.

[5] 王利荣.我国棉花市场准入政策对涉棉产业的影响研究——基于全球贸易分析模型的分析[D].南京工业大学,2012.

[6] 张晓京.WTO与粮食安全——法律与政策问题[D].武汉大学,2013.

[7] 张秀芳,胡继莲.入世后我国棉花进口贸易现状及对策分析[J].国际经济与贸易,2014(2):62~72.

[8] 谭志娟.投资最不发达国家:互利与共赢[N].国际融资,2009(12).

[9] 万怡挺,范霖.入世是最不发达国家的一剂"良药"[J].特别关注,2012(8):93~94.

[10] 王圳,涂红.摆脱贫困:最不发达国家任重道远[J].发展与援助,2005(2):42~45.

[11] 熊建.兑现中国政府在联合国千年发展目标会议承诺——最不发达国家部分商品输华零关税[N].人民日报海外版,2010(6).

[12] 张汉林,肖艳.我国对最不发达国家经贸关系的新战略及政策[J].上海财经大学学报,2012(2):61~67.

[13] 宗禾.我国给予最不发达国家4 762个税目商品零关税待遇[N].中国财经报,2010(6).

第十八章 《信息技术协定》的扩围及对中国的影响

随着技术水平的不断提高,越来越多的WTO成员方意识到许多新的IT产品并没有涵盖在现有的ITA减税产品范围之内,WTO部分成员认为《信息技术协定》(ITA)有必要扩大实行零关税产品的范围。ITA如果成功扩围,将是世贸组织近二十年来第一个重大的市场准入扩围协定①。中国作为世界贸易组织和ITA的主要成员国,全球电子信息产品第一生产和进出口大国,ITA的扩围将对中国的经济发展和产业调整产生深远的影响。因此,我们应当在我国现有信息技术产业的发展水平、潜在的风险及未来的可持续发展需要的基础上,综合考虑加入ITA扩围对中国经济各方面的机遇与挑战,既积极参与信息技术协定新规制的制定,又注重妥善平衡短期冲击和长远发展之间的利害关系,努力为我国信息技术产业的结构升级和国际竞争力的提升创造良好的环境。

第一节 《信息技术协定》的背景介绍

《信息技术协定》(Information Technology Agreement,简称ITA)是自1995年WTO成立后的第一个关税减让的诸边协定,旨在通过削减信息技术产品关税,在全球范围内实现信息技术产品贸易自由化,最大限度地扩大全球范围内信息技术产品市场并降低成本,从而促进信息技术产业不断发展的一个诸边协议。

1996年12月13日,美国、欧盟、日本、加拿大等29个WTO成员方和正申请成为WTO成员的国家及独立关税区,在新加坡召开的WTO部长级会议上,就扩大信息技术产品的国际贸易达成一致意见,签署了《关于信息技术产品贸易的部长级宣言》。正文和附件(关税减让模式及关于产品范围的两个附表组成)及各参加方提交的信息技术产品关税减让表,构成《信息技术协定》。宣言指出:"从1997年7月1日到2000年1月1日,分期削减信息技术产品(Information

---

① "Association Letter to His Excellency Li Keqiang, Premier People's Republic of China, Supporting ITA Expansion," December 4, 2013, 2, http://www.jbce.org/cms_documents/Global%20Association%20Letter%20to%20Premier%20LI%20on%20ITA%20Expansion%2012-4-13%20EN.PDF.

and Communications Technology,简称ICT)的关税。部分发展中国家可以将其减税实施期延至 2005 年 1 月 1 日。对于 2005 年以后加入协定的国家,实施期取决于与主要利益方的谈判"。"当所有参加方的贸易额占世界 ICT 产品贸易额的比例超过 90% 时,协议正式生效"。1997 年 3 月 26 日,占世界 ICT 产品贸易总量 92.5% 的 40 个参加方在 ITA 上签字。承诺在 2000 年 1 月 1 日前取消包括计算机、计算机软件、通信设备、半导体、半导体生产设备和科学仪器在内的约 200 种信息技术产品(不包括电视、录像机等消费类电子产品)的关税。

协议具体规定,从 1997 年 7 月 1 日起至 2000 年 1 月 1 日,分四个阶段降低关税,每个阶段降低 25%,最后实现进口零关税。ITA 涉及的产品很广泛,约占《商品名称及编码协调制度》(The Harmonized Commodity Description and Coding System,简称 HS)中的近 300 个 6 位税号。由于很多产品是新产品,在该制度中没有相应的编码,因此 ITA 将产品范围分为两类,一类是 HS 中有明确编码的产品清单,另一类是为无法按 HS 分类的产品清单,只对具体产品进行描述,各参加方根据产品描述确定这些产品各自的编码。信息技术产品主要集中在 HS 的第 84、85 和 90 章,个别产品在第 38、68 和 70 章,主要可以归纳为以下 7 个大类,如表 18.1 所示:

表 18.1　ITA 涵盖的七大类产品及各类别中的代表性产品

类名	代表性产品
计算机	包括整机和部件,如中央处理器、键盘、打印机、显示器、扫描仪、硬盘驱动器、电源等
电信设备及部件	包括电话机、视频电话、传真机、交换设施、调制解调器、电话话筒、应答器、无线放送、视频传输、接收设施、寻呼机等
半导体元件	包括各种规格与容量的芯片、晶片、集成电路
半导体制造设备	用于制造半导体的多种设备与测试仪器,如蒸汽沉淀仪、熔炉与加热器、处理及运输仪器、检验用仪器和部件
软件	包括磁盘、磁带、只读光盘等
科研设备	包括测量与检验装置、电容装置等
其他	包括文字处理机、现金出纳机、自动柜员机、某种静态变压器、显示板、电容器、电阻、印制板电路、部分电子交换装置、部分连接装置、部分导体、光缆、部分复印机、计算机网络设备(局域网与广域网设备)、平面显示器、绘图仪、多媒体升级套件等

资料来源:WTO 秘书处。

ITA 是一个单独的关税削减机制。欲成为 ITA 的参加方必须遵守如下三个基本原则:a.宣言中所列出的所有产品必须被覆盖。b.所有产品必须被削减至零税率水平。c.所有其他的税收与费用必须为零,在产品覆盖范围上不存在例外,但对于敏感产品,可以延长降税实施期。由于在世界贸易组织成员之间,ITA项下所担负的承诺均建立在最惠国待遇(Most-Favored Nation, MFN)基础上,即所有世界贸易组织成员,无论是否参加 ITA,均可享受这一优惠待遇。这也意味着即使未加入 ITA 的国家,也可以间接地从 ITA 关税减让中获得贸易机会。通过参与到业已形成的全球生产网络,规模经济所带来辐射效应帮助参与国以低价购买高质的产品[①],带动了新的 ICT 产业和相关的服务业的发展。

迄今为止,78 个 ITA 的参与方间的贸易占据了全球信息技术产品贸易额的97%,其中有近90%的进口产品已经实现免税。值得一提的是,由于 ITA 减税的产品中涵盖中间产品,这使得高技术复杂型产品的出口商的中间产品进口成本降低,进一步促进了专业化的生产和规模经济的发展,带动 ICT 业的全球生产网络和供应链的深化,提高了全行业的生产效率,促进了全球贸易的迅速增长。从1997 年 ITA 正式生效以来,全球的 ICT 产品的贸易额已从 1997 年的 1.2 万亿美元增长到了 2014 年的 5 万亿美元。根据世界银行的报告(World Bank, 2009)显示,由于 ITA 带来的关税减免极大地刺激了信息技术产品的消费,每一个单位产品价格的下降将会带来 1.5 个单位的产品需求的增加。此外,全球价值链的扩展也为一些发展中国家(如马来西亚、哥斯达黎加等)ICT 行业的发展创造了机会,带动了 ICT 产品的出口贸易增长,刺激了外国投资的进入和就业机会的创造。ITA 刚刚生效时,发展中国家的 ICT 产品出口仅占全球出口额的 30%左右。然而,这一比重在 2010 年已达 65%,且远远超过了发达国家 ICT 产品出口所占份额。

2001 年,中国在加入 WTO 时承诺:中国自加入 WTO 时起加入 ITA,并将取消中国减让表所列所有信息技术产品的关税;取消 ITA 产品的所有其他税费。此外,由于中国信息产业与发达国家存在较大差距,在谈判中中国为部分产品的减税争取了一个过渡期,为中国国家信息产业做调整提供了一个缓冲的机会。

2003 年 4 月 24 日,世界贸易组织在日内瓦总部召开了扩大信息技术产品贸易委员会会议,一致通过中国成为 ITA 的第 58 个参加方。至 2003 年我国正式加入 ITA,已有 213 个税目的主要信息技术产品实行零关税,占我国信息技术产品总税目(251 个)的 85%左右。在我国加入 WTO 第 3 年,我国累计实行零关税的信息技术产品税目已达 232 个,信息技术产品关税总体水平由加入 WTO 前的12.47%降低到 1.5%。2005 年 1 月 1 日,我国 256 个信息技术产品关税税目已经全部实行了零关税,实现了我国加入 WTO 时的信息技术产品降税承诺。

---

① 根据 WTO 秘书处的统计,至 1996 年 ITA 成立以来,世界范围内的 IT 产品价格下降了近 60%。

第二节 《信息技术协定》扩围的内容及主要争议

一、《信息技术协定》扩围的来龙去脉

事实上，ITA 的扩围经历过几个阶段，此次的扩围谈判并不是成员方第一次提出 ITA 覆盖范围的调整。早在 ITA 正式达成时，WTO 部长级会议就提出了成员方应定期对 ITA 减税产品的名录进行修订和更新，这也就是通常说所的 ITA II。第一次的减税产品覆盖范围的修订可以追溯到 1997 年，WTO 邀请各成员方提交额外的减税产品名单。1998 年，成员方仍然在对扩围清单，以及之前达成的附件的修订等问题进行持续性的讨论。然而，经过一系列的谈判之后，并没有达成实质性的进展，没有任何新的产品被扩充进原始的 ITA 减税产品名单之中。

随着技术水平的不断提高，越来越多的 WTO 成员方意识到许多新的 ICT 产品并没有涵盖在现有的 ITA 减税产品范围之内，如一系列被称为多元件集成电路（Multi-component Semiconductors，简称 MOCs）的半导体芯片、GPS 系统、平板显示器等。2011 年，全球高科技产业（包括来自 17 个国家或地区的 39 个组织）就 ITA 扩围进行了会谈，并形成了一份全球产业报告，目前已有 64 个国家或地区加入该协议。2012 年 5 月，在第十五次 ITA 年度大会上，一些 WTO 成员提出应当扩大 ITA 覆盖的产品范围。2012 年 6 月，包括美国、欧盟、日本、韩国、中国台北和哥斯达黎加在内的六个 ITA 成员一起提出了一份非正式的 ITA 扩围协定，这也进一步促成了在 WTO 的 ITA 正式框架之外的技术性工作组的非正式会晤在日内瓦召开。2012 年 8 月至 9 月，亚太经合组织领导人非正式会议上进一步提出了扩大 ITA 覆盖产品范围和新成员国的倡议。2013 年 11 月，工作组的第十五轮谈判试图在一系列新的商品的减税问题上达成一致的协议，但是由于参与各国之间的分歧导致这个协定的达成被搁置。至此，ITA 扩围谈判尚未取得突破性的进展。目前，ITA 的主要倡导者们希望在 11 月即将在北京召开的 APEC 峰会上，就已经被延迟八个月之久的 ITA 扩围谈判达成一个实质性的进展。

目前，已有 27 个参与方加入到 ITA 扩围的技术性工作组中，它们是：阿尔巴尼亚、澳大利亚、加拿大、中国、哥伦比亚、哥斯达黎加、多米尼加共和国、萨尔瓦多、欧盟、危地马拉、中国香港、冰岛、以色列、日本、韩国、马来西亚、毛里求斯、黑山共和国、新西兰、挪威、菲律宾、中国台北、新加坡、瑞士、泰国、土耳其、美国。如果分别计算每一个欧盟的成员国的话，就有 54 个 WTO 的成员国加入到 ITA

扩围的谈判,这些成员国的贸易额占谈判涉及商品贸易额的近90%,包含近250种新产品。粗略估计,一旦ITA扩围协定得以达成,成员方之间的一系列贸易自由化措施将影响到年均0.8万~1.4万亿美元的贸易额,并使得参与方获得由于关税减让创造的高达150亿美元的价值。除了关税减让带来的收益外,ITA扩围也将提高各成员国市场进入的可预期性和确定性。因为目前尚有很多ICT产品并没有完全放开或仍然被征收很高的关税,一旦ITA达成,各成员有义务对扩围产品实施相应的关税减免措施。因此,ITA扩围将是WTO在近20年的发展中第一个重大的市场准入扩围协定[1],预计将每年为全球GDP增长贡献1900亿美元。

二、《信息技术协定》扩围的具体内容

(一) ITA产品范围的扩大

ITA自签订以来,有关成员一直在研究其产品范围进一步扩大的问题。具体来说包含两个方面:ITA产品扩容的范围和ITA产品扩容的形式。

ITA产品扩容的范围。消费类电子产品是目前最主要的扩容对象。目前,美、欧、日、韩等许多国家均已提出ITA扩围产品清单,主要有:电视机、数码摄像机、音响产品、游戏机、LED显示屏、电池、部分元器件、电真空器件、特殊医疗设备、能源输出和测量设备、光纤制造机器、部分仪器、设备及其配套元器件、原材料等几乎所有电子产品。其中多芯片集成电路协议和多元件集成电路是此次ITA扩围谈判的最主要产品。此外,欧盟最近提出的ITA产品扩容清单中,信息技术原材料所占的比例较高,一些非信息技术产品也列入其中,因此未来ITA产品的扩容方向仍然需要通过协商进一步确定。

ITA产品扩容的形式。1996年的ITA产品清单是以HS-6位产品的形式提出的。但是HS-6位产品的形式因不能及时包含新的信息技术产品而饱受诟病。从发展趋势上看,未来的ITA产品清单范围将更具有包含性,不仅新出现的产品将自动加入其中,多用途产品也会被限定在协议内。可能的两个发展方向是:一种形式仍是基于HS为基础列出产品清单,具体可能在HS-2位、HS-4位或HS-6位产品的基础上提出。美国和日本的清单仍然延续了HS-6位产品的形式,而欧盟提出的扩容清单以世界海关组织(WCO)每年发布的新产品税号HS-4位产品为主要形式。另一种形式是仅列出排除产品清单,其他产品及新

---

[1] "Association Letter to His Excellency Li Keqiang, Premier People's Republic of China, Supporting ITA Expansion," December 4, 2013, 2, http://www.jbce.org/cms_documents/Global%20Association%20Letter%20to%20Premier%20LI%20on%20ITA%20Expansion%2012-4-13%20EN.PDF.

出现的产品自动进入协议清单。

(二) 成员国的扩大

目前,已有 78 个国家或地区加入到了 ITA 中,但一些主要的信息技术产品贸易大国却未加入,这是 ITA 的一大缺失。欧洲国际政治经济中心认为 ITA 参加方的扩容应该包括:阿根廷、巴西、智利、墨西哥和南非。这些非成员与 ITA 成员之间的信息技术产品的贸易额较大(见图 18.1),它们的加入可以使信息技术产品的全球贸易增加 10.6%。目前来看,这些国家加入 ITA 的意愿并不高,积极争取这些国家的加入是未来 ITA 的努力方向之一。

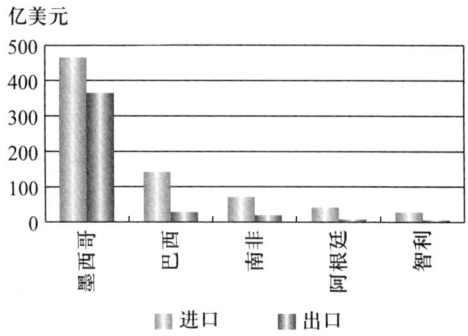

图 18.1 主要非成员国与 ITA 成员国之间的信息技术产品贸易

资料来源:UN Comtrade 数据整理。

(三) 非关税壁垒的加入

虽然在 ITA 的推动下,信息技术产品关税大幅度降低,但这并不意味着信息技术产品贸易障碍的消除。1996 年,ITA 谈判并没有将非关税壁垒纳入其中,但非关税壁垒对信息技术产品的影响正日益突出。欧盟一直大力提倡应将 ITA 产品的非关税壁垒纳入到 ITA 谈判中。而美国、日本则认为 ITA 产品的非关税壁垒谈判难度较大,可能会影响 ITA 扩围协议的最终达成。由于成员方分歧较大,关于非关税壁垒的消除的谈判仍没有任何进展。因此,在进一步降低 ITA 产品关税的同时,未来 ITA 扩围的主要方向为是否将信息技术领域非关税壁垒的消除纳入扩围的框架(见表 18.2)。

表 18.2 WTO 识别的 ICT 领域的非关税壁垒

非关税壁垒名称	具体内容
合格评定+检验/认证	不接受国家间合格评定报告;不适用或者偏离国际标准的合格评定;不合理的评定审查要求;工业标准认证的缺乏
标准/环境规制	重复检验;分散/过度的国家标准;不采用国际标准;多边机构和监管机构之间缺乏协调;自愿的、但事实上强制的标准

续表

非关税壁垒名称	具体内容
通关程序/原产地证书	繁琐,非透明,过于官僚程序的清关手续;不必要的免税货物的原产地证书、合规文件、质量证书、合法文件、装运前预检验
进口许可	分类模糊,过多的行政机构,缺乏透明度,过长的处理/审批时间
原产地规则	优惠贸易协定中严格的原产地规则
透明度及信息的可获取性	无现成的法规和标准格式的法规
政府采购	缺乏透明度,当地成本要求,购买本国货物规定
专业人士的限制	签证领域的限制,签证期限短,只允许单向进入签证。

资料来源:WTO秘书处技术性贸易壁垒委员会整理。

(四) ICT 服务的加入

与信息技术产业高度相关的服务业,是 ITA 扩围谈判的另一个重要的内容。目前,美国已经明确提出要将 ICT 服务加入到 ITA 谈判中。欧盟可能会提出将计算机及相关领域的服务和电信服务纳入到 ITA 范围内,而美国可能会提出将所有的数字产品和服务纳入到 ITA 清单中。随着服务的加入,美欧可能会建议将《信息技术协定》转变为《国际数字经济协定》,以突出 IT 服务自由化的重要性。

三、各国对《信息技术协定》扩围的态度及主要争议内容

由于每个国家的经济发展水平和信息技术产业的发展现状存在较大的差异,不同国家在权衡本国的利害得失时存在不同的侧重点,因此 ITA 扩围谈判在实际的协商过程中必然存在较大的争议。本文将对 ITA 扩围涉及的核心国家进行逐一分析,为我国应对 ITA 扩围的策略提供翔实的参考。

(一) 美国

美国是 ITA 扩围谈判的核心倡导者和推动者。从作为核心成员参与 2012 年 6 月 ITA 成员国提出的非正式的 ITA 扩围协定,到最近在北京召开的中美战略经济对话中,美国始终是 ITA 扩围谈判中的核心倡导者,这也与扩围清单中涵盖的产品是美国的优势产业密切相关。具体来看,美国在三项扩围内容上的具体态度存在微妙的差异:

首先,就 ITA 产品扩容的范围来看,美国等国家主张 ITA 扩围产品清单应当

包括几乎所有电子产品,实现消费类电子产品零关税。其中多芯片集成电路协议和多元件集成电路是此次 ITA 扩围谈判中的主要争议产品,也是美国的核心利益产品。

其次,对于非关税壁垒加入的问题,美国认为,ITA"本质上是一项关税协定",反对将非关税壁垒问题纳入 ITA 谈判中,并且认为 ITA 产品的非关税壁垒谈判难度较大,可能会影响 ITA 扩围协议的最终达成。

最后,美国已经明确提出要将 IT 服务加入到 ITA 谈判中,并有可能会进一步提出将所有的数字产品和服务纳入到 ITA 清单中。但对服务贸易的优惠范围,美国不希望基于最惠国待遇将利益扩大到其他成员,认为由于巴西、印度和中国对加入服务贸易谈判兴趣不大,因此这些国家不应从中获益。美国彼得森国际经济研究所也建议今后 WTO 的方向是在有条件的最惠国待遇的基础上达成诸边协定,而不是在无条件的最惠国待遇基础上将自由化利益扩展到所有成员。

(二)欧盟

与美国一样,欧盟也是 ITA 扩围谈判的重要推动者,但是在涉及扩围的具体内容时会更多地平衡欧盟内部各国的利益,对扩围持较为谨慎的态度,尤其是关于扩围的产品范围的问题。欧盟担心将全部的消费类电子产品纳入到 ITA 产品清单中将给欧盟带来较大的经济冲击,因为消费类电子产品是欧盟的高度防守类产品(见表18.3)。同时,对于是否将与信息技术产业相关的服务业纳入 ITA 扩围的问题,欧盟并不同意美国提出的将所有数字产品和服务纳入到 ITA 清单中,认为将计算机及相关领域的服务和电信服务纳入到 ITA 范围内即可。此外,欧盟还提出服务贸易的优惠范围仍应当坚持最惠国待遇,将利益扩大到其他成员,而不是美国所倡导的有条件的最惠国待遇。

表 18.3 主要国家在 ITA 消费类电子产品和非关税壁垒扩容方面的立场

国家	消费类电子产品	非关税壁垒
美国	一般防守利益	一般进攻利益
欧盟	高度防守利益	非常进攻利益
日本	一般进攻利益	一般防守利益
韩国	非常进攻利益	非常防守利益
中国	一般进攻利益	非常防守利益
新加坡	非常进攻利益	一般防守利益
马来西亚	非常进攻利益	非常防守利益
菲律宾	非常进攻利益	非常防守利益

资料来源:根据 ECIPE working paper No.06/2008 整理。

(三) 日本

作为美国在 ITA 谈判中的积极拥护者,日本的核心主张几乎跟美国的态度保持了一致。日本也提出应该将全部的消费类电子产品纳入到 ITA 产品清单中,实现消费类电子产品零关税。同时,日本也反对将非关税壁垒纳入 ITA,主张 ITA "本质上是一项关税协定"。

(四) 印度

印度作为 WTO 的老成员国,对此次 ITA 的扩围并不抱有十分积极的态度,认为 ITA 的扩围并不会对印度的信息技术产业和未来的经济发展带来太多促进效应。印度方面目前主要采取了支持一些发展中国家提出的加强 ITA 的透明度、涵盖范围以及向发展中成员授予灵活性的要求。

印度认为,美国、日本和欧盟极力倡导的 ITA 扩围,不过是新一轮以美国为核心的部分国家发展本国信息技术产业的战略。根据美国国际贸易委员会 2013 年发布的报告,ITA 的扩围将是美国企业增加 MOCs 等扩围清单涵盖产品市场占有率的重要机遇。虽然作为诸边贸易协定的 ITA 在原则上会通过减少贸易的障碍以改善参与方的福利效应,但是在福利的分配上却会因为不同国家经济的发展阶段和信息技术产业的发展水平而存在异质性的结果。印度政府认为,印度加入 ITA 的扩围并不会对印度的信息技术产业和经济发展带来积极的促进作用,相反由于关税减让或贸易自由化带来的收益可能还不足以弥补潜在的损失,故对加入 ITA 扩围采取了抵制的态度。之所以产生这样的判断,主要是基于之前加入 ITA 后对印度经济的负面影响:吸引外资水平的下降和对本国幼稚产业的冲击。

一方面,由于印度的制造业相对薄弱,加入 ITA 后,必须与其他价格更加低廉的 ICT 产品制造国竞争。作为在全球配置资源的跨国公司,会更倾向于向原材料或者零部件价格更低的国家进口,这就严重冲击了印度本土的 ICT 产品制造商。Frost and Sullivan(2013)的研究指出,2011 年印度信息技术产品进口占63.6%,其中51%为零部件进口,预计这两个比重在 2015 年将分别达到65%和61%。因此,印度的电子信息技术产业的自由化虽然刺激了对电子产品的需求,但是并没有带动本国的电子信息技术产业的发展。另一方面,加入 ITA 后印度的贸易环境呈现出了"关税倒挂"的现象,导致进口整机的成本比零部件更低,使得更多的企业倾向于进口整机,而放弃了国内的零部件或原材料的生产和投资。2005 年,印度国内制造的零部件的消费量下降了50%。大量的零部件和产成品的进口不仅腐蚀了国内的信息技术产业,阻碍了创新,也进一步增加了本国经常账户的赤字,不利于经济的平衡增长。

(五) 中国

中国作为最大的发展中国家,在参与 ITA 扩围谈判时更多地还是以一位积极的参加者的身份存在,同时谨慎地对待涉及本国信息技术产业长远发展的切身利益的问题。在 2014 年 7 月 9 日在北京召开的中美战略经济对话(Strategic & Economic Dialogue,简称 S&ED)上,美国进一步施压中国,要求中国扩大 ITA 的覆盖范围和降低覆盖范围内产品的关税,其中涉及 250 种产品。但中国提出目前国内信息技术产业的国际竞争力尚处于较弱的地位,应给予扩围产品中四分之一左右的产品五年或更长时间的逐步减让期,其中包括美国的优势产业多元件集成电路等。中国方面认为,美方不能因迫于其具有强大竞争优势的产业的压力,无视处于弱势的中方企业的诉求。

第三节 中国信息技术产业发展现状及扩围产品的竞争力分析

一、中国信息技术产业的发展现状

信息产业包括信息产品制造业、信息服务业、信息生产业与信息传输业四部分[①]。信息技术产业的技术具有发展快、产品更新换代快、涉及面广、产品价值降低快的显著特点。信息技术产业是国民经济的战略性、基础性和先导性的支柱产业,是国民经济增长的"倍增器"、发展方式的"转换器"和产业升级的"助推器",对国民经济贡献作用日趋突出。

加入 WTO 以来,我国信息技术产业生产技术、产业规模和进出口贸易等均取得了迅猛发展。目前,我国已成为全球电子产品第一生产及进出口贸易大国,许多电子产品的生产列全球第一。中国信息技术产业已成为是世界信息技术产业链的重要组成部分,全球产业大国地位也日渐稳固。具体来说,我国信息技术产业的发展现状可以归纳为以下几个方面:

(一) 我国的信息技术产业大国地位不断凸显,对国民经济贡献日益突出

信息技术产业是中国最重要的制造业部门之一。2001 年至 2011 年,我国信息技术产业销售收入从 0.82 万亿元增长到 9.3 万亿元,增加 11 倍,年均增速达 27.5%。2011 年,规模以上制造业实现销售收入 7.49 亿元,同比增长 17.1%;软件业实现销售收入 1.85 亿元,同比增长 35.9%。2011 年,我国彩电、手机、计算机等主要电子产品产量分别达到 1.2 亿台、11.3 亿部和 3.2 亿台,占全球出货

---

① 软件为前二者的交叉部分,其中系统软件、支撑软件及各种公用软件平台属于信息产品制造业的范畴;而应用软件则属于信息服务业的范畴。

量的比重均列世界第一。信息技术产业对中国GDP的直接贡献从2003年以来逐年增加,到2010年时对中国年度GDP增长的贡献近10%。此外,Heshmati and Yang(2006)的研究显示,信息技术产品的增长占据了中国全要素生产率(Total Factor Productivity,TFP)增长的38%[①]。

(二)信息技术产业已经成为中国最重要的出口产业

目前,中国已经成为信息技术产品的第一大出口国,进出口额均突破万亿美元大关,达到1.13亿美元,同比增长11.5%,占全国外贸总额的31%。其中,出口6612亿美元,同比增长11.9%,占全国外贸出口额的34.8%;进口4680.3亿美元,同比增长11%,占全国外贸进口额的26.8%。2012年,中国信息技术产品出口已达到第二大出口地中国香港的2.5倍和美国的4倍[②]。根据图18.2对中国信息技术产品出口占世界出口比重的变化趋势来看,中国占全球信息技术产品出口的比重从1996年的2.1%增加到了2012年30%[③]。中国占世界信息技术产品出口份额的突飞猛进在中国加入WTO和正式加入ITA时表现得尤为突出。从1997年到2010年,信息技术产品出口占全部出口的比重增长了39%[④]。中国的信息技术产品出口为中国创造了巨大的贸易盈余,2003年至2012年间,中国的年均信息技术产品贸易的盈余从400亿美元增长到了2800亿美元[⑤]。

(三)中国的信息技术产业对缓解中国的就业压力贡献巨大

2003—2013年间,信息技术产业创造了年均12%的就业增长率,这一比率也是中国其他部门所创造的年均就业的4倍。与此同时,信息技术产业的发展带来了超过900万个就业机会,占全国城镇新增就业人口的4.9%。由于信息技术产业的辐射和带动效应,这些就业机会也会进一步为其他相关经济部门带来更多的新的就业机会。如果假设信息技术产业的就业创造乘数是3.0[⑥],那么信息技术产业创造的900万个就业机会,将带来其他相关支持部门的近2700万个就业机会。

---

① Almas Heshmati and Wanshan Yang, Contribution of ICT to the Chinese Economic Growth,(working paper,RATIO Institute and Techno-Economics and Policy Program,College of Engineering,Seoul National University,February 2006),http://docs.google.com/file/d/loFItzryXSMXs2UYqYRRRBDONuD4O77-q9CyeTB6tYh0TC93xfDWnHfd1YbZH/edit? hl=en_US.

② UNCTAD,Global imports of information technology goods approach $ 2 trillion.

③ WTO,15 Years of the Information Technology Agreement,54.

④ World Bank,World Development Indicators,ICT goods exports (% of total goods exports),http://data.worldbank.org/indicator/TX.VAL.ICTG.ZS.UN(March 21,2014).

⑤ National Science Foundation,*2014 Science and Engineering Indicators*(National Science Foundation,February 2014),6-33,http://www.nsf.gov/statistics/seind14/content/etc/nsb1401.pdf.

⑥ 针对美国的研究显示,加利福尼亚的电子计算机产业每创造一个就业机会将会带动相关部门15个新的工作机会的产生。具体见:Ross DeVol et al.,Manufacturing 2.0: A More Prosperous California,The Milken Institute,June 2009,3,http://www.milkeninstitute.org/pdf/CAManufacturing_ES.pdf.

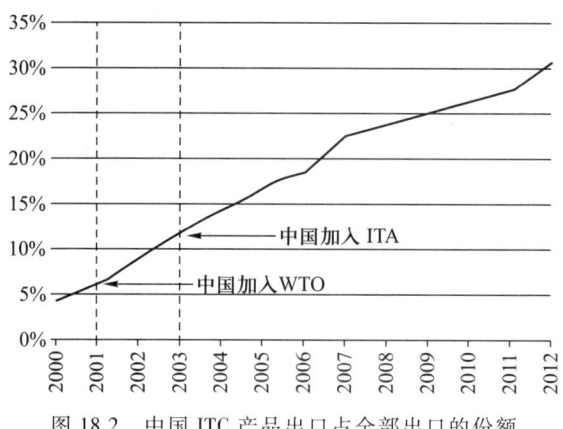

图 18.2　中国 ITC 产品出口占全部出口的份额

资料来源:UNCTADStats, Share of ICT goods as percentage of total trade, annual, 2000-2012, March 26, 2014, http://unctadstat.unctad.org/TableViewer/tableView.aspx? ReportId=15849.

(四) 我国信息技术产业结构调整不断深化,软硬件比例逐渐趋于合理

我国信息技术产业是以军工生产为主开始发展的,改革开放以来,我国先后经历了以军为主转向军民结合的阶段;"命系彩电"以消费类电子制造业为主的阶段;随着我国信息技术产业结构的调整又转向以微电子、计算机及通信产品大发展推动国民经济信息化的发展阶段;进入新世纪,随着我国工业化和信息化的深度融合,我国信息产业又进入数字化及多元化的转型升级新阶段。加入 WTO 的 2001 年,我国信息产业还是以制造业为主。2001 年,我国计算机、通信等投资类产品、家用电子产品及电子元器件的比重为 49.2∶25.7∶25.1。此后,我国逐步加大软件和服务业的投资及政策支持力度,软件及服务业的比重逐步提高。到 2011 年,我国信息技术产业中软件收入比重已近 20%,在软件业中,服务化趋势明显,信息技术咨询服务、数据处理和运营服务分别实现收入 1 864 亿元和 3 028 亿元,分别占软件业收入总额的 10.1% 和 16.4%。由此可见,我国软硬件比例逐步趋于合理。

二、中国在主要扩围产品上的竞争力分析

半导体是此次 ITA 扩围产品中最大的一个产品类别①。从 2005 年到

---

① World Trade Organization (WTO), *15 Years of the Information Technology Agreement: Trade, innovation, and global production networks* (Geneva: World Trade Organization, 2012), 43, http://www.wto.org/english/res_e/publications_e/ita15years_2012full_e.pdf.

2010年,半导体产品在ITA所有产品类别中出口增长最快,年增长率达到7.8%①。到2010年,半导体占全球信息技术产品出口额的33%。由于半导体是信息技术产品的基础组件,也是ITA中的基本产品,因此此次ITA扩围试图将MCOs在内的所有半导体囊括其中。1996年,所有半导体划分为HS 8541和HS 8542两类产品。但是,半导体技术的进步和创新步伐已远远超过了HS统一税则目录的更新速度,以至于MCOs等更先进的半导体并不符合HS对半导体的最初定义。

MCOs是一种定制化设计的创新型半导体。这种半导体一方面为各类产品带来了更多功能,从智能手机、平板电脑、医疗设备和汽车零部件(如制动、转向、安全气囊系统等)到冰箱、洗碗机、真空吸尘器等家用电器,另一方面降低了这些产品的能耗和所需零部件的总数量②。目前估计,MCOs在全球半导体市场所占份额约为1.5%到3%,但作为一种创新型的新产品类别,MCOs所占份额未来无疑将持续上升。把MCOs纳入ITA扩围范围将使全球MCOs厂商节省高达1.88亿美元的贸易关税③。而且,如果ITA不扩围,相对于上一代半导体,MCOs的成本将被人为抬高,从而抑制全球各地企业对前沿技术的投资。

中国在2012年的半导体消费量和进口量均居世界首位(见图18.3),且远远超过了其他国家和地区的半导体消费的增长速度,占全球半导体消费量的52.5%。中国市场消费的半导体超过一半用于制造出口产品④,尤其是作为整机出口产品的关键材料而广泛被使用。在全球用于数据处理(例如计算)和制造通信产品的半导体消费量中,中国分别占40%和30%,年复合增长率分别为19%和20%。但是中国对半导体需求增长最快的产业却是汽车、工业、医疗和军事/航天航空,这些产业在2012年的半导体消费量年复合增长率为22%。与此同时,在全球用于消费品的半导体消费总量中,中国消费品制造企业占大约15%,2012年的年复合增长率为12%。为了能够制造具有全球竞争力的工业和消费产品,中国各个产业均依赖于获取价格相对低廉的最优信息技术产品。

在过去几年里,中国投入大量资源,努力发展中国本土的半导体产业。例

---

① Semiconductor Industry Association (SIA), Expansion of the Information Technology Agreement (ITA) (SIA, July 2012), http://www.semiconductors.org/clientuploads/ITA%20Benefits%20one-pager.pdf.

② U.S.International Trade Commission(ITC), *The Information Technology Agreement: Advice and Information on the Proposed Expansion*, Part 2, Investigation No.332-536 (ITC, February 2013), 3-9, http://www.usitc.gov/publications/332/pub4382.pdf.

③ SIA, Expansion of the Information Technology Agreement.

④ McKinsey & Company, *McKinsey on Semiconductors*, Number 1 (McKinsey & Company, Autumn 2011); PriceWaterhouseCoopers Technology Institute, Continuing to grow: China's impact on the semiconductor industry 2013 update (PriceWaterhouseCoopers, 2013), https://www.pwc.com/en_GX/gx/technology/chinas-impact-on-semiconductor-industry/assets/china-semicon-2013.pdf.

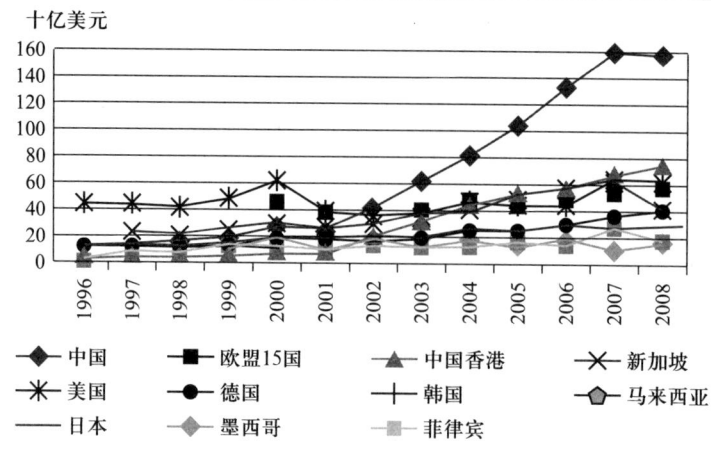

图 18.3　半导体产品的全球十大进口国汇总(1996—2008)

资料来源:UN Comtrade 数据整理。

如,2013 年 12 月,中国拨款 50 亿美元,设立区域半导体投资基金①。该基金拟投资以下方面:(1) 半导体设计、制造、装配、测试以及核心设备,目的是创建一个完整、互动和高端的产业链;(2) 工程研究中心、工程实验室和企业研发中心,以提高自主创新能力;(3) 产业整合、兼并和收购。我国政府试图迅速提高集成电路产业的竞争力并为中国的集成电路产业创造一个增长点,利用资金加快资源和企业整合。

正因为中国的消费和经济发展对半导体产业的依赖度较高,且目前的半导体区域性"开发公司"尚处于起步阶段,在面临 ITA 扩围谈判时,我们应当谨慎对待,以维护本国产业发展的核心利益。正如中国驻世贸组织大使俞建华最近提出的,"中国许多产业仍处于关键发展阶段",并且"应允许将一些敏感产品排除在外,这样做是合理的"。②

第四节　加入《信息技术协定》扩围的福利效应分析

中国的信息技术产业自加入 ITA 以来获得了前所未有的巨大发展。正如美国国际贸易委员会在其题为《信息技术协定:对于信息技术产品世界贸易的评

---

①　Ministry of Industry and Information Technology of the People's Republic of China, About Beijing IC industry equity investment fund management company announcement, December 18, 2013.

②　China Counters Argument It Would Be Big Winner of ITA Expansion Deal, *Inside U.S. Trade*, March 18, 2014, http://chinatradeextra.com/201403182464787/China-Trade-Extra-General/Daily.

估》的报告中总结指出,"中国在全球 ITA 市场中的崛起是亚洲乃至全世界 ITA 贸易中最为重大的转变"。该报告还指出,"中国的 ITA 贸易在其履行减少贸易阻碍的入世承诺后加速发展,其中包括取消对 ITA 产品征收关税"。然而,尚处于转型阶段的中国,与发达国家的信息技术产业仍然存在较大的差距,低附加值、缺乏配套基础设施和核心技术、同质化过高等问题普遍存在。因此,需要我们用更为审慎的态度去全面分析此次 ITA 扩围对中国经济发展和利益相关者可能带来的福利效应。

一、宏观层面的总体效应

(一)刺激信息技术产品出口,带动中国经济增长

通过加入 ITA 带来的关税减让,会带动中国的信息技术产品生产和出口的增加,直接有利于扩大中国的全球市场占有率,促进经济增长。由于目前全球加权平均的最惠国待遇下仍然有 5.3% 的产品未被包含在 ITA 的范围之内,如果这些产品的关税得以减让,那么将为中国节省近 80 亿美元的海外销售成本,这些成本的节约可以将福利传递给消费者、新产品研发和创新的再投资,配置给信息技术产业的所有者和员工。

同时,信息技术产品的关税减免将会同时带来对该类产品的全球性需求的提升。根据已有的研究显示,每 1% 的信息技术产品价格的下降将会带来 1.5% 的产品需求的增加。目前,全球非 ITA 囊括的产品平均关税为 5.3%,一旦这些产品被纳入 ITA 的扩围中,将创造出对信息技术产品的近 8% 的新需求和 5 000 亿美元的全球信息技术产品的出口额。据美国信息技术创新协会的估算(The Information Technology and Innovation Foundation),关税减免带来的全球需求增加,将为中国创造年均 120 亿美元的信息技术产品的出口[①]。

此外,加入 ITA 也会在很大程度上减少涉及扩围产品的走私活动,消除了"隐形市场",形成公平合法的税赋环境。

(二)大幅减税,直接导致关税收入的缩减

关税是一个重要的经济杠杆,是 WTO 允许的唯一的对外经济调节手段。所以关税调整要根据我国信息技术产业的生产技术水平、对外开放承受能力和我国电子信息产业的比较优势等因素综合考虑。中国驻 WTO 大使俞建华认为,中国加入 ITA 扩围将会导致 270 亿美元的关税损失。如果 ITA 扩围将创造额外 5 000 亿美元的全球进口额,中国占了全球信息技术产品进口贸易的 18%,那么

[①] Stephen J. Ezell and Robert D. Atkinson, How ITA Expansion Benefits the Chinese and Global Economies, ITIF(The Information Technology and Innovation Foundation), April 2014.

中国将因为参与到 ITA 扩围,增加 900 亿美元的进口。如果以 7.1% 的平均关税来算,加入 ITA 扩围将给中国带来 64 亿美元关税收益的损失。

(三)间接影响既有产业扶持政策,调整成为未来的方向

在贸易自由化的推动下,非关税壁垒已经取代关税,成为各国政府主要的保护手段。ITA 将非关税壁垒纳入进来,对我国来说,可以借此突破发达国家的技术壁垒,为我国信息技术产品的出口创造一个更为透明的环境。但我国政府的产业保护和扶持政策也会因 ITA 非关税壁垒的取消而受到一定的制约。目前信息技术产业的非关税壁垒主要体现在技术标准上。在规范和统一技术标准上,发达国家的标准将成为参考标准,这会给我国企业出口带来一定的技术障碍。在技术性贸易壁垒日益增多的情况下,不排除发达国家利用这些合理的壁垒来围堵我国优势产品的出口。此外,出于产业政策的考虑,我国的非关税壁垒也会长期存在,如何在产业保护和贸易自由化之间找到合适的均衡点,是我国在制定产业政策时必须要考虑的难题。

二、进口竞争部门

(一)冲击我国信息技术产业中的幼稚部门,挤压其短期内的生存空间

信息技术产品生命周期较短,更新换代速度较快。由于低端产品的市场进入门槛低,随着巴西、菲律宾和印度尼西亚信息技术产业的崛起,我国优势产品将面临更为激烈的竞争。能否获得零关税的利益,要取决于这些产品价格优势所持续的时间以及我国产品更新换代的速度。因此我国优势产品从 ITA 扩围中究竟能获得多少利益,目前仍是未知数。相比之下,我国劣势产品所面临的挑战更为严峻。此次 ITA 扩围将扩大实行零关税产品的范围,主要是扩大到视像产品及其配套元器件等产品,而我国视像产品目前的生产技术发展现状是"大而不强"、"缺芯少屏",产业主要集中在以粗加工为主、附加值低、劳动力密集型的中低档产品领域,产品难以进入世界先进行列。另外,产品同质化现象严重,在软件和集成电路等基础产业领域缺乏核心技术。从全球产业链角度看,发达国家掌握着视像产品的核心技术、上游关键件和专利技术;我国视像产业处于低端、低附加值的加工生产地位,获取微薄的生产加工利润,新品开发能力和国内生产配套能力均较差。一旦加入 ITA 扩围,如果迅速消减关税,那么本土产品在失去关税税率保护后,价格优势的丧失将使其难以与发达国家同类产品竞争。此外,ITA 的零关税政策还会通过无条件的最惠国待遇原则惠及所有 WTO 成员,因此我国劣势产品面临的不仅是 ITA 成员的竞争,而是所有 WTO 成员的竞争,如果没有政策的有效保护,我国竞争力较弱的产品将失去生存的空间。

(二)全球价值链的深化倒逼我国信息技术产业升级

在全球科技革命的推动下,全球信息技术产业的国际分工格局逐步显现:主导产业的核心技术和标准被欧美、日本等发达国家所掌握;韩国、中国等国家的企业拥有部分关键技术,在产品设计和制造上有一定优势。我国信息技术产业中,加工贸易企业占70%以上,且外商投资企业占据了80%的出口份额。可以看出,我国信息技术产品的快速发展主要是信息技术产业供应链中低端产能释放的结果,并不代表我国在信息技术产业上具有明显的优势。因此我国信息技术产业正处于产业升级的关键阶段。未来ITA扩围的产品主要是消费类电子产品和高新技术产品,零关税将更有利于最新的消费类电子产品和高新技术产品的进入。从长远来看,信息技术产业开放带来的冲击,既是挑战也是一次难能可贵的机遇,参与全球竞争的局面将激发本土企业的后发优势,帮助我国信息技术产业脱离目前的全球价值链中低端的困局,倒逼我国信息技术产业的升级,改善全球价值链分工体系中的贸易格局。

三、非IT行业和服务业

ITA扩围将减少以信息技术产品作为下游制造业和服务业的零部件或中间投入企业的生产成本,提高产出的绩效,增加企业在国际市场上的竞争力。现代的制造流程对ICT产品的依赖程度不断提高,这些产品和设备的应用已经远远超越了信息技术产业本身,已成为许多下游产业的核心零部件或中间投入品。如汽车制造中就包含了近40%的电子零部件的投入①。此外,服务业的许多部门,如金融服务、医疗、交通运输、保健、教育和政府部门都依赖于信息技术产品带动生产效率的提升和创新能力的开发。因此,这些依赖于信息技术产品的下游部门将会因为ITA扩围后覆盖产品的关税减让而获得更多的福利。具体来说:

一方面,ITA扩围将有利于制造业的生产效率提升和创新的激发。Joseph和Abraham(2007)的研究指出,制造业中信息技术产品的投资是提升劳动生产率的关键途径②。同时,信息技术产品的投资也会带动创新的增加。2000年后,中国的专利申请明显向计算机技术和电子通信产业转移,且较刚刚加入ITA时专利申请数量增长了两倍。同时,参与ITA的发展经济体里,中国、韩国和中国

---

① Automotive industry seeking electronic solutions to four main issues,TechnoAssociates.com,http://e2af.com/trend/071210.shtml.

② K.J.Joseph and Vinod Abraham,Information Technology and Productivity:Evidence from India's Manufacturing Sector,(working paper,Centre for Development Studies,September 2007),http://cds.edu/download_fikes/wp389.pdf.

台北逐渐成为信息技术产品的全球生产网络中的领先贸易国家和地区,得益于这些国家和地区对信息技术相关产业的创新投入①。

另一方面,ITA 扩围将有利于信息技术服务业的发展。ITA 扩围不仅对制造业将产生巨大的影响,也会在很大程度上影响到下游服务的发展,如何才能采用更加廉价、优质的信息技术产品,是服务部门(包括商业过程外包、系统整合、信息技术咨询、基础设施管理、软件检测和网站开发等)今后发展的关键。通过 ITA 扩围后的关税减让,将有利于中国的服务部门使用到成本更低的信息技术相关的硬件设备,提升信息技术服务业的竞争力。事实上,信息技术服务业占中国全部服务业的比重从 2005 年的 25% 上涨到 2012 年的 35%,提高了近 40%②。

四、消费者

根据国际贸易理论,通常情况下一国进口关税的减让会使得消费者福利增加。因此,信息技术产品在降低关税并最终取消关税后,一方面会直接带来同类进口产品的价格下降,提高国内消费者的福利;另一方面,由于大量国外商品的进入,将大大提高市场中竞争的强度和产品的多样性,提高了整个市场的产品性能。因此,综合来说,加入 ITA 扩围后,我国消费者可以以更低的价格享受到更高质量的信息技术产品,提高消费者的福利水平。

五、外商投资企业

随着全球经济一体化程度的加剧,外商投资对我国经济的发展贡献日益突出。近两年来正在开展的《中美双边投资协定》(BIT)、《跨太平洋伙伴关系协议》(TPP)谈判都涉及了跨国公司进入中国市场的深度问题的探讨。因此,此次 ITA 扩围无疑与接下来中国吸引外资政策和跨国公司今后在华的发展密切相关。短期来看,履行 ITA 扩围产品减税的协定,将十分有利于利用我国廉价劳动力组装成品的跨国 ICT 企业,它们可以在全球范围内采购信息技术产品,以提高产品竞争力,这将极大地促进跨国公司对华的直接投资。目前,在电子信息产品出口中,外商投资企业占据 80% 的出口份额,本土所占比例有限。因此,境外高新信息技术产品及电子信息产品将大量涌入我国市场,迫使国内产品价格的下降,竞争力较弱的国内企业在短期内将出现库存增加、经营困难的局面。这将会

---

① WTO,15 Years of the Information Technology Agreement,74.
② World Bank, World Development Indicators, ICT services exports (% of total services exports), http://data.worldbank.org/indicator/BX.GSR.CCIS.ZS (accessed March 21, 2014).

吸引更多的外国大型跨国公司进入,它们在垄断我国信息技术产品市场核心领域的同时,更多地争夺产品市场、服务市场、人才市场和资金,取得国民待遇和本地融资权,我国信息技术企业将面临前所未有的压力和挑战。

此外,在发达国家的积极推动下,ITA 未来很可能会吸引巴西、墨西哥、南非等新兴发展中国家加入其中。虽然这些国家的信息技术产业发展刚刚起步,但是随着市场的进一步开放,这些国家更为廉价的劳动力优势和日益扩大的国内市场,可能会使跨国公司考虑重新安排信息技术产品和服务的全球生产网络,将部分低端加工产业和服务链转移到这些发展中国家。我国信息技术产业已有或者潜在的投资将逐渐转移到这些国家,整个世界信息技术产品的贸易流向也会因此而发生变化。我国信息技术产品生产基地和出口大国的地位可能因此受到冲击。

第五节 中国如何应对《信息技术协定》的扩围

我国是世界贸易组织和《信息技术协定》的主要成员国,是全球电子信息产品第一生产和进出口大国,《信息技术协定》扩大实行零关税产品范围,必将对我国信息产业生产技术的发展产生重大而深远的影响。我们应根据我国电子信息产业的生产技术发展及对外贸易等情况,积极开展有利于我国信息产业发展的《信息技术协定》扩围谈判对策研究,在主动地参与世界贸易组织有关规则的制定和调整的同时,努力为我国信息产业争取一个良好的国际竞争环境。

一、积极参与游戏规则制定,为中国争取权利

大数据时代已然到来,技术密集和资金密集的电子信息产业是当前全球经济增长和未来可持续发展的重要驱动力。随着彩电、音响等电子产品的数字化、智能化及生产技术的飞速发展,传统家电产品与信息技术产品的界限越来越模糊,产品界限越来越难以划分,不论 ITA 扩围未来走向如何,ITA 框架下的降税模式,都将逐渐扩展到所有电子产品上。

我国既是信息技术产品的生产大国,又是信息技术产品的进出口大国,未来世界信息技术产业的最大市场也非中国莫属。综观世界各国,尤其是那些信息技术产业大国,均是 ITA 的积极倡导者和参加者。2001 年,我国加入 WTO 时就承诺加入 ITA,并在我国信息技术产业发展尚处于弱势阶段就积极主动地承担了关税减让的义务。到 2005 年,我国已对计算机、通信设备、半导体、半导体生产设备、软件、科学仪器及其他电子信息技术产品进口实行了零关税。在全球经

济一体化更加深化的今天,中国不可能成为"信息孤岛",我们必须积极应对 ITA 扩围谈判,主动提出有利于我国信息技术产业发展的扩围建议清单,将我国信息产业纳入全球信息产业链中,充分发挥我国信息产业的比较优势,努力为我国信息产业争取一个良好的国际发展环境。

二、预期到可能存在的风险,在谈判中要秉承审慎态度

ITA 扩围是电子信息技术发展的必然趋势,我们应采取积极的态度;但我们应根据我国电子信息产业生产技术发展的实际情况,在充分了解 ITA 扩围规制和义务的前提下,制定恰当的 ITA 谈判策略,循序渐进地提高我国电子信息产业的开放水平,为我国信息技术产品发展争取更多的利益。

第一,应提议进一步明确信息技术产品的定义,抵制信息技术产品无限制地扩容,防止其他国家利用 ITA 零关税机制将非信息技术产品纳入 ITA 谈判清单中。由于新出现的产品可能会自动进入到降税清单中,因此应该坚持 HS-6 位产品形式,并建议 ITA 允许各国保留例外产品。

第二,以发展中国家身份为我国弱势产品争取五年或更长时间的逐步减让期,将敏感产品或国家重点发展产品列为降税的例外产品,如美方的优势产品 MCOs 等。此外,对于信息技术服务的扩容应该持较为谨慎的态度,主张 ITA 应重点关注关税的减让,而后再推广到信息技术服务领域。

第三,在认真研究产业发展现状和未来趋势的基础上,结合我国产业规划和具体产品的竞争力,确定我国降税产品清单,为我国的优势产品(如传统消费类电子产品:计算机、通信等投资类产品、家电产品等)争取更大的出口空间。

第四,在 ITA 扩围谈判中,非关税壁垒的问题是各成员方关注的另一个重要的话题。随着关税壁垒的取消、行政干预手段的削弱,技术标准已经成为重要的技术壁垒。要借助 ITA 非关税壁垒谈判的机会,要求美国等西方国家放宽对高新技术产品出口的限制,突破发达国家的关键技术壁垒。同时应呼吁信息技术标准的确定应该考虑发展中国家的利益,避免发达国家利用严格的技术标准阻碍发展中国家产品的进入。

三、国内配套的信息技术法律法规的完善和挑战

WTO 基本规则和协议的作用主要是限制政府干预市场和企业的行为。平衡政府与市场的关系,让市场成为信息技术产业资源配置的真正调解者是当下 ITA 扩围谈判涉及的又一重要内容,也是我国全面深化经济体制改革的关键所在。因此,信息产业管理部门应减少直接干预,遵循"国民待遇"原则强化宏观

服务,重点研究制定保护和促进信息产业发展的政策与法规,为信息产业的发展创造更好的政策环境和法律环境。

一方面,通过完善金融、财税制度和政府优先采购制度来扶持企业的发展。尽快完善并推出一套"同质优先"的政府采购政策和装备政策,认真贯彻《反不正当竞争法》,消除垄断行为、防止恶性竞争,给民族产业提供一些发展机遇;鼓励本国企业对外投标,进入别国的政府采购市场。另一方面,逐步制定出完备、透明的信息产业政策和法规,使外资企业对我国的信息市场有信心,才能够保证外资对我国信息产业领域的积极参与,达到通过引入外资带来国外的先进技术和管理经验的目的,同时要强化产业导向力度,并制订相应政策措施予以保证。

四、提高自身的研发创新能力和核心竞争力

不管ITA未来的走向如何,ITA框架下的降税模式将逐渐扩展到所有的信息技术产品上,因此长期来看,应对ITA的挑战,关键仍是加快信息技术产业的升级,使我国尽早占据信息技术产业链的中高端。

首先,建立技术发展和自主创新的机制。ITA虽然给我国带来了较大的贸易利益,但却没能使我国具备较强的技术吸收能力和自主创新的能力。因此,应该利用ITA所形成的竞争机制,在政府的引导下通过自身努力构建技术发展和自主创新机制:一方面要推进原始创新、集成创新和引进消化吸收再创新。通过提升核心技术和适应性技术的开发水平和创新能力,增强信息技术产业的核心竞争力要以我国市场技术升级(数字电视、三代移动通信等)为契机,鼓励开发核心技术和拥有一批自主知识产权,鼓励企业在国际经济技术合作和竞争中有所创新,走"技术换技术"、"资源互补"的竞争合作发展道路。要尽快建立以企业为主体,产、学、研、用有机结合的信息技术创新体系与机制,为信息产业发展提供有力的技术支撑。另一方面要加强创新型人才的培养,为工业转型升级提供重要支撑。要加大人才培养力度提倡企业与高校联合培养专门人才,强化员工在职培训,不断提高信息技术产业员工的整体素质;积极吸纳和培养一批熟悉我国国情和法律法规、具有较高外语水平和丰富专业知识、掌握ITA规则的复合型人才;培养和引进既懂技术、又懂经营管理和市场营销的高级技术人才和管理人才。

其次,积极主动融入国际市场,在竞争中提高生产效率。充分利用ITA零关税的平等机遇,着力提高信息技术产品质量,大力开拓国际市场。改变信息技术产业集中在以粗加工为主、附加值低、劳动力密集型的中低档产品领域的状况,加强对新产品、新工艺、新技术的科研开发,重视对引进技术的消化吸收,提高竞争能力和市场占有率。同时,优化产品结构、企业结构和市场结构,多元化开拓

国际市场;努力提高一般贸易出口在出口总量中的比重,逐步提高自主品牌产品和自有技术的出口能力。

再次,加强信息技术产业的基础设施和国际营销网络的建设。World Economic Forum(2013)的网络整备度指数显示中国在信息技术产品使用程度的排名中列世界的第 58 位,且这一排名较之 2012 年下降了 7 位。同时,由于较低水平的因特网基础设施建设,只有 12% 的中国公民拥有固定的宽带网络,仅有 40% 的人口经常使用因特网。一个国家的信息技术产品使用与经济增长之间的正向关系会通过信息技术产业的投资而明显增强。通常情况下,产业发展初期的信息技术使用对生产效率的改进是较为有限的,但信息技术的深化使用会使新技术扩展到新市场和产业改革中,在很大程度上辅助未来的投资和经济增长。目前,中国仍处于较低水平的信息技术资本的使用水平。因此,提升单位工人的信息技术资本将是今后发展中的先导性工作,这也是中国第十二个五年规划的核心内容。

最后,建立内外资引导机制,提高自身的"学习效应",保证外资的技术外溢达到最优水平。一方面要利用我国完备的基础设施和劳动力优势继续吸引外资进入,另一方面各级政府应利用政策支持,引导外资进入到电子信息上游产业、软件和信息技术服务业,争取使我国尽早介入到信息技术产业国际化生产链条中附加值较大、科技含量较高的环节。此外,引导我国企业投资于发达国家的信息技术产业,紧跟发达国家信息技术产业发展的趋势,通过产业的技术扩散效应和学习效应来促进我国企业的发展。

五、促进产业升级,转变增长方式

虽然中国信息技术产品的出口贸易发展迅速,但是在其中所创造的增加值仍然有限,说明中国的产业整体发展水平尚处于价值链的低端环节。一旦迅速降低 ITA 扩围产品的关税,可能会对中国的这个产业造成不利的冲击,威胁国家安全。因此,积极引导和大力扶持信息技术产业,加快产业重组,使优势资源向名优企业集中,优化主导产品,保护民族工业,增强企业国际竞争力要重点扶持具有竞争力的国际大企业集团、淘汰技术落后、没有市场的产品,在贯彻国际标准的基础上提高产品的质量和品牌,加强自主知识产权技术的开发,增加产品附加值,提高国际竞争力,为产业升级打造良好的发展空间。同时,利用电子信息技术改造传统产业,形成以大企业和优势企业为龙头、中小企业为依托的合理结构。

六、促进服务业发展

ITA 扩围谈判包含的一个重要内容是将 ICT 服务加入到 ITA 谈判中,以突出 ICT 服务自由化的重要性。当前尚在谈判的国际服务贸易协定(Trade in Service Agreement,简称 TISA)也是发达国家试图利用先动优势掌控全球经济未来发展趋势的重要筹码。虽然我国已成为货物贸易第一大国,但服务贸易发展相对滞后。2013 年我国服务贸易进出口总额为 5 396.4 亿美元,仅为美国的一半左右;我国是货物贸易顺差大国,但也是世界第一服务贸易逆差大国,2013 年服务贸易逆差额达到 1 184.6 亿美元。因此,顺应全球服务业发展的趋势,主动参与 ITA 扩围涉及的服务贸易开放谈判,把握服务外包机遇,全面提升我国服务贸易占我国经济的比重,直接关系到中国未来经济的走向和可持续发展。

总体而言,贸易自由化和开放对一国经济的长远影响是积极的,但短期的冲击程度存在异质性。应当根据我国的产业发展实际情况、比较优势和具体的产品类别,有针对性地、具体地、全面地考虑加入信息技术协定扩围后的利弊得失。在积极参与全球一体化浪潮和国际规则制定的同时,采取审慎的态度对待涉及本国切身利益的谈判,为我国实现从电子信息大国向电子信息强国的转变创造最优的国际环境。

附表一 WTO 涉及的信息技术产业的协定汇总

协定名	生效时间	主要内容
《信息技术协议》(ITA)	1997 年 3 月	承诺在 2000 年 1 月 1 日前取消包括计算机、计算机软件、通信设备、半导体、半导体制造设备和科学仪器在内的约 200 种信息技术产品(不包括电视、录像机等消费类电子产品)的关税
《服务贸易总协定》(GATS)	1995 年 1 月	主要的原则和内容包括最惠国待遇、透明度原则、逐步自由化原则、国民待遇原则,它包括电信附件和基础电信谈判附件
《基础电信协议》(ABTS)	1998 年 1 月	核心是在客观公正的基础上,无差别地向缔约方承诺部分或全部开放国内的基础电信服务业市场。所涵盖的基础电信服务领域包括语音电话、数据传输、电传、电报、传真、专线、固定和移动式卫星通信系统及服务、蜂窝电话、移动数据服务、寻呼和个人通信系统服务等。基础电信服务自由化之后,将使电信产品和服务质量得到改善,由于更多的竞争者参与,使电信资费在竞争中不断降低
《与贸易有关的知识产权协定》(TRIPS)	1995 年 1 月	在信息产业领域涉及对驰名电子产品商标、计算机软件版权、集成电路布线设计的保护

附表二 ITA 参与方与参加时间汇总

参与方	参加时间	参与方	参加时间
阿尔巴尼亚（Albania）	1999 年 9 月 28 日	格鲁吉亚（Georgia）	1999 年 9 月 28 日
澳大利亚（Australia）	1997 年 3 月 26 日	危地马拉（Guatemala）	2005 年 12 月 22 日
巴林（Bahrain）	2003 年 7 月 16 日	洪都拉斯（Honduras）	2005 年 10 月 20 日
加拿大（Canada）	1997 年 3 月 26 日	中国香港（Hong Kong, China）	1997 年 3 月 26 日
中国（China）	2003 年 4 月 24 日	冰岛（Iceland）	1997 年 3 月 26 日
哥伦比亚（Colombia）	2012 年 3 月 27 日	印度（India）	1997 年 3 月 26 日
哥斯达黎加（Costa Rica）	1997 年 3 月 26 日	印度尼西亚（Indonesia）	1997 年 3 月 26 日
罗地亚（Croatia）	1999 年 9 月 28 日	以色列（Israel）	1997 年 3 月 26 日
多米尼加共和国（Dominican Republic）	2006 年 7 月 7 日	日本（Japan）	1997 年 3 月 26 日
埃及（Egypt）	2003 年 4 月 24 日	约旦（Jordan）	1999 年 12 月 17 日
萨尔瓦多（El Salvador）	1997 年 5 月 20 日	韩国（Korea, Republic of）	1997 年 3 月 26 日
欧盟（European Communities）	1997 年 3 月 26 日	科威特（Kuwait）	2010 年 9 月 13 日
奥地利（Austria）	1997 年 3 月 26 日	吉尔吉斯斯坦共和国（Kyrgyz Republic）	1999 年 2 月 24 日
比利时（Belgium）	1997 年 3 月 26 日	中国澳门（Macao, China）	1997 年 3 月 26 日
保加利亚（Bulgaria）	2007 年 1 月 1 日	马来西亚（Malaysia）	1997 年 3 月 26 日

续表

参与方	参加时间	参与方	参加时间
塞浦路斯（Cyprus）	2000年10月3日	毛里求斯（Mauritius）	1999年7月6日
捷克共和国（Czech Republic）	1997年3月26日	摩尔多瓦（Moldova）	2001年11月29日
丹麦（Denmark）	1997年3月26日	黑山共和国（Montenegro）	2012年5月30日
爱沙尼亚（Estonia）	1997年3月26日	摩洛哥（Morocco）	2003年11月14日
芬兰（Finland）	1997年3月26日	新西兰（New Zealand）	1997年3月26日
法国（France）	1997年3月26日	尼加拉瓜（Nicaragua）	2005年10月20日
德国（Germany）	1997年3月26日	挪威（Norway）	1997年3月26日
希腊（Greece）	1997年3月26日	阿曼（Oman）	2000年11月22日
匈牙利（Hungary）	1997年3月26日	巴拿马（Panama）	1998年6月23日
爱尔兰（Ireland）	2004年5月1日	秘鲁（Peru）	2008年11月13日
意大利（Italy）	1997年3月26日	菲律宾（Philippines）	1997年4月25日
拉脱维亚（Latvia）	1999年2月24日	俄罗斯（Russia）	2013年9月13日
立陶宛（Lithuania）	1999年7月6日	沙特阿拉伯王国（Saudi Arabia, Kingdom of）	2005年10月20日
卢森堡（Luxembourg）	1997年3月26日	新加坡（Singapore）	1997年3月26日
马耳他（Malta）	2004年5月1日	瑞士（Switzerland）	1997年3月26日

续表

参与方	参加时间	参与方	参加时间
荷兰（Netherlands）	1997年3月26日	列支敦士登（Liechtenstein）	1997年3月26日
波兰（Poland）	1997年3月26日	中国台北（Chinese Taipei）	1997年3月26日
葡萄牙（Portugal）	1997年3月26日	塔吉克斯坦（Tajikistan）	2013年3月2日
罗马尼亚（Romania）	1997年3月26日	泰国（Thailand）	1997年3月26日
斯洛伐克共和国（Slovak Republic）	1997年3月26日	土耳其（Turkey）	1997年3月26日
斯洛文尼亚（Slovenia）	2000年6月1日	乌克兰（Ukraine）	2008年1月24日
西班牙（Spain）	1997年3月26日	阿拉伯联合酋长国（United Arab Emirates）	2007年3月10日
瑞典（Sweden）	1997年3月26日	美国（United States）	1997年3月26日
英国（United Kingdom）	1997年3月26日	越南（Viet Nam）	2006年9月6日

参考文献

[1] Dieter Ernst. Is the Information Technology Agreement Facilitating Latecomer Manufacturing and Innovation? [J]. India's Experience, East-West Center Working Paper, No.135, 2013.

[2] Michael Anderson and Jacob Mohs. The Information Technology Agreement: An Assessment of World Trade in Information Technology Products [J]. Journal of International Commerce and Economics, January 2010.

[3] Murali Kallummal and Smitha Francis. Impact of Trade Liberalisation under the Information Technology Agreement (ITA) on Asia Electronics Industries: A Case Study of India [J]. Tenth Auunal Conference of APEA, Paper Code 14-31, 2014.

[4] Stephen J. Ezell. The Benefits of ITA Expansion for Developing Countries

[J]. ITIF, December 2012.

[5] Stephen J. Ezell and Robert D. Atkinson. How ITA Expansion Benefits the Chinese and Global Economies[J]. ITIF, April 2014.

[6] WTO. 15 Years of the Information Technology Agreement[R]. 2012.

[7] WTO. Briefing note: Information Technology Agreement (ITA) and Product Expansion Negotiations [EB/OL]. 9TH WTO Ministerial Conference, BALI, 2013.

[8] WTO. Informal Talks Set to Begin on Expanding the Information Technology Agreement [EB/OL]. WTO 网站, http://www.wto.org/english/news_e/archive_e/ita_arc_e.htm.

索　引

安倍经济学　5,8,12,17
巴厘岛一揽子协定　37,363
财政悬崖　8,224
超宽松货币政策　12,261
出口倍增计划　15,199,207,216,217,298
从低征税　107
大巴西计划　171,172
当地成分要求　36,120-125,135,207-209
第九届部长级会议　34,35,38,40,41,43,51,54,56,76,77,94,95,163,177,246,296,363
钓鱼岛事件　281
多边认可协议　242
多哈发展议程　35,38,43-45,55,131,171
俄白哈关税同盟　345,347,348,350
非食品消费品快速预警系统　242
非市场经济国家　224,333
服务贸易协定　186,188,190,191,204,246,265,275,409
负面清单　73,226
高水平贸易小组　302
公共道德　147,345
共同农业政策　245,246
共同渔业政策　245,246
关税同盟　79,153,185,188,194,319,344-346,350,352
归零法　106,107,154
金砖国家　5,19,77,87,311,317,320,325,326,329,330,332,373
金砖四国　171,367
量化宽松政策　4,5,10-12,314,343
贸易便利化　34,38,43-45,48,54,71,77,79,81,83,84,168,181,213,217,246,265,269,275,276,303,363,366-369,371,373-375,384
贸易便利化协定　37,39,42,43,54,363,366
农业信息管理系统　92,93
欧洲国家　18,74,289,301
普遍优惠制　237
日本增长战略　276
日本振兴战略　260
特定贸易关注　242
新兴经济体　5,7,9,10,12-14,16-20,61,63,79,80,203,225,248,251,253,261,314,317,325,326,329,373
新兴经济体金砖国家　5
营改增　72
再工业化　251
早期收获　76,77,323,363
支持总量　92,375
准入前国民待遇　73,226

后 记

《世界贸易组织发展报告2014》是以WTO为主题的专业性年度发展报告。作为教育部哲学社会科学研究发展报告项目成果,本报告由对外经济贸易大学中国世界贸易组织研究院组织编写。在全书付梓之际,谨对本报告的顾问和咨询专家们表示感谢,他们对本书的框架拟定、内容审核等作出了重要的贡献。我们还要感谢高等教育部出版社编辑的支持。本书在撰写过程中得到了对外经济贸易大学领导的关心和支持,学校有关院系也给予了大力支持和配合。没有各方面的共同努力,这项繁重的任务是难以完成的。另外,在撰写过程中我们参考了国内外专家和学者的有关研究成果,特在此对他们表示感谢。限于水平和时间,本书不当之处在所难免,欢迎批评指正。

《世界贸易组织发展报告2014》课题组

郑重声明

高等教育出版社依法对本书享有专有出版权。任何未经许可的复制、销售行为均违反《中华人民共和国著作权法》，其行为人将承担相应的民事责任和行政责任；构成犯罪的，将被依法追究刑事责任。为了维护市场秩序，保护读者的合法权益，避免读者误用盗版书造成不良后果，我社将配合行政执法部门和司法机关对违法犯罪的单位和个人进行严厉打击。社会各界人士如发现上述侵权行为，希望及时举报，本社将奖励举报有功人员。

反盗版举报电话　（010）58581897　58582371　58581879
反盗版举报传真　（010）82086060
反盗版举报邮箱　dd@hep.com.cn
通信地址　北京市西城区德外大街4号　高等教育出版社法务部
邮政编码　100120